日本史籍協會編

鈴木大雜集 一

東京大學出版會發行

鈴木大雜集第一

緒言

一本書ハ舊水戸藩士鈴木大ガ公務ノ餘暇弘化文久間ニ於ケル朝廷幕府ノ布達ヲハジメ公私ノ上書建白策論探索書サテハ風說落書ノ類ニ至ル各種ノ記錄文書ヲ採集編次セルモノニ係リ凡テ三十八冊アリ之ヲ甲集乙集丙集丁集雜集海防奉策ノ六編ニ分ツ甲集ハ四冊ニシテ弘化元年ヨリ萬延元年マデノ乙集ハ五冊ニシテ文久元年ノ丙集ハ七冊ニシテ同二年ノ丁集ハ八冊ニシテ同三年ノ

雑集ハ六冊ニシテ弘化元年ヨリ安政六年マデノ資料ヲ収メ海防奉策ハ八冊ニシテ嘉永六年ニ於ケル大名旗下諸藩士等ノ對外策論ヲ蒐集セリ

一　本書ニ蒐集セル資料ハ公私内外ニ亙リタレドモ就中豐富ナルハ外國關係ニ屬スルモノトナスコレ編者ガ最モ意ヲ致セル所ニシテ又實ニ此種ノ類書中ニ於テ稀ニ見ル所ナリ且概ネ正確重要ノモノヲ撰擇シタル而已ナラズ官府ノ記錄ニ散逸シテ傳ハラサルモノ往々本書ニヨリテ之ヲ存スルヲ得タルハ貴重スベシ

一　鈴木大ハ初メ安之進トイフ蘭臺ト號ス水戸ノ藩士ナリ本姓森山氏出デテ鈴木氏ヲ冒ス夙ニ會澤憩齋ノ門ニ遊

ビ又藩命ニヨリテ蘭學ヲ修ム身ヲ御徒目付ヨリ起シテ小十人目付弘道館助教船手奉行先手物頭武者奉行等ニ補任シ徳川齊昭同慶篤ノ二代ニ歴仕ス嘉永安政以來安島帯刀茅根伊豫之介等ノ同志ト共ニ國事ニ奔走シカノ徳川慶喜ノ擁立戊午密勅ノ降下齊昭處罰ノ救解ナド皆コレニ參與シテ力ヲ致セル事尠ナカラズ文久二年慶篤ノ上京スルヤ又コレニ從フ維新ノ後召サレテ教部省權大録トナリ尋デ太政官修史局ニ轉ズ晩年北海道開拓ノ志ヲ抱キ同地ニ赴キシ事アリシガ遂ニ意ノ如クナラズ明治三十年六月ヲ以テ逝ク著ハス所本書ノ外賜勅始末明治前記鈴木大日記等アリ皆有用ノ書ナリ

大正七年二月

日本史籍協會

鈴木大雑集　一　目次

鈴木大雑集

一

甲集

雑集

鈴木大

共四冊一

天保十五年七月四日御老中牧野備前守殿へ指出ス

此度渡來之和蘭陀船咬𠺕吧頭役ゟカヒタンへ差越候書翰之内ヲランタ國王ゟ御政道筋御爲ニも相成候儀可申旨ヲ以彼方本國ゟ商買船ニ無之態々相仕立可差越候段申出候尤右船六月十八日ゟ七月二日頃迄ニハ長崎湊へ可致着岸義ニ付領内浦々入念候様尤渡來ニ候ハヽ高鉾近邊へ繋留置候間番船手當可致置旨彼表へ差置候家來之ものへ昨十七日伊澤美作守書付を以相達候間致承知候早速番船手當仕領内福田浦へ指出置申候此段申上候以上

大村丹波守

同五日指出ス

此度渡來之阿蘭陀咬𠺕吧役ゟカヒタンへ差越候書翰ヲランタ國ゟ御政道筋御爲ニも相成候義可申上旨ヲ以彼方本國ゟ商買ニ無之態々船仕立可差越候段カヒタン申出尤船當湊著岸之頃ハ六月十八日頃ゟ七月二日頃迄ニハ可致着岸義ニ付領内浦々入念候様在所へ可申越旨一昨十七日

長崎奉行所へ家來呼出右之趣伊澤美作守殿ゟ申達候依之達之趣ニ付承合候處達書之通ハ異國船よも無之ヲランタ船之事ゆへ例の津前浦々之手當ニて宜敷尙其節之模樣ニ寄差圖御坐候ハヽ早速人數操出し候樣申付候趣從彼地申越候間御屆申上候以上

六月十九日

小笠原佐渡守

風說書

一去年御當地ゟ歸帆仕候船日本地方之内ニて大風ニ逢本船大ニ動搖仕候ニ付波入漏强唐國之内ホンコン鈍地方ニ入レ修覆相加へ申候右之仕合ニて漸去十二月廿一日咬𠺕吧へ著船仕候

一當年來朝之阿蘭陀船一艘五月十五日咬𠺕吧出船仕海上無滯今日御當地へ著岸仕候於洋中外國船之儀唐船見掛申候

一エケレス國女王爲見舞フランス國王幷ベルギイ國王方へ參り申候

一阿蘭陀先國王去十一月死去仕候

一ヲロシヤ國帝フロイス國王方ヘ爲見舞參り申候

一イスハ・ヤ《ニ脱カ》國中之一揆靜謐相成申候イサヘルラー与申候王女卽位仕候

一フランス國ゟ唐國ヘ使節差越軍船數艘引連候儀ニ御坐候

一唐國与エケレス國与之一件是迄追々申上候末ニ模樣ハ別段ニ認差上申候

カヒタン

ヒイトルアルヘルト

ヒツキ

右之通り船頭幷ヘトル阿蘭陀人申カヒタン承申上候ニ付和解ニ指上申候以上

辰六月十六日

阿蘭陀本國ゟ仕出し船壹艘追々當湊ヘ致入津候由咬𠺕吧頭役ゟ在留カ

爲人与此事相違故當時色〻評議御坐候

暗与蘭之船更ニ分リ不申候夫故前後齟齬御坐候談話ノ誤ナルベシ

ヒタンへ此度申越候趣有之右船ハ全商ニ而無之哉ニ候へ共凡事柄も相分聊以子細無之付市中幷諸商人之儀も安心之上平常之通り無危難賣〔マヽ〕商致シ猥ニ浮說申觸間敷候

異船渡來ノヿ長崎奉行伊澤美作守ゟ注進ノ早ハ諸家ヨリ早ク日未詳江戸參著ノ由ノ處倉卒ノ間取落シタルニヤ書翰無之空函を達セシ由依之幕之諸有志夷舶之ヿハ諸家ゟノ屆書ニテ始て承知セリト云赤井藤三話承り候へハ伊澤之爲人与此大違候其詩曰海氣高衝天山雲巳掩地我手有清風一揮拂群魅且水野越州之選ノ趣其長崎へ參り候時も子を人ニ托し期死候と云

七月十八日齋藤彌九郎來話ニ云昨十七日大村家の早飛脚到來夷舶彌當月二日來着之由ナリ尤入津ハ不致近邊の小島ニ掛居リ此方ノ和蘭人迄申送ルハ兼て申入候通り今日渡來之處是迄追々來著之船ハ全ク商船ノヿニ付帶刀も不致都而御國法の通り御改等相受船中武器類一切指置カス候處此度ハ國王ゟ使船之儀ニ有之間是迄の買船同樣ノ御取扱ニテハ甚タ指支候間其旨可然御奉行所へ可進達且又數船ニハ無之處追々跡ゟ

後ノ書付ニてハ使節船ハ暗ニ非すヤハり蘭人之使節之樣御坐候蘭人始メハ此通り申タルニヤ

何方ノ船共不知巨艦大船首尾接シ候條此段も乍序御心得ニ申入候トノ事ニて此方ニても右和蘭を以て彼是爲掛合候處一同不承知ニて長崎奉何ゟ早を以て江戸へ伺出申ゟ〔候カ〕由齋藤是ハ大村家臣原口衛守ナル者ニ聞ト云六月十八日長崎入津之蘭人注進ニイキリス國王ゟ交易願之使節指遣候迚七月二日頃著岸ニも可相成由通辭申聞候ニ付長崎奉行伊澤美作守ゟ通達有之黒田美濃守ゟ一番操出總人數二千六百人餘有之一左右次第二番手黒田三左衛門大將ニて操出ニ可、相成手當之由鍋島信濃守大村丹後守等ゟモ人數指出ニ相成候旨大早ニて鍋島ゟ六月廿九日著黒田ゟハ七月二日江戸著ニ相成欤之由追々諸方ゟ申來候事七月長崎ゟ鈴木春山方へ申來候書翰ニ當夏阿蘭陀船六月十七日著同十七日申出ニ當夏イキリス船數百艘ジャガタラニ至り我七月上旬長崎へ推參して通商を請且別船を以御政事向御爲ニも相成候儀存寄可申上事候間兼而申通置へしとの傳言又云右ニ付御加勢可申爲武器等持參仕候間御引上御免奉願直ニ高鋒ニ備ル但イキリス入津ニ備リ候趣春山咄シ阿蘭陀フレカットマルヘット等モ外國王所持參リ春山云フレカット三百人乗組石火矢六十挺コルヘット二百人乗組石火矢右二艘ハ阿蘭陀本國よ有之候兵船よてフレカットハ當時本國二番目の大船之由一咬吧ハヲランタ領ニて年々神州へ參り候節シヤカタラノ内バタアビヤニて支度致候由又云申出ニてハジヤカタラゟ兵器等持參候樣子ニ御坐候フレカット等參り候ヘハ矢張國王ゟ被申付候儀と相見申候左候ヘハ疑シ乍併長崎の模樣八年以來の役有之其後委くイキリスフランス二國ト不和ニ相成候間ゆるし候事と相見申候へ共異國の事虚實變謀等御坐候八年以前之役ブラバント申國本ヲランタ屬國よ御坐候處ヲランタノ命ニ背キ候故其段ヲランタゟ責候處イキリスフランス二國ブラバントノよしをし仕候間ヲランタ同盟ヲロシヤゟ軍船等指出既よ戰闘ニ可及の處全國ゟ中人入り其儘ニて相濟戰闘不仕皆本國ニ引取其後ブラバント

ハイキリスへ屬ス辰六月十七日著岸之ヲランタ申出候もヲランタ本國ゟ賣船ニて無之日本御政道向御爲ニも相成候儀申上度く態々船差出候由申聞候ニ付萬々御案内申上置候本文誰殿ゟ御屆ニ候哉不相分候事

一承り候へハ久留米有馬侯抔水戰を習ひ候由西諸侯總て戰備を競ひ候由

一和蘭第八月上旬全國六月十八日ゟ七月二日迄ニ當ル和蘭國王之「フレカット」軍船之名ハレムバンク同又もマルヘツト同ホレアス同又モ他國王所持之船之內態々當節和蘭國王ゟ御國ケイスル帝と譯ス是ゟ公方樣ヲ申上ル公ニ奉捧候書翰ヲ差越候船ニ御坐候此儀ハ御政道之御爲ニも可相成儀ニテ敢て我國之利益ニ預り候儀ニハ無之候尤日本ハ大切之事ニ御坐候決而商賣筋等ニハ無之哉ニ御坐候

六月十七日

カヒタン

ヒプキ

一和蘭軍船も一艘著仕候由承申候當月二日彼方ゟ出帆十三四日頃崎陽著仕候船之長三十八間程之由ニ御坐候此船之長ゟ申上候も此度之船商賣

仕候船とも相替り候間軍器等御改御用捨被下候樣願候趣奉行ゟ挨拶仕候ても假令軍船ナリとも改不仕候ても不相成申越候由御坐候此船も三里程洋ニ居候由軍船又々近々著仕候事ニ御坐候諸人風說書此船ゟ指上候よし此と幕府ニても秘候よし黑田侯三千人計も人數指出鍋島侯も人數指出諸人之船ハ未參リハ不致候由ニ御坐候

一又來狀ニ云來月四日書翰を持參候船壹艘著致候由に承申候

長崎表ゟ辰六月十六日出大坂へ七月二日著

一　阿蘭陀　カヒタンに

此度阿蘭國王ゟ日本國王へ之使節其外乘組船壹艘當湊へ致入津由咬𠺕吧頭役ゟ荒增申越候趣御役所へ申上阿蘭陀國法之通日本ニても合砲有之樣ニ致度旨を以五ヶ條之願書差出候付遂一覽候處探改帶劒人別改端船之廉も前之趣を以承屆湊內へ入津致す節ゟ滯船中もたとへ如何樣之船ニ有之共日本國法ニ由て已來御預り取上置武器之類ハ檢使見分之上

差圖致ば間其意ニ可相任尤早々も歸帆之節不殘相渡し遣候本船ニて石火矢打之儀も其國之法ニ有之共日本ニてハ合圖之所合砲も不致方國法ニて則禮義も有之間右之趣相心得別紙之通りをも横文字ニ取直し高鋒邊へ著船之頃見計彼船へ差出し遣し可申事

六月十九日

別紙

一今般當湊へ渡來候船も其國王ゟ日本國王へ捧書翰之使節之趣ニ付並通商とハ譯ケ違候間取扱方別段ニ致し可申なれ共著船祝儀其外之趣意を以船ニて石火矢打候節同數ニ合砲致も其國之法ニ而外國ニても同樣打合候由なれ共日本ニおゐても右樣ニ無之合砲致ば儀も國法ニならば又禮儀共せば依之何ヶ度申立候といへ共右法ニ背取計も國王之命を不請候ても難免其國と數年之通信他國ニ比類なき事ニ有之此地海へ乘込上も當地之法式可相守儀當然之道理ニも無之哉右之旨熟考ニおゐてハ敢

而難溢可申立譯も無之儀と存候間此段會得行屆樣ニ使節へ申遣候樣致候へし若心得違を以不法致ニ於てハ難捨置不得止事使節之用捨なく嚴重ニ可及沙汰もの之

六月十九日

一當時唐國と異國との爭ひ亦々再發致候イキリス國ゟ軍船三百艘程も仕出ニ相成居候間た《マ》ゝ爲方角ニも參り候趣此旨唐方ゟ不申出候哉其旨入津阿蘭陀船申出候由御坐候

一此度渡來致候使節之船ゟ大船ニて石火矢二段備へ四十挺但シ壹挺へ五人ツヽ手當之趣且又日本漂流人連れ渡候由是ハ新ニ漂流致候者欤又ハ先年漂著いたし彼國ニ有附日本通事并文學師匠等いたし居候ものを案內者と致連れ渡り候哉不相知候

一此度使節船渡來ニ付阿蘭陀人ゟ五ケ條願出候由其桁《本ノマヽ》ニ

使節船入津之節石火矢を打候ハヽ此方も同樣ニ合砲致候儀彼國祝儀

ニ付合砲ヲ成度事
入津之上鐵砲玉藥武具等揚ヶ不申事
乗組之者人別改有之間敷事
沖ニ繋ク船不改湊へ乗込可申且又皮端船ニ而自由ニ出島始往來可致
事
出島水門閉不申何時よても勝手出入勿論探改なし帯劔儘出入可致事
右之通願出候處何分御聞濟難相成然處此節乗渡り候使節と申者ハ至而
身柄重き者ニて右御免無之而もカヒタンなと落寝《マヽ》《乍カ》ニ相成晝夜達而願上
候ニ付當十九日別紙之通り御手頭を以被仰渡候　併何分使節よ對し難
申解趣ニて只今迄捍合申趣ニ御坐候
一先便荒増申上候通り近國へ備方被仰渡候ニ付當十二日肥前大守樣御乗
込御掛り場始沖御番所御巡見御番手之上同廿四日御發駕尤使節船帆蔭
注進次第諫早迄御出馬之由ニ御坐候

但シ當年當湊肥前番ニ付別而御手當ニて同國役船三百艘程も參り由〔候カ〕、皆追々入津稻佐其外臺場へ船繋仕居申候猶又侍之內貳百人ハ身へ鹽硝を帶し御下知次第ニ使節船へ乘込燒立候手當いたし有之由

一今日大村大守樣御乘込是又色々御手備御坐候由不遠平戸公美作公肥後公御家老抔追々御乘込ニ相成候由肥後筑前大村邊役船日々入津仕候且國元ニも夫々手備有之一同乘込候由ニ御坐候　右之趣荒增申上候尙追々爲御知可申上候早々以上

辰六月廿六日

長崎表商家ゟ內々大坂へ早便を以爲知來候間寸暇借用早々寫取申候間落字も可有之哉其繼〔本ノマヽ〕を以御讀取可被下候

辰七月四日朝四ッ時寫取

商賈之勢可以觀也豊大

長崎七月二日七月九日堂島へ申來候書狀寫

長崎御固

黒田播磨マヽ守様 軍勢三万人乗船七十艘 鍋島孫太郎 軍勢五千人
船探マヽ堀
肥前大守様諫早へ御引取　諫早様矢上御出張　平戸様御入船
大村様浦上迄
肥後總大将有善大内藏　先陣柏原要人
二陣下津久馬　三陣　四陣
五陣　若殿様御出張

長崎御奉行様ゟ御觸書

此度阿蘭陀本國仕出之船壹艘當湊へ入津致候右も是迄之通商之船ニも無之別段渡來之儀ニ付見物之者猥ニ出申間敷候若船へ乗本船近き處へ乗廻見物ニ紛敷分も見請次第名前等承り始末ニ應し屹度可及沙汰候尤所有在之通船を差留候儀ニも無之候間無指支様可心得候右之趣其方共令承知可申渡候

辰七月　　　　　　　　　　　　カヒタンへ

一先達而願出候五ヶ條之由難聞屆儀有之ニ付江府御下知迄高鉾島邊滯船致候段ハ承知之儀故異論有之間敷候處同所之儀も波荒之場所ニて滯船難澁之趣申出候間格別之勘辨ヲ以湊入聞屆ニ付滯船中諸事作法宜可相旨守船中之者へも會得可申渡候

一西船御番所之方へ碇可卸可申候尤檢使指圖可請候

一湊入之節兩御番所并碇卸之節江府ゟ御下知無之內ニ付空砲打申間敷事

一湊內滯船中も別而堅ク心得內商相禁候事

但万一小筒ニ而も砲聲船ニて響候節は忽禍も可有之候間船中一同へ得ト申合堅ク相守候樣可致候事

右之條々堅ク相守可申も勿論之事ニ有之萬事穩便之儀專要可爲候得ト相心得違失致爲あらはカヒタンゟ早々請書可指出事

辰七月　　長崎辰七月十四日出廿二日着廿三日寫す

七月二日卯中刻使節本國阿蘭陀船見出シ候注進有之同日未中刻走り込

高鋒前へ碇突但右注進ニ付近國藏屋敷ゟ早狀仕立相成候ニ付諫早より
追々備乘走セ付有之其外沖臺場〳〵ニ即刻御嚴重ニ御備へ有之則左之
通

諫早へ鍋島家老豐前壹万石之由

西泊御番所諫早樣纏船印馬印鑓旗其外御道具美々敷御飾付ニ相成候

戸町古御番所深堀樣御親子三人　前同斷

兩御番所前　肥前樣飾り付前同斷但石火矢船間ニ有之候

神崎臺場肥前樣船數十艘諫早樣飾付同斷

鼠しま　神の島　小ヶ倉　土井ノ首　香燒島　伊王島　〆臺場飾付前
同斷

向崎　ゝ　木鉢浦　大村樣

長部島
高鋒島　筑前樣　小瀬戸

蔭屋島　〆臺場右同斷　福田浦　〆臺場右同斷

阿蘭陀船繋之場前後左右
長崎地役船肥前樣筑前樣御役船ニ而圍ム
右之外海面所々國々之役船飾り付前同斷
兩御番所并所々之臺場陣場不殘夜中篝火海陸不殘高張
右詰合之侍衆陣羽織陣笠小具足鎖帷子又ハもんてん股引之衆も有之候
右之通り御備向荒増申上候猶細密ハ筆紙ニ難盡御坐候尤當七日別紙之
通御手頭ヲ以被仰渡候西泊挽入候得も右御備ニ御引拂ニ相成候事
右使節船五日廿日出七月二日迄四十二日經入津軍船と申儀フレカッ
ト入津船號フラレハンク使節之名ハーバーエッエークス乘組三百二十
人　軍船長サ三十六間　巾七間餘
石火矢二段備四十八挺　但代り石火矢共都而百挺例ゟハ大形御坐候
船中賣物無之武器鹽硝玉藥兵粮水計
船之行作

役阿蘭陀人兩人ッヽ半時代り左右出入口張番致す
但帶劔ニて劔付鐵砲所持地役人等乘込之節ハ筒先ヲ向ケ構候由
一地役人等使節船へ乘込候節ハ合圖之笛を吹候得ハ紅毛人四人ッヽ石火矢へ掛り甚嚴重ニ致候事　但船中見物抔ニ見廻り候得共帶劔之紅毛人附添上へ廻し外見せ不申候
一御檢使抔御乘船之節ハ風琴樣之もの取交樂ヲ奏シ候事
一船中武備嚴重ニて合圖次第夫々役割兼而掟通無違亂備方相整候事

風聞

一此度渡來之趣意御尋ニ候得も此儀ハ阿蘭陀國王ゟ封書相認有之候ニ付存不申候由尤右封書も江府へ直ニ指上と申段申上候
一使節阿蘭陀人役々之向ハ不殘帶劔ニて出島へ勝手次第乘卸り致候事
一武器玉藥揚候樣被仰出候得共此儀軍船之廉ニ而も降參致候か敗軍の節ならてハ揚不申候事故本國之聞も有之旁何分御斷申上候右之品揚不申

候事
一高鉾ゟ入津已來砲聲不相成候段被仰渡候得共西泊碇卸之節ハ石火矢數多打候事　但兼而詰置候分相放候樣願出候趣ニ御坐候
一當廿日勅書幷献上之品々使節船ゟ揚候筈其節ハ出島紅毛人も不殘迎ニ參り候由兩船之ハツテラ船飾立放砲幷音樂ヲ奏シ行粧美々敷由ニ御坐候
一前書申上候沖々備入津後引ケ候得共飾り付道具幕高張而已人數も其儘ニ御坐候
一肥前大守樣も御引揚相成候得共御家老山城樣始諫早樣御親子筑前樣橋戶樣其外國々備へ追々相增大村樣武器侍衆共追々御乘込相成申候都而之人數何程ニ相成候哉難計諫早樣ニ而も同勢千七百人と申事ニ御坐候
肥後肥前筑前筑後其外小名衆共人數夥敷御坐候
聞書肥前樣一日長崎表へ白米千七百俵相廻り兩口ニ三千七百俵廻り申候由百姓方壹人前貳斗ツヽ早々差出申可候樣被仰出候間早刻相揃

申候由

元本遊女宜申候趣載居候得共寫不申候

此方ニて承り候風聞爲覺記居候礫川士人（東條七之允）柳川家中へ縁家とやらん有之候八月中參り候得ハ柳川士人話ニ國本ゟ運船參不申日切付今二三月呈(マヽ)滯り誠ニ込り候趣ニ御坐候

一越後人此方へ參り候者話ニ今年九州不作ニて西諸侯船數十艘入込米買出申候間當時越後米直上り候趣に御坐候

鈴木豊大識

辰七月廿三日寫大坂廿四日出八月十六日著道中筋川支ニて延引仕候

右之遞大坂表より申參り候通奉申上候

加納與右衛門

是ハ郡宰へ申出候趣ニ候

八月晦寫豊大二度目書狀

八月四日阿蘭陀本國船ゟ呈書井獻上物出島屋敷へ揚候節大略

一辰刻頃ハツテラ船二艘ニて武官之者數十人美々敷粧へ出島へ揚申候是ハ先備共可申事之樣ニ相見へ申候

一午刻頃呈書揚申候節樂ヲ奏し候へハ船中之者皆々帆柱へ揚航中ゟ石火矢を放し候儀未御免無之候故放シ可申候其眞似ヲ致シ呈書ハ箱入之儘大將并武官十六人其外附添ハツテラ船五艘ニて參ル商賣船之際ニて同船色旗飾り立見事之水門ニおゐても樂を奏し出島へ入申候

一大將裝束萌黄天鵞金モヲルノ下著兩肩ニ金之房飾り黒キ本國帽子是亦着後金之鎊りもの有之候

一武官十六人共紺羅紗之上著白の通例之帽子帶劔之各兩肩ニ金之房鎊り同樣粧へ申候

一樂人是又右同斷頭巾帽子之

一獻上物封之儘故不相譯仕吉高燈籠の臺の如く成もの二ツ是ハ置時計と申噂之此外箱入のもの種々有之由

一右カヒタン部屋へ納候後ハ差て相替り申候儀無御坐候尤晝夜共守護番
有之候由之　今日御奉行所ゟ被下もの左ニ
銘酒大貳樽男山是ハ大將トカヒタンへ壹樽ツヽ同小十六樽是ハ武官
十六人へ
鶏五十羽　芋三百斤　家猪三百斤　ふんちん五十把　大根五十把
鯛三十尾　一もし《チギノコトナリト云》貳荷
右之通り阿蘭陀人へ被贈下候事
辰八月十八日大坂表ニて寫
加納與右衛門
一當七月二日本國船注進有之ニ付波戸場ゟ御公儀御役人船迄健行丸一同
出帆致高鋒島後ヲ船繋り致候處最早本國船小瀬戸ゟ十七八里ニ參り候
由尤書翰取船者注進早速沖手へ乗出申候私共沖手出張直ニ名村貞五郎
繁園野生共三人御役所附尾上藤之介中辰若次郎鯨船ニ造り役船鯨船ゟ
人質喞として乗來り伊王島前ニて役名海陸廻り鯨船ニ乗移り蛍《マヽ》口善太

夫一同伊王島ゟ壹里程乗出シ候處向ゟ眞追風ニて本國船參り候ニ付直樣乗附可申候へ共波荒ニて難乗ニ付既ニ危ク候處本國船ゟ綱一筋投ケ喞《卿カ》候ニ付夫ニ取附漸乗付人質として武官之者二人役所諸書付持喞ニ次出島へ連越シ又々即刻沖手へ引返申候尤人質喞候節軍船之樣子一見仕候處上段艫之方ニ石火矢七挺下段表ゟ艘迄廿挺兩側ニて四十挺都合四十挺備居申候尤其節重役人之者ト相見兩肩ニ金之房飾有之衣服帶劔之者五六人見掛申候

一出島ゟ引返し候節本國船ハ最早高鋒島前ニ碇入居候間直樣乗付先ツ船階子を登候處階子之上出入口ニ帶劔之武官兩人腰ニ玉藥入胴亂を付劔付鐵砲藥仕込すヒトルヒハ可打放氣色ニ構イ申候是ハ田上野ニて調練有之候鐵砲變名ニヘレトント裝束迄相變不申候併鐵砲ハ少しも銹無之立派ニ磨き上ケ置申候跡ニて承候處此者ハ終日終夜一時交代ニて張番致居申候由且又右鐵砲ハ船大將折々見分之節白キ著物ニて掛見候間若

し少ニても錆有之其節著物穢候へハ其者早速押込退勤爲致候由

一船之內左手艫ノ方ニ參候處石火矢備へ有之此長サ凡壹間半太さ凡貳人廻し位ニて玉目凡三貫目位ニ候其先入口之向ふと九人之武官前々之如く劔付鐵砲所持致並ひ居候其上ハ手ニ陣太鼓二挺有之其脇ニ音樂之者九人喇叭所持之者有之都て外人船ニ揚候へハ合圖として喇叭を吹太鼓をたゝ氾候へハ鐵砲構へ申候ヶ樣成事ハ初ゟ故恐敷程仰天仕候樣有之候誠よ其形容嚴重成儀筆紙難盡候

一船長サ三十間八合幅七間乘組三百廿人餘外ニ黑坊十人餘有之候大將一人副將一人第一等之武官十人右ハ兩肩ニ金糸之房飾イタス第二等四人此以下之武官三十人程

軍令并石火矢打方之下知都ゟ銀軸ニ御坐候

此船本國ゟ咬𠺕吧ニ廻り九日滯船之上直ニ出帆當二日迄廿五日經て入津致候

一艫表ニ石火矢窓二ツ宛有之檣も餘程高く御坐候夫ゟ一段下り見候處艫之方ニ二部屋有之是ハ船大將ト副將之部屋ニ御坐候其次之間ハ侍頭分之者共集會致候所ト相見卓子有之皆々椅子ニ懸り居申候此間凡一間隔ニ裝束を付ケ各劔を拔持居候二十人計ツヽ兩側ニ並ひ居申候右卓子ゟ少シ艫之方ニ當り大成柱抔之物有之是ニ長サ一尺程之短筒凡八九百挺さし有之候其處ニ風車ノ如き者有之是ニ前ニ斧百挺程拔身之劔二ならひニて三百振り計さし有之候此邊ニ石火矢十三挺ツヽ都合廿六挺兩側ニ備有之候又天井ニ劔付銕砲凡六七千挺モ有之候此處ゟ表之方ニ大成金臼ニてコーヒー豆を椿居申候是ハ大勢故小き臼ニてハ迚も間ニ合不申候故と相見候夫ゟ又表之方ニ大ィ成竈ニて食物を焚居申候其先繋居碇綱御坐候

一三段目一見致候處此處ハ不殘侍部屋ニて艫一番部屋ハ石火矢玉有之候二番目帆部屋三番目ハ碇綱ナリ四番目ゟ七番迄ハ不殘侍部屋ニて兩側

三人ッ、之部屋三十程御坐候八番目鶏家猪部屋凡鶏六七千羽ぬた五六十匹有之九番目ハ酒部屋ニて三石桶位之キッハニ出し口有之セ子一ッル酒己ろキ酒其外四桶ニ茶碗一ッ、添有之上酒も数品有之様子ニ御坐候

一四段目胴之間ハ兵粮ト相見袋ニ入候ものの何程共難計候表ニ艫ニ鹽硝部屋有之其前ニ羊角燈籠燈し有之盤ニ水盛有之候鹽硝ハ三段目ニて不絶拵居申候

右之外誠ニ何一ッ抜目なく感心仰天仕候事而已ニ御坐候扨武官之内一人廿歳ニ相成候由誠無此上美男ニて漸十七歳よ相見申候此者隨分高身之者ニて追々昇進致高官ニ相成候由御坐候

一當二日本國船ニて用向相濟候故喞《マヽ》度段申入候處暫く相待呉候様申聞候へ共御検使其外御仕舞己れ候通詞而已居殘候而も不宜候故是非〱御度旨申入候處彼國法ニて軍令ニも有之候手數相濟候迄暫時との事ニ付

差扣候處二段目之石火矢を打放シ申候其節ハ上段ニ居候處餘程表之方ニて放し候へ共誠ニ筒音烈敷飛上り候位ニ有之候眞下ニて放し候ハヽ迚も難忍可有之候扨右打方相濟候上下知ニ隨ひ九人之者へレトンノ打方致又九人之者喇叭吹立一番ニ相進ミ二番ニ太鼓打方之者相進ミ三番目ニ劔付鐵砲ノ者九人四番目ニ金房之者十人五番目ニ侍四人六番目ニ廿人是ハ何も劔拔持居候又廿人一同ニもやし立各列を正シ船中を廻り元之所へ參り候扠終りに私共ヲ送り卸申候誠ニ其嚴重法令之正敷行粧實ニ目を驚シ感心仕候扨又今日カヒタン本船へ參り用向相濟候上船大將出島揚り申候

一同三日七ツ頃昨日人質ニ相成候兩人之侍出島ゟ本國船ニ歸り候ニ加藤喜十郎乘込居候處右兩人共最早出島へハ不參候趣申出健行丸へ懸合罷越候間中澤市郎兵衛殿渡邊重三郎殿私共召連本船へ乘付其趣意承糺候處右兩人并副將中出候ハ既ニ此節日本之爲御忠節ニ能成候處何歟御疑

之様子ニて小船等も澤山ニ相見本船脇ニ五六艘之端船是ハ加役方之船なり繫り居本船汶固め候様子相見先達て御願申上候合砲も御免なく尤此儀彼國之法ニ候へ共日本御國法ニ無之由候へ共何迄強て御願可申候譯ニ無之然處永く湊入も無之此處風波患難計候間早々御挽入奉願上候乍併若哉此船乗渡り候儀好をしから迄《マヽ》思召候ハヽ明朝ニても出帆可仕候へ共御國之御爲を存し遠海乗渡り候詮も無之是迄相待候へ共玉藥其外武器鹽硝等卸シ不申候而ハ何歟御疑ヒ候へ共既ニ阿蘭陀ト日本とハ二百餘年通信仕候得ハ譬へフランスニてもヱケレスニテモ又ハ其外之船乗渡り候共私共儀ハ御國へ御加勢可仕儀當然之理ニ有之間敷哉其節武器玉藥無之而ハ何ヲ以御加勢申上相防可申候哉只案閑と詠め居候外無之如何程ニも御加勢可仕心組ニ候處是等之儀御分チ無之段誠ニ殘念之至り實ニ胸を裂入御覽度奉存候夫迄も御聞入無之候ハヽ致方無之たとへ大將出島へ殘シ置候共不苦明朝ニも出帆可仕候間質人兩人御返シ

可被下候旨申出何分承知不致候誠ニ漸申宥メ右代り二人受取出島へ罷越候事

附り

一當廿日武官之者一人病死致稻佐郷悟眞寺ニ仮り葬致候其節葬送之式香花蠟燭等も無之只棺而已也上ニ紅白青之切ヲ覆ひ八人ニて舁申候但輿舁八人共上ハ著黒羅紗白ノ股引之船大將副其外武官之者四十人程不殘黒衣裝之官ニ應し帶劔井房飾り金飾り帽子等有之候

一西廻り前ニ碇突候後ハ先ツ穩ニ御坐候當廿日書翰持候筈ニて其段願出候處江府ゟ御下知有之迄ハ其儀御免無之相止申一左右而已鎊付ハ無之候へ共追々近國ゟ役船入津致沖合處々ゟ船計御坐候夜分ハ悉ク高張ニて仰山成ル事ニ御坐候先頃ゟ人數ハ海陸ニて余程相增申候此出張侍衆食物黒米同様之コハ飯菜迚も無之大困り之趣ニ御坐候

九月初二寫す

三度目書狀

七月二日長崎へ渡來之夷人共已前イケノ蘭人ニ因て申出候樣ハ是迄追々渡來之蘭船等ハ全ク商船之儀ニ付帶刀も不致御國法通り人別并武器等迄盡く御改ヲ受候上ニて上陸モ許サレ候事ニ有之處此度ハ國王ゟ使船之ヿニ候得ハ右同樣之御取扱ニてハ甚迷惑イタシ候旨申出候へハ長崎奉行伊澤美作守返答ニ帶刀ノヿハ使船之儀ニも有之上ハ其通りニて不苦尙又人別改メノ儀モ委細書付認メ指上可申候唯武器改之一條ニ至てハ古來ゟ　我朝之大法ふて縱如何ノ身分なり共外國ノ人ハ勿論國中ノ者ニても鎭臺其外關所等ニてハ必改メ候事ニ有之候得ハ此儀ニ於てハ決て指許シ候事不相成江戸へ伺候迄も無之某一存ニて及卽答候條屹ト相心得可申旨申渡候由

甲辰七月廿日

右伊澤作州与林學士書中ニ有之由學士物語之とて有馬藩ノ佐田修平語ル

佐田修平云伊澤作州ハ餘程好人物ニて既ニ長崎奉行命セラレ彼地ニ赴

カレ候節も實ニ必死之覺悟ニて後事ハ盡ク林式部へ托セラレ出立之由
村越芳太郎云此節此方作州屋敷隣家之者話ニ當時作州屋敷中ニてハ男
女老少一同日夜丹誠ヲ込て鬼神ニ禱ルノ外他事ナシト云

黒田家々中一同へ號令ス此度士大將方以下足輕ニ至ル迄功名セし者倍祿ト相定候樣致候

伊澤作州詩承り候間識し置候
黠奴元有利兪奇豈向　神州爭禮儀波浪侵來三萬里漁船兵器盡兒嬉 右ハ十月中承り候
海氣高衝天山雲已掩地我手有清風一揮拂群魅 右ハ八月中承候
右詩風說ニ承り候誤等も可有之候
鈴木豐大記

六月廿一日黒田家一番手操出扣
本陣　大音彥左衛門　大組頭永島十左衛門
大頭大音權左衛門　大組池田彌左衛門　大組大野十郎兵衛　馬廻頭野
村勘左衛門　目附蒲地彌十郎　足輕頭深見五郎右衛門明石久之允原彥
介廣瀨彥十郎永井吉藏庄野嘉ゟ永田磯藏石火矢役十六人　大筒方廿六

人　會足三十五人　御徒目付一人　御船頭五人　足輕二百四十人　御
加子浦千八百人　浦方付二人　小使二人　中師八人　御船數百四十餘
程　御米方二人　鐵砲師九人　船大工十八人
一番手總人數二千六百二十二人右六月十九日晝時長崎ゟ大軍蓄候處兩
市へ白米上納致候樣被仰付翌日懸り米二千俵余上納致候事二番手黑田
三左衛門殿御繰出候御馬廻三十餘騎有之候事御人數又々御增其後黑田
殿御出場之由勿論陸地摸樣ハ右之外大村殿ニも人數出候由
一六月中フランス石火矢六十挺も仕掛ケ大船へ乘り琉球へ來り交易申込
候處及斷候又借地之賴入候得共是又相斷候ニ付本國へ立歸り別段大船
仕立別條諾否の返答急度可承候先夫迄ハ爲證據同船の內フランス人二
人支那人二人遣置出帆仕候由但シ右支那人通事伴來候由頷ニ入墨抔有
之狡惡之樣子之薩州大迷惑近々警備之人指出候趣幕府大納戸某水野越前守ゟ直ニ承り候趣ニハ咄有之ゟ薩州ゟ右同樣の書翰參候間前方共符合致候鈴木春山大納戸某ニ直話承候趣薩州莊內人來ル昨十六日春山ニ承り候間相違無之事と云々

辰九月十一日堀大和守御下ヶ伊澤美作守へ相達候書付
阿蘭陀國王ゟ上書簡井貢獻物之儀ニ付委細被申越候趣承知候彼國歸帆
著急キ候段入御聽候處海上旬季《不詳》可有之尤ニ候間早々歸帆候樣被仰出候
上書へハ當地へ未相達候向共御爲筋之儀申上候趣ニ候間御披見有之候
ハヽ御滿足之儀ニ可有之候貢獻物之儀ハ海外之諸國ゟ御受納無之御國
法ニ候間其旨可然可被申論候使節其外之者共遠海渡來難儀ニ付可然品
々致勘辨御沙汰之趣ヲ以被下候樣可被取計候上書簡御披見之上猶御沙
汰之趣ハ追々在番之カヒタンへ相達候よて可有之旨可被申渡候右之趣
諭書相調横文字相添可相渡候事

十月九日

一大目付遠山左衛門尉堀大和守申渡諸向へ相達候由ニて御付共爲心得口
申候書付寫
當七月中長崎へ阿蘭陀國使節軍船一艘渡來書簡言上候右大意ハ外國通

商相願候儀被申立候迄ニて外ニ別條なき書ニ候世上ニ於ハ彼是雜談モ
可有之哉ニ候間心得罷在候向ニ急度可被咄置候事

天保十五甲辰五月廿三日寺社奉行松平和泉守様へ差出候由上書之寫
不願恐怖奉言上
抑微臣之《マヽ》等之祖ハ慶長之年間
東照宮兵法之一助ニとの　神慮ニて被　召出折々技藝之軍旅之引言
御尋有之賜世祿而後　台廟之御治世ゟ至今數代徒ニ公祿を奉貪全無奉
公年ニ一度之　上覽ハ御用ニハ無之則奉願被仰付候依之微臣文政八酉
年已來何ニても犬馬之勞を盡し度と存既ニ天保四卯年春脇坂中務殿役
人加集宇右衛門迄書付を以申上候條之内聊當時之風俗ニ相當候義も有
之奉懷之仕合奉存候又候愚意を言上候段多罪奉恐怖候得共一命奉而奉
申上候

一御本丸炎上ニ付諸大名ゟ内願とハ乍申獻金被仰出候往昔明暦度も乍恐御類燒と申其頃之諸侯を初メ萬民有福之時殊ニ諸色も下直之世の中ニ御坐候

一此十ヶ年程以前ゟ折々凶作相絶不申多く之人々米計ニ驚候得共萬物不作と候へハ何程烈敷御觸御坐候ても元方拂底故方便有之間敷也

一文化之末ゟ度々御縁組其外ニて諸侯疲れ候上二御丸御修覆西御丸炎上御代替日光之御大禮打續上ハ及逼迫當時大小名之内十軒ニ九軒ハ極窮之體ニ候得ハ詰りハ公用之號を以百姓を責候ゟ外無之候既ニ只今より諸民恐怖をも表申候

一絶言語有畏儀ニ候得共先ニ浪花之町人計餘分之御用金被　仰付其餘ハ御沙汰止ニ被遊暫假御住居ニ被爲入追々・(文ノ字脱カ)王之靈臺と均しく被思召候と萬民感涙を流し遂ニ成就可仕其上急速ニも美材堅木揃申間敷奉恐察候

一哀哉尺寸之不善を千重ニ擧ヶ大度之仁慈を半句も不稱ハ凡人之常也實

ニ舊職之御仁政侯伯子男拜借金之御宥恕幷貧民窮商ハ苦界を免れ候御
恩澤ニ候得ハ奉感稱候者ハ殆稀ニ而兎角御自火ニて諸民難題を被爲懸
と惡聲喧敷長歎之至ニ候
一不及申上候得共萬國往古ゟ當今ニ至程之太平聖代更ニ無類堯舜も爭カ
不及非時ハ御住居被爲入候とも聖禮之坐服可奉尊信哉と奉伏察
一嗚呼ヶ間敷候得共君ハ舟民ハ水の如前言明ニ末々凶年闖賊ゟ事起り萬
里の石堤も蚯穴之俗諺若奉蒙御大笑候ハヽ速ニ首を被爲刎候而も閻王
ニ謁し公祿を貪り奉り候申披可仕候
一圍碁ハ心之術ニして唯獨自己を守り候を以專一と仕り勝負を論ルハ全
ク素人之樂極意ニ至候てハ白石を取候得ハ必負候則治亂悉ク一局ニ備
り申候何之對馬若誤ニてハ損毛意外之難ニ逢てハ益己を守ルゟ外無之
候儀ニ其損を補シ候急候得ハ忽敗亂ニ成申候
一右樣天下の大道を端末不用之技藝ニ比し言上仕候重罪更ニ前後も不覺

候誠ニ惶誠恐謹言
天保甲辰仲夏　　　　　　井上因碩　百拜
此日松平和泉守殿ゟ御直書罷出候處古今初而御書院ゟ案內有之則御繼上下ニて於御書院達而御目見ヘ罷出候樣御同疊との儀ニ付再拜平伏仕候處去月中書付を以言上仕候趣至極御自分御心服ニ付早速其向ヘ御達御申上候所面目を御施し之旨操返被仰聞候間名信感涙止メ兼申候趣申上候然ハ去月之書面ハ永ク御貰被成候由被　仰渡扨々珍事ニ御坐候乍併蠢名正夫申上候も嗚呼ヶ間敷候
天保十五辰二月五日御用番牧野備前守樣御勝手ヘ指出同六月七日御呼出御書取御差圖相濟候本堂內藏之介殿伺書之寫
一異國船渡來も候ハヽ兼て助勢之儀被仰付も無之向ヘ臨時警固幷防禦等被仰付候儀可有之尤深山幽陰山國之領地ト云共是又時宜ニ寄り援兵等被仰付候儀可有之候間何つ迄之場所ニても異國船戰闘之制度を相考防

禦之利器等大砲之類分限ニ應し制作行届候様可申付旨去ル寅年被仰出
候私領分海上ニハ無御坐候へ共右ニ付非常之手當甚以手薄之事ニ候へ
共家來共へ心得方申付置候然ル處一統不案內之儀萬一其期ニ至り指支
候てハ奉恐入候間以來領內於閑地弓鐵砲貝太鼓其外印《シルシ》之類爲持野裝束
よて陣羽織等取交相用人數駈引教練爲仕度且又於陣屋內甲冑并右武器
類相用不事立樣穩便ニ前書同樣調練仕品ニより私儀も罷出試申度奉存
候尤陣屋內至而手狹ニ付不都合之儀も御坐候節ハ於柵外調練仕候ても
不苦候哉

一大砲之類是迄所持不仕候間追々取揃備置申度就てハ勝手筋之儀も御坐
候間於陣屋內爲鑄立申度奉存候右等之趣不苦儀ニ可有御坐候哉此段御
內慮奉伺候以上

二月　　　本堂內藏之介

御書取

書面人數調練之儀ハ都而伺之通り相心得可被申候右柵外ニて甲冑相用
候節ハ可成丈質素ニ不目立樣可被致候事
一大砲之儀鑄立候儀御鐵砲師へ申付候上ニて鑄物師為鑄立候儀不苦候尤
百目以上之筒鑄立候節ハ其時ニ屆指出候樣可被致候事
一加藤遠江守殿伺書并黑田豐前守殿へ御達之寫
辰四月廿一日伺同五月九日御達
私領内伊豫國洲海岸萬一異國船渡來之節國人數兼て手配申付置候得共
進退致精熟不申候依て折々事立不申候樣野服陣羽織著用具鉦大鼓旗印
弓鐵砲等ヲモ取交海濱山野之閑地ニて調練為仕度奉存候且又百目以上
之大筒望海上打拂ニても不苦候儀ニ御坐候哉御內慮奉伺候以上
四月廿一日　加藤遠江守
御書取
書面之趣不苦候尤弓鐵砲取交候儀ハ備立迄之積相心得調練之節ハ鐵砲

不〻様可被致候且又大筒打試之儀ハ人數調練不致候節別段相試過失無
之様可被致事
天保十五辰五月廿四日　　　　黒田豊前守
安房上總國御備場最寄異國船渡來之節人數指出候様先年相達置候へ共
最早不及其儀候（右大久保要ゟ文通之寫）
右志築ハ千石家老横手彦七郎我幽谷先生ニ學ヲ受クト云
調練總人數三百人計有之由承り申候甲冑製造之儀ハ我都之城下紺屋
丁ニ會津職人參り居候故是へ賴候由右甲冑出來上候を見候族も有之
候本堂ハ島津家ノ同族ニ御坐候由夫故島津家ゟ手傳も有之由承り
候
右志築一條當時之風說ニ候爲覺記居候以上
扨西海よも寧波廣東之奇聞追々承候ニ未界之微事ニ無御坐候慷慨之至
ニ奉存候西洋之勢宇宙を併呑可致心底と被察候御承知ニも可有之候へ

共初メ廣東之都督陏善滿人寧波之都督滿人イキリス之路を受候て道光帝ニイキリス之兵ハ憂るよ足らぬ亦恐ニ足らぬと申陳し居候由然ニイキリス之兵起り候迄（マヽ）て道光帝ニハ好キ様よ申なし候處イキリス之兵一出彼慶煩と申大銃盛ニ枚（マヽ）ケ攻來候處清兵慶煩を防候術を得不申ニ付誠ニ無人之地を行如ク清兵散々ニ大敗ニ及ひ廣東ゟ寧波當り之處千里計之間漠々たる廣原ニ相成候由清朝ニも道光帝親征有之候儀ニ相成候處道光帝之弟棉親王之子棉覬巒山と申兄弟兩人奮起致候て道光帝ニ代り征伐致度由折節魯西亞人清朝ゟ參り居候由此魯西亞人ニ付慶煩を防候術を學棉覬巒山兩人之清兵を帥イ申候て其術を施候ニ付是ニて兎ヤ角防候と申候右之外種々道路之言も御坐候へ共當夏舟之風說大體如此承り申候且又大宛抔も最早イキリス呑居候樣ニ承り申候勢左樣之事も可有之と奉存候一體廣東寧波之乱（本ノマヽ）〻哉清朝當時之勢清人と滿人との間不熟致候由ニ御坐候間イキリス彼大富人之事故賂等盛ニ行ひ益人心を破り候

て兵を擧候故速ニ無人之地を行如ニ勝利を得候よし且亦イキリス之祥《マヽ》密可恐事ニ御坐候今度清朝之軍人之防術之事甚秘して諸軍ゟ傳候書抔早クイキリスニハ手ニ入申候由右書抔をイキリス左字ニ直し居候を將軍家へ獻上と申候て持參候よし誠ニ其祥密云々

右久留米某ゟ水戶某へ來書之寫天保十三年

一當七月中長崎高島四郎太夫ゟ申越候ニハ當年唐船書上ニハ一昨年來イキリス船亂入殊之外烈敷舟山チヱハフ寧波抔申處被攻取人數澤山罷越其勢ひ猛烈之事ニ而追々清朝一統も可致樣子ニ相見大騷動之趣彼國火術ニハ唐山ニても凌兼候趣ニ相聞候趣申越候

一相房御備場も川越侯下總侯御持場被仰付右ハ引渡迄之内田中市之左衛門殿御支配被仰付　御城中ゟ直樣出立供廻ハ筋違橋御門ニて相揃候中間迄も武具手當迄も行屆諸人感伏之事御坐候其外海防御手當日々御評議無御油斷夫々御沙汰之趣難有事ニ御坐候　右二ヶ條天保十三八月江南ゟ來書之寫

天保十三年壬寅七月七日阿蘭陀人風說書

一エケレス國女王乘車ニ對短筒ヲ二挺打懸候𪜈の有之既ニ危キ場合ニ及候儀ニ御坐候

一エケレス國之女王男子ヲ產申候

一フランス國所々ニおゐて徒黨を催候得共速ニ靜申候然ルニ其國王幷王子等之命ニも掛り候儀を示合候者共追々露顯申候

一唐國ニ而エケレスとの戰事今以不穩候去々年以來之儀追々別段可申上候

一昨年來アフハ《カカ》ニスタン アケレス支配之東印度地名 之國民等アケレス國人等ヲ數多殺害致し右之始末ニ而戰爭今ニ靜り不申候

天保十三年

阿蘭陀人風說書

昨年ハ廣東邊ニゐ相戰居候處當春之初ニゐハ福建或ハ寧波府其外蘇州邊・〔ニ脱カ〕ゐ合戰致シ大船六十艘程參り當時流行之ホンヘン筒澤山ニ用候處船ハ革ニゐ張詰有之由唐國ゟ打懸候石火矢ハ陸ゟ船を見當打候事故十ニ八ツ迄ハもつれ當候ゐも革ニゐ請留本船を打挫き候事出來兼敵船ゟ打懸候筒ハ大勢群集居候處へ打懸候故たとへハ敵方十五人死人有之候ゐも唐國も千五百人も打殺され候由唐國ゟ小船ニ燒草焰硝等積込ミ敵舟へ乘付候ゐ火を付人ハ永練を以逃去候謀計なとも致候得共敵ゟ見きりし乘付不申由右筒ニゐ打懸候事故謀計空敷相成且大船ゟ沖ニ繫り小舟を數十艘乘廻シ逆風も不搆竪横自在ニ如矢乘り廻り致駈引候故唐國も大勢とハ申なから手をあまし候由其上船ニゐ勝手ニ乘廻シ候故いつを歟戰場と難見詰混雜ニ紛れ盜賊夥敷上使人と數人出掛參候ゐ似セ上使打混シいつをり本使やら似セ上使やら相分不申候内亂出來却ゐ大勢よて取締出來兼蘇州寧波府邊大分責取られイキリスノ手ニ入ツ、との風

開ニ御坐候八月十三日

一唐山と唱夷ト和議以來廣州福州寧波厦門上海五所之地方イキリス人割地へ商館ヲ營シ交易を始又大ニ年貢を緩居民ヲ招追々服從セしめ最初ハ恩を以懷ケ不從ものハ威ヲ以テ口食之催し頻りニ相成候ニ付寧波府福建府廣東府之官人密ニ京師ニ上表いたし國々ゟ勇士を招き集去ル廿三日夜大霧之時ニ乘し五所之地方一時ニ起り立イキリス商館を襲討候處イキリス人共も和議以來大ニおこたり罷在殊ニ軍事ニ携候もの共ハ本國其外へ歸帆いたし只商賣ニ携候もの共多ク居殘候事故悉ク被打散壹人も生殘者無之清人大ニ勝利を得候由然共かゝる珍事をイキリス人共傳承候ハヽ必然恨增長再ヒ讐を結びしニ至んと海岸へ防禦之制精しくいたし候由右ハ清商手踖中ゟ拔萃いたし荒增申上候猶委細之義ハ追々可申上候以上

右ハ書上ケニ相成候由林門川田八之助ゟ借入寫取之趣ニ御坐候

一土井大炊頭より新阿彌を以御城附共へ召出よて相渡候書付寫

異國船渡來之節取計方之儀今度被　仰出候就而向後若海邊へ渡來候ハ、臨時ニ警固并防禦等被仰付候儀可有之候間平常大砲等用意可被申付置候蠻夷之諸國戰闘之仕組和漢之制度とハ相違候ニ付利方之軍器別段之用意も可有之候間參勤之面々其覺悟ニて防禦之仕方兼て心懸置可申候併右ニ付參勤之節是迄より多人數召連候儀ハ無用ニ致候江戸表有合之人數ニて相心得候樣可致候定府之者ハ當地重モの事ニ付別テ右之心得よて彌手厚よ用意可被申付候都而人數并兵具等取飾無之被書出若只今迄銘々手薄之義有之候とも御沙汰之筋ハ無之候間可被得其意候右之通り可被相觸候

九月

異國船渡來之節防禦之儀今度別紙之通り被　仰出候右ニ附てハ領分よ海岸無之分ニても其最寄へ異國船渡來候節ハ兼て助勢之儀被　仰出無

之向へも臨時ニ警固幷防禦等被　仰付候義も可有之尤深山幽陰山國之領地といへとも是又時宜ニより援兵等之儀被　仰付候義も可有之候間何れの場所ニても異國戰闘之制度を相考防禦之利器等大砲之類分限ニ應制作致置非常之備手厚く行屆候樣可被申附候已上

右之通り可被相觸候

九月

右之通相觸候間可得其意候

當秋阿蘭陀船入津之節カヒタン共ゟ書簡風說書之趣長崎奉行久世伊勢守窺候付

一漂流之日本人爲乘組候異國船渡來可致哉之風說書阿蘭陀カヒタン差出候付取計方之儀文化度松前表へオロシヤ船渡來候節被仰渡候御書取之趣意今般評議之趣ニ付而ハ不分ニ有之や取調可申上旨

右御書付寫別ニ書付共二冊五通御添越前守殿以田中休藏一坐へ御渡
左衛門尉受取左衛門尉ハ遠山左衛門尉也勘定奉行なり
去ル五日評議いゐし可申旨被仰聞御渡被成候久世伊勢守相伺候書面一覽仕候處此度入津仕候阿蘭陀新古カヒタン差出候横文字書付和解爲致處漂流之日本人七人爲乘組候モリソンと申エケレス船漂流人送越候趣右も商賣相願樣ゐめ江府近海へ到候風說之由右之通日本人異國漂流罷在候趣ニ付手寄も有之候て重而入津之節連渡候樣當秋阿蘭陀人出帆之砌可申渡哉之段御內意相窺候趣ニ御坐候此儀林大學頭大內記カ井神尾山城守御水目付野舍人御勘定奉行吟味役等取調申上候書面等も夫々一覽之上勘辨評議仕候處元來異國漂流之日本人連渡候儀兼而阿蘭陀人も心得罷在候殊ニ今般カヒタン申上候風說迄之儀を以右漂流人連渡候樣阿蘭陀人へ申渡候處漂民を憐み救儀も彼國之もの共推考致間敷とも難申左候而ハ外國へ被對御趣意ニ觸候筋ニ付漂流人連渡候儀阿蘭陀人へ申渡候ニおよむ

れ候段被仰渡可然且前書之次第を以此度エケレス船江府近海へ渡來候程も難計候へ共異國船打拂之儀ニ付而ハ文政八酉年之御書付ニイギリス船先年於長崎狼藉ニ及近年ハ所々へ乘寄薪水食料を乞ひ去寅年ニ至候而ハ猥ニ致上陸或ハ廻船之米穀島方之野牛等奪取候段追々横行之振舞其上邪宗門勸メ入候致方も相聞旁難捨置事ニ候一體イキリスニ不限南國蠻西洋之儀ハ御制禁邪敎之國ニ候間以來何レ之浦方ゟおゐても異船を見受候ハヽ其處ニ有合候人夫を以一圖ニ打拂逃延候ハヽ追船不及差出其分ニ差置押而上陸致候ハヽ搦捕又ハ打留候而も不苦候本船を寄候て打潰候共是亦時宜次第可取計旨被仰出候尤唐朝鮮琉球なとハ船形人物も可相分ル候共阿蘭陀ハ見分相成兼可申哉右等之船類不見損打誤候共御察度有之間敷候間無二念打拂を以掛圖を不失候樣取計方專要有之況交易願望之主意を含信義を唱へ漂民を囮《ヲトリ》ニ利を計樣猶更之次第ニ付大學頭申上候趣も有之候へ共大体蠻夷之奸賊ニ對接之禮を可致筋ニ

ハ有之間敷候縱令漂民連渡候共山城守（神尾）等（御目付）申上候文化度長崎表へ渡來致候魯西亞日本漂流人連候節被仰渡候趣等思辨候而も　御仁惠被施候も平常ニ可有候處ニ而　御國の災害を被爲除候爲メ賊民の存亡ニ不拘え取計可有之も　御國制之大事一時權變之御仕置ニ付敢て君德を薄し候道理ハ有之間敷候間向後彌右御書付之趣を以無二念打拂之儀勿論有之候尤海岸御備之儀ハ兼々向々ニ於て心得ニ罷在候上ハ今般風說之趣別段右之向へ御沙汰ニハ及申間敷候儀与奉存候右評議仕候趣書面之通御坐候書付不慮返上仕候以上

評定所一坐

戊十二月四日御目付鳥居耀藏（高二千三百石林大内記次男）實海防御備場見分可致旨於御祐筆部屋ニ被仰付候亥正月九日出立御代官江川太郎左衛門同日出立御臺場見分相始候事浦賀奉行太田運八郎足早之丈夫なる船廿艘積荷をおろさせ見分用意として引揚ニて數術ニ而內田彌太郎（伊賀組御留主居支配麻布住居）江川ゟ申置候而跡ゟ浦賀迄相立候正月廿五日　奥村喜三郎　此所五字不詳

上官下水主炊奴通計百五十八万四千六百廿人一艘平均六十餘人

測量家之是亦江川ゟ申立候由追々出立候由相聞申候

〇元海按ニ諳尼利亞近來武威強盛ニシテ四大洲中ノ諸國彼ニ幷呑セラレタルヿ八十余所ニ及日本ノ南方大海ノ諸邦大抵皆蚕食セリ其本國ノ土地ハ大略我日本ト伯仲スベシ本國ノ人民ハ一千七百七十万六千餘ニ過サレ𪜈攻取タル海外ノ領地八十六所ノ民總テ七千四百廿四万餘アリテ本國ノ人數ノ四倍ニ餘レリ其所持ノ大船一万五千八百六十四艘皆悉軍艦製ニテ毎船大砲四十八坐載セ乘船ノ上官十七万八千六百廿人下官四十一万六千餘人其他水主崑崙奴炊奴等モ亦一百万餘人アリ實ニ富盛ノ國也初諳尼利亞ノ清朝ニ交易ヲ通セシトキニ是ヨリ前ニ阿蘭陀ト彼爾杜瓦爾ノ二國商館ト爲シ共ニ專ラ貨物ヲ交易ス然ルニ諳尼利亞ノ通スルニ及テ富盛ニシテ貨物ノ多ヲ以テ互市ノ勢漸々廣大ニ成テ二國ノ禍少ナカラザルヲ以テ二國𪜈此ヲ患ヘ廣東港ノ交易ノ吏ニ賄賂ヲ遣ヒテ讒ヲ構ヘシニ因テ清朝ニテ甚諳尼利亞ヲ疎シ互市モ頗ル難澁ニ及ビ幹《乾カ》隆

年中ニ至テ疎潤セラル、ヿ益甚諳尼利亞ノ官吏等モ清乾《朝カ》ノ交易ヲ休ン
ト欲スルノ評議アリシト云然レ𪜈漢手產ノ茶ヲ諳回《尼カ》利亞ノ人珍重スルヿ
ヿ極テ甚キヲ以テ國王群臣ト會議シ支那國ノ賄ヲ以テ我國ヲ疎ズルヿ
ハ支那帝ノ意ヨリ出タルヿヲモ有マシケレハ我國ヨリ別ニ使者ヲ遣ハ
シ獻上ヲ盛大ニシ臣ヘモ進物ヲ豐厚ニシテ交易ノヿヲ願ヒ入ル、ニ於
テハ和親ノ調ハンヿ必セリトテ嘉慶帝誕生スルニ及賀使諳尼亞一國ノ
名擧《譽カ》ノ智臣珞《ロ》兒《シ》鐔《ナ》麻《マ》葛《カ》尒的浬乙ヲ正使トシ其他天文地理醫術工技物產
等ノ學勝レタル高明ノ士數輩ヲ選ミ副使トシ珍寶奇器書畫等種々ノ品
物ヲ夥ク大舶四艘ニ積載テ清朝ニ聘シ北京マテ至テ此ヲ帝及諸大臣ニ
獻ズ於是乎和親ノヿ厚ク調ヒテ交易ノ願成就セリ是ニ因テ乾隆帝諳尼
利亞ヲ信スルヿ厚ク地ヲ賜リテ商館ヲ建シム今ハ廣東港ニ於テ西洋諸
國商館中イキリスノ商館最廣大美麗ニシテ嚴然タル一箇ノ堅城ナリ後
イキリス國王漢土ノ學ヲ明ニセンヿヲ欲シ人ヲ支那ノ學校ニ遣ハシテ

學ハシム故ニ往々ニ詩ヲ賦シ文ヲ作ルモノアリト云
○莫利宋《モリソン》ハイギリス國良家ノ子ニテ幼年ヨリ學ヲ好ミ材力絕倫弱冠ニシテ學校ノ教授タリ漢土遊學スルヿ廿餘年曾テ五車韻府ヲイギリス語ニ翻シ自ラ序文ヲ作リテ開枚セリ今其書舶來シテ天文屋シキニアリ文武兼備ノ英雄ナルヲ以テ機要ノ役ヲ勤メ次第ニ昇進シテ當時廣東交易吏ノ都督ニ補セラル東南洋中ノ屬國處置交易等ノヿ務メヲ帶シ五百石ノ祿ヲ食ミテ一千餘艘ノ軍艦ヲ支配シ三万人程ノ水軍ヲ撫御シ南海諸州ノ軍勢ヲ總裁スル役人ナリ

　右者諳尼利亞國ノ史記ニ載スル處ノ文ヲ節畧シタルナリ若シ莫利宋自ラ來ルヿナラハ容易ナラサルヿナルヘシ駿河伊豆相摸安房上總等ノ海濱其心得ナクハアルヘカラス

右一書ハ讚藩寺井肇來訪示予秉燭ノ間謄寫之不得一讀而返璧畢故不能無脫文誤字唯憾林家之所上聞異船接待之文字不得也又尾闢三策之所論風

論之文字頗有發明之説也

天保己亥二月下澣

幕府監察鳥井耀藏及縣令江川太郎左衛門測量家等今日　登城之山

風説云猿島之南新説大砲ト云々又云河越侯之領地見改ト云々

三月望日

右西野新治筆記

紅毛告密　　濟

和蘭國王書簡幷獻上物目錄和解　　澁川六藏

鍵箱之上書和解

この印封せる箱ハ和蘭國王ゟ

日本國帝征夷大將軍チさし奉る之ニ呈せる書簡の箱の鍵ヲ納ムこの書簡ノ事ヲ司

へき命ヲウクル貴官のミ開封し給ふべし

暦數千八百四十四年二月十五日天保十四癸卯ノ年十一月廿七日ニ中ル死刺汾法死和蘭國ノ部
ニ於て記ス
和蘭國王密議廳主事　名花押文字不讀得
崎陽所譯名氏アーゲーアーフアンラプバン

鍵箱之封印和解

書簡外箱上書和解

日本國帝殿下　和蘭國王

書簡和解

神德ニ倚賴せる和蘭國王兼阿郎月拂郎察國ノ地名納《ナス》騷《サウ》獨逸都國ノ地名のプリンス爵名魯吉瑟謨勃兒孤和蘭國ノ地名のゴロートヘルトフ爵名微尓列謨第二世謹テ江戸の政廳ニマシマス德威最高威武隆盛ナル大日本國君殿下ニ書ヲ奉シテ徵吏ヲ表ス冀くハ殿下観覧シ賜テ安寧無爲ノ福ヲ享玉ハン事ヲ祈る

一抑今ヲ距る事二百四十餘年前ニ世ニ譽高クましはせし

烈祖權現家康ゟ信牌ヲ賜ハリ慶長五庚子年和蘭國ノ船始テ本邦ニ來リ同十四己酉ノ年七月廿五日神祖ヨリ御朱印ヲ賜リ己酉ゟ今茲甲辰ニ至二百三十六年なり我國ノ人貴國ニ航シテ交易スルヿヲ許サレシヨリこのかたその待遇不淺甲必丹も年ヲ期シテ殿下ニ謁見スルヲ許サル古ハ甲必丹ノ江府拜禮毎年なりしを寛政二庚戌ノ年より五年目ニなれり此二年ヲ期していへるハ蓋近代ノ事ヲサシテイヘル也

聖恩ノ隆厚ナル實ニ感激ニ勝へず我も亦信義ヲ以てこの變替ナキ恩義ニ答奉リ彌貴國ノ封内ヲシテ靜謐ニ庶民をして安全ならしめむと欲雖然今ニ至るまて書を奉ルベキ緊要の事なく且交易ノ事及ひ尋常ノ風説ハ拔答非亞爪哇島の府名也元和五己未年和蘭國ノ人全島ヲ奪ヒ闍瓦答剌城ヲ改メテ拔答非亞と云及ヒ和蘭領亞細亞諸島和蘭國ノ人印度地方ノ諸島ヲ併奪テ領之是ヲ和蘭領亞細亞諸島トイフの總督ヨリ告奉るを以て兩國書ヲ通スル事あらざりしか兩國書を通スル事なしといふハ誤也慶長十四己酉年七月廿五日同十七年壬子ノ十月神祖ヨリ和蘭國王へノ御復書あり蓋和蘭暦代治平ノ日少キヲ以テ文献ノ徴スヘキナキニヨルノミ今爰ニ觀望シ難き一大事起レリ素ゟ兩國の交易ニ拘ルニアラズ貴國ノ政治ニ關スル事なるを以て未然ノ

憂ヲ憂始テ　殿下ニ書ヲ奉伏望此忠告ニヨリテ其未然ノ患ヲ免レ玉ハン事ヲ

一近年英吉利國王ガ支那國帝ニ對シ兵ヲ出シテ烈敷戰爭セリ本末ハ我國ノ舶毎年長崎ニ至りて呈スル處ノ風說書ニテ旣ニ知り給フベシ威武隆ンナル支那國帝王も又々戰テ利アラス歐羅巴洲ノ兵學ニ長セルニ辟易シ終ニ英吉利与和親ヲ約セリ是ヨリシテ支那國古來ノ政法甚錯亂シ海口五所ヲ開イテ歐羅巴人ノ交易ノ地となさしむ五所ノ地方ハ即チ慶州福州寧波厦門上海チ云其禍亂ノ原ヲ尋ルニ今を距る事三十年前歐羅巴ノ大亂治平せし時寬政ノ頃ニ當リテ拂郎察國―なるものあり國の內亂チハライ自立メ王タリ於是兵チ四方ニ出メ諸國チ併セントシ歐羅巴洲大ニ亂ル文化十二乙亥ノ年諸國相謀て―チ擒ニメ流竄シ數年ノ兵亂治平セリ乙亥ガ今茲甲辰ニ至リ正ニ三十年ナリ諸民皆永ク治化ニ浴センヿヲ願フ其時ニ當リテ古賢ノ敎ヲ奉スル帝王ハ諸民ノ爲ニ多ク商賈ノ道ヲ開キテ民蕃殖セリシカリシガ器械ヲ作ルノ術及ヒ合離ノ術万物チ離合メ其質チ究理スル術チイフニ因テ種々ノ奇巧ヲ發明シ人力ヲ不費メ貨物ヲ製スルヲ得さしめしり

豐大曰此語妙甚シ余半生所見者暗ニ合ス此語チ明察スルニ非レハ交易ノ利害得失ハ論スルヿ不能ナリ

之諸邦ニ商買蔓延シテ反テ國用乏キニ至リス就中武威世ニ耀ケル英吉利ハ素ゟ國力豊饒ニメ民心巧智アリトイヘ𪜈國用乏敷ハ特ニ甚シ故よ商買の正路ニ不據して速ニ利潤ヲ得んと欲或ハ外國と爭論ヲ興シ時勢不可已ヲ以て本國より力ヲ盡シ其爭論ヲ助クルニ至ル是等ノ事ニヨリテ其商買支那國ノ官吏ニ廣東ニテ爭論ヲ開遂ニ兵亂ヲ起セシ也支那國ニテハ戰甚無利國人數千戰死シ且數府ヲ侵掠敗壊セラルノミならず數百万金ヲ出して火攻ノ費ヲ償フニ至レリ

一 貴國も今亦如此ノ災害ニ罹リ玉ハントス凡災害ハ倉卒ニ發スル者也今ゟ日本海ニ異船ノ漂浮フ事古ゟも多くなり行テ是ノ爲ニ其舶兵ト貴國ノ民ト忽チ爭端ヲ開ヿ終ニハ兵亂ヲ起スニ至ランコレヲ熟察シテ深ク心ヲ痛マシム　殿下高明ノ見マシマセバ必其災害ヲ避ルコトヲ知玉フベシ我亦安寧ノ策アランヲ望ム

一 殿下聰明ニマシマス事ハ暦數千八百四十二年天保十三王子ノ年ニ當ル　貴國ノ八月

十三日長崎奉行ノ前ニテ甲必丹ニヨミキカセシ令書ニ因テ明カ也令書ニ曰異國船日本ノ沖合へ渡來ル時打拂方ノ義嚴カニ取計フニ付阿蘭陀船モ長崎ノ外ハ乗ヨスル事有マシキニも無之船の形似寄候ヘハ兼て其旨相心得不慮ノ過無之様心懸通船可致旨文政八年中渡置候處當時不寄何事御仁惠ヲ被施度との難有思召ニ付外國の者ニても難風ニ逢漂流等ニテ食物薪水ヲ乞までニ渡來候を其事情ニ不拘一圖ニ弓鐵砲ヲ打放候てハ外國ニ對シ信義ヲ失ハれ候御處置ニ付自今以後ハ異國人渡來候とも食物薪水等を乞ふの類ハ打拂ハす乞旨ふまうせ歸帆可爲致事ニ取計の間よつてハ和蘭陀人共心安通船可致候外國の者たる共ケ程迄ニ信義を厚く思召難有儀ヲ能々相辨可申候其書中ふ異國船ヲ厚遇すべき事を詳カニ載るとゐへとも恐らくハ尚いまゐ盡さる處あらんゐ其主トする處の意ハ難風よ逢ひ食物薪水ニ乏くして貴國の海濱に漂着する船のミよ在もし信議を表し或ハ他のいずれありて貴國の海濱を訪船あらん時の處置ハ見へず是等の船を冒昧ニ排擯し玉ハヽ必爭論を開ゐん凡爭論ハ兵亂を起ス兵亂ハ國の荒廢を招二百餘年來我國の人貴國ニ留居の恩惠ヲ謝し奉らんが爲よ貴國をして此災害を免をしめんと欲ス古賢の言よ曰災害あゐらんと欲せバ險危よ臨む勿レ安靜ヲ求めんと欲セハ紛冗を致事勿レ

一謹て古今之時勢ヲ通考するに天下の民は迷に相親む者にして其時勢ハ人力のよく防く處にあらず蒸氣船（蒸氣船ハ水車与蒸氣筒ヲ設ケ石炭ヲ焼テ蒸氣筒中の水を沸騰し蒸氣によりて水車を旋轉せしめ風向ニ拘ハラズ自由ニ進退せる船之文政四丁卯の年ニ創造せと云）創製せしより以來各國相距事遠きも猶近きに異ならざかくの如く互ニ好ヲ通ざるの時に當り獨國ヲ鎖シて万國と相親ザルハ人の好せる處に非貴國歴代の法ニ異國人と交ヲ結事ヲ嚴禁シ玉ひしハ歐羅巴洲ニて遍く知る所之老子曰賢者位に在をハ特によく治平を保護ス（此意ニ當ルべき語老子ニ見エズ俟後考）故ニ古法を堅ク遵守して反テ亂ヲ釀さんとせバ其禁ヲ弛むるハ賢者の常徑のミ是

殿下ニ丁寧ニ忠告スル處也今貴國の幸福なる地をして兵亂の爲に荒廢せざらしめんと欲セハ異國人ヲ嚴禁せる法ヲ弛め玉ふべしこれ素ら誠意に出る處にして我國の利ヲ謀るに非ス夫衍平和ハ懇ニ好ミヲ通ざるハ交易に在冀くハ叡智ヲ以て熟計シ玉ハン事ヲ

殿下親筆の返翰ヲ賜ハルべし然ラ

一此忠告ヲ採用し玉はんと欲セハ

ハ又腹心の臣ヲ奉らん此書ニハ概略ヲ擧る故ニ詳なる事ハ其使臣ニ問玉フベシ

一我カ遠く隔てたる貴國の幸福治安ヲ謀るが爲ニ甚心ヲ痛しむ加之在位二十八年ニして四年以前ニ讓位せし我父微爾列謨第一世王も遠行して悲哀ニ沈メリ（微爾列謨第一世ハ安永元壬辰ノ年ニ生れ文化十癸酉年ニ和蘭國ヲ興復シ同十二己亥ノ年王位ニ封セラレ天保十一庚子ノ年今王ニ位ヲ讓リ同十四癸卯ノ年卒セリ癸酉ヨリ至庚子在立二十八年壽七十二）殿下亦此等の事を聞召玉ハヽ我と憂勞ヲ同シ給はん事明らなり

一此書を奉せるニ軍艦ヲ以てせるハ　殿下の返翰ヲ護して歸らんが爲のミ又我肖像ヲ呈し奉るハ至誠なる信義を顯さんが爲のミ其餘別幅ニ錄せる品ハ我封内ニ盛ニ行ハル、學術ニ依テ致ス處也不腆と雖我國の人年來恩遇ヲ受シヲ聊謝シ奉らんが爲ニ獻貢ス向來不易の恩惠ヲ希ふのみ

一世ニ譽れ高クマシマス　父君の治世久敷多福ヲ膺受し給ひしを眷帖

セル神徳ニヨリテ　殿下亦多福ヲ受大日本國永世無疆天幸ヲ得て靜
謐敦睦ならん事を祝ス
即位ヨリ四年暦數千八百四十四年二月二十五日天保十四癸卯年十二月廿七日ニアタル死
刺汾法死和蘭國ノ都の宮中ニ於て書セ　微爾列謨
テ、ミンストル、ハンコロニヱシル外國ノ事ヲ主ル大臣ノ官名　瑪陀《マーダ》
日本國殿下へ　和蘭國王ゟ奉獻候貢物目錄

一和蘭國王姿畫　一枚
但身之大正寫周ニ金像ヲ付ケ和蘭國高名之畫工ハンデルヒリスー人名
之筆ニ御座候
一水晶大燭臺但五方火燈之様拵有之候　二本
一大花生但造花有之候添　壹
一六挺込短筒但壹箱入　壹揃
一カラペイン筒但短筒壹箱入一種之名　壹挺

一新刊地圖 但歐羅巴洲諸國之圖集有之候 壹
一同大 但和蘭國領分東印度之圖有之候 壹
一シユリナメ人名道中記 大一冊
一和蘭國領所東印度風土記 大三冊
一東印度草木之繪圖 大二冊
一瓜哇草木繪圖 大三冊
一日本草木之繪圖 中一冊
一同獸類之繪圖 中四冊
一星學ニ拘り候地理書 中二冊
一地理書 中二冊
一星學書 中二冊
一天文書 小五冊
一デガラトフ人名之星學書 小一冊

一ハンカタンス人名之星學書　小一冊
一總世界之風土記　小一冊
一萬物之説錄　小一冊
一サテリンス星名之説錄　小一冊
一ニンケ之彗星説錄　小一冊
一星學稽古書　小一冊
一ハルシイ之彗星説錄　小一冊
一天文書　小一冊
一彗星觀察之書　小一冊
一万物之説錄

右之通和解仕候處相違無御坐候以上

巳四月

森山源左衛門印

森山榮之介印

和蘭國攝政へ之御返翰并別幅甲比丹へ御諭書

久世出雲守　内藤紀伊守　青山大膳亮
林大學頭　稲生出羽守　遠山左衛門尉
鍋島内匠頭　石河土佐守　松平河内守
久佐美佐渡守　平賀三五郎　松平式部少輔
小出織部　山口内匠　石谷鉄之丞

去年阿蘭陀國王ゟ書翰差越ニ付別紙之通今度各ゟ彼國重役へ書翰指遣候右ハ最前存寄相尋銘々見込之趣被申聞候ニ付爲必得寫相添此段相達候事

かひたんへ喩書寫

我國往昔ゟ海外ニ通問スル諸國不少しに四海泰平ニ治り法則ゐゝ備り朝鮮琉球の外ハ信を通せる事なしその國と支那ハ年久しく通商せるといへども信を通せるにハあらせ然るに去秋其國王ゟ書翰さし越といへ

とも厚意ニめでゝ夫か爲に答れハ則信ヲ通するの事にして　祖宗の嚴禁を犯す是我私ニあらず故ニ返翰の沙汰ニ及ばさし雖然多年通商の好ヲ不忘至誠の致す處祝著不過之其懇志之程聊會釋ニ不及バ禮節を失ひ且誠意ニ戻る依之其重役へ書を送テ其厚ヲ謝ス又品々贈越といへとも返翰ニ不及上ハ請納めらさし玄られとも厚意のもたしかたき故に其意に任せて納とゝむ就てハ自是も會釋として國産の品々贈遣す也然ども渡來必書翰さし越事なかれもし其事なりとも封を開かすして返し遣すべし正に禮を失ふに似たりといへとも何ぞ一時の故を以て　祖宗曆世の法を變すべけんや爰を以他日再ヒ言を費す事なかれ此度書簡相贈候ニて其返報も固く無用たるべし此旨能々心得本國へ申傳ふべし

去歳七月貴國使价船齋
國王書翰到我肥前長崎港崎尹伊澤美作守受而建之江戸府我主親讀之

貴國王以二百年來通商之故有遙察我國之利病見忠告一事其言極爲懇款
且別見惠珍品若干種我王良用感荷理宜布報然今有不能然者我祖創業之
際海外諸邦通信貿易固無一定及後議定通信之國通商之國通信限朝鮮琉
球通商限貴國與支那外此則一切不許新爲交通貴國於我從來有通商無通
信々與商又各別也今欲爲之布報則違碍祖法故俾臣等達此意於公等稟之
於
國王事似不恭然祖法之嚴如此所以不得已請諒之至見惠禮物亦在所可辞
然而厚意所寓遐方逡致倘幷返納益涉不恭因今領受薄普土宜數種以表報
謝具錄別幅勿却幸甚抑祖法一定嗣孫不可不遵後來往復幸見停或其不然
雖至再三不能受幸勿爲訝至於公等書翰亦準此不爲報也但貴國通商則遵
舊約勿替亦是愼守祖法耳幸稟之於
國王雖則云爾至於
國王忠厚誠意則我主亦深感銘不敢疎外也因今俾臣等具陳言不盡意千万

諒察不備

阿蘭陀國政府諸公閣下

阿部伊勢守正弘判
牧野備前守忠雅判
青山下野守忠良判
戸田山城守忠温判
同拜

弘化二年己《乙カ》巳六月朔日

別幅

貼金屛風　一枚
撒金硯紙匣　一副
撒金提合檯　一具
華紋紗綾　二十端
彩綾　二十端

描金書架　一坐
撒金文台硯匣　一副
華攻綸子　二十端
彩龜綾　二十端
彩紬　二十端

整

私領琉球國之內那覇沖へ當三月十一日異國船壹艘漂來卸碇候ニ付漂來之次第ヲ相尋候處異國へハ言語文字不通候へ共唐人乘組居佛郎西國之船人數二百三拾人乘り候て廣東へ相渡り歸帆之段洋中逢難船々具相損シ右修補丼粮食爲求方致來著候段申出尤船へ石火矢鐵砲鑓刀等段々乘セ付有之候へ共兵船之樣子ニてハ無之候且又船具修補用木丼粮食用牛豚野菜相求度申出候ニ付相與へ處船具修補之異國人共佛朗西國之儀二百年來中國爲通融來當〔本ノマヽ〕候相親み依之佛朗西國皇帝之命を請中國憐〔隣〕近之諸國可致交通候間琉球へも通ゐ〔問カ〕介致交易度旨申出ニ付琉球之儀全體產物等少キハ勿論金銀銅鐵ハ全ク無之國柄ニ候へハ交易ハ不相調候段分て申斷候處一圓不致承知此儀不相調候ハヽ和ヲ通シ貢を可治申聞候ニ付是迄相斷候へ共落著無之猶追々彼國大總兵船可致來著候ニ付交易向速ニ吟味難相盡ッ〔マヽ〕ヽ者右大總兵船來著之上何分返答可致候且右船之通

事乗合無之候ニ付異國人壹人唐人壹人殘置本船ハ可致出帆旨申出候間其節モ同様ニ何分交易ハ不相調譯合且琉球ハ清國之屏藩ニて彼國弁《印カ》度佳喇島致通融勝手次第外國へ交易ハ不相叶ハ勿論異國人留置候儀も不相成趣再應無異儀相斷置候處同十九日本船ハ可致口漕歸候ニ付唐人へ子細相尋候處大總兵船來著之節爲通事殘居候趣乗船ゟ申付候段申出候ニ付以前も相違置候通留置候儀ハ不相調候段申聞早速日本船ニて漕送らせ候へ共其同夜ニ入本船も不相見漕歸り候ニ付無是非近邊寺中《本ノマヽ》明除キ指置柵を結ヒ番所等數ケ所相構日夜勤番申付三司官を始相詰堅取締方申付置候然ル處同廿八日通事唐人ヲ以嘆哈喇國多年琉球ヲ望ム心深ク追々兵船指渡候筈可有之佛朗西國ハ致和好得保護候へハ自ラ嘆國ゟ被奪候難も無之旨申聞其上天主教ヲ強て傳授可致旨之趣孔孟之道を學候ニ付天主教と申者難成旨之趣ニて相斷置夫迚取扱方致疎意置候而ハ憤りヲ挾ミ大總兵船來著之節難澁可申掛勢故折角丁寧ヲ盡シ無異儀致

歸帆候樣取計可仕候右ニ付てハ異國人共夫々被仰渡置候通取計致度事ニ候得共琉球之儀遠海相隔候端國ニ候へハ萬一大總兵船來着右次第寄（本ノマヽ）顯之時ハ端島之儀難手及ハ顯然ニ付右ハ平穩之取計致候へ共委曲飛船取立琉球ゟ申越候ニ就てハ此末大總兵船來著何難澁申掛候共何分ニも及利解無異儀處爲致歸帆候樣可取計事ニ候得ハ自然及亂妨候てハ端島之儀以外之事ニ付平日相渡置候家來共有之候へ共尙衆て非常之手當申付壹組之人數早速琉球へ指渡候段長崎奉行へ委細申達候由國元共ゟ申來候此段御屆申達候以上

天保十五

辰八月十三日　松平大隅守

異國船之儀御尋ニ付申上候書付

筒井伊賀守

和蘭國ゟ之書翰并和解且御連名之御書翰加比丹へ之御諭書等見置候樣
被仰渡御下被成且右ニ付何そ存付候義も御坐候ハヽ無遠慮可奉申上旨
被仰渡候ニ付篤と拜見仕愚意之趣左ニ奉申上候

廣情

一和蘭國之義ハ歐羅巴洲之內西北之方ニ有之諳人（尼カ）利國と凡向合其間海峽
ニ相成日本道ニて十二三里も有之由和蘭國ハ至而小國ニて纔十七洲之
地ニ有之候へ共咬𠺕吧新和蘭其外亞細亞洲之內ニ所々領分有之候故本
國ハ小國ニ御坐候得共國柄ゟハ富有之ゝ（國カ）ニて勢も宜敷樣子ニ有之處天
明之頃ゟ佛郎機國王ボナハルテと申人元ハ平（本ノ）胤ニも無之處至て英雄ニ
て軍器ニ長し追々大將分ニ相成候後終ニ國王を追廢し自分國王ニ相成
候上隣國へ軍狘出し侵掠致し近國之分大底切從へ勢盛ニ相成其頃ハ歐
羅巴洲中之國々互ニ戰爭止時なく和蘭なとも追々所領を被切取及難儀
旣ニ長崎表へ久々渡來不仕候處右之ボナハルテ勢ニ乘し魯西亞國をも
切從可申と軍勢をさし向魯西亞國ニても大ニ及迷惑候處一體同國北寄

之國よて寒氣殊ニ烈敷土地ニ有之佛郎機國とハ氣候も大ニ相違致候故態と相手ニ不相成樣致しなし寒氣ニ相成候頃迄引こらひ居候內如案佛郎機人共寒氣ニ障り追々軍卒病人多ニ相成り候を探り知其糧道を絶兵糧ニも詰らせ置候而大軍孜・以脫カ佛卽機勢を擊候故佛郎・機勢大ニ敗北致し追々本國之方へ引退候を魯西亞國へ味方之國々諸侯王一同ニて追佛候故流石之佛郎機勢も悉く及敗軍終ふ國王ボナパルテ諳尼利之軍艦ニ至り及降參候を捕へ地中海之內シントヘンナと申島へ流罪ニ致し前佛郎機王の血筋を取立佛郎機國王ニ致し歐羅巴洲國々の諸侯王勿能の地よて會盟致し以後國々和睦いたし候由此末戰爭掠奪致間敷万一盟をそむき猥ニ軍を越し候者有之ハ總洲の諸侯王打寄其國を可打潰契約取極メ一同和睦之上是迄互ニ掠奪致し候土地ハ其國々へ相返し歐羅巴洲中二三十年來の戰爭悉く平和相成申候文化十二子年頃之此時節和蘭之太子ツリンスハン、ヲラークワテレブラスと申人勇猛よてブリアリアンセの地よて佛郎機勢と大合戰の時一番ニ先を驅自分鐵砲ニ中り手負たれ共事共不致相働終而佛朗機勢を追崩し候故佛朗機勢總敗軍ニ相成候功ニ依て魯西亞帝ゟ和蘭國へ領分を增與へ其上縁組致し且是迄侯爵ニて有之處王爵ニ昇進致させ國々へ掠奪致され候領分も悉く相返候故國勢大ニ振ひ候由此フリンスハレ、ヲラーニークワルデレスヲス王號ニ成家督致候故是をウユルレム第一世王と相崇め候事ニ有之則此度書翰ニも此事書載有之候扨國柄ハ右之通ニ一體小國ニ御坐候得共往古ゟ日本通商之故を以日本所産の品ハ和蘭のミ買渡り諸國へ賣渡候故歐羅巴洲之國ニ而も國柄ゟハ用ひられ宜き商ひも致し候と相見國ニ合候而ハ富有之様ニ相見申候ハ日本通商之故も有之其上先年御渡有之候御朱印も只今以所持致此節御朱印之寫ケンプルと申候加比丹著述之書中ニもしるし有之候不絶渡來商賣相遂且風說書之御用も相勤江戸拜禮等迄被仰付御取扱之厚き段ハ實ニ難有存罷在候故此度之儀も實誠意を以忠告仕候事と被存申候其上書翰中而も御坐候通萬一諳尼利人罷越同様之所業致らいさし交易　御免ニも相成候様ニてハ大切之得意場を失ひ候事ニ相成可申候左候迚諳尼利之國勢と和蘭の國勢とハ中々以可及事ニ無之間終ニハ得意場を被掠奪候様相成申候故彼國於てハ御爲のミふも無之自分之爲ニも心配仕候事ニ可有之と相察申候付猶此後も又何と歟申出候様之義抔も可有之哉左候とも右等之御含御坐候而御取扱御坐候ハヽ難有かり可申と奉存候此度被遣候御書翰御文面ハ殘所もなく宜出來仕候様奉存候右様之御文面ニ御坐候てハ譬へ彼方存意ニ不應義御坐候共彼是可申様も無之無據御趣意之所も相屆可申と奉存候乍去和蘭ゟ申上候通り諳尼利人の氣性根深ク存込罷在候得ハ此後聊之間違へ喰付候而彼是と趣意を付仕寄へき謀計を相考候も難計又聊之爭論を申立ニ軍艦なと差向御迷惑相掛交易抔之義申出候様之巧ミ仕間敷とも難申夫等之義ハ能々御勘考御用心被爲在可然此度和蘭へ御書翰被遣御喩有之候迚も和蘭へ之御挨拶諳尼利人ハ別段之儀ニ御坐候間此後沿海

之國々守備警衛之義ハ勿論異國船取扱之意味等被仰合置候方可然就而ハ沿海守備之儀隨分嚴重ニ被仰付可然義ニ候得共先年も加賀守殿御尋ニ付奉申上候通り只嚴重とのミ被　仰付候而ハ何時何方へ可乘寄も難計義ニ付平常共嚴重ニ番兵等詰させ置候樣ニてハ莫大之費可相掛無事時節ニ大小名之國費相掛不如意ニ相成候而ハ萬一事ある節ニ至取賄出來兼可申守備も永續致間敷候間兎角入用不相懸平常無油斷怠慢樣ニ被仰付可然哉ニ奉存候依之先年御尋之節加賀守殿へ申上候書面寫奉入御覽候

營壘

一陣屋等之儀其土地之向背海邊之模樣ニ寄補理可申臺場之儀ハ四方玉利宜場所見立可申事ニ有之候得共陣屋抔とハ成るたけ手輕ニ補理候方宜萬一異國之戰艦乘向ヶ戰爭と相成候節當時相用候ボンヘン抔ニて打當候ハヽ堅固之石垣等も可相崩其石之飛散候ニて却而味方之怪我等も可致事ニ候得ハ丈夫ニ補理候ゟも構へハ土手抔ニて取廻シ所々馬出し大

筒打揚等相附或ハ竹木等植付見透されさる樣ニ相構候方可然哉彼方ゟハ帆柱之上へ登遠眼鏡よて見下候へハ五里三里の場所ハ衣類之模樣迄も可見分事ニ御坐候得ハ人數多寡鐵砲之打場等不見透樣致し度大筒も車臺ニ臨ミ自由ニ押廻し打方相成候樣致し度事御坐候

一海岸守備之儀今ゟ六十年餘前仙臺之林子平相著申候海國兵談なとよも如申日本ノ軍學ハ日本同士之軍之用ふハ相立可申候得共異國人流義違候戰爭よハ不用立候ニ付異國船との軍之仕法を色々申述候事御坐候成程彼ら申とく異國之軍陣と日本之軍陣とハ違候へハ異國船之守備ニ候へハ彼國人情ゟ武器之用ひ方をも相辨其心ニて軍慮を廻らし武器之用意迄も不致候ハてハ用立不申彼國刀鎗之戰ハ實ニ稀ニて兎角鐵砲之勝負ニ候へハ砲術之儀ハいかよも第一之修行鍛練無之ては異國船との戰ひ無覺束事ニ奉存候殊ニ陸戰と違ひ水戰之事ニ候へハ鐵砲之外遠方への利業無之間領主々々ニ於ても砲術之義ハ第一ニ修行致させ候樣致し

度事ニ御坐候

砲術

一砲術之義追々御世話も有之諸家ニても心掛候様ニ御坐候得共彼國ゟ軍艦なと差向候とも先ハ上陸仕間敷多分本船ゟ大筒を打掛候事ニ御坐候間迚も小筒之町場ふハ無之此方ゟも大筒ニて可打拂事ニ候得ハ大筒之用意打方之修練且臺之仕掛等便利全自在打方出來候様心掛置度事ニ御坐候彼國人ハ西洋先年之戰爭ゟ格別年柄も相立不申候得ハ軍陣之事ハ何レも功者よて練兵と可申此方ハ昇平打續候事ニ候へハ平常稽古打而已之修行故常々厚く不心掛候てハ眞面目之戰場ニ相成候而ハ常々稽古之節とハ事替り可申事ニ付常々心掛專要之事御坐候先年蝦夷地ヱトロフ島シヤナ會所を魯西亞人亂妨之節なとの事を見候へハ平常席上之覺悟とハ格別之事之由ニ御坐候間打方等も十分熟練無之候而ハ事ニ臨ミ四五分之働ハ相成申間敷哉と奉存候

罷弊

一守備之儀兎角物入少なふ致平常之心掛無油斷土著之兵士を備置急場之

間拔合セ候樣致度と申儀ハ先年高橋作左衛門蘭醫シーボルトゟ貰受和解致差上候積ニて取掛候先年魯西亞國ゟ仙臺之漂民を送り使節レサノツトを長崎へ差向候節乘來候船之加比丹クルーセンステル著述致候奉使日本紀行之内蝦夷地ハ取易きと申事を論し候ケ條之中ニ御用部屋御評議もケ樣ニ可有之なとゝ推察之趣相志るし御國内之人情をも相量り候計策を書載候而三四十年前ゟ西洋人右樣之義心付キ居候得ハ萬一只今ニも軍艦之一艘も仕出し蝦夷地ニ不限　御國地沿海國々乘廻り折々大筒なと打懸刧し候ハヽ其處々之領主より大人數押出させ候て戰爭等ニも不及其船を移し又外之國地ニて右樣致候ハヽ實ニ沿海之諸侯之難儀物入れら計り可有之左候得ハ身上忽チ不如意ニ相成武備之用意も差支候て無是非百姓町人之金銀を惜《借カ》入候歟或ハ無體之年貢取立課役運上等申付樣相成候ハヽ下々及難儀在町共領主を恨候樣相成候ハヽ實ニ内亂も可生義ニて彼等ら謀略之通ニ可相成と甚以懸念仕候義ニ御さ候間

兎角入用不相掛領分之痛ミふ不相成様之取計致度と申上候義ニ御坐候依而ハ先達而御觸御坐候向ヘ兼而御觸被置候通り海岸守備之義彌以油斷不可有之尤其邊要害之地或ハ船かゝり可相成御場所等ハ大筒之玉利四方宜場所見計臺場等取立夫々人數之手當も可有之義被存候得共左候迚城下陣屋等ゟ程遠之場所なと常々人數相詰交代等致候様ニてハ莫大之費用も可相掛義よて夫ら爲よ領分疲弊致候様ふてハ是又不可然義ニ付夫等之所も能々勘辨を加ヘ守備ハ不怠費用不相嵩様之取計專要之事ニ存候就而ハ農兵屯田なとの仕法等相考詰居候武士共之手當地方を以差遣し中以下之者ハ自身耕作爲致夫を以詰中之入用等賄ハせ候抔右様之類よて取計方種々可有之左候得ハ別段交代之人數手當よも不及急速之間ニ合且平日下賤之者同様之働ニ馴候ハヽ自ら身體も健ニ相成力量も相增働格別ニ可有之哉必す是等之趣ニ取計候様ニと申義ニハ無之候得共費用不相嵩守備不怠永續可致仕法相考取計候様致度事ニ候萬一嚴

重之守備ハ相立候共平日無事之時節ニ費用相嵩ミ却テ夫ら爲ニ領中及困窮候時ハ自ら百姓町人ニ至迄及迷惑果ハ其領主役人等を恨ミ候樣相成行候而ハ萬一實ニ事有節ニ臨ミ人情相動き必死之働き無覺束縱令多人數有之共難頼樣ニてハ大事之節不働致候失機會　日本之御恥辱ニ相成候樣之儀抔有之候而ハ以之外儀恐入候事ニ候條能々加勘辨人數之多寡ニハ不寄事故無事之節無益之國用を不費兵卒之鋭氣を養ひ事ニ臨ミ十分之働相勵候樣心懸させ可致武具其外之儀も見體ニ不拘有用之所江專一ニいたし可申候右ハ嚴重と申所ニのみ相拘り平日無益之國用を費候而ハ却而不可然義ニ付猶又此旨御觸有之候而も可然哉と奉存候

處置

一津々浦々へ異國船乘寄候節之義先年ハ嚴敷打拂候樣被仰出候處先頃又々御模樣替り被仰出候趣ハ彼國王書翰ニ而も有之候得ハ今更又候嚴重ニ打拂候樣御觸直しも如何と奉存候間是ハ其儘被差置然ル上ハ此方ら事を被爲好候ハ丶不宜候間先ッ穩之取扱致爭論ヶ間敷義等無之樣ニ致萬

一戰争ニも可及場合ニ相成候ハヽ存分之働仕候様兼々心懸津々浦々相應ニ土着之兵士を拵置急場之用備無怠慢守備相立候様致し度事ニ御坐候

一万々一下田浦賀邊あとへ異船乗寄間敷共難申尤御備向ハ厳重被仰出も有之候間江戸海抔へ乗入候様之儀ハ有之間敷候得共萬一数日滯船等致候節ハ諸廻船入津難相成候間江戸中忽物切ニ相成可申候其内懸念仕候ハ米之儀ニ御坐候是ハ先年加賀守殿へ申上候義も有之萬一之節ハ川筋在々ゟの入米のみ故川筋最寄村々へハ圍穀致し置度事ニ御坐候万一穀類運送絶候節ハ江戸中忽チ飢饉同様相成町々ハ勿論武家迄も領分運送不足江戸買入米よて家中扶持方相渡申候向も有之大難澁可仕下々至候ゟハ騷立候様之義無之とも難申左候時ハ以之外之事ニて御坐候間此義ハ甚以心痛仕候義ニ有之候得共只今差當りケ様仕候ハヽ可然との存付も無之間猶追ゟ申上候様可仕候

右ハ淺陋之愚見奉申上候も甚以嗚呼ヶ間敷奉恐入候得共御奉公之義と
存候得ハ乍不及愚意不殘心底奉申上候

巳八月　　筒井紀伊守

弘化三年丙午　幕勢

三月十六日戸田山城守申渡候

時服二宛

御鐵砲方
井上左太夫

田付主計

同見習
井上又次郎

卷物五

大筒新規鑄立候儀取扱ニ付被下旨

同廿二日

金二枚
時服二ッ羽をり

御代官
江川太郎左衛門

伊豆國島々江渡越候付被下旨

同廿四日
佐渡奉行被仰付候　　御納戸頭 中島平四郎

四月三日牧野備前守申渡
海岸防禦之御用取扱被仰付旨　　大目付 深谷遠江守

同廿三日
家督以來政事向行届領內治方宜趣達上聞一段之事　被思召依之御鞍鐙被下旨　　松平大膳大夫

五月十三日阿部伊勢［守脱カ］申渡候
大筒新規鑄立候儀取扱骨折ニ付被下旨　　御勘定吟味役改役並 渡邊三十郎
且其外同樣御用相勤少給之輩へも夫々銀被下候由御坐候　　同出役 金子久三郎

同十七日阿部伊勢守ゟ諸向へ御達有之
神事祭禮等之節花美之催於有之ハ急度可被及御沙汰旨 文畧

同十八日戸田山城守申渡

高祖父已來引續政事向行届領內治方宜趣達上聞一段之事ニ被思召依之時服三十御鞍鐙被下旨

細川越中守

閏五月六日

長崎奉行へ

右ハ直々被仰含候

御役替 御目付 平賀三五郎

同八日

清水中納言樣御事　紀州樣御養子被仰出御遺領御相讀（續カ）被遊候旨被仰進候

銀十枚　評定所留役 御勘定與頭 松平卯左衛門

金一枚　御勘定與頭格 評定所留役 大森善次郎

銀七枚ツヽ　御勘定 評定所留役 町內善次郎

仝　増田佐左ヱ門

金壹枚　仝　木村紋助

羽州田川郡其外村々騒立候一件吟味取扱骨折ニ付被下旨

上使　戸田山城守

巻物二十　大隅守嫡子　松平修理大夫

右暇ニ付被遣候

但異國船渡來ニ付願之通御暇被下候由ニ御坐候

六月廿三日青山下野守宅同人申渡

左近將監奉願置候通次郎儀養子被仰付遣領無相違被下旨　左近將監弟　立花次郎

七月廿六日

長崎在番中不束之儀有之御役御免差扣被仰付候　西之丸御留主居　伊澤美作守

八月三日　松平大和守

先達而浦賀表へ異國船渡來之節御備場へ罷越警衛向之儀及指圖彼是骨折候趣ニ相聞一段之事ニ候此旨可申聞との御沙汰ニ候

同文言　松平下總守

時服十　松平大和守

同断之節御備場へ御暇被下候處早速出立致候候（段カ）達　御聽一段之事ニ被　思召依之拜領物被仰付候

同　松平下總守

金五枚宛　御書院番頭格浦賀奉行　大久保因幡守

浦賀奉行　一柳一太郎

同断之節取計方行届骨折候ニ付被下旨

同廿日大岡主膳正申渡候

浦賀表御備場見分爲御用右差出候間可致用意旨

御目付　松平式部少輔

九月二日
金拾兩　　御徒目付　田中甚左衛門
同　　　　同　　　　佐藤久左衛門
浦賀表御備場爲見分罷越候ニ付被下旨

同廿日
於御白書院武術上覽有之候

十月十三日
於青山下野守宅御老中列坐同人申渡候
有馬筑後守
弟　同　孝五郎
筑後守奉願置候通孝五郎儀養子被仰付遣領無相違被下旨
名代　龜井隱岐守

弘化四年丁未八月廿二日御老中

御三家御家老御呼出相渡候御書付寫

一去ル寅年異國船打拂之儀御指留被　仰出領分之內海岸警衛向之儀モ一段手厚ふ申付增人數等之儀書出候樣相達且又向後近海へ異國船渡來之節臨時警衛幷防禦等之儀ニ付追々被　仰出も有之處追〔近カ〕來異國船度々近海へ渡來致候義ニ付於

公邊品々御世話有之相摸安房上總國之儀モ追々增固人ぞも被　仰付嚴重不虞之御備被立置候程之儀故領分海岸有之向々猶更其外共文武研究致銘々力ニ應し專ら武備相嗜候折柄ニ付御三家儀御領分海岸警衛向厚御申付被置候儀と存候就而ハ武備研究之御世話も可有之候得共　御三家之儀ハ何事ニ寄らバ諸家目當ニ致候事故右體之儀ハ强て前々之御振合等ニ泥候譯も有之間敷於

公邊も文武之儀厚く御世話被遊度々　上覽等も被遊海岸防禦之儀一際嚴重被仰付候御時節旁御三家方ニも文武之儀猶此上厚く　御世話有

之士風御引立之儀御領分海岸防禦之筋篤と御申付置候樣可被申上候事

三月廿日　戊申之　御小姓組　永井岩之丞

時服二ツ

學問出精一段之事ニ候此度吟味之處學術も相應ニ仕候ニ付被下候猶出精可致候

卷物三　大御番衆　諏訪彌之助

同　御書院番　諏訪靫負

同　兩番格濱御殿奉行見習　木村勘介

學問出精一段之事ニ候依被下候旨

銀十枚　妻木傳藏

學問出精一段之事ニ候此度吟味之處學術も相應ニ仕候付被下旨

右阿部伊勢守申渡

卷物三　小普請　本多鉉太郎
銀十枚　又藏養子　矢田谷章藏
同　西丸御小姓組彌之介惣領　小林万之介
同　御書院番忠次郎惣領　新井孝太郎
同　御書院番定一郎惣領　西尾善太郎
同　御書物奉行源兵衛惣領　佐山辰吉
同　表御右筆忠次郎惣領　篠本金太郎
同　小普請榮之介惣領　大井小太郎

學問出精一段之事ニ候依被下候旨

御腰物奉行十兵衛次男　小倉右太橘

銀十枚

同　御代官藤之介次男　小林金四郎

同　小普請潤之介弟　松崎鉄五郎

同　同伊左衛門三男　一宮榮五郎

同斷ニ付被下旨右伊勢ヽ中渡且其外學問出精仕候少給之輩ニも夫々銀被
下候由ニ御坐候

三月廿五日

松平肥前守

末家鍋島安次郎家政向不取締ニ付万端其方へ引請非常之改革被致候間
當分　公務御用捨之義被相願候追々被申立候趣無據次第ニ付出格之

譯を以五ヶ年之間公務一切御用捨被成下候間急度致差配嚴重ニ取締相立候樣可被致候

右去ル廿一日於阿部伊勢守宅家來呼出申渡候由ニ御坐候

三月廿九日

時服十宛　阿部伊勢守
　　　　　牧野備前守

同　六宛　大岡主膳正
　　　　　本多越中守

海岸防禦筋之儀近來御用多骨折相勤候ニ付右於御前拜領仕候

阿部伊勢守

三月廿九日

海岸防禦近來御用多骨折相勤候ニ付御懇之
上意之上時服拜領被　仰付猶此上共精入可相勤旨御懇之御沙汰有之段

御坐之間へ被召出海岸防禦筋之趣近來御用多格別骨折相勤候ニ付厚以
思召御手自梨子地蒔繪御鞍鐙拜領被　仰付猶又同斷ニ付御入用筋之儀
等も彼是心配別而骨折候ニ付御手自御三所拜領被　仰付此上共出精候
様　御懇之御沙汰有之

牧野備前守

海岸防禦一件近來御用多骨折相勤候ニ付時服被下旨上意之上別段御懇
之　上意　御手自御鞍鐙被下候
右之通於　御坐之間被仰出候

銀十五枚　御勘定組頭 後藤一兵衛

名代 吉岡榮之介

同十枚　御勘定 清水安太郎

名代 小野仙藏

右相摸安房御備場之内新規御臺場引渡之御用相勤骨折候ニ付被下之旨

於御右筆部・〔屋脱カ〕ヱンカハ伊勢守殿被仰渡拜領物頂戴之大岡主膳正侍坐久須美佐渡守召連罷出候

御勘定吟味役頭役並 大井伊兵衛

右就同斷被下候旨下畧す

此ゟ以上戊申之

此ゟ丁未

五月二日

金三枚
時服二ツ
御備場筋之儀去年以來取調物等をも彼此骨折ニ付被下旨

西丸御留守居 筒井紀伊守

金三枚
時服二ツ
大目付 深谷遠江守

同
御勘定奉行 石河土佐守

同
御勘定奉行 松平河内守

金二枚　時服二枚　御勘定吟味役　佐々本修輔

金三枚　時服二枚　御目付　松平式部少輔

金二枚　時服二枚　御勘定吟味役　小堀織部

同　御勘定吟味役　羽田龍介

御備場御用相勤候ニ付被下旨

金二枚　御勘定與頭　後藤一兵衛

金二枚　同　竹内清太郎

金一枚　御勘定　清水安太郎

銀十五　御勘定出役　山本庄衛門

同　同　力石勝之介

金一枚　御勘定與頭　内藤幾之介

金一枚　御勘定　小島磯之丞

銀十五枚　　志賀六左衛門
同　　御勘定吟味役 山口小一郎
銀十枚　　支配勘定 松堂三平次
同断ニ被下旨其外同断御用相勤候少給之輩も夫々御銀被下候由
廿六日御役替
浦賀奉行 御先手ゟ 淺野中務少輔　御先手
大久保闊跡　　御留主居番ゟ 能勢河内守
六月廿六日
朝鮮人來聘御用被仰付候旨　　林又太郎
七月廿三日
同前　　御目付 戸川中務少輔
廿八日
浦賀奉行坐順之儀向後長崎　　戸田伊豆守

淺野中務少輔

奉行之次席諸大夫場ニ被仰
付御備場取締向之儀別而入
念出精可相勤候

八月七日

金二枚
時服二ツ
鈴木莱助

越後國信濃國村々地震ニ付堤川除御普請仕立爲御用罷越候ニ付被下
旨

八月十五日　紀州様　宰相様御登　城被遊候處御禮以前御老中一同御
部屋罷出申上候趣

御代替ニ付朝鮮之信使來聘之儀於大坂御城聘禮相整候樣彼國へ被
仰遣候處承引之趣申來候付來ル辰年同所へ可爲來聘旨被仰出候

御即位ニ付京都
御使
松平出羽守

御馬被下金百枚
時服十

金二十枚　武田大膳大夫　出羽守へ差添被遣候　高家

同十七日　宗　對馬守

朝鮮之信使誠聘之御用數年彼國へ及往復折入取計候付此度大坂易地之程能く順成候猶此上彼國へ講定之筋も可有之彼是心配も可仕義ニ付出格之思召を以金壹万五千兩被下旨被　仰出候

同廿三日

銀三十枚　時服三　對馬守家來　平田　要

同二十枚　時服二　古川　釆女

同二十枚　時服二　平山　新藏

同　大浦直左衞門

今度朝鮮之信使大坂易地來聘之儀ニ付骨折候故被下旨

同廿八日

花火之儀　曲輪近邊ハ勿論之儀候程遠候場所たり共家近之場所ニてハ無用ニ致し且海手又ハ川筋ニても大造之花火流星等たて中間敷候處近來相圖之火同樣之花火たて候儀是又無用ニ可致旨度々相觸候通堅無用たる今以心得違之向も有之哉ニ相聞如何之事ニ候前々相觸候通堅無用たるへク候若此已後心得違之向も有之候ハ、急度御沙汰も可有之候右之通度々相觸候處不相用當年之義も武家屋敷ニて大造之花火たて候向も有之哉ニ相聞以之外之事ニ候彌前々觸候趣相守川筋等ニても大造之花火たて候儀堅無用ニ可致候此段等閑ニ心得候もの有之候ハ、急度御沙汰有之候

鈴木大雑集

二

甲集

雑集

鈴木大

共四冊二

嘉永癸丑魯西亞應接日記

十二月十四日手續

波戸場注進有之古賀謹一郎玄關之武者縁之處迄侍ニ刀爲持井長崎奉行手附大井三郎助同様被出居魯人門内ニ入來通詞吉兵衛榮之助下座敷ニ罷下り致先立玄關上ゟハ三郎助先立謹一郎刀持連レ致案内廊下ニ入來ル比奥ゟ肥前守左衛門尉土佐守井長崎奉行太刀持連レ罷出雙方立向ひ謹一郎ハ自分之席ニ付別紙手覺書之通肥前守使節次官通辯官船將將士江一同順ニ挨拶引續左衛門尉土佐守謹一郎前同様銘々及挨拶長崎奉行兩人ハ船將次官通辯官而已へ挨拶畢而肥前守使節初一同へ先別間ニ而暫時休息可致旨申述爲彌罷出名前相名乘別間休息所へ致案内候旨申達先立候而刀持も表坐敷へ誘引出錄之前ニ而默禮致し菓子茶差出候旨申達引取其内致坐敷搆次第書之通日本役々ハ何れも御徒目付迄上ケ疊ニ著坐之積ニ候處昨日評議之趣も有之候ニ付肥前守左衛門尉致同食候旨

評議ニ相成右之趣扣席へ爲彌罷出麁末之料理申付候旨申達相解可給肥前守左衛門尉も致同食候段申達魯人格別之御取扱難有旨申述坐敷拵出來候付其段通詞へ申達扣席ニ有之候曲錄對面所ニ相廻し食机飾置尤一席ニ罷出候者ハ三人罷出候樣通詞を以通辯官ゟ申達候處至極御尤ニ候得共公用方之者罷出不申候而も差支候間四人罷出度旨申聞候間承屆其段肥前守左衛門尉へ申述魯人案內として爲彌表坐敷へ罷出致誘引曲錄ニ相懸る肥前守左衛門尉著坐之上同食ニ而料理差出候旨申述直ニ三汁七菜之料理差出し挨拶有之何レも致食用食事畢酒肴出ル銘々盃を用右畢而膳部を不殘引下ケ食机取片付之後以通辯官之者御對話ニ付今壹人扣席へ召連度由爲彌申聞候間其段肥前守左衛門尉へ申述致先立扣席へ致案內候處筆者壹人曲錄を自分引提通辯官致同道通辯官之後へ坐菊池大助奥ゟ參り其段申述土佐守謹一郞長崎奉行兩人共出席候付其節肥前守發言左之通り

使節も遠路被相越候處今日不存寄致面會大慶存候

左衞門尉前之詞へ引續左之通り

久々之滯留定而待遠ニ可有之候得共拙者兩人程之身柄之者先遠國等ニも不罷越義ニ有之候間差急出張候得共旅裝其外隨從之役々下々家來等迄多分之義如何樣差急候而も此表へハ速ニ罷越候義出來兼殊ニ將軍御大禮ニ寄山城

天皇ゟ勅使も有之海道へ罷越兼候間深雪を犯し罷越候ニ付漸此程致著候

然候處魯西亞人相對候者

私儀本國ゟ使節被申付日積も有之候處最早日積も相立歸國差急候間追々申立候御取扱向之義早々御決被下候樣致度旨申立候

此時肥前守申聞候も

久々之滯留殊ニ一萬里餘之波濤を凌キ本國ニハ妻子も可有之至極尤ニ

ハ候ヘ共拙者共も四五百里之遠路も罷越如何ニも速ニ御用仕舞度候ヘ共此度之義ハ兩國之大事ニ而容易ニ取調出來兼候間取調之上追々可申談旨申聞候

魯人申立候ハ

此度之御取扱向兩國千万歲致御親度義ニ付而ハ御相談向之儀此御列坐御役々御談判ニ及候而可然哉又ハ相省キ人々も可有之哉

左衛門尉御答候ハ

密談可及候節ハ差向之對話ニも可及候ヘ共今日ハ初對面之義殊ニ差急キ到著取調等も不致元來信義を守り候國ニ付致退帆候ヘ共一旦重臣差遣候旨申達候上も長崎迄參不申候而ハ後來ヘ對し不濟候ニ付退帆ニ不拘罷越候處途中尙其方等渡來有之令祝著候疑無之間不取敢御目ニ懸り候故追而可申談候得共全初對面之禮を行候義ニ付今日先細談ニ不及候

魯人申立候ハ

至極御尤ニ候我等も右様之禮有之乍併最前も申候通國元ゟ被申付候日限も有之候ニ付何卒速ニ御取扱向片付候様致度候

右之比公用方ゴンゼルフ人名曲錄を引提使節之後ニ著坐

左衛門尉 此方ニ而も如何ニ差急度候へ共此度之儀も不容易國界之儀何分急速ニ挨拶難及候

魯人 段々御口上之趣御尤ニ候左候ハヽ差向二ヶ條之及御尋問度義有之對し候儀ハ無之候得共此度之義ニ付御尋申度義有之候處此節ニも申上可然哉

左衛門尉挨拶 何レモ今日之義ハ右振之趣何分御挨拶ニ難及候

魯人 左候て明日早朝重き御役人之内壹人御越有之度候様致度候

左衛門尉 十五日ハ用向有之候間壹人ニ而も承兼候段相答通詞ゟ此間も申達候通り十五日十六日ハ賀日ニ付及斷候旨相答

魯人 左候ハヽ書付に致し差上候間此度重役御隨從之仁壹人明朝御出被下度

肥前守　右之御答同日夕迄ニ急度御挨拶有之候樣致度候
隨従之者差遣候儀ハ差遣無之候へ共事柄ニ寄何分卽答難及義も有之候
間明夕迄屹度答ニ及候と申義ハ難申旨申聞候

魯人　申上候儀ハ聊之義ニ付御卽答難及程之義ニハ無之候何レニも明朝御隨
従之内壹人御差越可被下候○然ル處

魯　來ル十七日フレガット船へ江戸表ゟ之御役々御光來之節長崎奉行兩人
御越有之候哉と申立候

筑　千万忝候得共何れ右も此方ゟ可及挨拶候○尙又通詞申聞候も

通　上陸之儀ニ付云〻之事ニ候間致通辯兼候旨魯人へ相對候へ共何レよも
申述呉候樣申聞候左之通り

魯　上陸之儀ハ明日取行度候

筑　一旦相斷其儘ニ致し未タ日本人も住居候間明日ニハ參り兼候此方ゟ可
申通候

魯
右上陸之義ハ先達而中ゟ疾ニ御聞濟右之通り御申聞候間最早此後上陸之儀ハ私共ゟ申上間敷と申立候○此時肥左兩公ゟ申聞候を

肥左
初見も相濟之上ハ猶追々致面會へく今日も勝手次第引取候樣可致旨申達候處魯人申聞候ハ今日之御取扱振誠ニ御手厚之義御料理も十分致食用難有候旨申聞肥前守始役々座を立奥へ入魯人引取候事但送りも不致候事

通詞
吉兵衛榮之助ゟ差出ス

同日魯西亞人西御役所參上之節手續左之通り

一辰上刻水野筑後守樣御家老廣川忠左衛門殿支配御勘定杉本金六郎殿御普請役赤林門一郎殿爲案內魯西亞船へ被差遣

一午上刻支配御勘定柴田隼太郎殿御普請役森春二郎殿波戸場船上り所迄被差遣御門前迄案內ニ相成候

一同刻使節始士官之面々護卒引連御門內御玄關迄罷出

一古賀謹一郎様其已前御玄關ニ御待受使節其外御書院へ御召連ニ相成

一筒井肥州様川路左衞門尉様荒尾土州様古賀謹一郎様御左手脇大澤豐後守様水野筑後守様御右手脇中村爲彌様菊地大助様其餘之御方々御書院ニ而爲御立使節將士之向御對面ニ相成

一肥前守様使節幷船將次官士官之面々迄御挨拶有之使節ゟも相當之御挨拶申上態々江戸表ゟ御越御道中御機嫌克珍重之御儀候段申上一通御挨拶相濟

一左衞門尉様使節へ御挨拶右御請申上船將へ御挨拶御請次官へ御挨拶御請士官へ御挨拶御請申上候

一土佐守様謹一郎様豐後守様筑後守様右同様御挨拶御請申上候

一殿様方ハ奥ニ御入相成使節之外都合ニ而三十壹人何レモ一同扣所ニ而休息致し候様との義ニ而爲彌様御案内扣所ニ罷出

一扣所ニ而薄茶御菓子使節其外へ被下置右之節又々爲彌様御挨拶御出ニ

說カ諭等ノ誤ナラン

相成一同緩々休息之末又々爲彌樣御出肥州樣左衞門尉樣御晝飯之節一同使節船將次官へ御飯被下候間御書院へ罷通候樣爲彌樣御挨拶相濟御書院ニ而右之通御飯使節其外へ被下置

附 御書院ニ而右魯人三人御飯被下置候筈之處彼方ゟ願ニ而四人ニ相成其餘ハ扣所二間ニ而御飯被下置

一右御晝飯魯西亞人も一同頂戴致し畢而御用談ニ相成候

附 此時御用談ニ懸り候末士官壹人相增罷出候儀御聞屆ニ相成則土州樣謹一郎樣豐後守樣筑後守樣御一同御出座相成御用向相始ル但し殿樣方も上ヶ疊ニ御出坐魯西亞人ハ曲錄ニ坐ス

一二ヶ條程申上度事有之候ニ付直ニ御返答被下度使節申上候得共今日ハ初日之義有之候譯を以今日ハ相扣追手之事ニ致候樣御洸得と相成候處始之程ハ納得不致候へ共終ニも漸々今日丈ケハ先相扣可申候間明日ハ重キ御役人方之內御壹人本船へ御出御聞被下明夕刻迄御返答之儀相待

候段申出候處明日明後日ハ無據譯柄ニ而其儀不相叶段御申聞ニ相成左樣之事ニ候ハヽ書面ニ相仕立遣候樣御達ニ相成候處承知候左候ハヽ明朝御隨從之御方御受取ニ御出被下候樣申上御聞置ニ相成候

一長崎御奉行樣御兩所へ是迄彼是之御禮申上候末上陸場明日ゟ相用候段申上候處右ハ未タ彼是不相整候ニ付是より仕上ケ之上爲知可申候迄相待候樣筑後守樣御口達ニ相成然ル處使節申上候ハ右上陸場之義ハ久敷願置候義有之候處今以其儀不相叶意外ニ存候就而ハ夫ゟ御噂御坐候迄決而最早不申出候

一右樣申出候處用意出來次第從是爲知可遣と筑後守樣御達

一肥前守樣左衞門尉樣へ今日之御馳走御手厚御料理珍敷難有拜味仕御禮申上候段使節ゟ申上尙皆々樣御挨拶申上

一右相濟殿樣方奥へ御入ニ相成使節其外直ニ退去

右之通り御坐候以上

丑十二月

西　吉兵衛

森山栄之助

十二月廿日對話

一肥前守 今般相渡候返翰阿蘭陀語飜譯方通詞共へ申付飜譯出來之上ニも意味悉く了解被致候哉

一使節 蘭文飜譯とも致合考御文意能相分り候右之趣ニ而も今般之一條ハ都而御取扱御兩使御取扱と申儀も承知仕候去ル十五日差出候尋問二ヶ條之義御取扱致出來候儀と奉存候

一肥 右細目猶被申聞候ハヽ答ニ及へし

一使 第一ニも兩國之堺界を定むる事ニ候

一肥 是兩國之事柄ニ付尤大切之事ニ付急速取調方難及筋なれ共當節御代替り之折柄國事多端ニ而何分急速ニハ難行屆譯有之段ハ返翰中其意ヲ述

一使
候通り候右ニ而差支有之哉其儀承るへし

御返翰之意ハ相分り然し夫迄之義ニ候上ハ御返翰のミよ而事濟可申態々御兩使被差越候ニも及申間敷候御兩使被差越候上ハ諸事之御談合も可相成義其上御返翰中圖籍を按之御文段も有之右ハ繪圖手覺書取調候義ニ付右を以御談判有之候而境界取極候義如何ニも相辨もへし

一左
一ト通論判迄之儀ハ可相成先貴國之心得方承候上可及答候間心得方申立へし

一使
境界之義ハ取調申述へし前文尋問二ヶ條通商之儀ハ取調方ニ手間相懸候趣御尤之儀ニ奉存候其上古今時勢變遷し昔と今と事同しからに趣も被相辨候段至極ニ存候然る時も通商可差免候や

一左
貴國ニハ素ゟ寶國を存せられ候ニハ無之全く親を結ひ度との義候ハヽ此方ニ而も其心得ニ而應答ニ及へし乍然返翰中ニ述る如く我國之風ニ候間武士堅氣强く祖宗之法令を改る事抔ハ至而難致勢有之此節ゟ右評

議相始候事故卽今治定之挨拶ニハ及兼候此無餘儀場合可被相察候

一使 御取調方只今直ニ難相成段相心得候得共三五年抔との待遠なる事ニ而ハ迚も承知難相成アメリカ抔ニ而も右体長引候樣ニ而ハ必致承知間敷候

一左 貴國郡縣之治を我國封建之治と取調向等難易之遠《違カ》も有之元來外國ニ迄通商相始候儀ならハ土地隣接致し殊に信義を守る大國と交を結ひ度も存るなれ共當今之場合左樣ニて難相成筋有之候間暫之間相待候樣と申事

一使 御兩使之重き御役人と申事故政府之命を不待尋問二ヶ條之義於此所取計も出來可致儀勿論ニ可有之使節事ハ全權之重任を受候故今度之義ニ付而ハ何事も了簡次第取計候義致出來候然シ於御兩使ハ使節之申事承り置れて政府へ被申立御挨拶可有之筋ニも候ハヽ諸事之御談判ハ無益ニ付直ニ御尤中方へ致御談判候ゟ外取計方無之存候此答承り度候

一左
此度相渡候返翰ニも自分共返翰ニ而ハ無之則老中之返翰ニ付日本國內何レ之地ヘ被相越候共右之外ニハ別段之答無之候此義會得無之彼是ト被申ハ畢竟國土之迷ニ而義利人情も異なる哉右返翰再應熟讀被致なハ其儀ハ合點も可參抑某等兩人命を受て此地ニ來り使節と應接對話ニ及趣意ハ書ゟ事を不盡故返翰ハ其概略を申述其曲節之細目ニ至而ハ某等ゟ及談話候爲よして返翰之外別段之論判ニ可及ニあらバ乍然使節被申聞旨趣ハ得と承り談判出來可致筋夫々可相答間廉々可被申聞候

一使
御返翰眞文幷蘭文飜譯も致合考處右國書翰ニ申述而境界を定むると交易を開くとの二ヶ條既ニ御老中方ニハ御承引有之候ニ付態々御兩使被差越候義と存候右通商之義論判出來可致儀勿論なるへし

一左
返翰中何レ之處ニ通商許免之文段有之候哉

一使
古例を取りて今事を律もる能ハバと申段

一肥
右之通申聞候も御返翰之意解兼ると相見候既ニ左衛門尉ゟ粗申る如く

一左

某等を此地ニ下されしハ貴國ゟ大臣を欽差しく貴國之宰相ゟ我國老中へ之書を贈り則其書ハ江府ニ達し書中之意承り候然るニ其書之内貴國之文字を以書せられし方ハ我國貴國之文字ニ通せハ讀得候事能はす漢文と蘭文ハ讀得く其大意を知れり然るに當今國喪漸畢り嗣君繼業之禮未タ行もれす國事多端なる折柄ニ付某等を遣しく使節遠海航到ニ厚意を謝し且返翰委曲之趣意了解爲へきや否を知らされハ書中の不盡處を申述る處ふして素ゟ別儀ニ可及ニ非すそも既ニ返翰中ニも云處なり此意了解あらハ某等會議可及次第も隨而明向（白カ）あるへし

返翰之意万一解違等有之候而ハ不容易筋ニ付尙得と熟覽之上蘭語飜譯之意味通詞共へも可被尋且右等之廉ニ於て疑惑被致義も有之樣ニ見へ候此度某等此地に來り使節と國事を決するの際返翰之趣意迷候筋有之候而ハ重き罪をも得る事ニ而聊たり共相違之儀可談筋ニ無之此處篤と熟察あるは疑も散もへし

一使　御返翰ニ古例を取りて今事を律する事不能とゐ出來ぬ申事故既ニ於政府外國通商之禁改められしと心得候

一左　右一語を以く見る時ゐ被申聞樣ニ相聞可申候得共讀ゐ後段々到らハ右取調もあるなれも卽今難致治定趣意ニ可相成候何々之故よ返翰ニ許免するも（者カ）を某等彼是と申採むへき

一肥　使節事ハ國命を奉し事を調んり爲ニ來らるゝふ非もや其奉したる事之調たるの好キり調ハぬの好キ歟

一使　再三尋問之間御返翰之意も其大略ハ了解致候然共今ゟ三五年之時日を費さん事右樣長引へき事あるへき筋ニも不相聞既よアメリカ渡來已來一ヶ年よ近く我當地ニ參りゐも最早半年ニも及候申聞らるゝ年月之方相待儀ハ迚も難成二三ヶ月之事ニもあらハ兎も角も可相待

一左　事ニハ直ニ可成事も難成事もあり此處能々可有辨別貴國ニも滿世界之事情も探討し悉辨別致し居らるゝ由なれハ素ゟ我國風をも辨へ居らる

へし此處熟考あらハ我詞の僞ならぬ譯も明らなるへし

一使
日本之國風外國と異なる事ハ兼て承り及ふ所ニして答もなる事とならぬ事あるハ尤の筋ニ候然共當地滯船も長々ニ相成候間答ニ可被及筋ハ直ニ於此所答有之度追々尋問可及

一左
心得候一躰貴國ハ隣接之國故是迄海外諸國之取扱方ニ違ひ都而心を不置既ニ其船中へも相越致贈物をも其方ニ而も接待方等懇切を盡さる故故心ハおゐぬ事ニ候へ共無餘儀筋あれハ社三五年をも相待居様中事なれハ其處推察熟考あるへし尤答ニ及ひ不苦筋ハ答ニ及ふへし

一使
今般格別之御取扱相成難有候尤國都出帆之砌政府ゟも今般使節として貴國へ罷越を上ハ貴國之御法ニ背き不申様申付候故右申付候趣堅く相守當地ニ數月滯船罷在候右を以て我心底をも可被相察扨政府書翰中之所願且某ゟ追而差出たる書面之條件逸々答承りたし

一左
使節此度被受國命たる大躰ハ如何様之事に候哉聊心得違之筋も有之様

存る也称《マヽ》某等命ニ依て此處ニ來るハ返翰計《中カ》之出節を盡すへき所にして事外之間柄ならハ及難し然るを使節心得ニ而ハ返翰取扱ハ云扱と事を兩樣に被致候於某等御返翰中之子細を會話する爲なれハ素ゟ答可致義と答ニ及可らさる義と有之間難及答筋ハいつく迄も答ニハ不及なり

一使 此度某使節を承り罷越趣意荒増政府之書翰ニ載すと雖書翰ハ其概畧を申述其細目之條件ハ其の口訖《マヽ》ニ付し候事ニ付右之條件會議有度候

一肥 心得候左れ共追々申述候て書翰中ニ載らるゝ義は格別事も被申出候と雖談判可相成哉否を知らす貴意之趣く處先被申聞へし

一使 日本千島之内南ハ日本北ハ我國ニ而致支配候右之内エトロフ島ハ往昔我國人住居致し來る處其後貴國ゟ手を入レ貴國之人致住居樣相成候當今日本ニ而ハエトロフハ何レ之所領ト被心得候や

一左 蝦夷地之千島ハ不殘我國之屬島ニ而元來名もエソ詞ニ候處段々從貴國致蠶食名をも附替られ候義ニ有之其後貴國ミゴローウインと申者エソ

地へ罷越候砌規定を立逸々國境を守りウルツフを以て致間島ニ候積り致堅約其巳來ヱトロフ島へハ外國之者ヲ不置鎮守ゟ番所を差置來る所よして素ゟ我所領なる所聊も疑無之候

一使

ウルツフ島ハ百年前魯西亞所領なりしを近來アメリカ人罷越獵事致しヱトロフ島ハ五十年前迄ハ魯西亞人致住居貴國之人罷越居候儀ハ無之事ニ付右之心得方及尋問候

一左

ヱトロフの我國所領たる事斷然としく疑を可容所はなく古ハカンシャツカ迄我國之所屬ニ而ヱゲ《ゾカ》人共之致住居候を其後貴國之人所守する樣よなり夫レのミならバカラフト南岸之地我國所屬ニ而是迄番所をも差置來候一体使節心得方ニ不審もへき條々あり貴國政府之書翰ニも無之義を使節ゟハ色々と辨を加へ被申聞趣も有之候も政府之意ニ非さるへし右樣之義强而辨論及ハるゝハ貴國之所願をなさんとの義ニハ有之間敷右樣之心得方ニ有之候ハヽ通信通商等之儀ハ論判ニも難及是等より

して我國人心之憤怒を生し可申然し望乞事を調度存せられなハ追而の書面ハ相下り候方ニも有之間敷や左も無之候而ハ被申聞候而も畢竟無益之事なるへし

一使　ゴロウインも元來我國政府より之使官ニあらば全自己了簡を以て右樣之事ニも及ひたる事なれハ今般之談判ニハ引用難くヱトロフ之義ハ品々辨論も有之候得共今日之會議ニ難盡間後會之治定之答承るへし

承屆候

一使一左　サカレンハ素より我國人住居之地ニ而ハ非す先年アルモルは我國之者罷越候處彼住民共我國ニ屬せん事を願ふニ付我主の命ニ依て軍卒を差遣し彼土を爲守候事ニ而日本所屬之地へ手出し等致候義ニ而も無之右境界睠と取極不申候而ハ外國之者通航之差障ニも相成候間境界相定度存する所なり

一左　カラフト之内我所屬之地へ手を附候義ニハ無之哉然時ハ追而差出候書

面之趣と趣意違なり右は貴國之所置ニ寄我國人心之氣配ニ相拘り候筋ニ付其次第ニ寄某等如何樣辨論する共取扱向更ニ出來可致義ニも不被存國島之儀抔右之通ニ相違無之候ハヽ猶更之義追而之書面ハ下ケられ候方ニ可有之既ニ貴國書翰よも有之候通於貴國ハ別之新地ハ得るに念なき由なるよ隣國之邊島へ新ニ軍卒等被差置候而ハ我國人心の動靜ニ相拘候間右軍卒ハ早々引拂はせ候樣可被致右之通異心無之事ニ候ハヽ追而ハ取扱方も可有之候へ共返翰ニ申述る通エソ地堺目之儀ハ其處を守る大名へ申付取調方爲致命を受候大名ハ書物繪圖等得と致吟味中立る儀故色々ニ手數も相懸り急速聢との取極ハ致難し扨使節限り之物語有之候追而カラフト島ニ而境界を定る時よ至り而ハ兩國之住民日々面を合せ候樣相成候故逸々白眼合せて計も居られぬ事故其節ニ至り而ハ互ニ懇意ニも可相成なれ共當今ゟ聢と之沙汰ニハ及ひ難し

一使

我國政府之書翰某差出候書付と趣意相違有之候ハ餘義もなき次第有之

最前使命を受帝國を出し時ハ右書翰之通之儀ニ候處其後本國ゟ書狀差越外國之者共サカレンを窺窬致候勢有之打捨置難し守の者を差遣候尤日本との境界聢と相分候ハヽ守之者早々爲引拂へく旨申越候ニ付此談判を取分ヶ差急キ今日及談判候

一左　得と取調之上ニ無之而ハ治定之挨拶ニハ及難くれ共カラフト一條ニ於而ハ彌右之通ニ候ハヽ疑心致氷解候尤右之趣ニ相違も無之候ハヽ書面ニ而可被差出然時ハ貴國を疑居候我國人之心を解く種ニも可相成候

一使　使節一旦申候事ハ更ニ替無之候然し書面を欲せられ候ハヽ書面をも可差出尤カラフト島南ハ北方申出之分ハ多く魯西亞之所領ニ相成候ニ付早々取極致度候

一左　被申聞候趣ハ相分り候へ共我國封建之地故右土地人民共ハ大名へ預置其大名へ申付取調方致させねもならぬ譯故取調のミニも餘程之年月を可費既ニ返翰中ニも三五年と申述る所なり

一使
三五年待居候事ハ決ゟ難相成其譯ハ右土地へ遣し置候人追々右土地ニ居馴染ミ永住之心持ニなり且我ニ從ふ者相增候ハヽ土地も廣まるへけれハ其節ニ至り候ゟハ勢ニ於ゟ引拂候義難相成義ニ可有之間當節是非右之談判ニ及ひ歸帆之砌直ニ彼地ニ立越場所ニ於く立會諸事之規定取極外國人窺窬之心を斷ち可申候

一使一左
一同打合之上挨拶ニ及ふへし
追々中立候通隣境を接候事ニゟ御國地近邊度々通航をも致し候ニ付薪水を取候爲メ御國內よ我入津の湊無之候ゟハ差支候其譯ハ密賣買之儀其國嚴禁ニ有之候處所々へ勝手ニ船之付候ゟハ必右之憂も有之譯ニ付右之湊江戶近海ニゟ壹ケ所エゾ近海ニゟ壹ケ處取極め有之度長崎ハ廻り路ニゟ不都合故不好候此答後會ニ承り度候

一使一左
其節可及論判候
右湊之儀エゾ之內ニゟ壹ケ所松前邊ニゟ壹ケ所ハ早々取極無之ゟハ軍

船商船等度々致往來ニ差支ニ相成候間呉々早々相定度候右等委細之義ハ明後廿二日猶可及御談判尤御掛合之趣通辨之相違も有之候候而ハ事を誤可申ニ付手覺書致し置及御談判ニ積り御挨拶も致書付ニ被遣候樣ニ致度候

一左　心得候

十二月廿二日對話

一左一使　一昨日之御挨拶承り度候

カラフトを半分ニ引下ケ貴國ゟ被差置候軍卒守兵ハ境界相分り次第引拂せらるへきとの儀ニ於而ハ一昨日被申聞候通可有之ヱトロフ之義ハ其砌申述る通ニ候存寄も有之間敷候

一使　カラフトの儀ハ一昨日申述候通守兵ハ外國人之窺窬を絶ん而爲ニして日本所領へ對し手出し候義ニも無之間談判次第右守兵速ニ引拂もせ可申候

一左　カラフト境界五十度以上之處を以て半島ニ引分る積候や此心得承度候

一使　日本之人致住居場所ハ勿論日本之役人衆被相越候場所ハ中々以て我國之所領とハ不存候

一左　我國之者住居又ハ往來致來候と計ニ而ハ不慥ニ候我國人全島を見廻り且度々アンモル河邊へも致往來其餘漁業ニ付而も海邊何レの地へも罷越事故其境慥ニならずしてハ追々爭論之基とも可相成ニ付夫等之心得方篤と承度候

一使　カラフト島アニワ港へ近頃我國之者罷越及見分候處日本之人纔二十人程住居致居候儀ニ而外國人右場所を相伺候樣子も相見甚懸念ニ存をるニ付我國ゟ爲防守軍卒差遣候義ニ有之日本所領ニ相違無之趣相分候ハヽ早々引拂をへし乍去兼々も申候通其所ニ居馴染候樣相成候而ハ容易爲引拂候義難相成勢ニ至り候事故急速之取扱を希ふ所なり

一左　被申聞趣尤之義ニ付某等ニ於てハ飛立程ニも存をるなれとも右ハ京師

へ奏聞を經其地之大名へ申付取調方爲致候義等彼是三五年之時月も懸るへしと存候扨我國大半ハ西洋諸國之書體ニ不通西洋人と云へハ虎ら態之樣可致候者のミ多く扨々困り候事ニ候某等抔ハ元ゟ西洋學をも心懸居決而右樣ニハ不存なれ共某等兩人之口を以て衆人之惑を解り如キ事ニ付貴國此度之仕向方ニ寄貴邦之信義之國なる譯も國人心付へき所なれハ使節實義之所置有之度存する所なり

一使

境界巨細之處ハ其場所之大名幷ニ官府之役人中立會御取調之上ニ而無之候ハヽ難相整義勿論よハ可有之候得共概略之規定取極不申候而も衞卒之進退ニも拘り難捨置筋ニ付何レニも此所ニ於て荒增之取極を致置貴國之來春二三月頃雙方場所へ立會之上取調方可致

一左

尤之事なれ共右土地ハ某等素ゟ不存所なれハ如何共論判難致次第有之難及挨拶ニも候尤半分ニ引分候積りと申聞候趣も有之其心得を以て取調方致さもへし然し右も全我等之了簡迄ニ而素ゟ政府之差圖ニも無之

一使
候間追而取調之節如何様之挨拶可相成やハ難計
近來我國之者全島爲見廻候處日本人ゟ南岸地ニ僅計致住居候迄ニ付半島共難申歟其上島之中央ゟ日本之方ニ當り石炭山を開き右場所ハ日本人不居所故旁過半ハ魯西亞と心得候

(以下四行朱書)本文石炭山有之儀曾而承り及不申候處既ニ魯西亞人見出相開候由右之様子ニてもヱトロフ島之儀も如何相成居候哉懸念ハ松前志摩守領分と相成候而ハ公儀御用地之節と違ひ案外なる事共抔可有之も難計と深く心配仕候義ニ御座候

一使一左
度數何程迄之所を所領と被心得候や
度數之義ハ口上ニ而ハ難申述地圖を以て取極候ハヽ相分可申尤境目巨細之義ハ其場所ニ於て不紛様證跡を立取極可申候

一左
返翰中ニ書載候通り即今之取極ハ迚も難致尤證據を以境目取極度との儀も則圖籍を案するの譯ニ付同意ニ存する也此所能聞かれ候へ某等身

分ニ而ハ供之者共多く召連候事故此所ゟ江戸へ歸るよも六十日程も日間も相懸り且江戸ゟカラフトへ直罷越候ニハ夫ヨ倍し多くの日數も相かゝる事故中々以早速之間ニハ合難く尤見分之者をハ自分共歸府之上差急き夫々の日數を經其模樣ニ寄急キ可差遣哉ニも候へ共右之通軍卒等も差置嚴重ニ被致守備場所へ我國之者差遣候ハヽ必定爭論をも起し可申歟是等ゟ兩國之爭端を開き候樣之儀有之候而ハ折角之談判も無詮事ニ相成可申候此儀使節ニも如何被心得候や且又某等罷越候節ハ尙又日數も相懸り其上旅館之手當等も新ニ致し候儀ニ付容易之譯ニハ無之是某等ゟ僞ハらぬ事押而知るへし

一使

貴國ゟ御見分之者被差遣候時の御心遣ひ御尤ニ候某此地ニ召連候蒸氣船彼地ニ差遣し候ニも日數十日ニ而可到外船ニても廿日ニハ到著可相成候間右之趣ハ彼地ニ差置候役人江早々申遣し貴國御見分之者ニ對し決而手出し等不致樣急度可申付置候間聊右等之御懸《念カ》合ニハ不及候

一左
あく及對話候上ハ使節之外異心無之趣明白ニ相分候へ共我國ゟ役人差遣し日本流之武士堅氣を出し其邊立廻らせ候ハヽ如何樣之間違可有之やも難計左候へハ使節實義も空敷相成可申候間右等之懸念無之爲ニ態と小人數ニ而可差遣と存る所也右差遣候者も安心之爲且ハ爭論を防候爲ニも相成候間使節ゟ書付等差出置候樣ニも致度候

一使
兼而彼地へ差遣置候者共ハ貴國之人・〔ニ脫カ〕對し聊無禮無之樣嚴重申付置候事ニ付懸念ニ存候義ハ毛頭有之間敷候へ共御好ニ候ハヽ如何樣之書付をも可差出候

一左
小人數ニ而差遣候ハ爭端を引出ん事を慮る所以也尤是ハ一通り見分迄ニ而境界取極候使ニ而も無之間其段も兼而可被心得

一使
承り候右島之儀追而境定候節ニ至り證據さへ有之候ハヽ其丈ケハいくらも貴國へ相返し可申且守兵差置段も右場を取候譯ニハ無之候間呉々右之趣ニ可被存候

一使
ヱトロフ之儀元來魯西亞人のミ致住居候處其後ニ至り日本之者罷越住居致し當節ニ而ハ魯西亞人と日本人と半分ッヽ致住居候間是又半島を分ち境を定め可申哉
(以下三行朱書)
本文之通り魯西亞人申立候得共信用難成義ニ付右ハ談判不仕候得共ヱトロフ島とても場廣之義松前志摩守方ニ而見廻候方不行屆魯西亞人共住居之義を不相辨義も可有之哉難計ト奉存候

一左
夫々《さ》心得違と存候一躰ヱソ千島之儀ハ我國古記錄ニも相見へ其上ヱトロフハ斷然我國之所領之處右樣不筋之儀被申出候而ハ迚も談合も取扱も難相成此上ハ談判も無詮事なるへし

一左一使
當時ヱトロフニハあんの計致住居日本人住居不致樣ニ相見へ候
あんのハヱゾ人之事ニ而ヱゾハ日本所屬之人民なれハあんの之居候處ハ則日本所領ニ候

一使
あんのヱトロフ之內諸方致住居候內魯西亞ニ屬候者も日本ニ屬候者も

有之同島北方えあれのハ魯西亞支配ニして日本所屬ニあらハ此を取極
め度存る處なり

一左
右ハ若ウルツフ島之間違ニも無之やヱトロフニ候ハ挨拶ニも難及事也
同島我國之所領なる事斷然疑もなき處右樣之議論有之候而も其餘之談
合難相成貴國コロウインハ全私之事之由を被申候得共既ニ我國之高田
屋嘉兵衛と申者を捕カムシヤツカに連參り候程之事故强而私之事とも
難申歟

嘉兵衛を捕へしハ五老尹ノ副タリシ利格兒社ナリ

一左一使
コロウインハ境界を定候使ニハ無之測量之爲政府より差遣候處也
ヱトロフ境界之儀ニ付而も文化年中爲取替候書付も致出來候處貴國ゟ
請取之者不差越候故夫レ切ニ相成たり此ケ條ニ付段被申聞趣畢竟不筋
之申分ニも有之間敷や一体貴國ニも兩國之民之爭端を慮られ態々使節
被差越候ニ付我等乍不肖命を奉て品々穩の懸合ニも及候處右樣不法之
申分有之候而ハ難及談合候此處得と勘合あるへし

一使　右境界之儀ハ御論ニ寄猶勘辨之上後會ニ可申述二ヶ條之湊を開候儀江戸近海ニ而万一差支候ハヽ大坂ニ而相開き度候

(以下二行朱書)大坂ニ而湊を開度との語意勘辨仕候所同所之地形等も得と相辨居兼而心懸候樣子ニ相見候間右御用心有之候方哉と奉存候

一使　壹ヶ所ハ松前又ハ箱館地方ニ而も可然候

一使　通商許允ヨ數年を經候との義決而左樣之筋ハ無之筈ニ候尤巨細之取極ニハ時月も費候義勿論ニ候得共假ニ致取極候迄ハ只今ニ而も相成可申候

一使　二ヶ所湊之義も取極無之而ハ薪水食糧乞候爲御國地所々致滯船其所之煩を引出し候ハ勿論密賣買候憂も致出來可申候間早々取極有之度候

一左　去共氣の短き仕方と存候追々申聞候通彼カラフトの境界相定り候上ハ互の人民往來をも可致我國地境之續きたるハ貴國のミ故其節ニ至候ハヽ何と歟取計も可有之所氣之短き所置有之候而ハ可成事も却而ならぬ

様ニ可致候

一左

又一事申述候今般貴國へ我々重臣をしく應接セ令る趣イキリスフランス等ニ而承り候ハヽ必定種々の語論をも生セへけれ共右等之隣接ニも無之候一ト通之取扱ニ而濟し置也只貴國ニ限り良厚之御取扱有之候儀此處能々勘辨熟考あるへし

一使

御諭之儀ハ承知致候乍去通商幷境界取極等一ヶ條致一決不申候而ハ難相成譯有之勿論可成丈御趣意も承り可申候間使節相願候條件も成丈御立被下候様仕度候

一左

承り候又一條申談セる義あり通商之儀魯西亞ニ限り候儀ニも候ハヽ兎も角も取扱方も可有之候得共イキリスフランスアメリカ等ゟも同様之中立有之其上魯西亞軍艦通航等之中立ニ寄其中立ニ隨候様相聞候而も右國々ゟも同様之義申懸候而必定之儀其節挨拶方も無之差支ニ相成候得ハ考見分れハ夫々而穩ニ相待居候ハヽ外國々に響も無之全隣交之譯

ニ而別段之取扱ニも可相成やも難計歟

一使

返翰ニも有之候通り外國々ゟ通商之義申出候を深く御懸念有之候由ニ候得共此儀更ニ御厭ひ有之儀ニも無之西洋諸州ニ而ハ通商を以て其國を富し候事ハ有之候得共通商を以て國を害し候儀ハ不及承り其譯猶申述へし

一左

先我等一言申聞度義有之我國ハ西洋諸國と違ひ自國之者他邦へ至る義ハ無之坐して他邦之船之至るを待故異國通商ハ國之痛ニ相成益ニハ相成不申尤是ハ貴國へ對し申述候義ニハ無之自餘之國々を以て申所なり

一使

通商利益之儀ニ付而ハ色々の談合有之商買賣買交易之道ハ其國之直安之物を他邦ニ遣し他邦之直安物を持歸り自國ニ而貴國へ賣事ニ而其利益不少我國カムシャツカハ鹽拂底ニ而高價故他國之鹽を高價ニ買受候得共其代りニハ直安之魚を遣し事ニ付互之利潤共相成事ニ候

一左

右道理も可有之乍去又一事物語有之候昨日某等へ贈り越れし品々抔好

ミ之品故寒氣を凌キ衣ニ替て求度も存もるなれ共右高價之品を以て財を費し候事ハ扨々固〔困カ〕り候事ニ存候

一使 昨日差遣候品之義ニ付右樣御挨拶承り面目ニ存候扨交易品物之義山丹之地ハ良材多く直段格別安し事貴國之紙魯西亞のキャマンの下直なるか如し一事ニ申候得共貴國ニ而障子の紙を用ひ紙ハ直安故便利之義ニも相聞候へ共損し易くキャマンゟ手重之品ニ候へ共保ち宜キ故畢竟キャマンを用之方益あり此外右樣之品數々有へし

一使一左 是一理共可申歟

扨御論ニ追而境界を定候時ニ至り互ニ白眼合ても居られぬ故遂ニ親敷可相成と御申候へ共既ニ今日ヶ樣被及御對話候も必竟隣國之好を以くかゝる御取扱ニも相成候義ニ可有之候左候へハ所願之條々追而之事ニ不被存早〻御取極被下候ハヽ於政府も難有かるへし

一左 猶申立度存る條々ハ書面を以申述へし

十二月廿四日對話

一肥
今日も被罷出御太儀候昨廿三日以書面被申立候趣致一覽候處兎角書翰之意味了解不被致事と相見候一體貴國ゟ被申越趣ニも無餘儀譯有之故追而及挨拶候積尤其書盡さゝる處ハ我等承りて談判致も儀ニ付返翰之意味了解あらハ兎角之申立ハ有之間敷所再應被申聞候趣も有之候ニも返翰之趣意了解無之故と存候古例を取りて今事を律する事能ハずと申語抔も能讀候へ共被申間候通ニも不相成御返翰之意味如何樣會得被致候や一ト通承度候

一使
御返翰寫と蘭文譯をも御渡之處辭ニハ少々之異同も有之候へ共彼是合考致候へハ其意を解得候間昨日之書面差出候儀ニ御坐候

一肥
全文を解候へハ昨日之如キ書面ハ難差出儀ニ可有之候詰ル處返翰之趣意昔と今と時勢ハ違ひ候共取調方手間取事故無餘儀其意を申述る處ニしく既ニ是迄左衞門尉ゟ度々申聞候某等此地ニ來りて使節と對話候ニも

辨し棄られしと相見候

一肥使節ニ於て急ゐるゝハ尤之義ニ而此ニ而も早々事を決著致度存候事ハ同様ニ候得共左様ニハ難相成子細有之候故相待候様ニと申事ニ候扱我々不審敷存候儀あり可致物語貴國ゴウウイン我島疆ニ至りしか既ニ五十年ニ至り貴國の人我エトロフ島へ來りシヤナの會所致亂妨候か五十年ニ相成右様五十年餘ハ日月絕て音沙汰なく氣を長く致し被居候國ニありなから此度渡來申立候廉々急速ニ調へねハならぬ抔と被申聞候義何共合點不參候

一使此節之時勢五十年前之如くニ而ハ急キ候儀ハ無之候處當今難延置次第有之不得止事急キ事を計る所ニして非有餘之譯先蒸氣船を以御勘辨可有右船發明以來常船之三分一餘之迅速を得候是世界之一變ニ候近來日本沿海異國船渡來之繁きを以ても可有推察遠路も近く世界もせまり候道理ニ而事を延難き時勢と存候此上政府書翰之義ニ付追々申述候義

有之候御聞可被成候

一使　何事をも相待候様御申聞延被置候様ニ而ハ其内追々外國之ものも致渡來色々申候義可有之然ル時ハ猶更御煩事出來可致と奉存候

一左　兎角返翰之趣意解違ひ等有之候てハ不容易義殊ニ諸事ニ論判も難出來候間先一ト通返翰之意味會得被致候處承度候

一使　再應及熟覽候處漢文之意味ニ而ハ御返翰認無之事ハ各方御指越此地ニ於而御取扱被下候儀と存候然ルを御返翰外之儀ハ御取扱不相成様ニと被申聞候而ハ少々趣意違候儀と存候

一左　返翰之趣意と違候事決而無之候間某等命を受來りて書翰ニ盡さゝる所を申述る所にして書外の意ニ亘るへきに非ス老中よりの返翰ハ則　上意を受て認し所ニ候命を受く其事を取扱人臣之場合聊たりとも其事を違へく可相濟や使節之身ニ取り熟考あるへき筈なり

一使　昨日委細書面を以心得方申立候所直ニ御答無之只御返翰之趣意のミ御

諭ニ候得共一躰五十年前と昨今の時勢之違ひ有之取急候事ニ候先我國
書翰之意得と不申述候てハ趣意不相分候間先可申述候
可承候

一使一左

貴國一百年來外國之交を絶ち獨國を鎖して海外獨立せられ候故異國の
事躰ふ通し給もに隨て武備も弛ミ候様ニ相見候處外國ハ追々相開候武
事致鍛錬軍律戰闘之器械悉精利を極め航海之術ハ勿論船製作等巧妙を
極め候故先一事船の上ニゐ申候へハ貴國の船數十艘有之候共異國軍艦
一艘ニハ難及且ハ貴國江海之御固ニ至りてハ炮臺其外之御警衛向長崎
湊を以て第一嚴重之處と被致由及承候處今般一見候得ハフレガツト船
を以て押破らんに聊難き事可有之共不相見其餘太平打續全國御武備等
手薄ニゐ甚以懸念仕所ニ候依てハ渾ての軍器等西洋風ふ被爲傚武事專
ら御脩飾無之てハ難相叶時勢ニあり吾國海外ニ於く餘り負を取不申國
柄ニゐ既ニ貴國と隣接と相成候間万一之節ハ互ニ致助勢候積り我主の

願存もる處ニ而候

一使 只今申上候義詰り候處兩國の和親を存候ニ付心底を不殘有之儘申上候事ょ候尤右之趣致書面ニ可差出候是ゟ已來日本國の御武威愈盛ニ相成魯西亞國も同様ニ而互ニ和親いたし末永く兩國の安穩ならん事を深く希ふ所ょ候右書面御熟覽之上御挨拶承度候

一左一使 承り候書面一覽勘辨之上追而可及挨拶候

近來蒸氣船致發明候後世界之模様致一變候右船ハ風之順逆ニ不懸迅速海上致往來譬ハ外船ニ而順風三四日路之處ハ蒸氣船ハ逆風ょても右日合を以通船相成是を以懸隔之國とも近く相成異國之船往來繁々相成候ニ付而ハ薪水食料を求候爲是非御國地ニ立入可申且石炭も蒸氣船必用之品ニ付是又於御國地求候もねハ難相叶候扨又軍卒之器械古ふ引競候而ハ追〻精密辨利を極め候様ふ相成貴國ニも御備無之而ハ難相成時勢ニ付御入用ふも候ハヽ蒸氣船軍船ハ勿論大炮其外之軍器何分ょも差上

可申候

一左 心得候右ハ政府之指揮ニ可有之事ニ付只今何共難及挨拶候

一使 此度格別之御取扱有之候段難有奉存候乍去御禮遇中ニ而實事無之候而ハ迷惑仕候間申立候事願くハ可行候様致懇願候

一左 尤ニハ候得共右様被差急候様ニハ參兼候尤貴國之仕向方ニ寄我國之打和キ候事も可有又仕向方ニ寄我國之者志を一致よし命を捨て働候様相成候而ハ使節之功も空敷可相成候間此段得と熟考あるへし

一使 御國と魯西亞國との間柄睦敷永世斷絶せる事なく兩國人民安穩無事ニ有之候義肝要候扨通商等通し湊御開き等之義聢と御定相成右ニ付運上其外之儀迄御取極有之候ハヽ何様よ時月を經候上ニ無之候而ハ難相整義も可有之候得共何れの湊ニ於而交易御免ニ可相成と申程之儀只今よても御挨拶出來可致候右様造作もなき事迄彼是と御申譯有之候様ニてハ此上兩國之和親も無覺束其上此地境界之儀追々申立候通り時月を經

我國之者右土地へ居馴染候樣相成候而ハ迚も引拂ハせ候儀難相成場合ニ至り必定貴國と爭論ニ及ひ候間何レよも來春ハ御立合ニ而取極方致度候

一左　貴國之者ハ測量功者之由ニ付使節其外も鍛錬可有之處我國之路程を量り見られハ如何樣よ致候へハ來春迄ニカラフト到著ニ可相成候哉

一使　御兩使御直ニ御出無之御支配向之衆被差遣候義ニ候由蒸氣船御乘込可有之若又御直ニ御越之義ニ候ハヽフレガット船可差出然し外國之船へ御乘込難相成御法よも候ハヽ御國之船へ御乘組可被成候蒸氣船を以く右船を引參候ハヽ海上御懸念之筋もなく速ニ彼へ到著可相成候

一左　至極之被申聞方ニ候得共於國法ニ左樣之義ハ難相成候

一使　右之趣御政府へ御伺有之候ハヽ御法御改よ而必御許免も可有之ト存候

一左　夫等之事ハ政府へ申立候てハ決而難相整事ニ候且境界之儀ハ京師へ奏し候伯へも告群議之上よ無之てハ難相成事柄ニ候

一使　境界御取極方延々可相成候てハ追ゝ申述候通取極方六ヶ敷事ニ可相成
候此儀兼而御承知可有之候

一左　申立候趣ニ付種々致勘辨候得共此地の取計ニハ難致歸府之上品々手數
を經候上取計候事ニ付夫迄之處ハ貴國ニ而如何様よ而も押置候様致度
候

一使　書翰之意ハ今日ニ而相分り候扱御兩使之重御役人之趣ニ而御越ニ相成
候處是迄之御振合よ而ハ何の事柄重き役人御差越之御趣意ニ相當り可
申哉御挨拶承度候

一左　是迄我國外國ニ對し今般の如く書翰之意迄致面悉候義無之候處畢竟重
役人を被遣候故斯迄事を盡し候儀も出來申候

一使　此程之御渡相成候御返翰之條件一事も御取極無之候而ハ致歸國候儀難
相成且政府ニ於ても中々相當之御ヾとも存間敷候

一左　種々之手數相懸候ハ素我國風よ而改方も無之候返翰之儀も於此方盡し

候丈ヶ盡し候上之義故此上之致方ハ無之候此處熟察あるゑし

一使 某心得ニハ此度御返翰御渡候時態々御兩使御越相成候義ニ付御返翰ハ
共概略を御認其餘ハ御相談仕取極有之候儀と存候

一左 三五年待居候樣認候處熟讀なるへし

一使 三五年待居之御答方ニてハ某いつ迄も御國地を立去る事難相成候其段
可有御心得尤今日申立候次第尙以書面可申立候

一肥 申越るゝ趣我國ゟ絕て存寄無之事ニ候ハヽ三五年をも不待直ニ只今挨
拶出來可申候然るを相待候樣申進し待と申字ニハ深き味之有之事於政
府も兼々評議有之候得共我國風意地强く舊法を改候事抔ハ容易ニ難致
事故種々勘辨を被致返翰之通り申進候義ニ御坐候を更ニ無貪著彼是ヨ
被申聞ハ無理なる事也此處能々味ひく見るへし

一使 御敎諭之趣一ト通承り候猶以書面可申立候

十二月廿六日對話

一肥 今日烈風雨途中難儀せられしなるへし

一肥 一昨廿四日品々辯論も有之候得共不相決右ニ付尙被申聞義あらハ承るへし

一使 雨ニハ馴候故難儀ニハ不存候各樣此雨に態々御出張御苦勞ニ存候

一使 追々申立候義致書取ニ差出置候右御挨拶書面ニ而承り度候

一左 兎角書面ハ廉立者故書面を以及懸合候てハ却て枝の論起り可整事も不整相にもなるへし尤追而も懸合の次第書面ニも可致なれとも穩ニ事を整んと欲せる故未タ書面之懸合ニ不及なりし被申開候義ハ元口上ニ而中立らるへし

一使 是迄申立候義定而御耳障之義も可有之と存候へ共夫にハ無頓著書面ニ書綴り候義ニ有之候鎖末之義も如何ニ存候而も大本之趣意ハ追〻書面ニて御懸合申度候

一左 心得候都而談判之際少之口上違ハ其場にて申直しても事可濟候致書面

候てハ聊之事も聞取方ニ寄て廉立雙方之心底不相通逸々立腹致候様ニ
も可相成左様之義有之候而も不宜候間一ト通りハ口上ニ而承候方宜敷
候

一使
我國所願之儀御取《所カ》置振ハ五十年前我國使臣レサノツト此地へ參りし時
ニ格別之異同無之候處此程御對話之節肥前守様ゟ待之字ニハ味之有事
なれハ熟慮して可相待との御下諭有之且御返翰ニも古例を取て今事を
律する事不能と有之旁於御政府只管古法をのミ御守り被成候ニハ無之
通信通商ニ御心の有之様ニも相見候肥前守様御申諭之角々御書附ニて
御貰申度候

一肥
此答ニ於てハ兎角之答方々六ヶ敷候故被待よと申事ニ而被申立候趣絕
て意なきニハ非レは此譯能々勘考あらハ合點も可參使節ゟ追々被申立
趣も無餘儀相聞候間追而兩人歸府之上始末具ニ老中へ申立急度骨折可
申候

一左
只今被申聞候丈ハ隨分致書面ニ渡候様ニも可致何レ共使節之面之潰レ
候様ニハ致不申心得ニ候

一使
世界之模様五十年前レサノット罷出候節トハ違ひ貴國ニ而非無御心ハ
前書申立候書付是非御貰申度候

一左
承届候

一使
魯西亞所領之條件於貴國諸役人諸大名等衆議之上御決之由ニ候處衆議
有之候迚格別之日月を費もへき筈ハ有之間敷候貴國の路程遠國之大名
ニても五十日路よ而江府ニ參著可相成候間大抵三ヶ月程も相懸り候ハ
、御評議御決ニ可相成候

一左
貴國之者ハ沿海測量よも委敷由之處右之路程を何を以て積り候や大名
役人往來文通とハ違ひ日數相懸候事故中々五十日位の日積ニてハ遠國
ゟ江戸へ參著難相成候

一使
五十日路とハ片路之積りニ候某當地ニ罷出候處二十一日目ニ而江戸表

ゟ之御沙汰有之候間何事も此地ゟ御伺有之江戸表よて御評議相成候共直ニ相辨候義勿論ニ而一体我國ゟ申進候儀ハ貴國御大切之事柄ニ付御打捨被置候筋よハ有之間敷候

一左　尤之筋よハ候得共左様ニハ難相成候乍然此程篤と評議ニも及候處取計方ニ寄而ハ少ハ使者之面を立遣候様取計方も可有之候

一使　拙者之面を起され候ニハ速ニ事致成就御取計有之義と存候

一左　追〻使節よ及對談使節格別之一物なる事も相知れ且各其主君の爲よ忠を盡さんと思ふ心ハ同しけれハ國ハ違ひ候へ共志ニ於而ハ兄弟の如く睦敷存する事ニ候依くハ申述度事追々可申談候

一使　速ニ承度候

一左　如何ニ取急候共一體之取極ハ格別之重き役人直ニ取扱事故某等兩人ニ於てハ今般何とも申難クれとも某等支配下之役を此節陸路ゟカラフト島へ遣し見分爲致候半よ尤境界を定る事ハ大切之事ニ而見分の役人之

取極る事ハ難成候得共右様ニも致候ハヽ被申聞候事を不拾置此節ゟ急キ取懸候趣意ニ付使節之面も少しハ可相立と存義ニ候

一使 其通速ニ相成候儀ハ大慶ニ候迚もの事ょ右之御役人直ニ於其所御取極有之候ハヽ某此處ゟ直ニ彼地へ立越御立合之上ニ而取調方可致候へハ再應無益之手數も不相懸便利ニ可有之候尤聢との御取極ハ政府御所置之由ニ付追而之事と相成候ても可然候

一左 被申聞候如キ無造作之取計出來候位ニ候ハヽ面倒なる談合ょも不及事ニ候得共右様ニハ難致事故彼是申談せる事ニ候

一使 境界之儀ハ表立候御事柄ニ付御返翰ニ有之候通京師へ奏し候伯へ相告被成候事勿論ょ可有之候右之御人ゟ直ニ侯伯へ御談被成候ハヽ如何様も相辨可申候

一左 國家之例格ニ於て右様之取計ハ難出來且又諸侯と役人との場合右様ニハ難相成事共ょ候

一使　御支配向之御役人可被差遣との由御申聞有之候處江戸表ニハ各樣御同列之御役人衆も可有之候間右之御方御越被成候て直ニ取極も出來可致候

一左　國家之事躰を相辨不申故右樣之儀をも被申候右ハ京師奏聞を經諸侯一統ヨ相達候儀ハ勿論其外品々之手數相懸候事ニ而老中衆只今此處へ被相越直ニ談判被及候共品々之手數ニ時月を費候義ハ矢張同樣ニ有之候間返翰之趣意ヨ違ひ被申聞候如く取計ハ決て難致候

一使　御老中方御評議も有之候ハヽ諸事御決定ニ時之義ニ可有之彼場所ニ御役人を差越候ヨ何之六ケ敷御評議可有之候や

一左　隣國之境界を定る事ハ政事之上ニ於て大切之事なれハ取調方甚タ六ケ敷容易ニハ參難く候追〻申談返翰之意ハ少しも動し難く候ニ付返翰之意ハ不動使節之面を立遣し度存種々勘辨之上前文之通り及談判事ニ候を猶品々被申聞候樣ヨてハ談判難整事ニ候

一使
見分之御役人被差遣候ても一ト通見分耳ニ而ハ御評議種々ハ相成間敷
雙方立合之上巨細ニ場所之取調事をも致し候上右之御役人御歸りまて
委細之始末御申立有り其上ニ而御評議も出來可申と奉存候

一左
時宜ニ寄てハ右場所へ相詰候貴國之者へ心得方等相尋候儀も可有之候
雙方心得違無之爲ニ付先達而申談置候書付可被差越候

一使
貴國之三月四月比迄ニ御役人御出役無之候ハヽ我國ゟ彼土へ人民を植
付可申迚も際限もなく相待候義ハ難致候間何レよりも御役人被差遣早〻
御定可有之候

一左
見分之役人境界を取極候事ハ難成段ハ最前も委敷申聞候儀ニ有之候を
扨々無理なる事をハ申候一躰彼アニワ湊ハ我國所領なる事分明なる所
我國へ一應之斷もなく勝手ニ人を差渡置候のミならす右躰無理なる事
申懸候段不相濟事ニ候右心得ニ而ハ迚も事ハ難調可有之候付談判も無
益ニ候

一使　某申立候眼目ハ事を速ニ致度と存候事ニ候間此段御勘辨有度候

一左　是迄勘辨之上勘辨を盡して追々申談候を猶品々被申聞候ハ詰ル處無益之事ニ候此上致勘辨方無之候間於其方篤ト勘辨可致候

一使　貴國之所領へ罷越候由御談に候得共カラフト島ハ全野人の住居にして聢此國所領ニ相極候義ニも無之然るを押而貴國所領と被申聞ハ如何なる譯に候や承り度候

一左　全島之地形某委敷不存處なれハ聢ト申難しと雖アニワ港ハ日本所屬之地たる事我國の書籍ハ勿論異邦之書にも往々相見明白ニして疑無之故前文之通申談る事に候尤全島悉く我國所領ニ無違とにハ無之候

一使　右境界之儀追々申立候通時月を移し候へハ夫丈ケ六ケ敷事も出來可致間何レにも早〻御取極有之度此所御勘辨を願ふ處に候

一左　今般使節之申分ニ寄てハ我國之者貴國を疑居候心も可解然時ハ諸事に指支も無之樣相成り被待候二月も近く相成候樣ニも可相成候

一使
境界之儀ハ先之廻り致候而も和親交易之外之儀追々御申聞可被下候追々いつ迄も御取極無之候てハ迷惑ニ候間早〻御取極有之度候

一左
返翰之意更ニ難動候尤薪水食料を何の船を不論遣し候事故頼等之儀ハ格別和親交易等之儀ハ如何樣被申聞候共相待候樣被申聞候より外答方も無之候

一使
申立置候二ヶ所之湊を開き候義只今御挨拶難相成由乍然薪水食料丈ヶハ何方ニ於も被遣候由ニ付就てハ薪水食料同樣ヨ迷惑及候義此外ニも有之候間一兩日中以書面申立度

一左
畫《書》面一覽之上可及挨拶カラフトヽ之儀ニ付追々申談置候處一體我國之者ハ船不功者ニ而カラフトへ見分之もの遣候ても時節ヨよりてハ歸り候儀ハ難相成次第ニも可至ニ付此儀急キ取極度候

一使
右書面明日ニても明後ニても持參差出可申尤彼地ニ相詰罷在候ものへ遣候由ニ付本書ハオロシヤ語ニ認和蘭語の譯文可相添候

一左
心得候扨我國ニてハ今日十二月廿六日ニ相當り最早年內ハ明廿七八九日之外對話可致日間無之早春ハ賀日打續差支候間明廿七日幷廿九日之兩日共可被罷出候

一使
書面取調方明日之間ニ合兼候間可相成ハ廿八日九日之內罷出度右書面ハ廿八日夕刻迄ニ可差出候申立置候船修覆之義如何相心得可申哉

一左
左候ハ、廿八日晝後可罷出候船修覆之儀ヶ條ハ取調候上可及挨拶候

一使
異國之船薪水食料絕ニ及候時御國地何レニ於も被下候儀追々啶との御挨拶可有之趣ニ候處右之價を以て買入候樣致度御貰之儀ハ難相成候

一左
大本之趣意評議之決もるを可待との事ニ付右樣鎖末之處へ力を入れ論辨有之候ニハ及間敷我朝之ものハ人迷惑難儀を救候ハ禮物價等受取候儀ハ不致國風ニ候

一使
西洋諸州之風儀商賣船極て及困究外邦ニ而救を請候儀稀ニハ有之候得共追而右國政府ゟ返禮差遣候事ニ而貫切と申事ハ迚も難相成殊ニ軍船

ハ聊たりとも價を不出しく物を受候儀難相成規定ニ付旁貰受候様ニハ
難致候

一肥 某段々貴國之人となりを考見候に交易之願未濟折柄右様彼是被申候様
にてハ薪水食料を受るにさへ價を出さん抔申候儀取も不直交易之端緒
を開き候事に候抔我國之人々之評論も有之歟然る時は却而交易之所願
不成就之基にも相成へく候間此處勘合あり彼是辨論無之方可然候

一使 時之相場を以て其直を論候ハ商買交易にも可相成候へ共縱令ハ薪水幾
斤ニ而價何程と申様に御極被置候ハ、商賣とハ難申歟

一肥一使 兎角右様之事ハ大事之前之小事と申者に候得ハ不被論方可然候
扨乍序申上候ハ上陸場所之儀ニ付昨日御奉行様ニ而合渡有之候へ共右
様ニ而ハ國人同様之御取扱方ニ而甚以安からさる事に候上陸之一條ハ
外御取扱振と違ひ甚如何歟被存候間此上御兩使之御取扱希ふ所ニ候

一左 此儀ニ付而ハ種々子細有之候へ共最早薄暮にも及候間後日面會之節相

談可致候

一使　御兩使之御取扱ハかるく候得共兎角御奉行樣ニハ無禮之御取扱有之候

一使　一昨廿四日申上候義書面認候間御受取可被下候

一左　請取候諸事猶明後日可申談候

十二月廿八日對話

一肥　書面被差出譯文出來一覽致候處厚心入候段不淺存候右ニ付追々申談候所も可有之候

一使　差出候書面御一覽被下於使節大慶ニ存候右ハ日本御威勢彌盛ニ相成候を以願いたし候義聊隔意無之處ニ候

一肥　此程申聞候通何と歟使節之顏を立遣し度候間江戸表へ申聞候て地境取調之爲來春ハ其筋之役人を遣し可申候間右役人小人數ニ而罷越候共其國之人穩順之取扱致し失禮之義無之樣可致との書付差出候一條早々取次致し度候

一使
昨日被仰聞ニ御下役被差遣候ニ付魯西亞人實意ニ取扱心得違無之樣申
遣候書面則持參致候右書付不封差出候ハ被遣候御役人之御役名御名前
等認入可申と明ケ置候ニ付御役名等明ケ置候上認め加へ可申右譯之蘭
文一通相添申候
蘭文之方通詞森山榮之助讀候趣左之通り
日本と魯西亞と境之儀ニ付日本之御役人サカレンアニワ港之邊巡見
として被相越候間此御役人衆幷附屬衆へ對し聊無疎意取扱之場所見
分差支なき樣御取計可申候且春ニ成候ハヽ時宜ニ寄使節もアニワ港
へ罷越候ハ外船を差遣候事も可有之候
右書面ニ而宜敷候や
一左
致譯文得と披見之上ならてハ委細ハ難相成候得共一通り大意ハ異存無
之候
一左
談合も凡筋合相立且月迫幷年始ニも相成候間此上支配向之内重立候中

村爲彌へ御目付方のもの相添船へ遣し書面を以て對談致し事を整度候尤遣し候書面返翰振之事ハ難相成候へ共使節之顏を立度種々致勘辨義ニ付聊卒爾ニハ致間敷候

一使　御沙汰之趣承知致候右書面いつ比御渡ニ相成候や

一左　明日中中村爲彌罷越候節持參可爲致候

一使　御随従之御方御差越御書面を以て被仰聞候由右ニ而凡御談合も相整候義も使節ニ於て大慶ニ存候右之通相成候ハ、今壹度終末之御集會致度いつ比ニ而可然哉

一左　晦日幷正月元日二日三日集會相成兼候

一使　左候ハ、四日ニ御逢相願候併明日御書取之趣ニ而猶可申上儀も有之候節ハ四日愈終之御集會と可相成哉否之處相分り兼候

一左　可申立儀も御坐候ハ、幾度も面會可致候得共此度書取し趣使節之面皮を立たしと肺肝を碎き候事ニ付是非四日ニハ目出度事を納度事ニ候

一使 縦て《令カ》四日の御集會と不相成候ともいつにても心嬉敷御別申度と於使節
相願居候
一使一左 同意ニ存候
御随從之御方明日御越有之御對話殘り候ハヽ時宜により明後日も御遣
可相成候
一使一左 共通ニ可致候
昨日薪水食料船修覆等之義申上候處追〻御挨拶可有之との儀に候如何
相心得可申や
一使一左 右之儀ハ明日之書面ニ而可申進候
明日之御沙汰ニ而事整候ハヽ大慶可致候尤も無之節ハいつ迄も退帆難
致無餘儀外之御役人ニ御對談致候樣相成不本意之儀ニ付何卒明日之處
快く事決著相成候樣今日ゟ願居候儀ニ御坐候
一左 日本之國風嚴正故明日遣し候書面之内ニ事ニ寄〻〻〻難計候へ共夫等

一使 之處ハ甘んしく認め遣も事ニ付其所被心得居候樣致度候
明日御渡之御書面御胸をあけ御隔意無之所ならん我ニ於是迄御隔意不
致筋ニ相立雙方穩ニ而大慶ニ候

一肥 上陸場之儀ニ付鎮臺取扱方心ニ不應哉之旨先日被申聞候へとも鎮臺ハ
勤柄ニ而固く國法を相守候事ニ付心ニ應し候樣ニ難相成らこのしか而
ら懇切ニ於ハ我等ニ替り候事無之候間心得違無之樣可被致候

一使 御沙汰之趣難有候一昨日ハ全く一時ニ存込候て申上候へ共追而後悔仕
御氣之毒存候尤上陸場之義ハ無餘儀次第ニも可有之候間何分御取計相
願候

一使一左 評議之上可及挨拶候
上陸場之儀當所ニ渡來之卽日申上候儀ニハ有之候間何分急速ニ仕度可
相成ハ明早朝ニも右之御沙汰被下度尤上陸場之外決而脇道等へ立寄申
間敷候

一左　鎭臺ハ國法を相守其上御固兩家之作法も有之何事も早速之事ニ參兼氣
　　之毒ニ候
一使　上陸場之儀明日御取極方願度候度々罷出御手厚御取扱難有候天氣宜時
　　分今一度フレガット船へ御入之儀ハ叶可申や
一左　篤と談合之上可及挨拶候
一使　今日も賀日之由ニ候處御繰合御逢被下難有候
一左　四日ニ又々面會可致候
一使　御國新年ニ相成候由目出度年を御迎有之候樣存候

寅正月四日船中對話

一使　今般御渡之御書取昨日漢文の譯文御渡ニ付蘭語之譯と照合致拜見候處
　　魯西亞ハ外國と違ひ格別之御取扱之由相違無之事ニ候や
一左　貴國へ境を接し候隣國之事故外國と違ひ別段之御取扱振ニ違ひ無之候
一使　難有奉存候然ル上ハ唐和蘭ハ別段其餘之外國ゟ通信通商を乞御許容相

成候節ハ魯西亞よも必御沙汰有之樣致度候

一左　通信通商之儀外國へ御許有之程ニ候ハヽ魯西亞へ御許有之ハ勿論よ候

一使　此後若通商御許ニ相成右ニ付取扱候廉々外國人御許し有之候程之儀魯西亞へも御許有之候樣致度候

一左　若通商御免相成候節取極之義外國人よ許候程之儀ハ魯西亞へ御免有之候ハ是又子細有之間敷候

一使　只今申立候二ヶ條之儀書面を以可申上候間御答御書面ニて御渡被下度候

一左　相心得候然るに使節申さるゝ處聊不審よ候其譯ハ政府の存寄ハ相分り兼候得共我々心得ニハ此末和親致候場合ニ相成候へハ貴國へ國境近接候大國之儀故外國へ相對し一方之防と存候程ニ有之候處只今申さるゝ所ニ而ハ未タ其意を得さるに似たり

一使　御不審御尤よ候へ共私心得ニ於ハ隣國之御爲を御忠告之程之儀故外國

之者万一亂妨狼藉之義も有之候ハヽいつく迄も御加勢致し候心得ニ御坐候ヘ共本國ニ於てハ御國之御取扱ケ様之事とハ未タ存間敷候間右二ケ條之御答を願政府ニ申達候心得ニ御坐候

一使

今一事伺度候ハ追ゝ申立候我國船々難風ニ逢ひ無餘儀貴國之湊何レの港へか致入港夫々御救助を受候節右代金不相辨候而ハ不叶事ニ付何レの湊をか御差極め有之度其場所ニ書付を差出置夫々拂方候ヘハ其便利ニ付右場所承り置度候

一左

其場所取極難し尤覺の爲品書差置追而議論相定候上致拂方候ヘハ差支有之間敷候

一使

其度々拂方不仕追々相嵩り候てハ致當惑候

一左

是迄之振合を以て相考候ヘハ格別之事も有之間敷其國々我國地へ參り救助を乞候儀是迄僅兩三度ニハ過へからす然る時ハ此末も同様ニ可有之候間必心配ニハ及間敷候

一左一使
近來ハ度々ょも可及被致懸念候儀ニ有之候
少々多く御坐候迚外國々と違ひ貴國ハ隣國之儀變災相救ふハ當然之事
ニ候

一使
右代料等之儀通商御免之御論定候迄と申上候てハ餘り遲々致し御氣之
毒ょ候通商御免之儀可成丈早々御沙汰相願候ハ勿論右通商よりも薪水
食料幷港御取開之儀尤無餘儀事ょて差急候間何分早々御工夫被下度候

一左一使
心得候右の段政府へ申立へく候
今日ハ折角御入來被下候儀故込入候儀ハ不申上候筈ニ御坐候得共右等
ハ無餘儀事ニ付申上候儀ニ御坐候此上之處政府へ可然被仰立何分ょも
願意御立可被下候様相願候

一左一使
篤と可申立候間左様可存候
此迄度々御面會厚御取扱被成下難有存候右等之趣ハ勿論御國御舊法御
改被成候様精々申上候様委細ハ政府へ申立候間必御法御改ニ相成候様

相願候儀ニ御坐候

○寅正月十二日長崎表川路左衛門尉旅宿ニ於而急使ヲ以書類一同差立候

魯西亞使節へ應接仕候儀申上候書付

當地ニ渡來之魯西亞船之儀ニ付去丑十二月兩度以町便申上候以後同廿四日六日八日とも使節之もの西御役所へ呼出致對話候處申立之大意ハ去丑十月中一旦退帆之節差出候書面之條件同樣ニ而エトロフカラフト二島之境界を定め和親を結ひ交易を開き幷彼國之船々薪水食料を求め船修覆等之爲於御國地港を開度との義ニ而エトロフも百年前彼國所屬之地ニ有之候を五十年來御國ゟ御所置有之候へ共當地彼島之もの共半ハ魯西亞へ屬候間半島を以境と致可申カラフトハ素ト彼國所領ニハ無之所彼島之者共近來魯西亞江相屬尤南寄之方ハ御國江屬し候場所も有之境界不分明殊ニアニワ港邊外國之もの共窺窬致候情形も相見甚懸念ニ付使節御國地へ渡來之後魯西亞本國ゟアニワ港防守之兵卒差渡置候

程之境界得と相分候後御國所屬之地ニ無相違候ハヽ守兵早速爲引拂可申候へ共急速御取極無之候而も追而ハ引拂難き場合ニ可至候ニ付早々取極度又ハ當今天下之形勢相變し有無を通し相親不申候而ハ難叶時勢ニ付交易を開き隣交を結ひ度且又彼等之船々度々御國近海へ致往來候付而ハ薪水食料を求め船修覆之爲松前箱館等之內幷江戶近海ゟ大坂迄ニ而滯泊之港取開度其餘近來御國御武備御手薄之樣子ニ相見當今天下之形勢を以て考候へハ實々御安心難相成場合と奉存候間夫々急速御備有之度次第ニ寄而ハ御加勢をも仕候事抔種々辯を加申論候ニ付御返翰之御趣意を以厚申論し又ハ申立方不都合之廉々ハ夫々辨論ニ及候へ共何レよも三五年之時月相待候儀ハ難相成所願之條々御立不被下候而ハいつれも難引拂由を以三五年之義を殊更相難し直ニ御手前樣方へ可申立候義ニ而一體カラフト島之儀魯西亞ニ而多年心ニ懸居候趣彼方之書籍よも相見候

本文之儀奉使日本紀行ニアニワニ罷在候日本人防守之用意無之候間
アニワを取而此よ據る事難きに非ス此處を奪候ても日本ニ而取返す
手配ハ致難かるへしらくの趣書載有

此節守兵等差遣置候段ハ全境界取極方よ事寄交易之所願强而申立若御取用無之節ハカラフト全島も奪取計策專ら手段を盡し候儀と相聞一旦退帆之節差出候書翰ふハカラフト島之土蕃とも魯西亞之政化ニ從ひ候ニ付魯西亞帝之命ニ寄三月已前ニ其地を取らしめ數箇之軍營を備候由其外認有之全彼國所有ニ仕成候文段ニ付此儘被御捨置候てハ可奪取ハ必定之義尤兵力を以及戰爭追拂候義ハ出來可申候へ共素ゟ極寒不毛の土地ニ而是迄松前伊豆守ゟ差遣置候警衛之人數も多分ニ至り候へハ引拂候由よも相聞へ且ハ取戻候ても兵力を以て堅く相守候儀ハ都而蝦夷地御警衛向十分相整候上ニ無之而ハ難相叶地形ふ有之其上此節猥ニ兵卒を動候てハ時月を御延被成候御趣意も空敷相成候ニ付猥ニ守兵差遣

候儀等及察當於彼も辭相屈候樣子ニ候得共猶彼是申爭元來使節之申分不申立儀ニ付近くレサノットえ見合も有之カラフトえ有無ハ暫差置存外手近く異變を生し大患を引出し可申哉も難計後來之處深く心配罷在候處蝦夷地之儀ハ出立已前左衞門尉土佐守へ被仰渡候趣も有之當春見分之ものをも被差遣候筈ニ付右之御趣意差含カラフト境界取極之儀ハ

本文カラフト島之儀南寄の處のミ御國所屬と申張候右ニ付慥ニ證と可仕書面も更に無之候得ハ外國彫刻之萬國地圖等再應取調候處五十度ゟ四十度迄之異同ハ有之候得共凡半島五十度位之處を以て境と致し《候脱カ》趣も相見共方ニ相成候へハ御國ニ附屬之地不少殊ニ使節船ニ有之候イキリス板地圖ニも同樣相見候やえ由彼船へ爲通辨差遣候節通詞森山榮之助窃ニ見受來候處魯西亞人共本文之勢ニ付地境ハ不相立申候共凡《之カ》目當を付置不申候てハ忽ち有名無物之所置致候ハ必定ニ付無

餘儀取調之上追〻境界相立候迄ハ先其通相心得居候哉之旨屹度申
論異存ハ無之様子ニ有之候處去ル八日書面差置外國之地圖取調不行
屆も有之候間一概ニ信用難相成哉之趣申置出帆仕候儀ニ御坐候
追而ハ御沙汰ニ可相成ハ勿論ニ候得共見分之者被差遣候得ハ此一條計
も畢竟彼之申立を不被捨置此節ゟ追〻御取懸り可相成姿ニ而聊使節之
面目相立候儀故自餘之廉々承伏爲致手段不相成候儀も其段申諭其餘之
各件ヱトロフハ斷然御國所屬之異論無之薪水食料等ハ去寅年之御書付
も有之素ゟ子細も無之筋ニ付漂流之段無相違上ハ相與へ遣候積り和親
交易幷湊を開き候儀等ハ何レも追而御沙汰との御趣意精々及懸合候得
ハ御役所ニ於而雙方打揃談判ニ及候節ハ多人數之內故殊更よ氣勢を張
其度々枝葉之論を起し結局相成兼候様致成殊ニ月迫年始ニも向ひ呼出
し方差支候折柄ニ付右見込申諭之廉々御返翰幷先達而伺置奉り候諭書
之趣を基本と致し御趣意ニ不違様蘭語譯文之書面取調去月晦日已來御

勘定組頭中村爲彌幷御徒目付御普請役御小人目付等差添魯西亞船ニ差遣し種々爲申諭候處晦日罷越候砌彼方ゟ追而交易之外御取極相成候節之爲ニ差出置候由ニ而右書面漢文ニ認差越候ニ付一覽仕候處交易御免有之候て後も彼是と勝手儘ニ取綴書面ニて容易ニ受取置候儀難相成候間當月二日猶又爲彌指遣し本書差戾候處殊之外致立腹然る上ハ直樣致出帆候由申頻ニ勢立候樣子ニ相見候處爲彌儀一旦奉行ゟ差圖受持參致候書面差戾不申內ハ寸分も其坐を動候義不相成候間出帆之儀ハ勝手次第ニ可致旨屹度申達候處却て穩ニ相成漸辭を直し品口叮嚀之取扱暫相立別段封置し書面御手前樣方へ差出候間封之儘差出吳候樣申開候ニ付受取之翌三〻日右之蘭語壹通私共宛ニ而差出候間飜譯爲致候處晦日差出譯文書面同樣と相見候得共一旦右之通取計候後之儀且ハ元來追而取極も有之候節之爲申立置候由ニ付御受取相成候而も强而之差支有之間敷却而後來御斷之種共可相成ャニ付其儘受取置候前書之面之趣を以て

再三論辨之上漸承伏爲致書付相渡し遣し申候然ル處當四日役々彼船へ參吳可申左候ハヽ心得ニ相成候珍器一覽ニ入度其外出席申間ゟ品々可有之哉之よし申越底意ハ難計候得共及斷萬一臆し候樣ニ相聞候而ハ以之外ニ而且ハ彼方を疑候樣ニも相聞へ却て氣請如何と存し殊更ニ手輕ニ取計平常巡見位之供立ニ而私共一同彼船へ罷越候處殊の外恭敬を盡し叮嚀之馳走致し尤其砌此末外國へ通商御免ニも相成候ハヽ魯西亞を以始とし且又外國ニハ通商御免相成候時も有之候時ハ彼國ハ隣國之義ニ付交易筋其外外國同樣御取極有之度事之儀願出子細も無之筋ニ付承屆覺書可差遣候旨申約し候處右之外願筋申立候義無之旨被申聞其節大砲幷帆懸卸之儀調練或ハ蒸氣を以て迅速ニ陸地を致奔走候事雛形卓上へ致仕懸爲走見セ右ニ而都而事濟ニ相成候間七日西御役所へ御呼出し饗應申付且先達獻上物をも仕未タ御受取と申儀も不申達候へ共獻上物等仕り候節相當之御進物被下候積土佐守伺濟之趣も有之御返物と申ニ

ハ無之候得共出帆ニ付別段被下物等無之も如何ニ付長崎奉行申談使節始古反物被下置候樣取計候處一統難有拜領仕候万事無差支事濟翌八日出帆之儀申出其砌書面差出度候間受取之もの同日五ツ半時差越呉候樣申立候ニ付長崎奉行手附通詞等差遣候處肥前守左衞門尉へ之一封大澤豐後守へ之壹封相渡同日九時出帆仕候儀ニ御坐候都而今般之義烈敷及懸合候而ハ相別レ仕候ゟ外致方無之候間御差延之御趣意ヨ承伏爲仕候樣ヨハ成丈穩ヨ取治候間十分ニ申伏セ候儀ハ出來不申候得共一度ハカラフト全島を奪ヱトロフ半島之所領の如く申成既に御手前樣方へ書面迄差出候得共右之趣意ハ相改追々差出候書面御國絶終之堺ハヱトロフ島及ひカラフトアニワ港口と爲令認有之右書面ハ私約之儀品々認込有之候故差戻候儀ニハ候得共彼被申條相届候ハ右ニ而顯然致候於其所ハ御威光相立尤大躰之御趣意取失候ハ勿論都而御體裁ニ相拘候義無御坐候乍去反覆無常義ハ戎狄之癖ニ御坐候間少しも御油斷ハ不相成義と奉

存候

一カラフト島アニワ港ニ魯西亞之守兵罷在候上ハ時宜ニ寄當春旬季次第松前伊豆守ゟ人數差渡し可申哉一旦追拂候儀ハ出來可申候得共左候而ハ明《時カ》月を延し候御趣意ょ差障候義ハ勿論容易ニ兵卒を動し萬一差誤有之候而ハ御國威ニ相拘り候儀も出來可申やも難計候間右等之趣早々松前伊豆守へ心得方被仰含此上穩便に相懸合右地所取戻申樣之御處置有之度奉存候

前書之通りカラフト島へ見分之もの可被指遣趣申聞置候間當春早々見分之もの遣候樣仕度仍てハ見分之もの共魯西亞守兵へ出合候儀も可有之處雙方心得違ゟ萬一及爭闘候樣そ而ハ折角之御趣意も空敷相成可申ニ付使節申諭彼守兵共見分之ものへ對し聊無禮不法致間敷旨使節ゟ守兵へ差遣候書面魯西亞文本書壹封右譯之蘭文壹通共爲指出候處右ハ暫時も難指延義ニ付去四日町便を以石河土佐守松平河内へ守申遣し猶同

日定使を以右横文字本書蘭語譯和解共差遣荒増之儀申上候儀ニ御坐候

一右之應接之始末取調候趣書面之通ニ御坐候尤出立已前左衛門尉土佐守へ被仰渡候趣ニ而當春最早蝦夷地見分之もの出立も被仰付候仕合とハ奉存候得共前書カラフト一條不容易次第ニ付此節見分之もの不被差遣今壹ヶ年も其儘に被成置候様ょ而ハ彼島ハ再御國所有ょハ相成申間敷候殊ニ北地之荒海旬季に寄渡海も六ヶ敷可有之候間旁未見分之もの出立も不被仰付儀ょも候ハヽ早ゝ出立被仰付候様奉存候
渡來候度ゝ對話筆記七冊論書扣三冊使節ゟ御手前様方へ差出候書面幷度ゝ私共ニ差出候書面之内不差向分も追而差上候積り相除キ緊要之分本書包和解幷差戻候書面之寫共十冊奉使日本紀行書拔一冊相添此段長崎奉行申談之上申上候以上

寅正月

嘉永六癸丑年十二月晦日於崎陽御勘定組頭中村爲彌魯西亞船へ罷越使節應接御徒目付永持享次郎御普請役小比賀林藏御小人目付相越ス

一爲彌　此程肥前守左衛門尉ゟ申達候通返翰中之趣意ハ更ニ動し候儀難相成併使節之面皮を立遣し度種々勘辨之上書面認め取遣し候積手覺書とも持參致候間一覽可致

一使節　段々御口上之趣御嬉敷存候御書面之趣伺度候

一爲　今度相渡候書面之云々之趣意も有之候

一使　一應承候處右ニ而此間中肥前守樣左衛門尉樣ゟ御申聞有之候趣と相替候儀更ニ無之存候

一爲　是迄度々肥前守左衛門尉ゟ口上ニ而も申諭猶此書面ニも相記し候通り返翰之趣意ハ此上御老中方へ直ニ御老中方一同會議有之候共更ニ動し候儀難相成候間使節之面皮を立遣し度種々勘辨之上書面認遣候義ニ而蘭語之譯文をも持參いたし候間篤と一覽致了解ゐたし兼候廉ハ可被申

聞候

一使　何卒右之譯文拜見致し度候

一爲　右譯文相渡し候

一使　御口上之趣承知致候御國風ニも可有之候得共可相成候丈ケ御決著有之度候

一爲　致承知候追々申談候通之事ニ候

一使　御渡之書面得と一覽致し度候暫之內船持《將カ》之部屋ニ而御休息有之度候

一爲　心得候

一使　只今之蘭文一覽致候處難相分廉有之第一ヱトロフ島もヲロシヤ之所屬ニ相違無之候

一爲　ヱトロフ之日本所屬たる事素ゟ論なし日本ニ其證も有之候五十年前貴國ゟ申越候趣も有之候

一使　百年前ハロシヤ所屬ニ候

一爲　其方ニ而左様申候得ハ千年已前ハ日本所屬ニ候

一使　何故左様被申候や

一爲　此方ニハ證有之候を其方ニ而年古き義を申立候間其通ニ申聞候事ニ候

一使　左も候て兎も角もよろしく候

一爲　ヱトロフ島此方ニ屬し候儀ハ論も無之候間左様可存候

一使　今日ハ別段之御挨拶も可有之と相樂ミ罷在候處矢張此程之御談も同様之義ニ有之候御返翰之古例を取之今事を律せること不能との意味ニも相渉らす解し難き事ニ候

一爲　其意味も無之ニハあらすされ共當時之處ハ御代替御事多之中故當節評議ニ難及ハ勿論迚も來一ヶ年程ハ夫々之御禮式も打續き何分餘事ニハ難及併シ可相成丈手續いたし兼々取調方ニ可取掛義ハ書面之通ニ而此上之處ハ何様申候共取計方決而無之候

一使　某より書面差出度候

爲　書面差出候ハヽ一覽可致候

一使　此書面ニ而可然候ハヽ調印之上差出度候

一爲　肥前守左衛門尉へ申聞候上ならてハ何共御挨拶ニ難及候先書面ハ預り置申候但十二月・〔日チ脱スルカ〕差出候書面也

一使　二日之御挨拶致承知度候

一爲　其段も兩人へ可申聞先刻之書面異存も無之候ハヽ四日ニ本書可相渡候

一使　先刻之書面ハ不得其意左樣之譯ニ而ハ迚も御國地を難立去候

一爲　勝手次第ニ可被致此方より歸帆之義不申付候

一使　四日ニハ御四人樣へ御面會致度候

一爲　先刻之書面之趣御決著無之上ハ面會可致候得共左も無之候而ハ面會致間敷候

一使　御書面之趣ハ得と勘辨可致候得共何レニも御四人樣へ致面會度候

一使　右書面之趣御決著無之候而ハ迚も面會ハ無之候

嘉永甲寅年正月二日於同所同人應接御徒目付長坂平八郎幷御普請役
御小人目付相越ス

爲一 昨日も元旦之爲祝儀肥前守左衞門尉初品々被差贈忝存候

使一 聊之品差上候處御丁寧之御挨拶痛入候

爲一 此品聊なから自分より年玉ニ差進候

使一 肥前守様左衞門尉様へ年始として可致參上處上陸不致候ニ付難罷出依
之手札二枚差上候

爲一 此間之書面預り罷歸り肥前守左衞門尉始篤と一覽致候處全以見越之義
ニ而譬而申候得ハ未タ花も咲不申木實を結ひ候節之約束を致候と同樣
ニ而當時更ニ取用ゐさし書面ニ候間則相返し候

使一 書面之趣御兩使ニ而御決著不相成段ハ不得其意事ニ候御兩使之重き御
役人之儀何事ニ不寄御對談可相成ハ勿論ニ可有之一昨日も申候通り政

府ゟ之書翰之通商通信之義一ト通申述此書面ハ右ニ付而の事柄を委敷陳述致候儀ニ有之候間此ヶ條ハ當節御決著是々三ヶ條ハ御老中方へ御申立之上御沙汰と申樣ょ御挨拶有之度候

一爲 通商通信有無之取極さへ無之候處右ニ付而ハ委細之條目を以て前御取極候事如何し而出來可申哉通商通信有無取極出來候節ニ至り書面差出し候而相當ニ可有之候

一使 右書面之振合を以通商御免可相成哉又ハ右之趣ニてハ迚も不相成候譯承り度三五年相立彌通商御免相成候共唐紅毛之振合ニ而ハ何分望無之候

一爲 只今口上之趣ハ委細肥前守左衞門尉へ可申聞候併シ書面も先相返し候

一使 明後日迄御預り置被下度候

一爲 拙者一存を以預り歸り候書面故兎も角も一先相返し候

一使 御請取無之ニ於ハ御書面持參當表出帆直ニ江戸城へ罷越可申候

一爲
右様詞を盡し申談候儀無取用出帆可致との義ニ候ハヽ取用不致候へ共出帆ハ勝手次第之事ニ候併出帆致候儀ニ候ハヽ拙者寸分も此坐を動き不申何方迄も此船ニ同行可致候

一使
書面御請取ニ不相成候ハヽ別段御老中方へ差出度書面有之候

一爲
只今相達可申旨談御書面受取直ニ又書面可差出趣ハ不相當ニ付決而難受取候

一使
書面御請取ニ不相成候へハ最早致シ方無之候間別段封シ置候書面有之候間封し候儘御兩使御老中方へ御差出し被下度候

但此論談中十二月晦日差出候書面差戻し候儀ニ御坐候

一爲
封之儘ニ候ハヽ其段兩人へ可申聞候

一使
御老中方へ封候而差出書面ハ漢文ニ候間外ニ蘭文之書面御兩人様へ差上候

一爲
承知いたし候

一使　右書面調印致度候間暫時御休息被下度候

一爲　此程手覺書を以申達置候通彌存寄無之候ハヽ明後四日ニ本書可相渡候

一使　漢文之譯をも御渡し候間蘭文ニ引合得と一覽致し候上ニ無之候而ハ否難申上候

一爲　明日漢文可申渡候

一使　兼々申上置候上陸場之義如何ニ御坐候哉

一爲　番船等之儀此程之通りニ而外ニ存寄無之候ハヽ何日ニ而も上陸不苦

一使　番船之儀御免無之候而ハ上陸之望無之候左樣ニ御取計候而ハ往々御國之爲不可然事ニ候

一爲　右等之儀所奉行取計向も有之事ニ而肥前守左衛門尉重役ニ候へとも所奉行國法を守り候見込を以致させ候儀成兼候

一使　警固又ハ番船等被付候儀ニも候ハヽ長崎市中不殘上陸場被仰付候共決而上陸ハ不致積り決著候

一爲　番船之儀國法ニ候間申立られ候通りハ取計兼候

一使　異國人御取扱振之義以後御改革無之候而ハ御國之〔爲脱カ〕深く御案思申上候重き御役人江戸ゟ御越ニ而上陸場程之小事御取計出來兼候段何故ニ候や

一爲　我國ニハ夫々嚴重之法則有之假令小事ニ候共事柄ニ寄重役人ニ而も取計致し難き廉有之其意味ハ元來貴國とハ言語文字共不通事故難申盡候

一使　上陸之節番船之儀ハ一旦御承諾有之此節ニ至り難相成候段御達有之候ハ心外ニ存候

一爲　番船之義一旦承諾之趣と申ハ其許ニ而全ク心得違ニ而此節ニ至り難相成段達し候樣義ニ無之候

一使　甚迷惑ニ存候呉々も異國人御取扱之義往々之處篤と御勘辨可有之候

一爲　國之法則自由ニも難相成候

一使　明日是非漢文之書面御取越被下度其節蘭文ニ而御老中方へ差上候書面之趣意可申上候

一爲 相心得候

一使 明後日ハ西御役所ニ罷出候積御約束申候へ共品々入御覧度品も有之候
間フレカツト船へ御役人御出之儀相願候

一爲 右ハ此間申述置候通再度之儀如何可有之や併折角被申聞候義ニ付一應
可申聞候

同年同月六日對話

但前同斷

一爲 此手覺書を以申談候書付并右譯之漢文蘭文共相渡候
但五番右ハ等ノ誤カ雑解
正月六日相渡候書付

一使 地境之儀五十度と有之候得共何れ之國(圖カ)ニ而取極候と申ニも無之此方ニ
而も南寄之方のミと存候處書面之通申越有之於當所度數之處決兼候間
いつれよも御立合之上ニ致度候所品々御取極ニ有之度候

一爲 カラフト境之儀日本所屬之南寄之方少々計有之旨被申立候ハ不相當之

儀五十度又ハ半島を境といたし候様外國之地圖ニも相見へ候程之義此段一ト通通告置候事ニ候

一使　毎度申述候通り境を定候て交易を通し候と兩條一同ニ御取極ニ無之而ハ貴國之御爲も不可然事ニ候

一爲　今日被申聞候趣罷歸兩人へ可申聞候扨近日出帆被致候ニ付御料理被下候間明日可罷出候様存候

一使　忝存候明日九時比可罷出候

一爲　上陸人數承り度候

一使　士官凡廿五六人七八人可罷出候尤禮式ハ略し候而罷出度候使節願之趣兼々通辨官ゟ申立置候通り出帆前ニ長崎市中見物致度候

一爲　長崎奉行進退之場所ニ付難及挨拶候

一使　此儀ハ幾重ニも相願候

一使　是迄種々御挨拶致し候處ヶ様之小事何故御斷有之候や

一為

此儀ハ何樣申談候共迚も難出來筋ニ候尤一應ハ長崎奉行其外へも可由
述候

一使

肥前守樣左衛門尉樣へも御達し何れニも見物相成候樣御取計被下度候

一為

兩人へ申聞候共此儀ハ難整筋ニ候左樣可被存候

本文長崎市中見物之儀ハ翌七日使節西御役所へ罷出候節肥前守申諭
納得仕候義ニ御坐候

〇此頃川路ゟ口上ニ相添阿勢州へ差出ス書アり會て別紙ニ寫ス故略
ス

鈴木大雜集

三

甲集

雜集

鈴木大

共四冊三

子九月三日伊勢守殿海防掛り一同ニ御直渡翌四日依舊同所ニ而御直ニ返上同五日御勘定奉行ニ御下ヶ篤と評議致し可申旨尤御勘定方御目付方筒井肥前守ゟ銘々可申上様

咬𠺕吧頭取役筆記　相廻候ニ付申上候書付

牧　志摩守

咬𠺕吧頭取役封書之義御差圖之通り通詞を以尚又相尋候處筆記ニ而返事等相望不申候段横文守寫差出候間外ニ差支も無御坐候ニ付差出方別段風説書同様手續ニ而請取御役所ニ而隱密ニ和解爲仕横文字共九日町便ニ而差立尤相尋之節も御達書寫答横文字幷和解共取揃奉入御覽候且前相尋候節之横文字（依舊）通り彼事濟候ニ付尚亦返上仕候右ハ豊後守達（連カ）名ニ而被仰下候所當地差積罷未間も有之紅毛歸帆御内意も奉伺度義故私而已ニ而取計候仕合ニ御座候新甲比丹樣子柄之義兼而心掛居候得共紅毛風俗ニ而古甲比丹在宿中萬事應接示談等新甲比丹一向ニ扣居候而

しきと樣子柄難見取旨內々申含置候通詞ト江申聞候近々篤と相試同役ゟ申上候樣能々申繼候心得ニ御坐候將又古甲比丹歸帆之節心入厚意之挨拶口上申含候義奉畏候此義尤大切之事ニ而一言一意過不及心配仕候義相成候ハヽ一昨戌年も先役安房守ゟ御渡御案被成下候義故此度申含之口上振御案も御下被成下候樣仕度奉存候右ニ付尙町便差上候間著兩三日位相立候而急町便ニ而御下相成候へも九月廿日前到著仕候義萬一川支等延分著ニ及候ハヽ見計懸ニ口上振相綴り可申含義ニ御座候此後右樣之筆記ニ而も度々ニ及候上も自然通信之情態ニ相成り候義此後ハ無用ニ仕候樣相改候方と奉存候尤新甲比丹事も御用之都合ニより事情形勢等相尋候義ハ前々有之候事故心入之處ニ相結ひ挨拶仕置候方先ハ別紙書類一同相添此段奉申上候已上

子八月　　牧　志摩守

書面先達而御差圖御坐候新甲飛丹持渡候筆記請取ニ付而も古

長崎奉行江
被仰渡案

甲比丹歸帆之節挨拶申含遣候口上振御下ヶ等之廉評議仕候處
右ハ最前御書取を以被仰渡候通り時宜ニも此度ハ不及其義旨
長崎奉行江被仰渡可然奉存候依之御達相添此段申上候

深谷遠江守
石河土佐守
松平河內守
筒井肥前守
戶川中務少輔
井戶鐵太郎
都筑金三郎
竹內清太郎

此度持渡候書記請取候ニ付先達而差圖ニ及候趣も有之候ニ
付甲飛丹歸帆之節申含候口上振御下ヶ等之義被申聞候得共
此度ハ先不及其義候事

子十一月十三日於新部屋伊勢守殿海防掛一同ゟ御渡壹冊壹通翌
十四日清太郎ゟ請取十五日筒井肥前守へ相廻ス

咬𠺕吧都督職之者筆記和解

御內密

暦數千八百五拾二年第六月廿五日嘉永五年五月八日於咬𠺕吧
大尊君長崎御奉行ゟ阿蘭陀國王歐羅巴洲中專ら風聞有之候事承候處アメ
リカ共和政治より軍船日本ニ差越商賣相遂度所存有之由ニ候北アメ
リカ洲共和政治之事ハ歐羅巴洲中絕勇之國ト其威勢異り候義無御坐候
右申上候軍船之許多ニて其船或ハ蒸氣仕掛或ハ尋常帆前之船ニて右樣

之仕組等ニ候得共殺伐之始末よおよそす柔順願振仕候哉何とも難申上
候
右様之次第ニ有之阿蘭陀王相考候ニ　日本往々之御煩ひ御用心第一之
事と奉存候
數百年來日本ハ奉蒙御寵遇之儀阿蘭陀國王兼々忘却難仕奉存候義ニ御
坐候既よ暦數千八百四十四年弘化元年當國王先代　日本之君ニ申上候も御
幸福之　日本御患を御除の爲外國人之事ニ付御趣意御緩宥ニ相成候様
との事ニ候此度當國王も此義を宿考仕先年之前見指當り此節之御煩不
遠有之哉と懸念仕何分難默止申上候儀ニ御坐候右ニ付ゐて　日本之御
官府篤と御用心御危患御防之御趣向専要之御事ニ奉存候
阿蘭陀領印度都督ニ阿蘭陀國王ゟ申付書面相仕立新甲必丹之者を差出
し候是究ゐ此次第を　日本攝政之御聽ニ達候事と奉存候右之次第奉申
上候義ニ有之候得共國王之志意十分難盡申上候懇よ是迄永く奉蒙　御

寵遇奉感荷候處ゟ一ツの方便考出候義勿論此義ニ付御威勢強き　日本
國家ニて被爲立置候御法度ニ聊不闇御安全御策之義ニ御坐候
右一件ニ付阿蘭陀領印度大裁頭所評定役相勤罷在至極實貞政事向ニ事
馴罷在候トンクルキュルシュスと申甲必丹職ニ申付候此新甲比丹義阿
蘭陀國王ゟ之命令を受自然　日本御官府向御用之義御坐候ハヽ前段申
上候御策之方便奉申上阿蘭國王ゟ申含候趣意申上候何卒御辨別ニ相成
候樣奉希度御坐候阿蘭陀國王右壹件ニ付申上候義聊自己之利を貪り候
樣之義ニ無之全實意を盡し申上度義有之自然此度も此已前之通此實意
難通樣之事ニ成行候時ハ阿蘭陀國王誠ニ以深く歎息仕候義ニ奉存候右
樣厚奉申上候も至極大切之義難默止處ゟ如斯御坐候
世上之記說往古ゟ之說ニも天の然しむる所ハ地上遠隔之處といへとも
此處の足さる所の物缺たる所の禮互に習ひ或ハ索め雙方の便利を旨と
もるなり雖然　日本の御國も御威勢盛ニして聊是等之說ニ御泥ミ被爲

成候様之義も有之間敷候得共諸方國々ゟ湊來り強而望を遂せんとせる
時ニ至りて
御國而已世界之列を御離れ侘ニ御關係なく首尾よく御防も可被成候得
共甚タ以御煩敷事哉ニ奉存候右様之始末ニ至り候時ハ究而兵器之御沙
汰ニ及ひ永く血戰之患不免して相鎮り申間敷奉存候自然右様御混雑之
事共相起候様之事萬一有之時も右御混雑之ため阿蘭陀人迄も日本ニ罷
在候義譬《仮令カ》暫之間たりとも難澁様之御場合ニ趣候様之義ニ成行候様之事
ニも至り候而も實以歎敷次第ニ奉存候
此書物一覽之命を受候
諸役公用方
ほぶまんに

右之通和解差上申候以上
子八月　西　吉兵衛〇

森　榮之助〇

丑八月廿一日御勘定所ゟ御呼出ニ付佐藤啓三郎罷出候處御取箇御組頭岡田利喜次郎様御内達有之御書付御渡之分左之通

外寇之儀ハ國家之大患ニ候處近來異船度々渡來其次第ニ寄候而ハ安危にも拘り候儀ニ付西丸御普請を始臨時之御出方打續候折柄ニ候ヘ共莫大之御入用をも不被爲厭内海ヘ嚴重之御臺場御取建被　仰出猶追々御所置之次第も有之積り　國家之安危ハ四民之患にて武家ヘハ武家一圓ニ力を用可申旨被仰出農工商之儀ハ別段御沙汰ハ無之候ヘ共防禦筋ニ於てハ四民とも力を盡し可申儀ニ付御領所村々之内にも右躰不容易筋を會得いたし且ハ御備筋御入用之内ヘ上金相願候内存之もの可有之哉左候ハヽ前書之次第ハ勿論御普請ニ付而ハ格別ニ下々を被爲厭聊之御用も不被　仰付厚御仁惠之程をも得と爲申聞銘々力の及候丈身分に應

し右御入用之內に上納金可致旨穩ょ能々申諭し无强而上金申進候事實
ニ不相（脱字アルカ）樣可被致候
右も伊勢守殿御沙汰との事

風說書

一薪木水食料之儀も入用次第與へ可申旨通詞を以被　仰渡候處難有存候
然る處食料薪木ょ至る迄十分用意罷在候間御心遣被下間敷と答申候

一魯西亞人ゟ滯船中湊中蘭船懸り場之邊へ繫船被　仰付度相願候處之儀
ハ一躰之掟前も有之爰許限難差免尤神崎內御番所沖手ょハ繫船爲致候
樣取計方も可有之旨申聞先年阿蘭陀本國船繫場を致候處逸々御沙汰之
趣奉畏候只今之繫場も湊內とハ相心得候へ共願くハ蘭船近き方へ罷在
度儀ニ有之段相願度候へ共御作法も可有御坐候間此儘ニ而不苦旨相答
申候

一乘組之內十二三歲之者罷在是ハ元來阿蘭陀國出生ょて魯西亞國ょ養子

ニ参り候後十ヶ月ニも到不申や此船へ乘組参り候事ニ而蘭船を見かけ頻ニ慕候趣申候

一白帆注進次第此方之掟ニ而合圖ニ石火矢を打出候間必懸念驚間敷旨被仰渡候處委細奉畏候國書持渡候使節殊ニ　御國法ニて合圖之趣御示被下候上ハたとへ如何樣烈丸飛來候共決して驚不申と相答候と御請申上候

一通詞異人へ雜話ニ申候て去年十月本國致出帆候趣ニ候處何故遲著ニ相成候哉異人答ニハ日本へ書翰持渡候樣被命フレガット幷ニタランスポルトシキップ兩船へ主役一同乘組去年十月帝都出帆ゟ領國カムシカット(地名)へ著船同所ノコルフエット幷ストームポート之兩船を隨へ四艘類船ニて當六月八日同所出帆當十七日迄四十日めニ著船致候尤右日數之內無人島八丈島大島等ニ乘寄猶隱岐佐渡沖合等致通船候

一通詞申候ニて食料薪木等ハ貯置候間望無之よし水ハ如何致候や異人曰

水も潮さへ有之候へもそれにて如何様ニも相辨候旨相答傍大釜之様成
者焚居候處指是卽潮ニて水を取候を敎候ニ付見受候得も釜中之潮煮返
るニ隨ひ四處ニ流れ落候様仕掛右落るを冷し有之を含み試候ニ卽水な
り

一四郎島之新臺場之圖巨細ニ書寫候此臺場ハ卽ヨーロッパ仕懸と見候由
申候而善悪ハ不申

一當月蘭人入津之節雜話ニ云エケレス船未タ渡來不致候哉通詞云未渡來
なし若可參候哉蘭人云大小船幷蒸氣船共十二艘ジヤガタラニ著船日本
へ渡海之由ニて蘭舟ゟ三日前致出帆候故其儘ニ立候ハヽ蘭船ゟ數十日
前ニ參候筈なれバ何國へか寄船致候事と相見へ候由申候
但是等も風説書ニ有之候哉も難計候得共咄致候ても至而小音ニて他
ニ洩候を厭ひ候様子ニ相見申候

一此節魯西亞船一條江戸伺ニて往返三十日餘ニも可及趣蘭人承リ通詞ニ

咄候も三十日も懸候ても往返之費も可有之幸此節渡來之蒸氣船を雇ひ遣候ハヽ日數不及速ニ用辨可致魯西亞人も長く滯船ニ不相及却て悅て承引可致哉通詞云夫よては日本之掟前相濟申間敷是等も兎も角も蒸氣船よて江戸の御返事さへ速ニ候へも一日よ往返可致尤此節ヱゲレス國よて新規工夫のヱレキテル仕懸之蒸氣船よ候へも一日よ江戸迄二度ハ往返可致と申候

一通詞云ヱレキテル如何成物ぞ答右品も此節初而持渡候療治よ用候所之一種なり是よて工夫廻らし候へも水火人力ヲ借られ大船自由を得候儀理よ當り候ヱゲレスよも此船今比多分成就致可申候卽此節持渡之ヱレキテルト申療養之品見せ申候

一右ヱレキテルハ療治ニ用ひ候品聞略圖此療養之主治
・チウキ・キチガイ・キヤク此外血脈ノ滯ニテ自體《身カ》不自由ナル者ニ此針金ノ末ニ有ル處ノ手ヲ兩手ニ握らせ箱ノ前取手ヲ廻シ候ヘバ足ノ指

先ヨリ總身ノ筋シバリ上リ候故相驚キ俄ニ手ヲハナシ度思フテモ相離レス總身ノ血道ヲ動カシ候故輕病ハ一種ニて血道ヲ開キ快方ニ及ヒ候重キ病ニハ血道ヲ動シ候テ藥用ユヘ必ス不治ト云ヿナシ

右之エレキテルヲ此節蒸氣船仕懸ノ工夫出來候故必ス奇妙ナルベシト蘭人云

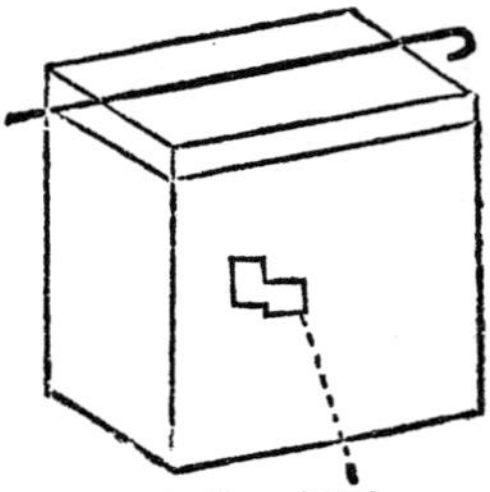

於長崎先月十七日白帆船相見候合圖打有之候付大澤豐後守　ニは彼地遣置候家來之者罷出相伺候處白帆船五艘相見候注進相達候何方之船候哉里數等も未聢と不相知候先比浦賀表へ渡來之船ニて可有之哉と被察候尤何方へ乘通候積候哉又も薪水乏敷歟願筋ニて乘入候哉も難計候條乘來候も穩ニ差通候樣と之趣其外心得方委細被相達候依之家老黑田播

應義棄て手當之增人數船急速差越候旨從同氏下野守申越候此段以使者
申述候以上

八月五日　松平美濃守

於長崎先月十八日大澤豐後守　ゟ彼地遣固候家來之者被相呼同日夷船
四艘渡來ニ付被相糺候處魯西亞船ニて書簡を持參乘渡候旨申立且類船
無之外疑敷義ニも相聞不申候由被相達候例之阿蘭陀船も致入津居ニ付
旁美濃守名代同氏下野守御番所爲見廻罷越候旨申越候此段以使者申述
候以上

八月五日　松平美濃守

於長崎先月十八日渡來之魯西亞船四艘之內蒸氣船壹艘同廿六日出帆被
申付候旨從大澤豐後守　同氏下野守ゟ被申越候段と最別申述候同日夕
豐後守　ゟ彼地差置候家來之者被相呼右船出帆帆影も見隱候段被相達
候旨下野守於旅中致承知候段申越候此段以使者申述候以上

八月十三日　　　　　　　　　　松平美濃守

於長崎先月十八日渡來之魯西亞船四艘之內蒸氣船壹艘同廿六日出帆之影見隱候段も別紙ニ申述候同廿八日從大澤豐後守　彼地出置候家來之者被相呼十八日渡來之魯西亞船四艘之內運送船壹艘同廿九日出帆被申候間領內浦々入念可申付旨同氏下野守　之書狀被相渡於長崎致承知

七月十八日長崎ゟ魯西亞船四艘渡來

內 壹艘蒸氣船七月廿六日退帆

壹艘運送船七月廿九日退帆

軍艦

一フレカット船名ハルラータイ　長三十二間九合ヨ　幅七間九合餘

石火矢左右ニ廿八挺ツヽ仕掛　主役名プーチャーチン　乘組四百

廿六人

右

蒸氣

一ストンボットク船名ウヲストック　長十九間三合餘　幅四間二合餘

船頭名コルスコラ　乘組三十八人

右

一軍艦ユルフエット船名ヲリウッサア　長二十三間二合餘　幅六間三

合餘　船頭名ナシイモフ　乘組百六十三人

運漕

一タランスホルトシキップ船名ターニシーマフ　長十五間八合餘

幅四間九合餘　船頭名フウールウルウルム　乘組二十八人

右

一此度參り候魯西亞も阿墨利加同樣御奉行へ國書直ニ相渡し可申旨申聞

候よし

一長崎大村侯御屋敷ニ而十八日夜ニ入候御著前何とも不知夜中空中ニ而

人馬數十之聲幷ニ皷聲等も有之よし一坐相驚空を仰き候へ共何物共相知れ不申候よし

同廿九日筑前侯御邸ニ而も同樣之よし

一高鋒島ニ而夷人三人上陸いたし候處佐賀之守兵右夷人を追取込散々ニ打擲いたし候よし右夷人ハ海賊ニ而も可有之哉

一魯西亞人願筋之儀江戸へ御伺十八九日も相懸り候而ハ彼も退屈致し可申候間彼國蒸氣船御雇被成候而如何哉と蘭人通詞迄申聞候よし

一蘭人云通常之蒸氣ハ江戸迄一日一夜相掛可申此度魯西亞之乘來り候新工夫之船ハ江戸迄ハ一日ニ兩度も往來いたし可申候よし

七月十八日晩大村侯以下總勢出張

同廿一日大村侯歸城

長崎固大村侯之分

大村侯領內福田村ゟ士大將一手

同　　大浦村ゟ士大將一手

長崎屋敷ゟ家老一人

領内浦上村ゟ後勢大牛

長崎市中警固

同所牢屋固

此手人數

七月廿日島原侯著

廿三日平戸侯在所出船

廿七日筑前侯長崎著

右八月九日立飛脚ニ申參り候よし

嘉永六年癸丑七月十七日申ノ下刻注進十八日申ノ下刻高鋒島千本島

之間西の方ニ碇入る

第一戰艦ノ中者「フレカット」軍船船名「ハルニタト」新都出帆

一船主役名「フーテャーテン」

一船長サ百八十七「フート」《我一尺二分計リニ當ル》幅四十五「フート」

一乗組四百二十六人

一石火矢四十八挺玉目十三〆目位

第二「ストムボート」《蒸氣快船小舟也》船名「ウキスト」同

一船主「ユルオフラ」

一船長百十一フート幅四十フート

一乗組三十八人

一石火矢二十挺

第三「コルヘット」《戰船ノ小者》軍船ノ名「パンムハンガ」「オリウツサー」出帆未詳

一船主「ナシトモフ」

一船長百三十フート幅三十六フート

一乗組百六十三人

第四「タウレスホルト」「シキップ」《舟ノヿ之》軍船船運送メンシユウ《船名》」来察加出帆

一船主「フハール」

一船長九十フート幅二十八フート

一乘組二十八人

一砲十門

於ろしや國

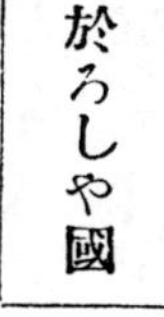

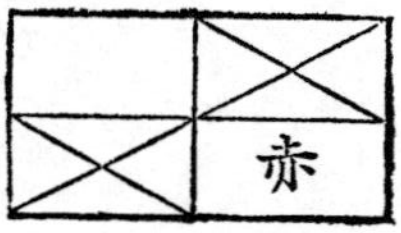

入津之魯西亞ゟ乘付御糺之節申口左之通

第一フレガット軍船一種之名

一主役之名　フーチャーチン

一船之名　パルラーダー

一船之長サ　百八十七フート魯西亞尺下同　此間數三十二間九合餘

一同幅　　四十五フート　此間數七間九合餘
一乘組人數　四百貳拾六人
一類船之有無四艘之外無御坐候
一魯西亞國ペートルブユルグ（地名蓋魯西亞新都）
一同去子月出船
一漂流人連渡不申候
第二ストームボート蒸氣船
一船頭之名　コルサコヲ
一船之名　ウヲストック
一船之長サ　百十フート　此間數拾九間三合餘
一同幅　二十四フート　此間數四間貳合餘
一乘組人數　三十八人
右貳艘もペートルブユルダ之船

第三コルフエット　軍船一種之名

一船頭之名　ナシーモフ

一船之名　ヲリウッサア

一船之長サ　百三十二フート　此間數六間三合餘

一乘組人數　百六十三人

第四タランスポルトシキップ運送船

一船頭之名　フウールウルヘルム

一船之名　インシーコフ

一船之長サ　凡九十フート　此間數拾五間八合餘

一同幅　凡二十八フート　此間數四間九合餘

一乘組人數　貳拾八人

右貳艘もカムサッカ之船

伏按來札。知　貴國御前大臣・布恬廷所啣命航來親邇。而其書。實係上宰相子
也利羅德公見贈焉。閱書中所陳述。云。　貴國　大君主。思我兩國邊疆之交錯。
欲加釐正備悉意旨。又云。　貴國旣據古來未有廣大之邦土。無要別得新地。持
盈保滿之道。良宜爾。且我邦與　貴國。各土其土。民其民。無事相安。原靡開辟之
端。乃今般使節之擧、其出好意。而不出惡意。亦爲彰明較著不容疑者。　貴國旣
以好意來。我邦何得不以好意報邪。茅邊土之經界。　貴國以爲甚不明晰。則諭
飭邊藩。加查覈。而差大史。與　貴國官人。會同商議。以歸劃一。然邊藩之查覈。必
按圖籍。確有憑。愼重從事。不許絲毫疎謬。是固非今日所能辨也。若夫貿易來往
之事。則祖宗遺法有勵禁。歷世所遵奉弗失。故曩昔　貴國嘗有開市之請。而我
邦業已固辭。意其巓末。公等所克悉也。但現今宇內形勢變遷。貿易之風。駸々日
長。誠不能取古例律今事。頃者合衆國人亦來乞市。日後列國之乞市者。必接踵
而至。夫列國乞市之繁如此。乃是我盡一國之力。應承星羅碁布之萬國。其力之
給不給。未可知也。且如我境內。邦土之貢。檢其多寡精粗。亦豈旦夕可辨之事耶。

矧我　君主新嗣位。百度維新。如斯等重大事。須必奏之京師。諭告之列侯群官。協同商議。議定而後從事。顧勢不獲不費三五年之時月。雖差似延緩。公等且從吾言。坦懷以俟焉。迨議論一定諸事整頓之後。便當豈時報聞也。況我國之於貴國。壤界相接。宜加鄭重。故特遣重臣二員於長崎。會唔布恬廷。以盡其曲折。而其他所宜布報者。亦皆俾之面悉。幸有以諒之。不宣

大俄羅斯國上宰相子也利羅德公閣下

大日本國老中

嘉永六年癸丑十月十五日

阿部伊勢守正弘
牧野備前守忠雅
松平和泉守乘全
松平伊賀守忠優
內藤紀伊守信親

嘉永甲寅春正月寫於礫邸寓舍之樓上

嘉永癸丑四月朔日渡唐船福州ゟ琉球江飛船指立同船ゟ到來之書狀

寫

御當地之義去々年ゟ廣西省ニ兵亂有之候所于今不相鎭去年七八月賊兵漸々攻登十二月よも湖西省被攻取官兵共數萬人を打込當正月ニも安山巘幷江西省九江府を攻取二月十一日南京城被奪取城中之死骸幾千萬ニも不相知且女子幷童子兵燒死致し血地よ積事三寸川水へ花汁のことく聞人不歎もの無之甚苦々敷次第ニ有之候よし同二十二日鎭西府と申所迄被攻取追々蘇州表江攻掛り候由ニて彼表別而及騷動大小家々店々門ヲ閉遠方江逃去言語道斷之事ニ而御用物調達方如安相屆可申哉夜向心配の段蘇州行商人ゟ宿許江書狀三月十五日到來礑と驚入今形ニ而も御用物相調義無覺束役者中御吟味之上翌十六日ゟ當城店ニ走込買入方手を盡候得共地合長幅御用相立もの無之漸々花ちり緬八疋買調置候然處欽差尙大臣同大臣直隷省總督陪大臣其外山東河南陝西省之兵都合二十

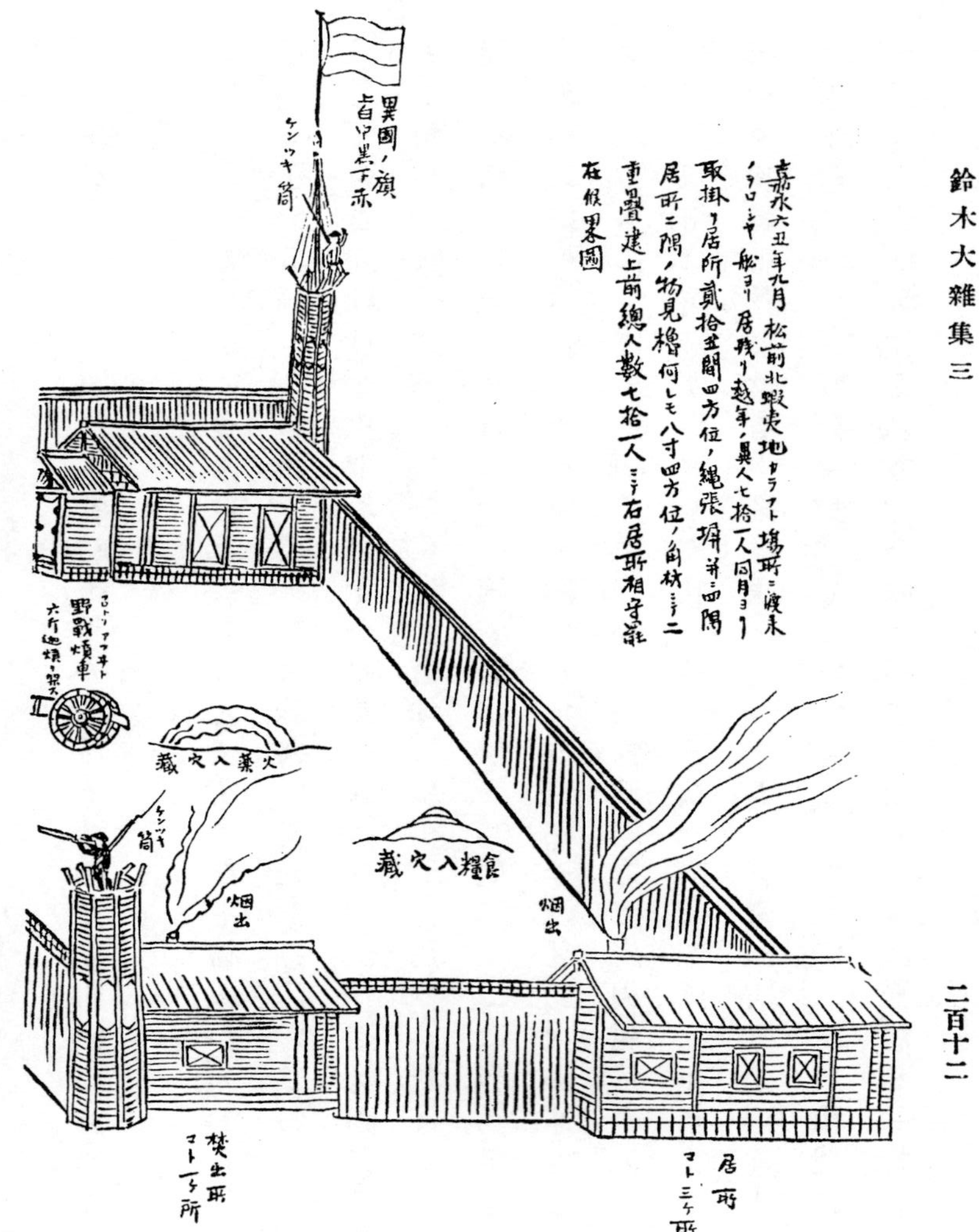

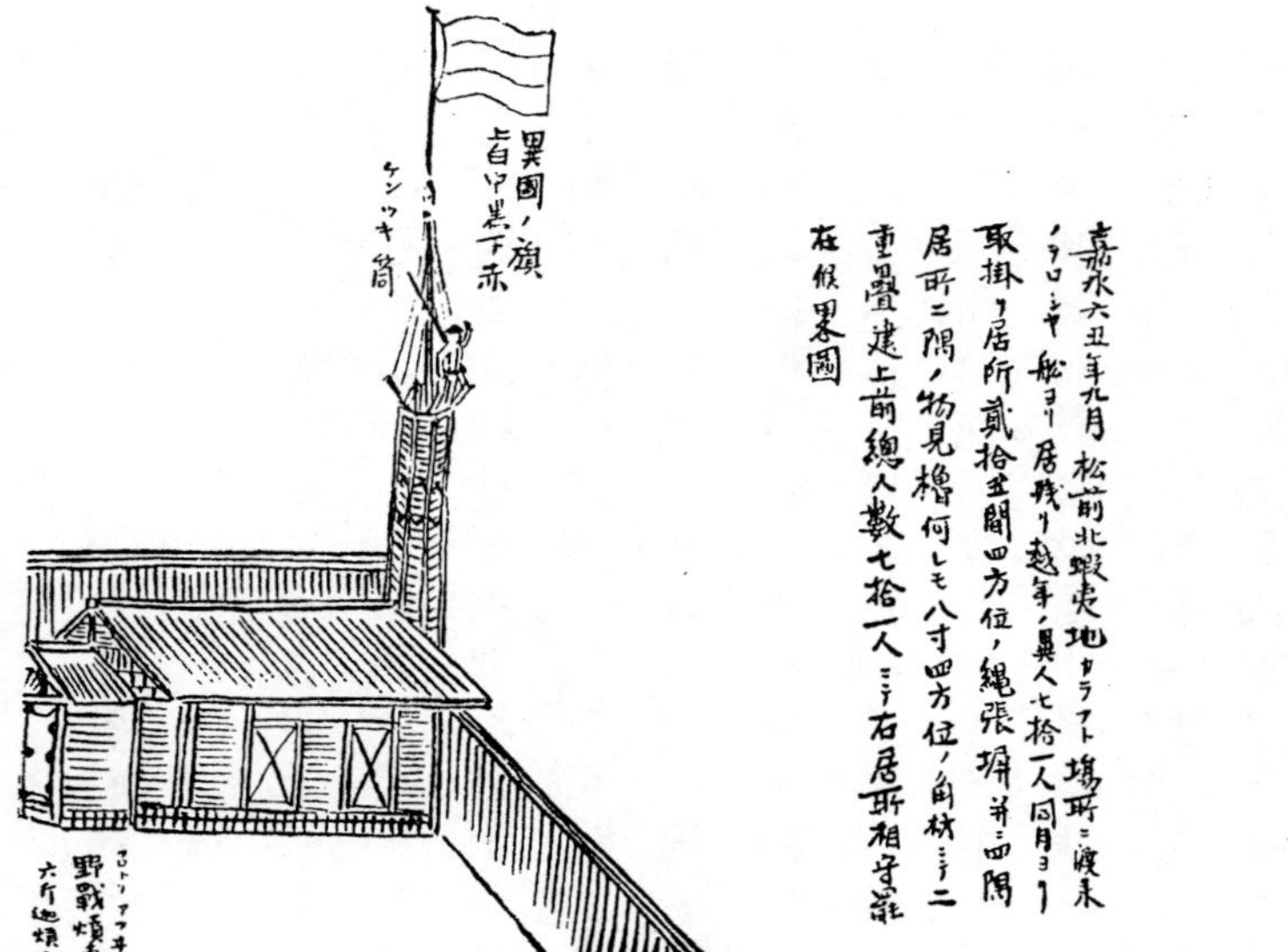

嘉永六丑年九月松前北蝦夷地カラフト場所ニ渡来ノヲロシヤ船ヨリ居残り越年ノ異人七拾一人同月ヨリ取掛り居所貳拾五間四方位ノ縄張塀并ニ四隅居所ニ隅ノ物見櫓何レも八寸四方位ノ角材ニテ二重疊建上前總人數七拾一人ニテ右居所相守罷在候畧圖

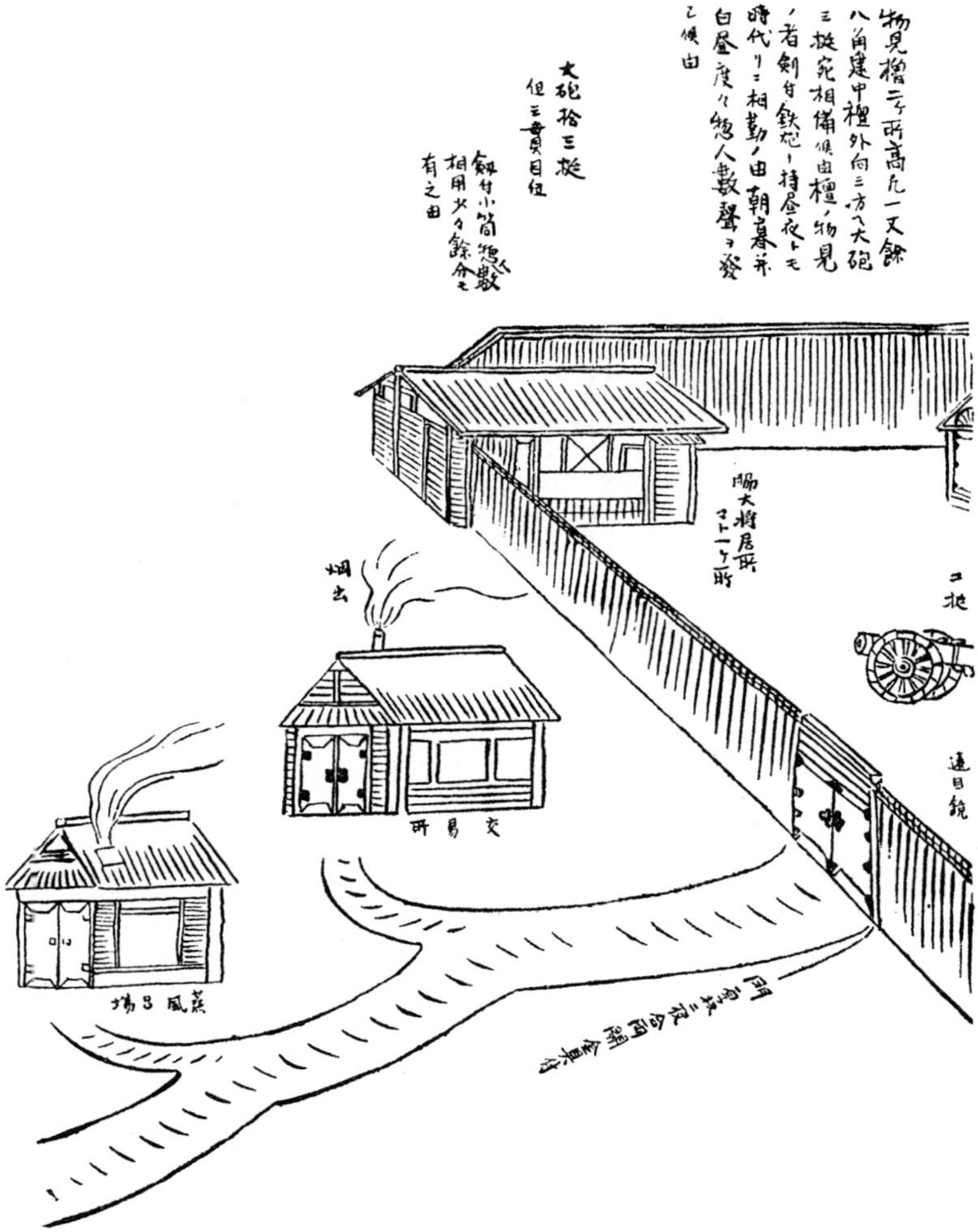
物見櫓二ケ所高凡一丈餘八角建中櫓外向三方ヘ大砲三挺宛相備候由櫓ノ物見ノ者剣付鉄炮ヲ持昼夜トモ時代リニ相勤ノ由朝暮并白昼度々惣人数聲ヲ発シ候由
大砲拾三挺
但三貫目位
剣付小筒惣人数相用ひ々餘分も有之由
脇大将居所
二挺
遠目鏡
烟出
交易所
風呂場
門

餘萬人御引卒《率カ》南京ニ御指越防方被仰渡候間賊兵右之次第聞及鎭江府を
打捨南京城ニ引退候故蘇州表少ハ靜ニ相成御用向調方折角相働候得共
店々遠方へ逃去未罷歸方も段々有之至極差支殊ニ紗綾ちりめん類大分
高よ而御注文高相調可申哉近日中店立罷歸候ニ付相談致し何分之返答
可申候段三月六日書狀同十一日到來一先安心致折角右之返答待兼居候
右兵亂ニ付而ハ海賊河賊山賊出來諸々往還指支就中廣東省長樂縣轉水
郷と申所ニ而逢河賊箱荷五拾荷被奪取候處官所ゟ盜人壹人からめ候處
三拾箱餘も取返し拾八箱餘も商人共及損亡居候且ッ厦門ゟ運送之船御
用品大荷類並砂糖積越候砌逢海賊荷物有丈ケ被奪取候由右樣之義共悉
難申述候由兵亂之程申述候右之通兵亂段々致騷動候得共南京も福州ゟ
遼遠之所ニ而此義ハ少も念遣有之間敷候已上

丑四月朔日

松前一件

當八月晦日松前伊豆守様御持之内カラフト漁場東運上場と申所も數の子よしん其外産物之品々取れ候所に而夏の内ゟ秋さし入迄漁師其外罷居蝦夷地の内ソーヤゟ十八里北東の方ニ有之海を渡り松前ゟ右ワキヤ迄二百八十里御坐候十月下旬ゟ氷張詰渡海相成不申候右八月卄日之朝オロシヤ人之趣ニて舟之長廿三間程之舟よ乘り當小屋際迄三人參り指二本さし出侍士居候哉之旨仕方致候ニ付居り不申段申間（聞カ）候得ハ各番小屋江這入候間飯を指出候處オロシヤ人三人共大造ニ給候上禮義を述候ニ付樣子承り候處言葉相分り不申候内元船乘付右船ゟ小船六艘指出元船ゟ切組之家木積付夫より右小屋場江相揚り三間よ五間之家を相建候ニ付番人共元船へ罷越見候處案内出候ニ付這入見候處長サ三十間程横八九間程有之二階ハ至而うるもしく有之鐵之もるみ火打壹ツ人數ニ應し指出呉候ニ付御領主ニ相知候へハ首を被切候段仕方致し相斷候處立

腹體ニ而劔を拔き左の手をさし出右之手ニて右劔を後口脊中へ出しいゐり候體ニ相見候番人共相談致し右品貰受殿樣ハ指出候得て御咎メも有之間敷候間此唐人ニ被殺候てハ難義ニ付右品貰候處誠以唐人共よろこひ劔を鞘ニ納め樽を持出し酒をさし出申付右唐人共先へ呑候上番人共へ指出候間呑候處右酒少しえふく苦く燒酎之氣有之酔申候右番人共米十俵さし出候處五俵申受五俵ハ相返申候夫ゟ追々右番家之中并ニ小屋へ上陸致し右唐人女子共百三十四人乗候而相上り皆オロシヤ人ニ而有之亜墨利加ト戰ひ負候ニ付直ニも國元ハ難歸隣國之好身ニ付給物等も用意致候間當分之内此處ニ御指置被下度旨申上陸罷在候ニ付右番人共直ニ右場所書立當九月十四日朝四時頃松前へ著右始末御訴上仕候以上

右オロシヤ人大筒四十丁元船より持上候海邊へ相向け並置亜墨利加著參候と打拂可申候旨申候

九月十四日

二番手

三番手

右三番手ハ様子次第出立之事

松前家來町奉行應接役 三輪轉

目付 井田浦人

人數廿五人

勘定奉行兼物頭 竹田作一郎

同 佐太郎

人數百五十人

用人 酒井某

蠣崎周人

人數二百人

家老 松崎監物

人數三百人

右一番手二番手共カラフト江罷越右ヲロシヤ人共相改全亞墨利加ニ打負候上ハ松前へ連參り可申候右之段相伺御下知通り可取計乍併如何ニ相見候も打拂可申旨ニて各出立御坐候由右ハ神田お玉ヶ池三河屋新藏と申もの松前表御家中方ニ用事有之參居當月廿四日罷歸私方へ今朝罷越申聞候ニ付乍恐右之段申上候以上

癸丑

十月廿六日

伊勢屋

與兵衛

魯西亞人クシンコタン遺文

魯西亞欽差全權使大臣問知貴國人所住之處兩國欽差大臣相會之時以前並且得信　貴國于亞默利加合衆國准定商利者大臣卽意之乃以其跡而可定兩國疆界矣亦無礙之乃照　貴二位大臣所書之文魯西亞准其商利諸事同列國也所以欽差大臣令先撤亞尼俺所在之兵營而見景生情矣再者欽差

大臣有重事故恐怕不得止所定之時到亞尼俺港口雖然照己在長崎所書之
文將去近江戸一港口爲定成兩國和約之事也因此魯西亞欽差大臣使令本
官傳此於
大日本國欽差筒井肥前守様川路左衛門尉様二位大臣台下
本文下書ボシャト

同和解

魯西亞欽差全權使たる大臣の者問合せるに承知候ハ何國之者住候場處へ兩國用懸り之大臣出會候ゟ前ニ何國ニてアメリカ合衆國へ商賣筋被差許候段聞及候ニ付大臣之者互ニ相考候ハ右ても振合ニてハ兩國の疆界も別ニ彼是談判ニも不及容易ニ取極出來可申儀と存候因て御兩所之大臣衆認候書面ニ見合せ魯西亞ても商賣筋其外共諸國同樣御免と相心得右ニ付大臣之者アニワニ差置候陣屋を一先引拂はせ模樣見合せ如何共料簡致候積ニ候將又大臣之者重キ用事有之兼て取極候時分てもアニワ港ニ

参り兼候事と心配仕候乍然長崎ニて認候書面ニ見合せ江戸最寄之一港へ罷越両國和親約定の儀可取極存候依是大臣之者拙者へ申付右之段を大日本國の御用掛り筒井肥前守様川路左衛門尉様両所之尊下ニ申述候

魯西亞船將次官より差出候書翰和解

日本貴官筒井肥前守様川路左衛門尉様へ魯西亞使節之命を奉し筒井肥前守様川路左衛門尉様へ使節之旨趣左ニ申上候

一使節書日本貴官へ取扱候事拘り候儀日本人罷在候場所ニ付て専要之筋有之候右一同日本ニ於てアメリカ人ニ御差免し廉傳聞致候

一右之頃を以て境界御極速ニ出來可申且日本貴官御約定書面ニ何れ之國民ニても於日本被差免候廉も魯西亞人へも同様御差免ニ相成候儀も相違有之間敷奉存候就而使節事魯西亞出張之者共暫之間アニワ港退候様取計候

一使節事猶又申述候も此度存外之事柄有之前々定置候時日ニハアニワ港

よ相越可申將又長崎表ゟ書面を以申上候通御談判之爲江戸近隣之港へ
相越可申趣ニ御坐候

曆數一千八百五十四年

船將次官

寅六月十一日

ボスシエト

右之通文意和解差上申候以上

森山榮之助印

本木昌造印

アニワ港罷在候日本老官へ差出候書翰和解

アニワ港滯在之日本老官へ我重役之命を奉し當場所を退候ニ付てハ是迄應接いたし候日本人并アイノ人へ是迄ニ懇情且八ヶ月之間ハカトマレ滯在中諸用辨し被呈候芳志之段及禮謝候

一凡何比迄當場所出張差出候哉又何れニ差遣候哉其段其重役之心得ニて候得共日本人とアイノ人と之間ニ聊子細無之儀も急度御請合申候日本

人も賢良之國民ニ候得ハアイノ人ニ對し不承知之筋申懸候義有之間敷候アイノ人も我等之爲ニも格別用立致し諸方乘廻り候節之案内致し住所取建候節も手傳等致し又水主之働も致候右柔弱之アイノ人を如何之取扱ニ相成候てハカトマレニ罷在候魯西亞人ニ對し不和を取合とも同樣ニ有之候

右直譯致し候

暦數千八百五十四年

船將次官

ホスシエト

マヨール人名

ブースセ

右之通文意和解差上申候以上

森山榮之助印

木木昌造印

大坂表當月四日大地震五日夜五ツ過比津波ニて近海ょ居候大船小船皆々道頓堀へ流込堀江川へも少々流れ込長堀ニても高橋堀江ょてハ水分橋黒金橋道頓堀ょても樋吉橋鹽見橋幸橋住吉橋槇堀金屋橋落申候井龜井橋安治川橋も落流五日七ツ時大地震ニて長堀堀江道頓堀近邊之人々船ニて逃可申積り家形幷上荷船茶船ニ乘候處大小船一船ニ流込候故船込合大船小船破船ハ數艘水死之人不知數又も安治川木津川兩川口ニ掛り居候他國或ハ地船共凡壹萬艘計之內貳千艘ハ無難ニ御坐候其餘ハ大半怪我船ニ相成死人七千人計誠ニ目も不被當有樣ニて言語ニ難申盡候沖ニ居候樽船菱垣船も仕合能皆々無難ニ御坐候

一兵庫邊ハ無難ニ御坐候尙又河州紀州熊野邊ハ又ハ伊勢路ハ桑名津松坂山田愛波邊地震寄潰出火之場多分ニ御坐候由

右之大坂表懇意之店方ゟ四日切ニ早便ニ申送候付御通申上候以上

別紙　西國筋　島島

去四日辰刻ゟ大地震五日申ノ刻同斷四日五日六日迄廿五六度もゆり其
餘も數不知往來もし皆々落ル

九州路

豊州小倉五日申ノ刻も夜中震動六日晝迄五六度も七日又々大地震誠ニ
烈敷所々家潰れ怪我人死人數不知
肥後肥前筑前右同斷ニ相聞所豊後鶴崎同日大地震人家過半潰れ死人怪
我人數多有之候よし同府內同日大地震人家四ヶ餘崩れ死人怪我人不《ずカ》有
之同府中同斷豊後大圖大荒右之通九州路一圓ニ大荒中國路防長安藝三
備播州同樣之由
右諸方悉《委カ》敷事相分り不申候追て後便ニ可申上候

十一月十二日

右之通り大坂十二日出ゟ《ニてカ》申來候間申上候

十一月十八日

寅十一月四日東海道筋其外地震并津浪場所凡取調候處左之通

小田原少々損シ　箱根半潰　三島皆潰之上弐丁程焼失　沼津皆潰之上焼失少々　豆州下田地震之上大津浪人家不残流失死人不知數　原無別條　吉原皆潰焼失ハ少々　蒲原同上　由井半潰　江尻皆潰焼失　清水湊同上

府中御城崩人家皆潰　鞠子半潰　岡部同上　藤枝皆潰焼失　田中同上　島田半潰　金谷過半潰

日坂同上　掛川御城崩人家皆潰焼失　横須賀皆潰之上御城崩　袋井皆潰焼失　見附欠塚大半潰　濱松半潰

舞坂皆潰　新井津浪ニて御関所過半流失　白須賀大半潰　二タ川大半潰　吉田御城崩人家同断　御油半潰

赤坂半潰　岡崎御城損シ矢作〔切カ〕大損人家同断橋　三州西尾御城損シ人家同断　地鯉鮒大半潰　鳴海同断

宮津浪ニて人家焼〔流カ〕失　名古屋少々損シ　桑名御城損シ町屋潰大津浪流失　四日市大半潰　石薬師少々損シ

荘野同　亀山同　関同　坂ノ下同　土山同　水口同　石部同　草津同

京都無別條　伏見少々損　大坂地震之上大津浪ニて橋橋押流し死失怪我人夥敷大小船數船町屋も餘程損じ候よし

津同断　松坂同断　山田御宮向て無別條町屋ハ大半潰のよし

志州鳥羽海岸邊大津浪のよし　紀州海岸邊大津波之よし
右荒増よハ御坐候得共相分り候處不取敢申上候以上
十一月十五日　定飛脚問屋
行司共

太政官符五畿七道諸國司
今日應以梵鐘鑄造大砲小銃之事
右正二位行權大納言藤原朝臣實萬
宣」奉
勅夫外寇事情固所深被惱
宸襟也況於緇素何有差異頃年墨夷再入相摸海岸今秋魯夷渡來畿内近海國
家急務只在海防今日因欲以諸國寺院梵鐘鑄造大砲小銃置海内樞要之地
備不虞速令諸國寺院各存時勢本寺之外除古來名器及報時之鐘其他悉可

鑄換大砲爲
皇國擁護之器及邊海無事之時復又宜銷兵器以爲鯨鐘不可存異議者諸國承
知依宣行之符到者奉行
權右中辨正五位下兼左衞門權佐藤原朝臣判
修理東大寺大佛長官從四位上行中務權少輔兼主殿頭左大史小槻宿禰
判
奉
安政元年壬寅十二月廿三日

御旗本御家人文學之義ハ寛政之度學問所御取建有之御制度も相備候得共講武之場所壹ヶ所も御取建無之自然御旗本御家人講武之道も相弛み且ハ御闕典之儀ニ付東西南北へふり分ヶ五六ヶ所も最寄宜敷場所御取建有之弓砲槍劔之業十分稽古出來候樣可被相達候旨場所取調早々可被

申聞事

右十月（甲寅也）八日阿部伊勢守殿御直ニ御普請奉行石谷因幡守ヘ御渡御口上

ニ而御作事奉行小普請奉行ヘも可被談候様御達之寫

（乙卯也）二月五日

講武場御取建ニ付總裁被　仰付萬端重立世話可被致候

（御留守居）跡部甲斐守

土岐丹波守

右伊勢守殿申渡之書付渡之

（大番頭）久貝因幡守

九鬼式部少輔

稲葉兵部少輔

加納備中守

（御小性頭取ゟ）池田甲斐守

大岡豊後守

御小性組番頭
松平美作守

土屋佐渡守

右同文

御使番
鵜殿十郎左衛門

御徒頭
男谷精一郎

森川久左衛門

寄合
大草主膳

長谷川久三郎

窪田助太郎

同断ニ付頭取被　仰付總裁之面々ニ差繼可相勤候

右於山吹間同人申渡遠藤但馬守侍坐

但シ大草長谷川窪田ハ遠藤宅へ呼書付渡之

御小性組白須甲斐守組
杉浦主馬

同斷ニ付出張被　仰付總裁并頭取之面々可《マヽ》得差圖可相勤候
右面々遠藤但馬守書付渡之

濱御殿奉行見習　木村勘介
松平信濃守組　平岩次部太夫
御腰物方　庄田金之介

卯十月十六日阿部伊勢守殿ゟ常阿彌を以
今度諸事簡易之御制度ニ被爲復候御旨も有之殊ニ此度地震ニ付而ハ諸
向一同難澀ニ及武備其外容易ニ舊復も難相成候付銘々衣食住を始諸事
格別ニ省略可致候就而ハ殿中を著服之義當分左之通可相心得候
一熨斗目ハ正月御規式十五日迄且　御宮　御靈屋ヘ御參詣之節計相用候
尤無地ニ而も腰明ニ而も勝手次第可致著用候其外ハ都而服紗小袖服紗
袷可致著用候

但是迄熨斗目長袴之廉も熨斗目不相用上ハ長上下も著用ニ不及候

一勅使參向等之節ハ是迄之通其外重キ御祝儀事等ハ格別儀ニ付其時々可相達候

一萬石以上以下家督初而　御目見其外御禮之節著服之儀ハ是迄之通可相心得候尤披露幷進物指出之役人等ハ當日之服相用可申候

一八朔御禮ハ是迄之通七夕ハ染帷子重陽も萬萬以上ニ而も花色ニ不限常之服紗小袖著用不苦候

但七夕重陽共長上下著用ニ不及候

一殿中麻上下之節も木綿紋付之儀ハ服紗同様相心得著用可致候肩衣袴之義も時節ニ不拘麻木綿幷單を用候義可爲勝手次第候此外麤末之品相用候義銘々心次第たるへく候勿論家來又者等彌以麤服相用可申候總而無益之入費相省實用武備相整候樣專務ニ可心掛候

十月

右之通相觸候間此段可申上候
火事裝束之儀も華美之品相用申間敷候羽織ハ是迄之品相用候而も不苦候頭巾ハ錣壹枚紋所貳ツ長サ貳尺程ニ限り縫模樣等一切無用可致候且又目立候蹈込之類相止いの袴小袴之內相用可申候尤股引等之向も是迄之通可相心得候
但當分有合之品相用候義も不苦候
右之通向々ゟ不洩樣可被相觸候
十月
右之通相觸候間可存其趣候　　右壹通
遠國奉行且遠國御用等被　仰付候面々旅裝之義以來伊達道具爲持候ニ不及旗幷竿幕矢玉等行列ニ不指加荷造ニ致し持越可申候持弓之義も勝手次第爲持可申候
一鐵砲筒數之義も是迄之振合ニ不拘持越不苦候間相增候節ハ可相伺候

一雨天之節相用候長柄傘之外臺笠等爲持候義相止可申候挾箱簑箱之義も
爲持不申候而も不苦候
一萬石已下之面々家來共長棒かこ幷徒召連候義可爲無用候
但具足櫃爲持候共壹人持ニ而不苦候
一萬石已上之面々も右之趣ニ相心得參勤交代等之節供連行裝省略致候義
可爲勝手次第候家來旅裝之義も右ニ順シ夫々可省略候
右之通向々ゐ不洩樣可被相觸候

巳二月廿四日備中守殿御直渡
評定所一座
海防掛り
長崎奉行
下田奉行

箱館奉行

覺

英人廣東を燒拂候一條ニ付和蘭甲比丹話說之趣再應勘辨いたし候處蘭人之中立今更之事ニも無之追々差迫り候儀ニ相聞右も彼國情願を可遂と强而奎〔牽カ〕合附會いたし候義とも不相聞實ニ當時外國人御取扱振事情ニ不應儀も我國人ニも粗相分候程之義ニ付漸々彼之怒を積候て廣東之覆轍を蹈候も難計尤御警戒可致儀ニ有之既ニ寛永以來之御祖法を御變通被遊和親御取結ニも相成候上ハ寛永以前之御振合も有之御扱方も亦隨て御改革無之候而ハ相成間敷然を兎角仕來ニ拘泥いたし鎖末之義迄六ケ敷差拒追年外夷之怒を釀し候ハ無算之至りニ而萬々一砲聲一響候と最早御取戻も難相成候間外國人緩優之御取扱且長崎下田箱館之三港ハ諸事同樣之取計振ニ相成文書之往復應接之禮節等都而外國人とも信服いたし候樣眞實之御所置ニ無之候而ハ難相叶時勢ニ有之既ニ英吉利評

判記亞米利加官吏之申立猶又今般蘭人之申立等一々差迫り居此上是迄之御仕法ニてハ永く可差支様無之ハ顯然之儀ニ付無事之内ニ是迄之御法早々御變革有之其上之御取締相立候様取計方長策ニ可有之候間右之心得を以向來之御所置振等篤と勘辨熟慮いたし早々取調可被申聞候事

阿蘭陀商船入津并唐國廣東之儀ニ付甲比丹申立候趣其外之義ニ付申上候書付

荒尾石見守

去ル朔日刻限附宿次を以申上候去月廿九日當港入津之阿蘭陀商賣船之義右ハ昨年差渡候商船三艘之内本船壹艘洋中ニ而難船いたし候間右代りとして荷物食類等積込差越候趣ニ付荷物産物差出帳取調出來仕候ハヽ商賣へ付方之義ハ後弊不相成様勘辨之上追而申上候心得ニ御座候且右商賣船ゟ差越候評判記之趣ニてハ去秋當港へ渡來いたし候英吉利船總督セイムール唐國迄引取候後廣東を燒拂候由右大意認取差出猶通詞

を以申聞候趣有之候ニ付書面ニて爲申立候處委細之義ハ口演致度旨ニ付甲比丹呼出し相尋可申處私儀風邪ニ而應接仕兼候儘昨五日支配吟味役永持享次郎手附島田晋次郎商館見廻り旁出島へ差遣し御徒目付中臺信太郎幷御小人目付立會甲比丹ゟ尋問爲仕候處廣東之事情幷外國御取扱振り之義ニ付見込申立候趣有之差向御含ニも可相成と奉存候ニ付甲比丹口演之趣別紙認取差上申候且先年國禁被仰付候和蘭外科シイホルト御救罪幷買渡御制禁物之義其外昨年中申上候條約副章仲買商法之義共御沙汰之趣此度入津之商賣船歸帆以前被　仰渡候樣仕度旨甲比丹申立候ニ付通詞共覺書差出申候右も昨年中夫々申上置候義ニ付早々御下知御座候樣仕度依之右之趣永井玄蕃頭岡部駿河守へも申談候上蘭文貳通和解貳通甲比丹口演書一冊通詞共覺書一通とも相添此段申上候以上

二月六日　荒尾石見守

廣東之義ニ付甲比丹申上候書面和解

長崎御奉行
荒尾石見守様

於出島千八百五十七年第二月十六日

和蘭領事官通詞昌造を以御口達御讀ニ付申上候も廣東ニ於てアトミラ
ル官名ムセイムー人名唐國高官之者之間ニ差起り候義ハ拙者思慮ニてハ日
本政府至極御大切之義ニ可有之右兵端差起り候次第且其事情日本之爲
メ至極肝要之義よ可有之候
右之始末よ到候事情拙者見込之次第書面ニても難申上乍去口達を以委
細無腹臓申上候義ハ差支無御座候
右恭敬申上候

和蘭領事館
トンクルキユルシユス

右之通和解仕候
西　慶太郎

二月　　　　　　　　小川慶右衛門
　　　　　　　　　　本木昌造

覺

外科シーホルト御國禁御赦免願之義右も追々及老衰迚も再渡仕候義ハ有之間敷候得共御國禁之廉御消被下置度旨一昨冬書面を以申上候處未タ御沙汰無御座候

一買渡停止物之義是迄碇と被　仰渡候義ハ無之右も向後何品ハ買渡不相成と申廉碇と御沙汰被下度去夏願書差出去冬も再應申上事實御指支無之品ハ可成丈廣く買渡候樣仕度相願置候處未タ御沙汰無御座候

一條約副章之廉々半ヶ年之内御沙汰相成候樣被　仰立被下候旨御書付御渡し相成居申候

一仲買商法之義ニ付去冬書面を以申上候趣右ハ當節廣東之模樣も有之兼而　御免相成居候ハヽ御都合も至極可然義と奉存候

右之廉々否御沙汰被成下度當商賣船可相成丈差急キ出帆爲仕度候間其以前御沙汰承知仕彼方へ掛合越申度旨甲比丹申出候ニ付此段申上候以上

二月朔日

品川藤兵衛

本木昌造

昨九日比於廣東唐人と英人と爭端を開き英國船（人名）セイムール廣東を燒拂亞米利加井拂郎察も右船將を相援候由右旨趣ハ兼而條約書を以ケ條取極有之候所唐國ニて兎角嫌拒ありて條約ニ悖り候事抔有之右始末ゟ至り候趣就而ハ御當國ニ於而能々御勘辨不相成候てハ些細之事ゟ爭端を開き候樣相成候てハ以之外之儀ニ有之右戰爭之儀ハ別段書面を以可申上候得共評判記書拔申上候迄ニ而右樣之內情ハ難申上候旨御內々御含迄口達を以申上候旨甲比丹申出候ニ付此段申上候以上

巳二月

本木昌造

長崎奉行

荒尾石見守樣

於出島千八百五十七年第二月廿四日安政四年巳二月朔日

和蘭領事官申上候當節渡來之和蘭商船ウイルレミナエンカウ號を以別段風說書送越不申候

拙者へ送越候評判記ニ於廣東英人唐人之間ニ鬪爭差起り候義書載御座候

數ヶ所之砦等英人奪取候アトミラール官名ムセイムル人名一手之軍艦を以廣東を燒拂申候

右兵端ハ英人之條約を唐國高官之者ニて相守り不申事ゟ差起り候義ニて有之候

右恭敬申上候

和蘭領事官

ドンクルキユルシユス

右之通和解仕候以上

巳二月

岩瀬彌七郎

西　慶太郎

本木昌造

巳二月五日永持享次郎殿井御徒目付御手附へ甲比丹申候趣

一十ヶ年計り前英吉利國戰爭起り唐國ゟ和を乞條約取結之上和睦相調唐國之內五港則廣東厦門寧波福州上海を英人其他國人之爲相開き居住井住家地所勝手ニ借貸賣買出來萬事唐人外國人之無差別右五港滯在之外國官吏唐國奉行職と書翰往復面會等無差支其應對書翰之文言等都而尊卑を分ツ事なく右五港之內厦門も一圓英國ニ讓り全く英館と相成り同所居住之唐人外土地之仕置ハ英國ニて支配いたし廣東を初メ條約取結之砌外四港相開き候段二ヶ年を經て可開約定之所年限相立候ても兎角相開不申諸事條約ニ悖り候事共有之今ニ開き不申候由然る處厦門英領と相成候以來唐人仕置抔も以前唐國仕置と事變り萬事緩ニ有之候ニ付諸

方之唐人厦門ニ移住之者相増土地之繁昌古ニ倍し外國人も兎角同所ニのみ集り候様相成唐國之交易日を追而繁昌し別而茶絹布之商法盛りニ成行居民を富し國力大ニ相増候由初メ條約取結之砌も唐國ニて餘程危蹈候得共漸々交易事馴當時ニても唐國政府ニても交易之肝要たる事を悟り専ら手廣ニ相成候様心掛候由且厦門ニてハ唐船之貸借買賣も自在ニて英國其他之記旗ニて唐人外國人一同乗組唐國諸州へ交易之爲通航いたし候由然處此節唐船英國之旗を建て船頭英人外ニ唐人十二人乗組廣東へ交易之爲渡來候處廣東之唐國奉行職ニて右船乗組之唐人十二人を召捕英國記旗を引卸し捨候由右召捕候次第ハ十二人之唐人共前方一揆荷擔之者之由風聞有之候ニ付右始末ニ至り候由然處英國支配唐人ニ罪科有之節ハ毎港滯在之英國官吏ニ懸合其手ニて相糺シ引渡候事ニ條約取極有之候處無其義候ニ付右船頭英人官吏へ訴出依之官吏ゟ書面を以奉行職へ掛合候尤右始末手違之致方全ク事之行違ニ可有之候間面會

談判之上召捕候唐人を返し英國記旗を建候様相成候ハヽ事穏便ニ可相濟旨申遣候得共有無之返答無之尚其折廣東港碇泊之英國軍艦總督セ一ムール井官吏ゟ再度稠敷掛合候ハ條約面之通り全ク心得違ニ付右唐人差返し記旗を建候義指支無之旨尚面談し有無四十八時之内返答無之候ハヽ嚴重之沙汰ニ可及旨再應掛合候得共有無之返答無之候ニ付無據セイムール組下之軍兵を上陸せしめ砦等數ヶ所乘取り大砲ハ釘打右砦へ籠居候唐國軍兵ハ逃去候由其上よて亦々面談之有無返答承知いたし度右返答無之候ハヽ嚴重之手當可致旨掛合候得共返答無之ニ付セイムール一手軍艦之内蒸氣船バルラコウタゟ奉行所へ一丸を發し其上ニて亦々同樣掛合此上ニも返答無之候ハヽ廣東一圓燒拂可申旨掛合候得共更ニ取合不申候ニ付軍艦貳艘ゟ數丸を發し廣東外曲輪を打崩し候上セイムール井官吏其外士官五六輩を引纏奉行所へ押ゟ參り候處奉行職之役人不殘召連去居候ニ付面會不相叶引取候上乘取候砦數ヶ所ゟ放發いた

し奉行所井役人之居宅を燒拂其上ニて亦々日夜懸合若シ返答無之候ハヽ事實廣東を燒拂可申然る時ハ老幼男女之死亡も有之實ニ不仁之義ニ付是非返答有之度掛合候處其節返答有之候得共至極不相當之事ニ而殊ニ面會許諾不致候ニ付無是非軍艦ゟ十四日之間發放いたし廣東處々燒拂申候趣其砌亞米利加拂郞察軍艦も廣東港碇泊いたし居り其軍兵を上陸せしめ候由是ニて廣東亂妨之爲めニ無之同所ニ有之候其國之商館井人民警衞之爲めニ候由評判記ニ書載有之此末此度之一件ハ唐國奉行職之不明ゟ事起り英人理不盡之致方ニ無之多分此度も唐國ゟ和を乞英人之存意相立可申旨廣東居民風聞いたし候由書載有之候扨　日本も亞米利加と御條約相濟下田箱館御開き相成公ニ交易ニて未御免相成居不申候得共金銀錢を以品物相調ひ或ハ品替又ハ官吏之滯在も御免有之候得ハ先ツ交易之道相開候と申ものニ有之又英國とも御條約相濟是ニて下田箱館長崎三ヶ所御免ニ相成下田箱館ハ亞米利加と相變候事も無之然るに長崎

ニてえ御所置ハ内港ニ入帆不相成高鉾島邊ょ可致端舟を以乘上ヶ井ニ上陸不相成其外廉々些細之御規定有之右樣有之候ゐハ英人ニて條約取結候詮ハ無之又魯西亞とも御條約相濟三ヶ所御免相成長崎ょ外國異人へ御免許之通り御所置可有之旨然處魯西亞船長崎港渡來之節ハ御所置魯人至極不滿之由承知仕候尤沈沒之ティヤナ船下田ニて之御所置井難民御救助之次第ハ至極感伏致候由承り申候右三ヶ國ハ世界中之强國ニて別ゐ魯西亞國も世界中最大國殊ょ御隣國ニて味方ニ有之ハ無上御後楯ニ可相成敵ニ取候ゐも至極之御大患ニ可有之間別ゐ御懇情被施候ハ、御安全之御良策ニ可有之右三ヶ國之外拂郎察と御條約可相濟事も近々可有之然ハ世界中之强國と唱候四ヶ國不殘と御條約相濟候間此上も是迄之御國法御變革相成世界普通之御法ニ御改相成度左も無之是迄之御法ニてハ諸國ニて承伏不仕正法之國とハ相唱不申候尤未條約不相濟國々箱館ニ於て病院御手當相成候義ハ西洋之人情ニ相協至極以良善之御所置と可申候元來日本ハ世界東方强國之内一箇之富饒强國ニて其居民英才ありて唐國抔の及ふ所ニあらず但シ東方之國民ハ自分尊み他を卑むる癖ありと西洋人評判仕候拙者久敷日本ニ罷在見分仕候ニ其說ニ不違日本も其癖有之候様相見申候折々外國船渡來之砌右船へ被遣候御書翰之内御文言等心付候義考可申上旨ニ而爲御見相成候處兎角御命令相成候様之御文言有之御頼と申御文言ハ曾而見受不申御國内限り之義る兎角可申上様も無之候得共外國人ニは之御文言も御改相成候様有之度和蘭人も年久敷渡來御國風も粗相辨候間左程ニハ不申候得共外異國人ハ至極不悦之義ニ御座候斯申上候とて日本よて他を賤しめられ候と申上候ニハ無之候得共外國人之思ふ所我も人彼も人と申事其本意ニ候得共御書翰御文言を始め御應對其外一體自他尊卑なき様之御所置御肝要奉存候一旦御世話ニ相成候而ハ御大切之義ニ候間御粗略不相成能々御勘辨相成度奉願候元來條約之趣意ハ唯親睦を旨といたし候義ニて紙上

細事書載不能候間萬事些細之義ハ可相成丈ケ御沙汰不相成方可然向々御紀之上可成程ハ狹く相成候樣之御所置ハ不可然只親睦之處を以御心懸相成萬事廣く相成候樣綏々御沙汰御爲可然奉存候既ニ和蘭フカビユス下田箱館一見として罷越下田滯在之亞米利加官吏へ面談仕候處日本ハ兎角小事ニ拘り些細之事中立候ても返答埒明不申無益之小事のミ申聞實ニ煩敷候間亞米利加政府へ申立別段可及談判抔噂致候由右樣之事ゟ漸々可及混雜候間得と御思推ゝ相成度尙渡來之外國船申立候廉有之節ハ可相成丈ケ速ニ御返答相成度及遲々候義ハ外國之風儀ニ相協不申候間是又御含相成度且又御免許可相成程之事ハ速ニ御免相成候方可然初め御免許難成旨御申聞ニ相成候義も強て申候よ任せ被指免候樣ニてハ強てさへ申乞候得ハ被差急《免カ》候樣心得事實御免許難成義も強て申立候樣相成申候御免許可相成候程之義ハ速ニ被指許候得ハ御國威も相立可申強て申乞候ニ任せ被差免候てハ威も少く御免許之名も薄く御國威も相

減し夫丈ヶ申乞候者之方ニ國威相增可申候兎角兵端ハ小事ゟ起り候者よて此度唐國之弊も右等之事ゟ起り自分弱を知らさるハ智と難申御國ニても能々御勘辨有之度尤御國唐國程弱く候と申よハ無之候得共久敷太平打續歐羅巴程軍事ニ不被爲馴唐國ハ其地連續仕居り候得共御國ハ四方海岸ニて一度兵端を開き候てハ至極御大切ニ可及候間能々御勘辨相成度此度唐國之一件且外國之事と御聞捨なく事情得と御賢察御所置御座候樣仕度旨加比丹申出候

右安政四年丁巳春正月廿九日入津之蘭人申出秋八月寫ス

巳七月二日備中守殿於下新部屋

官吏出府之義御治定相成候ニ付而ハ先達評議之趣も有之候得共右ニ不拘別段取調可申旨御口達有之候

評定所一座

海防懸り

筒井肥前守

下田奉行

箱館奉行

亞米利加官吏出府之義彌御治定相成候就而ハ不遠可被召呼候間左之外ニも銘々心附之趣ハ委細取調早々可被申聞候事

一道中海陸兩樣之内何れ歟可然哉之事

一途中附添人取締向之事

一滯留中旅宿并警衞向之事

一遊歩并御賄等之事

一登城拜禮之節禮式之事

一應接所著服等之事

一拜領物并役々ゟ贈物等之事

右ニ付京都并御三家始メ向々へ相達之案も取調可被申聞候事

下田奉行井上信濃守中村出羽守書翰寫下田奉行へ達書

巳六月十七日下田差立

亞米利加官吏へ引合及候義ニ付井上信濃守歸府仕候義申上候書付

井上信濃守

中村出羽守

亞米利加官吏へ引合候廉々規定書爲取替も相濟此上私共へ被下置候御判物拜見爲仕彼方印證と照覽之上官吏出府御直ニ言上可仕由兼々申立候重大之事件承り別段掛念之筋も無之候ハヽ信濃守歸府仕り夫々可申上旨伺差出置未タ御下知ハ無御座候所此程中ゟ官吏病氣ニて其上先達申上候通り彼政府ゟ相渡候全權之證狀蘭文之譯差越私共へ被下置候御判物之譯拜見致度由申聞差遣候所右譯之趣を以事を決斷仕る全權ニ

ハ無之旨書面を以申立候ニ付畢竟國を異よいたし文意辨しかた相違も可有之と猶答差遣候得共品々難問申出

御判物拜見等爲仕候義ニも至りあね去ル十三日外御用筋有之官吏宿寺へ森山多吉郎差遣候節不快も快一昨十五日於御用所面會仕度趣私共兩人支配向等定例之通同所へ罷越官吏へ應接仕候處兼而打合濟之通り近日

御判物等拜見可仕候得共彼國當三月廿八日附よて御同列樣方御達有之書翰差上候初ヶ條ニ合衆國大統領ゟ書簡之持人と申越認立右書簡何れニて御請取ニ相成候哉其次第ニ寄り至重之件々難申立由ニ付官吏も亞國政府ゟ別段之權を與候證狀所持いたし私共も御委任之　御判物所持罷在其權全ク備り居候義ニ付大統領之書簡よ候共請取候義勿論之義ニ相答候所右も

上へ御直ニ可差上命有之假令江戸表へ罷出候而も執政方へ御渡し申上

兼候ニ付御國法も有之執政方差置　御直ニ書簡差上候義ニ決而難相成
當處ニ
日本政府之別府ニて其上前書之通り御委任之權有之大統領之書簡請取
件々之申立をも可承旨之御差圖ニ付國命を重し候ニ相互之義殊ニ追々
申立候廉々之引合相濟候上ハ重大之義可申立段前々應接之砌聢と申聞
今更事を設け右體之義可申立筋ニ無之段再三再四申論候得共何分承伏
不仕候間私共ゟも前書之趣意遮而申聞置官吏立歸候後一體之事情篤と
勘辨評議仕候所只今迄諸般之引合ニも悉く計策を構へ言口表裏いたし
容易ニ申分ニ乘し候而ハ彼之術中ニ陷り此程ニ相成大統領ゟ之命ニ別
段ニいたし申募り候事實ニ被察此上强て詰論ニ及候ニ書簡受取渡之義
ハ浮置重大之義中立候次第ニも可至哉之處昨今應接之節噂ニも右件々
申立候ハヽ數ヶ度應接ニも相成り決著迄ニ日數も可相掛由等も申聞全
く別事ニて貿易幷他之港々御開之一條と粗相聞候ニ付決答及遲々候ハ

、其節私共限り候てハ迚も不行屆之由ニ申唱書簡持參彼れ出府之義も貿易開港之二ヶ條を押並べ存意之通り可相遂手段ニ被察彼れゟ計策通ニ成行貿易開港之義切ニ申聞御委任之廉を以是非共決答不仕候てハ難相成場合ニも至り可申然る處右兩條之御取調之御模樣等可有之義ニ付御委任之事ニ候得共私共ニ限り決著之答も難仕候間一と先彼れ見込候念慮を外シ此方ゟ書簡請取方不取極内餘事ハ承間敷旨申聞彌私共ハ難相渡候ハ全權之場合候共　御國命ハ難默止旨昨十六日猶再々及應接壹人出府之上官吏申立候趣逐一入御聽可相答段申達信濃守明十八日當處出立出府之上委細申上候積り評決仕候依而對話書二冊相添此段申上候以上

井上信濃守

中村出羽守

巳七月備中守殿御渡下田奉行へ口達之覺

朝鮮之義も從來隣好通信之國ニて慶長年間ゟ寶暦度迄彼國ゟ隣好を修し候爲信使參向國書差上候節ハ連綿と江戸へ被　召呼御行禮可有之候處品々御不都〔合脱カ〕之義有之寛政年間兩國隣好誠信簡易省弊之儀を講定いたし文化度ニ至り朝鮮接近み〔ママ〕對州ニ於て信使應對有之國書受取渡も無滯相濟隣好誠信之道も更ニ相替儀無之事ニ候右體慶長以來打續き江戸來聘之朝鮮信使さ〆諸般不都合之事も有之故隣好誠信之義を講定いたし對州限り之御行禮と相成居候事ニ付亞米利加國ゟ書簡江戸に持參り御受取と申ハ何分不相當之事ニ候間是等之趣官吏へ申聞候而宜事ニも被存候ハヽ能々合點參り候樣誠實ニ說得被及候方可然事

七月

八月十五日

御留守居次席大目付　土岐丹波守

御留守居次席御鎗奉行　筒井肥前守

御勘定奉行　川路左衞門尉
御普請奉行次席御目付　鵜殿民部少輔
御目付　永井玄蕃
御勘定吟味役　塚越藤介

亜米利加官吏江戸參上之義御指許相成候ニ付ゐも出府井當地逗留中且
登　城　御目見井老中應接等之手續迄申合萬端引受取調候樣可被致旨
右昨日堀田備中守申渡之候

巳六月四日
長崎奉行江
下田ニ於て亜米利加官吏江別冊之通り規定書爲取替相濟長崎港へ亜米
利加船入津之義改ゐ御差許相成候間得其意諸事下田奉行箱館奉行にも
打合置條約面之趣を以取扱候樣可被致候尤右之趣其地御固之面々へも

爲心得可被達置候

箱館奉行に

下田ニ於て亞米利加官吏へ別册之通り規定書爲取替相濟候間被得其意
箱館表取計振之儀も猶厚致勘辨取調可被申聞候

規定書寫一册同英吉利解一册蘭文和解一册宛添渡之

規定書

帝國日本ニ於て亞米利加合衆國人民の交を猶所置せん爲ニ全權井上信濃守中村出羽守と合衆國の「コンシユルセ子ラールエキセルレント」トウセントハルリス」と各政府の全權を以て可否を評議し約定せる條如左

第一ケ條

日本國肥前長崎の湊を亞米利加船の爲に開き其地ニ於て其船の破損を繕ひ薪水食料或ハ欠乏之品々を給し石炭あらば又夫をも渡すべし

第二ケ條

下田箱館の湊に來り亞米利加船必用の品日本ニ於て得ゐへき分を辨せん爲に亞米利加士人を右之二港に置且合衆國之下官吏を箱館の湊に置事を免許す

但此條は日本安政五午年六月中旬合衆國千八百五十八年七月四日ゟ施すべし

第三ヶ條

亞米利加人持來る處の貨幣を計算する時は日本金壹分或銀壹分を日本分銅の正しきを以て金ハ金銀ハ銀と稱し亞米利加貨幣の量目を定め然して後入費の爲六分の餘分を日本人に渡すべし

第四ヶ條

日本人亞米利加人ニ對し法を犯す時ハ日本の法度を以て日本司人罰し亞米利加人日本人ニ對し法を犯す時は亞米利加の法度を以て「コンシュルセヂラートル」或ハ「コンシユル」罰すべし

第五ヶ條

長崎下田箱館の港ニ於て亞米利加船の破損を繕ひ又買ふ所の諸欠乏之品代等之金或ハ銀の貨幣を以て償ふべし若金銀共所持せざる時ハ品物を以而辨ずべし

第六ヶ條

合衆國の「エキセルレンシーコンシュルセネラール」も七里界外へ出べき權ある事を日本政府ニ於て辨すり然といへ共難船等切迫之場合ニ非れハ其權を用るを延す事を下田奉行望たり此ニ於て「コンシュルセネラール」承諾せり

第七ヶ條

商人ゟ品物を直買する事を「エキセルレンシーコンシュルセネラール」并ニ館内ニある者ニ限り差免し尤其用辨之爲ニ銀或銅錢を渡すべし

第八ヶ條

下田奉行イキリス語をしらず合衆國のエキセルレンシーコンシユルセネラールハ日本語をしらず故ニ眞義の條々ハ蘭語漢文を用ゆべし

第九ヶ條

前ヶ條の内第二ヶ條を記せし所の日ゟ其餘ハ各約定せる日ゟ行ふべし

右之條々日本安政四巳年五月廿六日亞米利加合衆國千八百五十七年六月十七日下田御用所ニ於て兩國之全權調印せしむるものなり

井上信濃守判

中村出羽守判

巳十一月三日

堀田備中守殿ゟ常阿彌を以御城付共江一紙ニ而相渡候御書付寫

今般長崎表阿蘭陀通商御仕法替ニ相成向後長崎井箱館兩所ニ於て交易御差許有之魯西亞も同樣ニ候右ニ付而ハ條約相濟候國々ハ右之御所置

ニ可相成候間可被得其意候

右之通被　仰出候間此段可申上候以上

十一月

滯在の船將士官等其本國ゟ到れる書簡の新聞を以而小子ニ話せし
をれ淺しか聞に任せて記すものなり

西陲之學士麟

一安政丁巳夏六月三日和蘭之商船入津船號「ヤンタニユール」と云咗巴ゟ廿二日にして入る事を得たり

一歐羅巴諸州悉く無事也我軍艦「ヤツパン」も既ニ三ヶ月前和蘭本國を出發「ホルトガル」に到り直ニ咗巴ニ向て航すと云此商船ゟ未タ「ヤツパン」の咗巴に到らざる以前出帆せしなり此船主ハ和蘭本國ニ而「ヤツパン」船を親しく見たりと其船長徑三百十弗多外板甚厚して十五拇の厚徑なり故に

甚堅實之船也と彼國の「リーニー」船ニ於ても其外板ハ唯十二拇の厚徑を有ッ而る《已カ》による者ならむ其齎來る武器類備せらばと云事なしと就中近年發明の「ミニエーへへウエール」銃數百挺又拳銃之新製數挺を備ふと爰に渡來之候は七月中旬之頃ならむと云

一 暎國と支那と戰爭尚結て解すば暎國これが爲に軍艦數艘を整へ支那に航せんとせまし支那に滯泊せる所の軍艦もこれを得て深く內地に入寇せんと欲せるの勢あり

一 支那サンハイの佛蘭亞墨兩國の商船も此地にあり其國商人之爲ニ堡寨して所々に築き專ら防禦の用意嚴なりと

一 支那之內亂又漸く盛なり故を以而流賊甚盛んになり故佛亞等其商館の爲に非常之備甚嚴密なりと

一 暎國附屬之東印度領「ベンガラ」地一揆蜂起し暎國の大官を殺害し頗る擾亂に及ふと云故に本國ゟ此地ニも軍艦數艘を送り又支那と同所に武器

を送る事夥敷これゟ爲ニ西洋之蒸氣船大概其用ニ應し行くを以而定便之蒸氣船甚拂底ニ到れりと云

ベンガラ國ハ暎國之富庫と稱す故ニ力を盡して平均せしめんと欲するならん又支那之戰爭も其軍費の出る所多く東印度ニあらん然るニ今此近傍一揆蜂起し富庫殆と傾覆ニ至らむとす宜なり其力を用る事

○支那ベンガラの軍用其費す所の國財巨萬なる可し是を補んと欲し又其兵卒の便を頼て禍心をして東洋近邦ニ及ぼさむも知るべからず嗚呼我大東洋諸島之人主宜敷意を潛め思慮を錬つて國威をして墜す事なかるべし

○ベンカラ在留之暎國諸官吏之婦女子悉く其國人の爲に殺害なされしと云慘毒憐むべし嗚呼婦女子等何の辜らある苛政の餘災爰ニ及ひしものなる歟

廣東之總督其地之井泉食物ニ毒を投し暎人をして毒殺せしめんと成せ

し由セームルスも少郎之ゟ爲に當られ殆と死に到らむとせし由幸にし
て遁れたりと云

支那近世内亂屢起り外寇頻りに海濱を擾亂す然れ共敢て屈せず又其部落を全陷され堡寨を攻擊破碎せらるゝも嘗て屑とせず嘆國の强と成も戰ハさる時ハ則强を積て以て弱と爲ずといふもの歟深我東洋諸島の此に恥これを畏るゝ所ならずや

○出島へ哇巴ゟしてドリツケレイ及びランドマシ子レイヅラツトマシ子等を送り諸製造を便ニし製本を企て既に此入津の船に齎し來りし也當年入津の商船は總計四艘なり

我邦滯在之第二等士官「スヽカウウェーン」積年之勤勞に依て第一等「セイテナント」官に進む

○去々年及去年「メチユサ」號船に將として來りし船將次官「ハーヒユース」は當年哇巴ゟ蒸氣船四艘兵卒一千人を引て其屬島「テユーモル」に到り全島の

「ベホルキンイ」を成すと云
和蘭之諸職人多く暎國より頼みて諸軍器を製造する故ニ甚多忙なり
これ支邦ベンガラに送る兵器等を造らんか爲也と總て和蘭職人は能萬物を造る事他ニ勝れたりと云
○暎領「ベンカラ」の兵を起すやこれ魯西亞國ゟ其土人に賄を入れて勸めたるものなりと之を「ブリキーキ」と云我兵を勞せず其國民を誘して亂を起させ恨をはらすと云也
右之書ハ勝麟太郎之筆記ならんと大久保要云由

豆州下田表ニ在留之亞墨利加吏事彼國大統領ゟ之書翰持參致し江戸へ罷出可指上旨大統領ゟ被申付候ニ付江戸出府之義强て申立候間追々下田奉行ゟ及應對候處和親之國々ハ國王ゟ之書翰持參之節其都府へ罷出帝王へ拜謁差出之義世界普通之取計之趣申聞候追々世界形勢變革及ひ

候ニ付而ハ御國ニ於ても寛永以來外國御取扱向之御制度御改無之候而ハ相成間敷亞墨利加ゟ條約も相濟和親之國よも相成候義ニ付右官吏事此節江戸參上之義御指許有之登　城　御目見も可被仰付　思召ニ候此段先御内意可申達旨被　仰出候事

七月

八月十三日

堀田備中守ゟ丹阿彌を以相渡候書付寫

豆州下田表在留アメリカ官吏義國書持參江戸參上之義相願候處右ハ寛永以前英吉利人度々　御目見被　仰付候御先蹤も有之且條約爲取替相濟候國之使節も都府へ罷越候萬國普通常例之趣ニ付追々當地へ被　召寄登　城拜禮可被　仰付との御沙汰ニ候此段爲心得相達候

巳八月

亞墨利加之吏登　城御指許御目見も可被　仰付旨一昨夕御渡御内意御書取之趣水戸殿前中納言殿被致承知候處彼ゟ強而申立候ニ付無餘儀登　城御目見をも被　仰付候義事情不得已御事とハ相見候得共左候てハ此上益相募又如何之義申立候も難量且夷狄ゟ之書翰相呈候振之所右文中何義を謂有之候哉一端御直ニ指上翻譯被　仰付候且如何敷事有之御指戻ニ相成候とも夷狄ニて承伏仕間敷實ニ　神祖以來之御盛徳ニも拘り不容易儀申上候迄も無之厚御評議之上とハ被存候處何分天下後世へ被爲對　徳川家之御恥辱不相成様御所置有之様被致度第一夷狄を御側近く被爲召候義御危く被奉存候　御内意被奉伺候てハ三家之立場柄恐入候故御用ひニハ不相成迄も此段申上候様水戸殿前中納言殿被申付候

巳七月

堀田侯人物之事并同藩議論等之事

十四ヶ條

一野傭齋を訪談話外夷之事ニ至り時勢危急之義扼腕忼慨いたし候故小生云福山侯善良なれ共無氣力之様ニ承り候此度死去いたし候ニ付而ハ佐倉侯専任之事ニ候處侯之人となり如何ニ可有之哉先生ニてハ久しく被御招之様ヨ承り候間詳ニ御承知可有之候世上之人ハ彼此と議し候得共風説ハ不足信と申候得ハ傭齋云愚老未タ堀田之家を辭し兼今ヨ扶持をもらひ居り候間侯之人となりを議候ハ憚りも有之候得共天下之御議論ニ御座候間存分御話し可申候扨侯ハ美質と申者ニも可有之哉随分宜敷候得共才力抔申ハ更ニ無之候去らし大名ハ善キと申者皆ヶ様之者ニ御座候間輔佐さへ有之候ハヽ名大夫ニも相成可申候得共家老用人井左右等ニ人無之候てハ何事も出來不申候扨何れ之家を見候ても爲國致身と申見識之者家老用人抔之中ニ壹人位も有之者ニ候處堀田ニ至てハ一人も無之候當路之人物大抵承知仕候得共むべき次第ニて唯々奐之御役中

ハもらぬ者多く有之と申抔が付ヶ目之外存意ハ更ニ有之間敷候間とても有爲ニ足り候譯ニハ無之候扨又佐久良ニ一種之弊風あり兎角親族故舊黨を結び論をとふし候事有之誰々之言と其親族之論を是非ニ不拘用候事ニて此弊風ハ實ニ奇なる風ニ有之候抔話ニ御座候

右弊風ゟ小生も佐久良へ参り見候て心付候事も有之候去のし愚考ニハ全く俗物之集りと總州邊之俗と混し候て出來候風と相察申候○上田藩八木豪介説ニ慵齋ハ爲人潔白峭直故議論も酷之事有之と之説も有之候間安井忠平之論承り度存居候

一其後安井忠平を訪談論中外夷之事ニ及び慨嘆之至り抔申聞有之候間策何くゟ出で可然哉と承り候處安井云何程名策有之候ても廟堂無人故無致方候間拱手亂を待ツゟ外無致方抔と申候間小生云廟堂と有之候てハ第一堀田侯ニ候處侯ハ自分任せる事出來候人ニハ無之哉抔承り候處安井云拙者も數年被招居り候之人となり承知いたし候得共才氣抔申てハ

ツメの垢程も無之且ツ臣下壹人も人物無之皆庸人計りニ御座候西村平太郎と申者手前へも參り候得共指たる人物ニ無之候然るよ其人外ハ無之樣子也抔申候間侯之蘭學好キと申ハ衆々承り候處左候てハ何歟見込ミ候處有之候而好キ之譯ニも無之哉抔承り候處安井云侯之蘭好キハ經書之きふ屈之事聞き候らハ新奇之珍説等を聞き候方が面白いと云位之事也抔と口を極めて誹り申候事ニ御座候

一佐久良藩木村軍太郎方ニ止宿中同藩立見直之允荒井鐵之允田邊十三郎抔申人物塾生ニ成り居候日々夜々種々之話有之候内承り候ニ屋敷ニてハ軍制之義歩兵調練之書不殘翻譯いたし物頭中へ相渡し騎兵調練之書同斷番頭へ大砲調練之書同斷小番頭へ渡し夫々組之者調練いたし候ニ付近比ハ直傳之方を用ひ候者出來彼此と突キ當り出來候得共主人ハ兎角兩方好キ樣ニいたし置候が癖なる故更ニきまり不申込りきり候抔話有之候

一同人或夜話中ニ書物之事ニて何歟出來塾生等大立腹之時なり小生寐居候を呼ひ掛ケ鈴木さん佐久良ニハ三太郎と申西村平太郎依田平太郎抔申者有之候處近比ハ七人ふへ候間此騷き也と申候間小生云七人ふへて書物等御扱ひ不宜と申ハ何事ニ候哉と笑ひ候處立見直之允云七人ふへ候得ハ十太郎ニ相成候處其十を六ケ敷書キ柔と申字ニ相成候故ケ様之次第也抔申依田平太郎事ハ例之柔太郎と外不申候右柔太郎用人相勤メ頗る被用候歟ニ候

一安島彌太郎へ右件々話シ候節安島云先日川司農ニ佐久良侯之人となりを承り候處符を合せ候様之說也左候得ハ相違無之譯と相見候由話有之候

一其外侯之柔善臣下無人と申事ハ追々承り申候瑣細之事柄ハ此へ書記不致候

一國家老平野縫殿幾太郎事改名之由實弟窪田勘兵衞讀書も出來諸方遊學いたし候人之由承り候間佐久良表逗留中訪ひ候て談話承り候夕刻ゟ夜四ッ半時分

迄話し候處五ッ後ハ隨分酩酊雄談時々出來候内外夷之話出候處勘兵衛云彼此云内ニ今ニ大變ニ相成候抔申候間成程左樣ニ可有之哉ならし君侯ヒるき折り之御役殊ニ御筆頭ニ候間御心勞御察し申上候抔申候處勘兵衛云心配いたし候位之主人ニ候ハヽ却而賴みも有之候處主人も家老用人も心配處ろニハ無之此上長く安樂ニ勤メ候積り之樣子ニハ込り申候却而夫を私共心配仕候と冷笑いたし候事ニ御座候

翌日荒野龍藏と申右藩儒生ニ面會之節勘兵衛人物之事承り候處言を以而罪を得候歟ニて閑地ニ居候樣承り申候

一侯ハ外夷を更ニ恐れ不申と申候事追々承り候羽倉外記抔ハ侯ハ墨夷ニ逢ひたがり候抔と話し有之候事ニ御座候

一窪田勘兵衛拙者ハ蘭學程嫌ひ之者ハ無之趣申候間小生云御藩へハ能弘まり候と申聞候得ハ主人何分ニも張り込ミ居候故いたし方無之趣申候

一蘭學者一般之議論ニ日本ハ世界へ出候得ハ極々田舍物ニて更ニ世界之

交りを不知別而交易之利を不知と申義通例ニ御座候木村軍太郎話シニも一體日本ハ偏んだららケ様也抔申候義も承り申候

一佐藤俊海泰然伜ニ面會之節初メニ直ニ先ツ江戸表ニても彌登　城御決斷結構ニ奉存候此上交易も御開きと奉存候大安心ニ御座候抔申候扨又那蘇教之事話シ有之候ハ世上ニてハ奇怪之眞似いたし候様申候得共左様之譯ニハ無之様子也抔申候弘り候ても隨分宜數巾きめ計り之口氣也と扨右ニ付小生申候ハ交易御許ニてハ始終ハ如何と申着御座候處御藩ニて之御論抔ハ如何ニ可有之哉抔と申候處小生も蘭學者仲間之ヿり故都合甚面白御座候交易さへ御許シニ候ハヽ何之次第ハ無之無事ニ可有之候其上今合戰いたし候てハとても勝て不申候間一敗之後御許シニ候ハヽやはり唯今之内御許シ之方可然様奉存候抔申候

右俊海父泰然佐久良蘭學之張本人ニて一藩九分通り是が爲ニ説付ケられ候趣殊ニ人物も至て狡黠佞辨之趣窪田勘兵衞鏑木立本荒野龍藏

抔申候鏑木立本も蘭學者ニて大坂ニも參り居り栗原唯一懇意いたし候由ニて小生手蔓も是ゟ取付ケ候

一窪田勘兵衞論ニ今日本之小地を以て交り無ンニハとても淩き兼候間無致方候間せめて押出シ交易いたし度引受居候計りニてハ始終敗れ候道理也抔申候又蘭學者が色々申候得共西洋ニてハ左樣ニ無之と存シ候事も有之候間却而彼ノ教法之書も見度抔話シ有之候

右二ケ條之通り佐久良ニてハ漢學者蘭學者と論ある旨意ハ大ニ異なり候得共歸ある處ハ共ニ交易教法を拒キ不申事故可患事ニ奉存候漢蘭學者右之通り一藩推て可知事と奉存候

一窪田鏑木同席之節小生承り候ハ弊藩ニハ兎角夫レ是と議論も有之蘭學抔も直ニ廣まり候事ニハ不相成候具眼之士ニハ被賞蘭學者ニハ弘まり不申な嘆息ある樣ニ聞る樣ニ工夫仕り口上本文之通り申候貴藩ハ如何抔と申候處兩人共云我々藩ハ御承知之通り小藩故中々左樣之譯ニハ無之主人ニて好ミ候得ハ直ニ夫へ一致いたし候て彼是と抗議いたし候者ハ無之抔申候

一日下部伊三次話ニ佐久良勘定奉行申戸八十次郎と申者懇意ニ付先年長崎同行之由此節之様子承り度參り種々話シ中登　城等之義ニ相成候處とうニ許シ候と宜敷者をと申候間後患云々ハ如何と日下部申候處申戸笑ひ候て先生ハやんとニ苦勞ニ思ふ譯だろう歟と主人も話シ有之候抔と被笑候由

右之ケ條ニて君侯爲人井一藩之論等も押て可知君侯之論とても押て可知事ニ奉存候此外種々承り候小事も御座候得共何れも右範圍を不出其内ニ水戸風之論ハ遂ニ不承唯漢學者が少々憂ひニいたし候位之次第ニ御座候得共是ハ不被用候様子ニ相見申候

幕府中之事　　貳拾貳ケ條

一幕府中之議論國體國威御威光抔と申事ハ近來何歟堅た苦しき様ニ相成り動もそれバ平穩御利益御爲と申事ニ成り可然人物迄も先ツ左様ニ御

座候間右大勢一變國是立ち不申內ハ何事も出來申間敷由日下部伊三治話其外羽倉抔ニも承り追々右樣申者多有之候

一幕府ニ此節三畏有之候第一ハ天朝之御察當第二外諸侯彼是申シ不氣服之事第三ハ上州野州邊之博徒抔如何樣之眞似をいたし候哉右三事を氣を付ケ且ツ畏れ候事外夷ゟも甚しく候由　同上日下部話シ

一老公御內願爲御濟之節御登　城之時堀田牧野久世三人罷出候得共外夷之事一言も不申上　老公ニても御一言も御聞キ不被遊候由右ハ　老公を恐れ候事墨夷ゟも甚しき樣子之由夫も　老公之御論ニ隨へハ直ニ戰爭ニ可相成と申候事を掛念いたし候故なるべし　老公直話之由荻信之介話井安島彌次郞話合せ記

一幕府有司ハ可然人物ニても皆々申候ハ此節之有樣高年之親大病之扱ニいたし候積りニて激濟〔劑カ〕ニてハ一たまりも無之候間一日ニても命延び候樣之了簡外ハ無之由　老公ニて先達彼此御論有之候節も右之論ニハち

（張紙）是ハ間違申候親之大病云々〔マヽ〕庸人之見可喚、

と込りえ様承り候抔と承り候由　野慵齋話

後ニ安島ニ承り候節老親大病之扱之論ハ追々承り候說之趣申候尤

老公御込り云々ハ如何

一或人堀田侯ニ說而云墨夷を　御城へ被召候ハ宜敷様なれ共萬一色々之驕傲をなし末ニハ　御臺様御酌ニて御酒頂戴抔と有之候てハ大恥辱のみならす其儘ニも相成兼候間御召寄無之方可然云々申候者有之候處其時ハ佐久良侯も少しく動き候様子之由　櫻任藏話

一墨夷登　城之義ニ付而ハ閣老初メ下田奉行ニ至る迄夷人更ニ聞キ不申ハ許シ候而少シも夷人聞キそらし時ハ成ル丈ケ下田ニて仕舞候様いたし度ふりニいたし申せハ夷人之喜怒ニて時々了簡變シ候譯故始終夷人ニ權有之次第ニ付ケ込まれ候様子之由　邸中處々ニて承り候話

一墨夷登　城之義ニ付溜詰ゟ申出之振有之候處堀田侯挨拶ニもともや御治定相成候事故何程御申立ニても御了簡ニハ不相成趣被申一同屈シ候様

（張紙）是ハ相違なき事様ニ御坐候

ニ承り候扱又大廊下詰ゟも同上申立候處是又堀田侯ゟ同斷之挨拶之由然る處越前侯ハ夫ニてハ承知不致候處下田之事情等盡く打ち明ヶ右之通り故無據と申風ニ御推シ付ヶ申候由其外諸大名ニてハ誰ハど之位と申義を高をくゝり置きて氣力有之者へハ其様ニ事情抔打ち明候て推付ヶ候様子之由安島茅根等之話取交せ

一夷人登　城之義被　仰出候後夜々御役人へ無名之投訴張訴有之或ハ途中ニて要撃いたし可申或旅宿へ推込打果可申抔申事有之候得共幕吏ハヶ様申も內ハ苦勞無之抔とやもり高をくゝり候由櫻任藏話

一此節薩州勢盛んニて名を好ム諸侯抔ハ藤堂抔也營中ニて面談いたし候抔と人ニ誇り候様なる様子ニ候得共內實ハ薩州之內殊之外六ヶ敷　幕府を後ろ楯ニいたし居候事故　幕府ニても夫を承知此又高をくゝり薩州をバ更ニ畏れ不申様子ニ候由羽倉外記櫻任藏安島等之說取交

一去ル七月廿三日　老公御內願御濟之節御城書きハ御登　城御拜領物之

事ハ出候得共海防御掛り御免之義ハ出不申依而他所向ニてハ其當座更ニ知り不申俗物ハ唯今以半信半疑位之様子之事 阿州藩蘭學者島村鼎甫話

一八月九日尾州様ゟも水府と御同論之様子ニて御中立ニ相成候處御家御中立一同　幕府ニてハ受ケ流シ之様子ニ候事 茅根話

一京師へ墨夷登　城之義奏聞ニハ金を多く遣ひ候様子之由 荻話

一外夷之事ニ付彼此申候得ハ諸侯ニても　幕府有司ニても申候人之方へ何事も被押付候勢故誰れもかも逃ケ居候て踏込候者一人も無之候故次第〳〵ニ因循いたし當時之有様ニも相成候由 蓉塚幸藏話齋藤彌九郎抔之話

一先達下田一件決議之時成るへし大評議有之候時幕府諸有司相目シ候のミニて一言を發候者無之由 櫻任藏話

一川路左衞門尉先日日下部ニ話シ候ハ此節身を處シ候ニ三策有之候第一ハ福山侯之通り遠行を上策とし第二ハ閑地へ外轉を中策とし第三ハ時ニ從て阿り居り何事も不致を下策となす旨申候由 同上

一川司農ハ堀田侯とハ合シ候様子ニ相見申候脇坂を薦メ候も川路と被存
候趣同上
右ハ窪田勘兵衛ニ承り候處一體寺社方ニて心安くいたし候抔申候
事
一脇坂ハ松平伊賀と親む様子ニ相見申候由同上
一堀田と井伊とハ通し居候事と相見書籍之借（貸カ）シ買（借カ）り迄有之様子ニ候松平
伊賀も堀田へハ取入候歟ニ候事（木村軍太郎所ニて見聞幷櫻任話）
一井伊侯　老公之御免井夷人登　城之義を開キ彌天下泰平と申候由然る
處井伊頻りニ堀田へ取入り近々御大老と申說も有之候由
一齋藤源藏（蕃書調所勤番相勤メ候由小田又藏同志之者）此度物産之事爲調長崎表へ五ケ年程被遣
候由右暇乞とて參り居候處ニて面會綏々話承り種々議論も有之間ニハ
感慨之事有之候酒酣なる時源藏流涕して曰ク拙者も　幕府中御役人之
心腹ハ大抵存し不申者ハ無之候處此と申了簡之有之候者ハ壹人も無之

指掛り無據事を出來なりニいたし候樣な譯ニて何時も不纏候次第實ニ憐れなる有樣なりゑらし此迄こそ差したる事も無之候間此ニて宜敷候得共外患も頻りニ迫りもや此ゟ大變之場と相成候間乍不及盡力仕度奉存候一川も江戸之地を離れ候義不本意ニ存候依而此度西行之義追々手を廻し見候處右樣哀れ成氣色之内ニも少シ宛も彼此申候者ハ皆忌み候樣子ニて私輩之如き者迄體を能く被遠候事之樣子ニ御座候此ニて承り候小田又藏もとうニ山田へ參り候由右樣之譯ニてハ致方も無之候間緩々補養ニても仕候所存ニ相成候得共長崎ニて江戸之變を聞キ申候歟と存候得〆扨〳〵殘念ニ奉存候夫も無致方候間此度發足ニハ家財等大切之品ハ田舍之懇意之者へ預ケ且ツ妻子へも申置候ハ少し騷々敷相成り候て火事と申候ハヽ第一番ニどこ〳〵迄逃ケ可申衣服之道具之と申ひまとり候てハ火事ゟハ恐ろ敷事可有之候間何も一切構へ不申眞先キニ逃ケ可申候申付候抔と繰り返し〳〵殘念之樣子故小生も同しく歎息して庸人誤國と申ハ此の事

にも候哉と申候得ハ左様ニ御座候と至極同論之様子ニ御座候愚生竦然として浮

り後ニ流溯して書記せ

一水野筑州も近々被打可申西丸御留守居へ歟参り候様もや決し候抔と承

り申候有志中追々承り候話

此條時勢可見ために記せ

一越後屋ニ而抱へ屋敷拾貳ヶ所賣物ニ出シ候由川路ノ用人話之由櫻話

外夷事實等之事

一二月五日蘭人申立之事付右ニ付評定所一座等へ達シ之事

一六月十二日下田新條約之事

一六月十七日下田奉行出府申出之事

一七月二日下田奉行へ口達之事

一同日評定所一座等へ墨夷出府取調御掛之事

一三家并諸侯へ御達之事

一御家ゟ御中立書取之事

右之通り別紙寫し有之其外承り候分左ニ書記も

一八月中同盟諸兄無名氏拜と認候下田ゟ之書狀ニ云去ル十二日應接ニ登城之節書翰ハ內藤紀伊守請取御目見相濟み旅館へ引取り旅宿ゟ直ニ下田へ歸り其上ニて書翰之御返事ハ下田ニて應接之振り約定ニ相成候由同十六日應接ニ下田奉行何歟疎忽之義申出シ夷人ニ被付込奉行も大込り之由種々陳し候得共夷人一切不聞入奉行も込り候て申候ハ江戸へ御申譯無之候間切腹いたし候外無之候間共情合を以て勘辨いたし呉候樣頼み候處夷人云切腹いたし候とも不致候とも夫ハ其方之御勝手次第拙者ニ於てハ國書を江戸へ捧け候外ハ不存抔被申益〳〵込り候由同十九日應接ニ右ニ付惡口雜言無所不至下田開港以來之不出來之旨沙汰有之由之事安井忠平話

一窪田治部右衛門右書狀を以而井上信州廿日方出府之由而面會承り候由然る處

（張紙）此兩條之儀ハ有之候得共ケ樣ニも無之候米中肯綮候

信州大ニ驚き申候ハ左様之事更ニ無之候扨右書状出候義ハ一體下田奉行之義ハ下役ゟ進み可然之處近來其任を重くせるよ由て拙者初メ江戸ゟ參り候間兎奉行を邪广ニいたし彼此浮説を申出候者三人程心付キ有之候餘り不屆故家來ニも候ハヽ切腹も可申付之處左様ニも出來不申候間近々打黜ケ候積りニ取極メ候事ニ候右書も定て其手ゟ出候書と存候扨墨夷之義ハ「コンシール」壹人通事として蘭人壹人從僕として清人三人都合五人外ハ居り不申候間拙者抔切腹いたし候譯ニ候ハヽ摑み殺シ候事も何ニても至て安く候間右様之義ハ勿論無之候右ニ付てハ話シ度義も種々有之候得共御役人中何分ニも祕し候間應接之趣ハ話シ兼候得共此間ヶ様之事有之候此間中コンシール何歟心配之様子ニて夜中も眠り不申由或時清人ニ申候ハ世界中あるき見候よ日本ハ成程强國ニて可畏事也と申候由清人云何事ニて左候被仰候哉コンシール云日本人高貴之人之衣服を見可申候世界中を見るニ高貴之人ハ夫々衣服ニ高價之飾り

有之互ニ誇り候得共日木人ニ於てハ更ニ無之其上夫を恥ち候樣之氣色一向見へ不申候是ハ外ニ賴ム處有之我ハ我と申氣質なる故ニ候左候得ハ此度假令交易開キ候ても遠ニ止メ候哉如何樣變し可申哉難計萬一其勢ひ一たび變ぜれば我等ハ直ニ被殺候事目前ニ在りと申候由淸人話ニて承り候成程餘程心配ニも可有之哉昨年參り候節ハ斑白之老人なれ共當年ハ全ク之白髮ニ相成候事ニ候其位之次第故何も左樣驕傲之義抔更ニ無之候扨又七里四方日々遊行抔と之說も有之候得共此れ以て日々掛合等用事有之其暇抔ハ無之候扨又登　城之義も彼此と申候者も有之候得共是ハ諸事和蘭甲比丹之通りニ候趣申候由（窪田治部右衞門話）

右兩說何れ歟信僞よ候哉下田下役被打候者有之候ハヽ其人ニて相分り可申候得共左之ヶ條抔ニてハ信州直話之通りとも不被存事も有之候　但シコンシール心配并遊歩等之義ハ話之通歟とも奉存候

一伊藤閑齋（玄朴倅下田翻譯御用相勤候由）下田ゟ栗原唯一方へ書狀ニ先キ達而ハ「コンシー

（張紙）虚説なるべし

ル」ニ下田奉行領を擱まれ畳ニ顔を押付られ候始末其外奉行等夷人ニ屈し候様子外ゟ見候ても氣之毒ニ被存候役ニて無致方屈し候譯とハ相見へ候得共哀れなる有様之趣申越有之候由（栗原唯一話）

一下田ニて夷人漁人之獲候肴を盗み候ニ付漁人怒りもりを以ゐ追掛ヶ打候處打所不宜死去之由下田奉行右漁人を召捕候處其外之漁人不殘怒りヶ様之義ニてハ以後渡世も相成不申候とて强訴ニ及ひ或ゐ奉行迄打殺シ可申抔申候由（安井忠平齋藤源藏荻信之助等之話）

右も下田ゟ文通ニも有之歟之様可然人物ニ追々承り候處井上信州窪田治部右衛門へ話候ニハ此又更ニ無之事と申候由去ゐし此等之義ハ隱し候ても追ゐ分り候事と奉存候

一下田ニ居ルコンシール十五歳之時イギリス之戰ニ出で其後も數度戰功有之者ニ候廿七歳之時アメリカニ一揆之起り候事有之候節打手之將として出候處一揆之勢盛んニ付必死を極メ妻子有之候てハ死後之難義可

憐とて妻をバ離縁子をバ他へ託し出陣之由其節大功有之歸り候處其後ハ妻をも不迎且ツ申候ハ可死命を延び候事故此後之命ハ無物ニいたし可然とて難事之場へハ必ズ出候人物之由（齋藤源藏話）

一七月廿日入津墨夷軍艦廿八日出帆右ハ登　城相濟候ニ付國へ人數迎ニ參り候と蘭學者中風說之由（栗原唯一話）

一廣東ニて「イキリス」「フランス」「トルコ」「アメリカ」等九國（五國ハ名不相分由）申合「アメリカ」先導ニて日本へ一圖ニ取掛り候趣同所風說之由（同上）

一八月五日魯西亞軍艦壹艘長崎へ入津フーチャチン參り候由然る處此度ハ多分下田へ召ひ候事ニ可有之抔承り候趣（日下部話）

一先年魯西亞人コシンコタンへ砦營構へ候通りニ此度ハ「カラフト」內「ナヨロ」（北極出地五十度位之地之由）と申地へ又々砦取立石炭堀り居候由（箱館書狀一見）

一右ニ付箱館奉行出張應接いたし候處我々ハ國ゟ被申付ケ樣いたし候事ニて外之事ハ一切存知不申唯國命を守り候のミニ御座候さらし我々一

同ニ「フーチャチン」長崎へ參り候間定て是ゟ御掛合申候事と存候とて更
ニ顧著不致候由日下部話
右件々出府中探索之内一廉有之御思慮之一端ニも相成可申義と存候事
のみ書記仕候事ニ御座候此ニて御勘考其上ニて意味御分り兼ね之義ハ
又々夫ニ付ゐ之事瑣細之事迄承り候分御面話可申上候以上

乙巳秋　　　　　　鈴木豊大記

去月廿四日御書付を以御內意被仰聞候アメリカ國使官之者拜禮願之趣
も御聞届ニ相成願之通り登　城之上通御之節拜禮之義和蘭甲比丹ゟ一
等重く取扱候方ニ御治定被　仰出候就ゐハ不遠被　召呼候ニ付銘々存
寄之義可申上尤　京都へも被　仰進當日御警衛向御評議之上可申上旨
被　仰達ニ付篤と勘辨之上東國之同列へも飛札を以申談シ夫々熟考致
候處　公儀御職業へ被爲對萬世之御規格一時ニ轉消いたし候譯容易ニ

何れ之事ニも難申上且申迄も無之候得共最前彼等拜禮等願之節御内意も有之候ハヽ其節詳おゝ可盡儀候處其儀なく被　仰達候跡ニて彼是今般詳議いたし申上候義無力次第ニて一同重キ職制之義　台命相蒙り居り候上ハ今更迚も是非之義不申上候てハ却而恐入候譯ニ有之申迄も無之御國體ニ對し當御代ニ至り始而蠻夷之者共へ御面會も有之候様ニてハ諸蠻追々時々刻々同様願意申立候ハヽ御聞届ハ勿論之義逸々御逢も甚不被爲在御本意御取扱方ニて可共容易ニ此度御免許有之候てハ先般觸置候御文意ニも　御國辱ニ不相成候様ニとの御意味も自然相消へ諸向へ被爲對不一ト通御義ニ候間實ニ恐入候儀ニ候得ハ　御國辱之利儀ハ別紙を以愚意之趣申上候儀ニ御座候然る上ハ登　城ハ勿論御呼寄等之義ニ不相成様可申諭旨其筋へ被　仰渡可然哉ニ奉存候

七月在府在國溜り詰一同

溜り詰牧野備前守御譜代大名同嫡子高家大守詰同嫡子御奏者番同嫡子菊之間緣〔椽カ〕頰詰布衣以上御役人法印法眼醫師

近々アメリカ使節出府登　城御目見被　仰付候節直垂狩衣大紋布衣著用法印法眼裝束ニて登　城之樣可被相達候尤日限之義ハ追而可相達候

但シ無官之面々不及登城

右之通り大目付御目付へ相達候事

近々アメリカ使節出府ニ付通行道筋屋敷々々取繕ニ不及假板圍等其儘差置不苦候持場々々掃除致可申候

一屋敷前飾手桶立番等差出ニ不及往來之者も平常通り通行可爲致候尤辻番等へ見計固メ之者差出置往來混雜之義も有之候ハヽ取締加役之者ゟ申達次第制し方致し乞食通行道筋爲取拂可申候

一途中へ見物として罷出候義棧敷爲懸又も長屋窓等大勢立出見物等致候義も堅無用たるべし

一乘切之騎馬等ハ成丈ヶ途中行逢不申樣可致候
一途中行逢候節がさつヶ間敷混雜之義等有之候てハ不宜其旨家來末々迄
心得違無之樣急度可申付置候
右之通向々へ可相觸候右之通り大目付御目付へ相達候事
九月

十一月朔日登　城之面々居殘り大目付堀伊豆守ゟ堀田備中守へ相達
候
去月廿一日亞米利加使節登　城　御目見之節差出候書翰之和解一冊并
使節口上之趣和解一冊爲心得相達候事

亞墨利加合衆國のプレシテントフランクリンピールセ日本大君殿下
ニ呈す

合衆國と日《大貝友》本と之間ニ取結ひたる條約を修正して　殿下之大國と合衆
國と夥しき諸物產之貿易を是迄ゟも大ニ爲し易き樣取極得べしと思へ
り是を以ぁ

予此事件ニ就ぁ貴國之外國事務宰相或ハ其他
殿下之撰任せる役人と會議せしむる爲ニ此書狀之使として此國之人高
貴威嚴なるトウンセントハルリスを撰たり但シ此者ハ既ニ合衆國之コ
ンシユルセヂラールとして
殿下之外國事務宰相之信用を受たり

予合衆國と日本との親交を篤くし且永續せしめ兼ぁ兩國之利益之爲ニ
通商之交を增加せる條約之趣ょ就ぁ宰相或ハ其他之役人同意せへき事
疑なしと思ふ

殿下深切ニ高貴威嚴なるハルリスを待遇して　予之爲ニ　殿下ニ申立
る言を十分信用し給む事ニ於て疑なしと思ふ　予神の
殿下を安全ニ保護せん事を神ニ祈念せ　予此書ニ合衆國之國璽を添へ

華盛頓府ニ於て自ら姓名を書せ
千八百五十五年九月十二日
フランクリンピールセ 親筆
プレシテントか
セケレタリスフハンスタート 官名
ウェルマルシ 親筆

殿下之意ニ適ハせ度事

マイエスティト合衆國大統領か之吾が信書を捧る時
殿下之安全幸福及ひ
殿下之邦の繁盛の爲メマイエスティト大統領誠に願へるを
殿下ニ述る事を予に命せり吾れ合衆國全權使節之高大なる事を
殿下之廷ニ於て全ふせん爲メ撰まれしハ大なる名譽とも且兩國永久懇
切之緒を堅く結ふハ吾か懇願なる故此良き目當を遂ることゝ憶に　予か丹

誠を爲すべし

一使節登　城之節手續禮式等前日篤と不申聞候而ハ指支可申と下田奉行等心付キ申聞候得共一向取合不申其後又申聞候得共同斷登　城之日又申聞候處萬國へ使節ニ罷出候ニ付承知いたし居候間其義ニ不及旨被致返事候由　御殿中へ入り候と目鏡を片手ニ持ち四方を見なから歩行彼之禮としてかむり物を取り云々　御目見之席ニ相成候てハ盡く敬屈之樣子之由　大樹公ニハ高き所ニ御座御胸邊迄みも被下御容貌不相分候處使節手ニ鏡を取り出シ御容體を寫し拜し候由書翰指出相濟み候間私之拜禮いたし候樣申聞候得ハ今日ハ國王ゟ之使節故私之義ハ他日ニ可致とて不致候扣所へ扣へ候節　大樹公威容嚴然左右叱呼して扣所脇を御通り被爲遊扣所之戶を少々明ケ爲拜候義　勅使等之御扱ニ而關東之威を示し候爲ニ候處同事ニ致し威を示し候由扨其節通詞を以て拜し候

様申聞候處何ゟがん〳〵と通詞を叱し候様子是ハ誰ゟ見る者だと申候様子之由其節一向見むきも不致と也扨又其後時服拜領被　仰付候處一々とり開き見候間通詞を以て不開様申諭し候處通辯官使節ニひぢニて被突候由是ハだまれとでも申候様子ニ相見へ候由也

一箱根之御關所ニて此方人間違通辯官のみ駕籠之戸を開き候筈を使節之駕籠之戸を開き候ニ付大立腹ニて夫ゟ歸るとて騒動いたし候由

右櫻任文通中覺記

一ト通挨拶畢而

備中守様

一此程委細被申聞候趣同列にも申談逐一

大君へも申上候所大統領格別之心入其許の懇篤之段

御満足ニ被思召自分ニも歎入候右ニも早速可及挨拶候處不容易事柄ニ付

衆議を盡し追々延引相成候

一貿易相開候義ハ大統領ゟ書面之趣も有之今承知候尤も此方之規則も有之義ニ付取極方委細之義ハ掛り役人ゟ可爲及懸合候

一ミニストル差置候義ハ折角懇切之申立も有之儀ニ付可承屆候得共親睦之旨ニ障無之義肝要之事ニ付此方人心之打合方をも勘辨いたし置候間差置候都合住居之場所右ニ付而ハ規則等ハ懸り役々ゟ委細可有申談候

一下田を閉代り港を開候義今承知候得共　日本ハ小國之事ニ付兼而三港ヘ取極之外港のヶ所相増候而ハ國中不都合之筋も有之候ニ付下田を閉候右代り一ヶ所相定候義ハ可承屆候尤場所等之義ハ談判之上治定可致候

一此程中被申立候答之義ハ是迄ニ而相濟候委細之義ハ懸り役々ゟ可申談候

使節

一委細承知仕候是ニ而御談之義ハ無御坐候や

一委細之義ハ懸り役々ゟ可申談雙方不都合之義無之樣取極可申候間無腹藏可申談候
一只今御沙汰之趣至極御行屆候得共今一ヶ條不足之義有之候
一港之御場所之事を申候義ニ候や
一大統領之命ニ而先達而巾申上候趣意ハ歐羅巴人日本人と勝手ニ商賣いたし度と申事ニ付大統領之命を以先達而申上候
一大君御決著御座候而外國人と日本人と交易御指許之義ニ付只今御沙汰ニ候處右交易いたし候ニ其港無之候而ハ不相成候
一日本ハ大なる島ニて周圍凡八百里程も可有之其八百里の周りニ一港を相開と申ハ心得かたく候
一交易をいたし候ニハあちこちへ港を開き商買を遂候義ニ御座候
　但四國九州蝦夷を除中國より奥羽迄陸續之場所を彼方ニてハ日本と相唱來候

一合衆國ニ而御取極相成候條約其外國々ニ而も相用候樣之心得ニ而大
統領申付を以申上候儀ニ御座候

一交易をいたし候ニハ日本國中不殘行屆候樣ニ無之候而ハ諸州江行屆
兼可申候

一長崎へ持越候品も下田へ持越候品も同樣之品ニハ相違無之候得共重
荷を下田江持越夫ゟ外江運送いたし候ニ𪜈人力を以山坂をも越候義
ニ付夫丈ケ雜費も懸り候間下田ニ持越候價とハ莫《大カ》人之相違ニ相成候
右等之處ハ
大君御聞召候ハヽ直ニ御分り可被成義と奉存候右ニ付而ハ外ニ申上
候義も有之候得共右ハ追而交易條約御取扱之義被爲　仰蒙候御方と
御談判可仕外港御開可相成主意も其節委細可申上候右を其御懸りゟ
被申立候ハヽ直ニ御分り可相成候右申上候趣𪜈いつれも大切之義ニ
御座候

一商買を成丈ケ自由ニ致候得ハ夫丈ケ日本國之御益ニも相成可申候

一先申立候趣ハ是迄ニ御座候今一事申上度義有之候間御聞可被下候

一今日御沙汰之ケ條ニ付御談判被成候御方ハ格別之御全權ニ無之而も
難相叶但右全權之證書御渡無之而ハ難相成義ニ御座候

一私所持之全權之證書ニハ大統領と合衆國印有之候

一私所持之全權證書ニも　日本
大君ゟ被命候同等之全權を談判可致旨認有之候

一今般御懸りニ御委任被成候ハヽ右證書アメリカ合衆國の全權と談判
可致との御文言無之而も不都合ニ御座候

一謹而相願候港之義ニ付得と御勘辨被下度右ハ尤大切之事柄ニ而申上
候條々御取用相成候共港之ケ條御取用無之候而も無詮事ニ御座候

一右之處十分御分り無之より右樣之譯と被存候夫故此程信濃守殿へ申
上候通り御不審之廉有之候ハヽ一々御尋有之樣いたし度候

一右等委細之義ハ明日ニも明後日ニも役々ゟ談判可爲及候

一申立候趣日本政府ニて十分御分り有之候様との私願ニ御座候

一今般之使節も格別懇切之義ニ御座候大統領ニハ何も願も無之申上候儀を御辨別被成候様相願候之一事ニ而且ハ　日本之御利益相成候様との願ニ御座候右之義御勸め申上候而も御取用ひ無之候ハヽ極而御危難可有之候間御危難を除き申度心得ニ御座候

一合衆國ニてハ　日本と仇敵ニ相成候心得も無御座候其處能々御辨別可被成候

一申立候義を御用ひ相成候而も一事も御取用ひ無之候とも大統領ニ於て仇敵ニ相成候心得ハ無之候御會得さへ被成候得ハ御否み被成候ても大統領ニ於てハ聊隔意無之候申立候事ハ先ツ是限りニ御座候

信濃守
一只今備中守ゟ相達候趣之內港ヶ條之外五ヶ條之趣念之ため會得之所一應被申立候様存候

一第壹ヶ條ニ伺候ハ大統領申立ニ寄交易之義ハ御取用相成右ニ付枝葉之義を懸り御役人ゟ御談判可有之候第二ヶ條ニハミニストル差置候義も御聞届尤人心居合方をも御勘辨之上被差置候場所并れつと申事

取扱方之規則御懸りゟ御談判有之候趣ニ承り候

一備中守様湊之義ハ當掛り役人ゟ申談雙方都合宜場所ニ而取極候積りニ有之候

一仰之通り雙方之都合ニ而一方のみ之都合ニ而も難取極義ニ御座候

一右御懸被　仰付候ハヽ初面會其節互ニ全權狀照し合せ候上ニ而交易條約之下案差出可申候間右書面御覽之上ニ而御取捨之義夫々御沙汰之御座候得ハ速ニ相辨可申候

一條約下案ヶ條毎御熟覽之上御否ミ被成候而も不苦左候ハヽ私ゟも尙又巨細意味通し候樣御答可申候右樣之手都合ニいたし候得も雙方意味違無御座候

一條約之義一ヶ條ニても日本政府ニ而能御分り無之候而も私ゟ御勸め

申間敷候能御分り之上御取極可被成候

一明後日月曜日ニ付委任状照應之手續ニ仕度候

備中守様

一碇と治定ハいたし兼候得共都合可致候

一初度之會合ニ委任状照應仕度と申上候儀ハ如何御座候哉

備中守様

一左様可致候

一右委任状照應不致内ハ何事も取扱兼候故申上候義ニ御座候

一右會合初ニ委任状照應之上即日定約下案指出可申御覽之上御談判いたし候得ハ速ニ運ひ付可申候

一其ヶ條御覽被成候ハヽ大統領之主趣も發輝と御分り可被成候

一御委任状照應之節ニ　大君御委任状ニ對し先達而拜禮之節之通り服を改敬禮を可盡候

此時書面差出ス

一此書ニ大統領委任状之寫ニ御座候掛り御役人ニ御渡し御委任状も照

應以前ニ寫し御示し被下度候
一備中守様御委任被下候ハ別人ニ而も無之掛り役々之内ゟ被下候事と存候
一別段御委任状御渡相成候得とも　日本政府之思召次第ニて宜敷御座候
一御委任状ハ先達而下田奉行ゟ御渡之通ニ而十分ニ御座候併只壹ヶ條不足之義有之候右ハアメリカ合衆國全權ニ談判可及との御文意御加相成候様いたし度候
右之外銘々別廉之委任状所持罷在候
一備中守様右も其方之事を申ニ而可有之候
一左様ニ御座候是ハ誰ニても爲見不申手元ニ差置候
一新規之ヶ條開き候ニも下知状を以取扱申候譬ハ事柄ニより外國事務宰相へ御伺之上御取扱被成候も同様ニ御座候
一最早是ニ而申上候儀も無御座候

右安政丁巳十二月二日備中守殿宅應接書

亞墨利加條約

帝國大日本大君と亞墨利加合衆國大統領と親睦之意を堅し且永續せしめん爲ょ當國の人民貿易を通する事を處置し其際の厚らん事を欲する爲に懇親及貿易の條約を決し日本大君も其事を井上信濃守岩瀬肥後守ニ命し合衆國大統領ハ日本ニ差越たる亞墨利加合衆國のコンシユルセ子ラールトウセントハルリスニ命シ雙方委任之書を照應し下文條々を合談決定す

第一條

向後日本大君と亞墨利加合衆國と世々親睦なるべし日本政府ハ華盛頓ニ居留する政事預る役人及頭立たる取締の役人も合衆國の大統領ハ江戸ニ居留するチフロマチノキアケントを任シ又此條約ニ載る亞墨利加

人民貿易の爲め開きたる日本之各港之内ニ居留せるコンシユル又ハコンシライルアケント幷コンシユルセ子ラールも職務を行ふ時ゟ日本の部内を旅行せる免許あるべし

第二條

日本國と歐羅巴中の或ル國との間ニ若障り起る時ハ日本政府ノ囑ニ應し合衆國の大統領和親之媒となりて救ふべし合衆國の軍艦大洋ニて行逢たる日本船へ公平たる友睦の取計有べし且亞墨利加コンシユルの居留せる港ニ日本船の掛る事有之も其各國之規定ヨ因て友睦の取計あるべし

第三條

下田箱館の外次ニいふ處場所を左之期限ゟ開くべし

神奈川午三月ゟ凡十五ヶ月の後ゟ西洋紀元凡一千八百五十九年七月四日

長崎同斷同斷

新潟　同断凡二十ヶ月の後ゟ千八百六十年一月一日

兵庫　同断凡五十六ヶ月後ゟ千八百六十三年一月一日

神奈川港を開キ後六ヶ月にして下田港ハ鎖すべし此ヶ條之内に載たる各地も亞墨利加人之居留を可許居留之者も一箇之地を價を出して借り又ハ其所建物有之ハ買之事妨なく且住宅倉庫を建る事をも許すべしと雖も建之に託して要害之場所を取建る事ハ決而不相成此掟を堅くせん爲に其建物を新築造修補抔する時あらんにハ日本役人是を見分する事當然たるべし亞墨利加人建物之爲ニ借取る一箇の場所并ニ港々の定則も各港之役人と亞墨利加コンシュルと議定すべし若規定し難き時は其事件を日本政府と亞墨利加チフロマチーキアケントに示し處置せしむべし其居留場の周圍に門牆を不設出入自在にすべし

江戸　午三月ゟ凡四十四ヶ月之後千八百六十二年一月一日

大坂　同断凡五十六ヶ月後千八百六十三年一月一日

右二ヶ所ハ亞墨利加人只商買を爲を間のみ逗留せる事ほべし此兩所の町ニ於て亞墨利加人價を以て借るべし建家を相當なる場所井ニ散歩をべき道程ハ追て日本役人と亞墨利加チフロマチーキアケントと談判をべし雙方の國人品物を賣買せる事總而障りなく其拂等ニ付而日本役人不立合之法日本人亞墨利加人ほたる品を賣買或も所持せるともよ妨なし」軍用之諸品は日本役所之外ハ不可賣尤外國人直ニ取引ハ取構ある事なし此ヶ條ハ條約本書取替し濟之上日本國へ可觸渡米麥ハ日本逗留の亞墨利加人井船之乘組たる者及ひ舟中旅客食料の爲の用意ハ與ふとも積荷として輸出せる事を不許日本産せる所之銅餘分あるは日本役人ニ而其時々公の入札を以て拂ひ可渡在留之亞墨利加人日本賤民を雇ひ且ツ諸用事ニ充る事を許をべし

第四條

總て國地ニ輸入輸出の品々別册之通り日本役所へ運上を可納日本之運

上所ニて荷主申立之價を奸有と察する時ハ其價を以て直ニ買上べし合衆國海軍用意之品神奈川長崎箱館之内ニ陸揚し庫内ニ納めて亞墨利加番人守護する者ニ運上之日本役所ニ納むべし阿片の輸入嚴禁たり若亞墨利加商船三斤以上持渡らば其過料之品ハ日本役人可取上之」輸入の荷物定例之運上納濟之上も日本人ゟ國中ニ輸送する共別ニ運上を取立る事なし」亞墨利加人輸入する荷物ら《ゟカ》此條約よて定たるゟ餘分の運上を納る事なく又日本船及ひ他國の商船ニて他國ゟ輸入せる同し荷物之運上高と可爲同樣

第五條

外國の諸貨幣ハ日本貨幣同種類の同量を通用すべし金ハ金銀ハ銀と量目を以て比類するを云雙方之國人互ニ物價を償ふよ日本と外國との貨幣を用る妨なし日本人外國の貨幣慣はされハ開港の後壹ヶ年之間各港之役所ゟ日本の貨幣を以て亞墨利加人之願次第引渡すべし向後鑄替の爲分割を出すに及す日

本法幣ハ銅銭を除き輸出する事を得井外國の金銀ハ貨幣ニ鑄るも不鑄も輸出すべし

第六條

日本人ニ對し法を犯せる亜墨利加人も其國コンシュル裁判所ニ於て吟味之上亜墨利加之法度を以罰すべし亜墨利加人に對し法を犯したる日本人ハ日本役人糺之上日本法度を以糺すべし日本奉行所亜墨利加コンシュル裁断所ハ雙方商人逋債等之事をも公ニ取扱ふべし」都而條約中の規定井別冊ニ記せる所の法則を犯すに於てハコンシュルへ申達し取上品井ニ過料ハ日本役人連渡すべし兩國の役人も雙方商民取引之事ニ付て差構ふ事なし

第七條

日本開港之場所ニ於て亜墨利加人遊歩規定左之如し

神奈川六郷川筋を限りとして其地ハ各方十里

箱館　各方へ凡十里

兵庫　京都を距る事十里の地へハ亞墨利加人立入さる筈ニ付其方角を除き各方十里且兵庫へ來ル船々の乘組人稻川ゟ海陸迄の川筋を越ゆへからず

都而里數ハ各港の奉行所亦ハ御用所ゟ陸地之程度なり

一里ハ亞墨利加の四千二百七十五ヤールト日本の凡三十三丁四十八間一尺二寸五分ニ當ル

長崎　其周圍ニある御料所を限りとす

新潟　治定之上境界を定むべし

一亞墨利加人重立たる要事有て裁斷を受又も不身持ニて裁許に處せられし者ハ居留之場所ゟ壹里外ニ出スべからず其者等ハ日本奉行ゟ國地退去之義を其地在留之コンシユルに達すべし其者共諸引合等奉行所并にコンシユル糺濟之上退去之期限猶預之義ハコンシユルゟ中立ニ依而相叶ふべし期限ハ決而一ヶ年を越すべからず

第八條

日本ニ在る亞墨利加人自分其國之宗法を念し禮拜堂を居留場の內ニ置くニ障りなし其建物を破壞し亞墨利加人宗法を自分念するを妨る事なし亞墨利加人日本人の堂官《宮カ》を毀傷せる事なく又決而日本神佛の禮拜を妨け神體佛像を破る事あるべからず雙方の人民互ニ宗旨ニ付て爭論あるべからず日本長崎役所ニ於て蹈畫の仕來りハ已ニ廢せり

第九條

亞墨利加コンシユルの願ニ依て都而出奔人幷ニ裁許の場ゟ逃出シ物を召捕又ハコンシユル捕置たる罪人を獄ニ繫くこと叶べし且陸地幷ニ船中ニ在亞墨利加人ニ而不法を戒め規則を守せしむる爲ニコンシユル中立次第助力すべし右等の諸入費幷ニ願ニ依て日本の獄ニ繫たる者の雜費ハ都而亞墨利加コンシユルゟ可償

第十條

日本政府合衆國ゟ軍艦蒸氣船鯨漁船大砲軍用器幷ニ兵器之類其他要の

諸物を買入又ハ制作を誂へ或ハ其國の學者海陸軍法之士諸科之職人并ニ船夫を雇ふ事のみの儘たるべし合衆國親交之國と日本國萬一戰爭ある間ハ軍中制禁の品々合衆國ゟ輸出せず且武事を扱ふ人をハ差送らさるべし

第十一條

此條約ニ添たる商法の別冊ハ本書同様雙方臣民互ニ尊守すべし

第十二條

安政元年寅三月三日 即千八百五十四年三月三十一日 神奈川ニ於て取替したる條約の事此條之齟齬せる廉ハ差用ひず同四年巳五月廿六日 即千八百五十七年八月十七日 下田ニ於て取替したる約書ハ此條約中よ委せるニ依而可取捨日本ニ來れる合衆國のチフロマチーキアケントと此條約規則并別冊の條を全備せしむる爲よ要すべき所の規律等談判を遂くべし

第十三條

今ゟ凡百七十壹ヶ月の後即千八百七十二年七月四日ニ當る雙方政府の存意を以て兩國の內ゟ壹ヶ年前ニ通達し此條約并神奈川條約の內成置ヶ條及ひ此國《書カ》ニ添たる別册共雙方委任之役人實檢之上談判を究補ひ或ハ改る事を得べし

第十四條

右之條約之趣來ル未年五月日即千八百五十九年　月四日ゟ執行ふべし此日限或は其以前ニても都合次第ニ日本政府ゟ使節を以て亞墨利加華盛頓府ニ於て本國《書カ》を取替すべし若無餘儀子細有之此期限中本書取替し濟すとも條約之趣旨此期限ゟ執行ふべし本條約は日本ゟハ　大君之御名と奥印を署し高官之者名を記し印を調して證とし合衆國ゟハ大統領自ら名を記しセクレターリスフハンスタート官名共ニ自分名を記し合衆國の印を捺《さ》して證とすへし尤日本語英語ニて本書共ニ四通を書し其譯文を何れも同義なりといへ共蘭語譯文を以て證據となすべし此取極之爲メ安政五午年月日（即千八百五十八年）（アメリカ合衆國獨立の八十二年月日）江戸府ニ於て前々載たる兩國の役人等

名を記し調印せるものなり

　右安政四巳年十二月假條約

此原本誤字多く候間御勘考御讀可被下候御濟後御返却奉願候以上

　六月廿四日　　　　　　　鈴木安太郎

　二月京都書牘抄

堀田備中守殿二月五日京都到著同九日初而參　内同十一日傳奏兩卿議奏三卿備中守旅宿へ被行向初而對面應接有之候由次第柄夫々難相分候

一　二月備中守へ返書

御狀令披見候御自分儀參　内可致旨被　仰出去ル九日朝參　公方樣御口上之趣兩傳奏へ被申達言上被進候品々差上候處　御感悦ニ　思召候旨被　仰出於　小御所拜

龍顏　准后にも參入　御謎之趣被申進物被差上候趣　御満悦之事ニ

思召候旨得其意紙面之趣及　上聞候恐惶謹言

二月　連名

堀田備中守殿

御別紙

御狀令披見候　公方樣益御機嫌克被成御座恐悅之旨尤候然ハ御自分儀

朝參被致候處拜

龍顏　天盃頂戴

准后へも參入御菓子御酒被下神以　御威光故難有由得其意紙面之趣及

上聞候恐惶謹言

二月　連名

堀田備中守殿

二月廿一日備中守殿へ申遣候趣

亞墨利加官吏病氣追々快出府之義申立候ニ付右應接書寫三冊爲御心得

差上申候尤同人病氣未旋と快方ニも無之儀ニ付其御地御模様相分次第
井上信濃守下田へ出張條約爲取替候積今一應爲致應接候筈ニ候此爲御
心得申進候以上

二月廿一日　　　　　　　　　　　連名

堀田――

猶以和蘭領事官出府取扱方差圖之趣相達候ニ付去月廿六日發足爲致候
趣長崎奉行申聞候道中無滯候ハヽ來月中旬比江戸表へ到著可致候間是
又申聞候此段も御心得迄ニ申進候以上

二月廿八日次飛脚ニ而備中守殿へ申遣候趣

亞墨利加使節病氣追々快方相成候ニ付觀光丸御船拜借來月二日下田表
出帆再び江戸表へ出府いたし候旨昨廿七日別紙之通り下田奉行申聞候
就而ハ來月五日ニ而兼而約定之日限ニも相成候義ニ付出府之上ハ必定
假條約調判之義可申出候間取計方掛り役々へ評議爲致候處假令如何様

申立候共

勅答被　仰出無之内ハ調判難相成ハ勿論ニ付夫々臨機之取扱を以申諭穩ニ相待居候樣爲取計可申候得共一體猜疑深き夷情口上ニ而申諭候而已ニて彼是疑心を生し可申候も難計候間御自分ゟ御歸府御延引ニ及候段使節へ書面被遣候ハヽ彼此苦情申出候節斷り方之辭柄ニも相成且ハ最早書面を以被相達置候儀ニ付事件ニ於て相當可致哉と存候間御同意候ハヽ別紙案文之趣書面を以尙又使節へ御達有之候樣ニと奉存候依而右案文一冊書類寫四冊相添此段申進候以上

二月廿八日　　連名

堀田――

三月九日飛脚ニ而遣ス

去ル朔日早次を以申進候宿次同五日到著ニ付懸傳奏義御自分旅宿へ行向候義御附を以御申入候所同日未刻ニ行向之積ニ相成候旨委細ハ後便

御中越可有之候得共先此段御中越之旨致承知候以上

三月九日　連名

堀田備中守殿

同断

去ル朔日連判之奉書刻限附を以而東海道中山道兩道差立候處中山道之
方去ル五日辰刻相達追々時日も相後れ候處心配ニ付直樣御附之者を以
兩卿行向義申入早々被奉入
叡聞候樣可被致と奉存候右ニ付
勅答被　　仰出候ハヽ御自分持參歸府之上被及　　言上候而ハ遲々よ及ひ
亞墨利加使節假條約調判之指支と被存候間
勅答被　　仰出次第早便を以御中越可有之候間言上之趣假條約爲取替候
樣取計可申旨致承知候東海道刻限附之方未到著不致候間到著次第追而
御返却可有之旨是又致承知候以上

三月九日　　　　　　　　　　連　名

堀田――

戊午三月風說

醍醐中納言殿此節御引込被　仰付內實ハ當春以來於　宮中公卿方御寄
合御上書之砌亞墨利加申立尤之由被　仰上候ニ付
叡慮ニ不被爲叶御咎ニ付御引込と相成候風聞
一備中守殿事二月廿一日關白殿へ被召呼被
仰渡有之趣
叡慮御伺之趣御治定ハ諸國之其外可然大名共存寄書取關東披見之上其
儘　京師へ被差登奉入
天聽候後ならてハ
勅答不被爲在候と申事之由

一京都表　宮中ニてハ殊之外
叡慮御不安心之由ニて混雑備中守殿ハ心配尤之事ニ候同人風評尤不宜
種々悪口等夥敷出來申候
　右之通り內々京師用達共ゟ申越候
一說ニ京都表之樣子寂寞無後
上ニて每夜八時比迄最初ゟ之應接柄等を
御手調之由日夜如右之樣も聞候而之事故御催促も出來不申佐倉も何之
御用もなく安閑と消日之よし

夷族中立候一件誠以
神國重大之變異ニ付愚昧之者共恐入候得共先日兩度以書取申上候右追
々御評定之御事と存候得共實ハ晝夜憂苦忘寢食候間亦令言上候
一天照皇大神宮以來赫々神國當　御代ニ而蠻夷國と伍をなし候てハ　神

國之汚穢御瑕瑾被奉對
皇祖何共恐懼歎息之至候近來連々之天災偏神慮を可被　尊信義と存候
堂々たる
皇國として蠻夷猛威ニ驚嚇し彼驕傲不禮を捨置申條ニ隨從し禮待應接奔走暇なく天下萬世ニ恥辱を遺し萬王一系之神國を渙落販叢よひとしく心得候征夷家之所置如何なる狂妄之徒之商量ニ候哉
叡慮伺候爲メ面々上　京ニ付　御沙汰之趣ニも不應ハ一切意味難解若
京都御同意之趣を以列國大名以下萬民を押候積りかと被存候得共眞實
御同意不被爲在候義ハ何れへも不貫徹却て關東之爲メ衆心を破る基歟と不審存候

一墨夷一使者應接もら强情不容易由ニ付尙更苦心仕候子細ハ此上諸蠻追々來集し表ニも互市利潤を說き實ハ大砲軍艦を以恐嚇せしむるの夷情本ゟ日本を併呑し國人を籠絡結構應接ニも追々姦謀遠慮よ陷る夷族所

々散居し好言利欲よて吾國民を誘ひ懐け彼方の教法ニ従はしめ能く人氣を察し地理要害を知り方々巣窟構置終ニハ許かたき難題を設け兵端を開き

皇國を押領する之時ニ至り何を以て敵對すへく哉たとへ兵端を不開ともも右之通りよても所謂不奪不厭夷情廣大之猛威を張り隨意ニ　皇國を脅制する之時ハ不戰して降參の場ニ至るへく

神國ニ生れて匹夫と云とも口惜き次第ニも無之哉況從來大祿を領する諸藩人々至誠之赤心承度事ニ候且右之場合ニ及候節ハ何地ニ奉安　大樹公以下致條約候輩も亦何れ之地ニ遁れ被安居候心地ニ候哉關東始諸大名之見込詳ニ被　聞召候上御返事御沙汰肝要存上候

右も毎々恐入候得共奉爲　國家伺候間不顧忌諱言上仕候事

三月七日　中山忠能

正親町實愛

正親町實德
八條隆祐
中院通富
橋本實麗
野宮定功

唐國當時賊寇騷逆之風聞左ニ申上候

去秋以來賊勢兇猛ニして鎭江南京之兩城ニ楯籠居候を八月比官兵を發して鎭江城を取圍ミ攻擊いたし十二月迄ニ賊兵數千人討取始て鎭江城を奪返し最早平常之通り官兵共百姓共ニも致安居候所南京城も同樣攻伐有之候得共何分城廓宏大ニて逆賊逃れ隱る便りよく候故一時ニ恢復難致卽今糧道を絶切あらゆる贈《漕カ》運之商旅共一切嚴禁ニて城內不入込樣いたし候間終ニ逆賊共糧食を被絶候危急ニ相成追々ニ逃去候由ニ爪ニ

風聞仕候然所當年三月中逃散候賊夷福建浙江之兩省ニ逃れ出橫行劫掠いたし候ニ付福建之泉州府浙江之蘇州府金居府を被攻落官兵迄も少々討死いたし鄕里も別而取惱み候由始之程ハ勢ひ甚强暴ニ有之候所六月中ニハ皆官兵ゟ被打靡當時兩省ハ穩ニ相成候得共自今變遷之有無難計奉存候右ニ付諸方之商人共外出不致今以南北不通ニ有之候間蘇州交易場所も不景氣ニて唯今之模樣ニてハ幾時流通可致哉扨々無是非次第ニ奉存候將又逆夷共之義ハ數年來廣東上海ニ通商いたし隨分神妙ニ相見候所不計も當年正月中拾人程徒黨仕蘇州ニ相越巡撫ニ面會致度且於蘇州別段天主堂建立并蘇州ニて交易いたし度申立候得共同所之巡撫面會不致使を以右ニも決して不相叶旨及返答候處夷人共天津へ罷越天子へ目見通商を願へ且天津へ會所を造立いたし度趣申立候得共皇帝ハ未タ謁見無之卽時ニ欽差僧栐林沁(センチリチン)を遣し雄兵を引率し夜を日ニ繼き天津へ被馳向夷賊千餘人を誅伐被致夷船六艘を燒拂申候所餘賊ハ悉く上海へ逃

歸り物靜ニ居住いたし候由扨又廣東之逆夷共義ハ昨年秋比城内へ入込交易いたし度相工ミ候得共廣東之巡撫早速遂奏聞京師ゟ王宗漢を相遣馳向て剿戮被爲致王宗漢廣東著之上早速兵を集め并民間ニ下知を傳へて一同ニ追討有之候所三月比會同して手痛く攻立賊夷三千餘人を討取夷船貳拾餘艘を燒拂候故餘賊ハ悉く逃散欽差王宗漢ゟ高札を以て永遠夷人之貿易を被差止候得共夷賊共此後別條之儀無之哉未何共難申上奉存候依之此度之模樣以書付申上候

午一番船主

程稼堂

楊少棠

潁川四郎八譯

一是迄英吉利佛蘭西別而親敷相盟申候由ニ御座候處近日も互ニ構兵戰爭御座候由ニて十一月中旬頃右飛脚として領墨船一隻長崎へ參り長崎在留之英人ニ爲相知直樣退船仕申候英吉利も近年打續之强敵ニハ相困り

可申奉存候清朝との戰爭も格別面白き戰ハ相出來不申候由ニ御座候清
人民間ニ觸を出し英吉利人壹人を殺し候者ニハ金五十兩を賞し可申候
遂ニ英人之一頭を五十兩ニて官へ引受相成申候よし無頼人共大ニ奮發
壹人ニて數百金之當〔賞カ〕を得候者御座候よし風聞仕候是ハ奇兵と奉存候

一長崎在留之夷人共動もすれハ暴を仕先月廿九日稻佐村百姓新妻を迎へ
中其妻三ッ目實家へ歸り候途中右女を魯西亞人相捕へ婬事之よし媒人
其外附添もの共少々ツヽ怪我抔仕候趣ニ御座候

午十二月十日

右崎陽宇田或之介ゟ高六郎へ書狀之由ニ御座候書狀前後ハ略ス

御役金手代後藤小平太伜箱館表ゟ文通之寫

一先達ゟ申上候七月廿九日著之アメリカ軍艦八月九日年番御奉行村垣淡
路守殿船應接御座候軍艦之四方ハ月番津輕留主居井同人數堅ゟ御奉行

乗船右軍艦へ近寄候節大砲八九發打ツ其内實丸三發何れも火矢仕懸ニ御座候誠ニ急打驚入申候此軍艦料理人ハ清朝人四五人乗船居申候是ハケシ坊主ニ而毛を剃シ頭へ巻き付居申候言語等も相分り申候扇面抔相頼爲書候而も餘程克認申候牛三疋買入八月廿三日出帆仕候此船の中程ニ大なる穴有之候ニ付相尋候得𪜈清朝へ著船之節イギリスと見違ひられ大砲を打掛られ互打合死人兩方ニ大勢有之由間もなく國所相分り和睦取結夫ゟ日本へ參り候由申事ニ御座候イギリスヲロシヤ清朝之合戰最早四五年ニも相成候由今以勝負決シ不申候由ニ御座候右軍艦ゟ上陸いたし候夷人酒相用至極市中亂妨等いたし町人共迷惑仕候是𪜈其筈ニ御座候外國戰中の人故人氣立居候間左も可有之儀ニ御座候其後九月五日夕七ツ時過アメリカ商船二艘著岸女壹人子供兩人乗組申候子供兩人之内壹人𪜈船中ニ而生産之由此船貳艘ニて牛十日ニ壹疋位宛相用申候壹疋ニ付賣上銀錢廿四五枚ゟ子牛ニ相成候てハ六七枚位ニ御座候銀錢壹

枚日本金壹歩之ヒりニ御座候此方ニてハ銀錢江戸へ廻し壹朱銀ニ吹替壹枚ニ付銀壹兩ニ相成候由餘程日本之利益ニ相成申候又候十月末迄ニ五升芋御國ニ而ツヤガタラ芋と申候箱館ニ而五升芋と唱申候百五十俵米六俵注文有之遣申候米ゟ餘り相用ひ不申候兎角牛好ニ御座候ブタ抔も好ミ申候此船來午年四月比迄逗留之由海上氷ニて通路不相成夫故之義と奉存候二艘ゟ日々上陸之夷人共町中押歩行鍛冶屋へ參り手傳又ハ大工の手傳菓子やの手傳色々の眞似いたし居申候大勢の内黒坊と申ハ拾三人宛も罷在申候是ハ至而器用ニ而酒を爲呑候得も躍り或ハ三味線抔引申候黒き事黒鐵の如くニ御座候此節ハ酒一切市中ニ而相用候義停止之觸出候而夷人共へハ交代ライスゟ申渡ス此比壹人山れ上町女郎屋へ參り酒相用亂妨いたし候ニ付ライスは引渡候處冠りも爲拔履を爲拔四尺五寸位之箱樣之物へ入れ二ケ月置候て其罪を免許いたし候由ニ御座候此節芝居へ大勢入込候由或夜日本人之姿ニ出來手拭を冠り羽織を著用いたし女郎屋へ參り候ニ付

茶屋ニ而も夷人とは不心付爐邊ゟ參り手拭を取候得ハ夷人ニ付驚入手先之者へ通達ニ及候ニ付早速手先參り如何致候而參り候哉相尋候處交代ライスゟ被申付參り候由若シ夷人之內夜中女郎屋へ參り酒相用候義も難計候間相糺候樣被申付依而形を變シ參り候由よて十手取繩等指出シ爲見候由及承候餘程嚴なる仕置ニ御座候九月九日龜田村出洲不毛之地三千坪アメリカ商館之土地右ライスゟ御渡ニ相成申候何れ近々普請出來候義と奉存候左もれは長崎同樣ニ相成申候右ライス雪降りニ而大キニ寒く相成候間日本之夜著ほしき由申立ニ付御用達へ申付市中壹番と申大夜著相求遣し候處一見仕候而笑ひ候間相尋候所小さき由申候ニ付爲著候所ヒザ迄外無之小さき由ニ而笑ひ候由夜著壹ッ出來候ニハ反物四反無之候而ハ足り不申餘程大男ニ御座候先ッ是迄ニ而アメリカ一條も筆留申候まヾ申上度義御座候得共長文ニ相成候間後便之節と早々

一

九月十九日夜ゟ雪降り出シ今以降り申候九月中旬之比ハ袷ニ而能程ニ

御座候處當分ハ綿入ニ給ニ而少々寒き位ニ御座候近頃ハ私儀も履相用紋羽の縫ぐるみ著用ニ而歩行仕候此分ニてハ寒中ニも相成候ハヽ何程歟と奉存居候得共又夫程ニも無之由土地人申候尚又當年ハ初而之義故別而身ニ〆み候儀と奉存候當時内海渚ハ一圓氷り居申候寒中ニ相成候と一向《マヽ》位ニ氷り候事も有之由申候夫ニ井戸の水汲立ハ大體日本ニハ賤ニ御座候所大島ハ汲立も矢張つめたく御座候大島とハ箱館ゟ先々地續な申候

一八月十六日箱館鎮守八幡宮祭禮之所アメリカ逗留中ニ付同廿五日祭ニ御座候町々ゟ出シ笠鉾船家臺等數多出誠ニ賑々敷事ニ御座候繁花ハ江戸同様の儀ニ御座候

一十月廿一日箱館丸御船御出來上り罷成候ニ付同日御乘初御座候ニ付私儀も相願候て乘組出候所風向へ走り横風よも走り自由自在なる事誠ニ奇妙ニ御座候右御船ハ箱館大工豐次と申老人壹人ニ而出來候事ニ御座候略圖入御覽申候其節帆柱の上の横木柱付折候所大工貳人道具持參ニ

ゐ細階子ゟ上り帆柱之上ニゐ細工いたし見内ニ出來申候アメリカ人も
もだしに御座候御船の内大將の居所抔立派何とも申様無御座候釜場な
ゐし大工部屋等色々の部屋〳〵有之キヤマンの障子など誠ニかゝやく
御船ニ御座候此度十四日御乘船ニゐ御奉行堀織部正殿江戸表へ御登り
ニ罷成申候定ゐ快晴ニも候ハゝ御國那珂湊等ゟハ遠目鏡等ニも候ハゝ
見へ候義と奉存候誠ニ夷船之通ニ御座候又々此節跡御船御初立ニ相成
候是ハ三本柱ニ御座候

一來午年二月下旬調役組頭奥村秀五郎殿蝦夷御巡見ニ付爲貝氏付添ニゐ
參り候ニ付幸ひ之義ニ御座候間爲貝氏へ相願來年も是非參り一見仕候
積りニ御座候來六月もヲロシヤ國使節外國掛り役人カラフトへ參り候
由是ハ日本とヲロシヤとの境目相定メ榜杭相立屹と相守候向當年於長
崎談合之通御定ニ相成候由右ニ付江戸ゟ御目付等被下候由ニ御座候扨
右境論之義も御座候間萬一ヲロシヤ亂妨いたしも間敷ものニも無之若し

右様之義も御座候ハ、日本國へ之御奉公何分ニも身命をなけ打相働度事ニ御座候日本邊塞之カラフトニ而打死仕右海岸へ屍を晒もと雖も公邊勿論四家へ之面目不過之候誠ニ武家へ生候本懷ニ御座候右申上候ハ全萬々一之節之事ニ御座候たとへヲロシヤ人ニいたせ無體ニ亂妨ハ於理出來不申事故清朝出來之世界之繪圖面之如く古ゟ日本之有と相成候土地ハ是非共日本之内へ組入或ハヲロシヤ之土地ハ是迄日本ニて所置候所も夫々返却致候儀ニ御座候間指たる事ハ有之間敷と奉存候既ニ當夏中もカラフトへ渡來家作等いたし候ニ付夫々掛合及び候所來年掛合之上境目相極候迄ハ本國へ引取候由ニ而皆々夷人共山靼へ引取候由ニ御座候何分事穩ニ掛合ニ罷成候由ニ御座候其上ヲロシヤと日本とハ近年信實を以親候筈之御誓文御取替ニ相成居候由此度罷越候所ハヲロシヤ人參り候所ゟ八百里も手前ニ有之候トックユタンウトルと申所ハ絶嶮ニ而海陸共通路不自在天然之堺疆共罷成候所故中々以カラフト役人詰揚迄ハ参り不申事ニ御座候蝦夷地之大サ四國九州を合候位之由旣ニ西洋人獨逸四方ニ而萬國之廣狹を究考仕候中日本九州之地試本邦里數ニ直し四方六十八里十八町餘四國ハ方五十一里二十町餘有之四國九州合候而百十九里四十町餘蝦夷地ハカラフト迄入候而九十九里拾七町四方ニ相成東西ハ四十五里ゟ二三十里南北ハ凡百四五里ゟ二百里程有之エトロフクナシリを除き左候得ハ四國九州合候而蝦夷ゟ廣き事三十里貳拾五町四方ニ相成申候中々外國へ渡ス土地ニハ無御座候右口蝦夷奥蝦夷之荒增左之通りの土地ニ御座候

一當所辨天町越後國鈴木助次郎同道ニ而濱屋文吉と申者陸廻りニて水府那珂湊ニ罷越候由承り候ニ付早速罷越鹽引三本指上候積りニ而下町名前ニ而認書狀を添相賴申候右ニて湊南部屋文右衛門方へ著船之由船之義近日出帆當人仕度仕候右船へ相羽樣へ鮭鹽引五本昆布壹包三田樣ゟ之分相賴申候十二月ニも相成候ハ、七丁目へ御出御聞合被下候樣奉願上候相羽樣之分ハ矢張――様御名前ニ御座候間南部屋へ人御遣し被成候

ハ、早々御引取ニ可相成と奉存候右之義出帆前ニ相成り承り候ニ付濱
屋文吉積合之内三本無心仕指上申候間御親類中一切宛なり共御配分之
程奉願上候尤場所ニ而相求候得ハ上壹本ニ付百文位ニ御座候當所ニ而
相求候得ハ三百文位ニ被取申候來年ニ相成候ハ、場所へ相賴買入可指
上奉存候

一此品アメリカの豆ニ御座候名もホヲビと唱ひ《さ》申候是をいり候而湯よ而
相用ひ候得ハ如何なる寒國へ罷越候而も寒當り不仕依而アメリカゟ獻
上相成候由頂戴仕候間指上申候誠ニ珍敷品ニ御座候私共日々相用居申
候

一辨天岬御臺場一ケ所ニ而石垣代十萬兩と申御見込之由龜田村櫛野千代
ケ臺御城郭ハ西洋流御城郭是以廣大なる御普請ニ御座候右件之外色々
申上度奉存候得共餘り長文句ニ相成候間先是迄筆留申候餘ハ追々申上
候

巳年也

十一月十一日燈下ニ認　　　　朝之介

御父様

拜上

午三月朔日出箱館表田喜氏書状之内

於當地も大關係之義ニ付追々御談判向等之義江府ゟ申越廟議深遠小臣等測り知所ニあらすと雖𪜈當今之形勢往々如何成行候事歟と實ニ歎息計ニ御座候當地勿論政府之令を仰候迄ニ而異なる議論も無之不相替異船出入引もきらす有之候得共何れも商漁船ニ而格別面倒之掛合等ハ更ニ無之事ニ御座候追々貿易御取開之手續ニ而當春別而須剩遊女町等も御免此節ゟ異人へ賣女差出候事ニ相成申候當時全在留いたし候ニ米利堅官吏一人召仕壹人醫師一人廣東人一人ニ御座候

一清國ニ而も廣東之奉行人英夷之爲ニ擒ニせられ東印度ニ囚ハれ居此節北京にハ佛蘭西英吉利米利堅三國之大臣罷越條約取結ニかゝり居候由此程入港之異人物語申候彼と云此と云浮氣ニハいたされぬ世の中と乍口奉存候如何下略も

午四月　蓋七日也

松平伊賀守ゟ丹阿彌を以御城附共へ一紙ニ而相渡候書付寫

アメリカ使節へ用向有之追々下田港へ同國軍艦渡來可致由ニ付其節使節同港迄出張用向可相辨處未タ此地御用濟ニも不相成病後長途往復之船路及難儀候間下田港へ軍艦渡來いたし候ハヽ於近海對話いたし度旨相願候ニ付浦賀ゟ武州本牧邊迄之內にハ呼寄碇泊爲致下田奉行支配向之者等付添右場所へ罷越夫々用向爲相辨候積り尤用辨次第軍艦ハ直ニ出帆いたし使節ハ猶蕃書調所へ旅館へ立戻候筈ニ候右海岸地先領分知行

有之面々相心得居可申候右ニ付別段固人數指出候ニハ不及候
右之通り可被相觸候　四月
右之通り相觸候間可得其意候
午二月廿一日之夜洛中諸處捨文有之其後傳奏衆備中守方へ行向ニ而再評ニ相成候よし殊之外騷敷模樣也　其文ニ曰――追々奉伺候得共更ニ無御聞入候處此節ニ至候而堀田備中守ゟ賄賂を以三公方公卿方へ取入終ニハ諸役人懇願之通り爲御任ニも可相成御内評御決斷も可有之との事誠以歎ヶ敷次第――奉畿
天照大神之御威德候義たとへ三公方公卿方たり共國賊共へ同志いたし候者ハ不日ニ有志之士申合國賊之徒を初メ打捨可爲知
神州之御武威をもの也

鈴木大雑集　四

甲集
雑集　鈴木大　共四冊　四

臣毅瓩鏞跪奏爲和議貽䮗《骯カ》至烈伏求
博採讜論、力黜邪謀早決大計、轉危爲安事、竊自夷匪犯順、無識庸臣、但求速和
了事、國家苟安一日、彼卽苟安、爲一日之親王宰相而社稷隱憂不遑復顧琦善
耆英伊里布等、旣悞之於前、致貽今日天津之患、今之執政者、復悞之於後、其貽
患、更有甚焉者矣、近聞垂成和議、爲賠償兵貲等款、以堂々大一統中國、爲數千
夷人所制、輸地輸財唯命是聽、而禍之尤者、莫如
京城設館、內江通商各省傳敎之條、聞者焦心、雖婦稚、咸知不可、臣意桂良花沙
納、身爲
大清臣子、稍有天良、必不忍嘗試入奏、
皇上燭照如神、卽使嘗試入奏、必不致墮其奸計也、古語云、毋滋他族、實逼處此、宋
太祖云、臥榻之傍、豈容他人鼾睡、
京師重地、外夷朝貢、猶且禁其出入、防其交接、禮畢遄返、毋許逗遛安有強敵世仇、
而聽其設酋置館、雜居齊齒、胡越橫行

明人亦信以邪敎結民心乎嗟々

輦轂、羌夷布滿街衢、自古及今、實未所聞、近唯琉球國都、㑋夷盤踞滋擾、甚至闖入王宮、莫敢欄阻、此其患無俟臣縷陳也、長江自吳泝蜀、貫天下之半、與海口情形不同、海口通商、已爲失計、然譬之于人身、猶四肢雍瘓之疾內江華夷雜處、則疾中心腹、東南漕運、非海卽河、大江爲入河所必經、設一旦江海並梗、潮運何由而達、仕官商賈之往來、奏疏文報之馳遞、海邦要道、江實通衢、夷人但以數船橫截江路、而南北將成兩界、淮揚漢口、鹺綱疾敝、梟販競作、再得逆匪爲逋逃主、鹽利必盡隳、夷有、而官鹽將廢、不但此也、所佔口岸愈多、聲勢愈甚、與漢民交接、事件愈繁、釁禍亦愈易啓、地方官祖夷則民拂、祖民則夷拂、彼覬虜一宰相總督、如縛犬豕、其包藏獻心無所不至、譬如養虎在牖、養盜在家、隨時可以猝發、此議若成大事便去矣、欲求爲東晉南宋之偏安、尙可得乎、至于傳敎一節、臣不知所設天主敎者之何人、大率惑世誣民、隱育異志、不然彼國等奉天主、自行其敎可耳、何必傳人、傳人可耳、何必游歷各省、僕々不憚煩若是、近日之長髮賊、亦奉天主敎此也、其煽惑句結、已可概見矣、彼旣游歷、覽知輿地廣輪之數、山川阨塞之形、兵術之强弱壤土之肥瘠、到處交接豪俠、賙恤貧窮、爲收拾人心耳、該夷饕食海外小國、皆用此法、有明徵也、謀國者、曰通商傳敎、此時始先許之、俟各省軍務告竣、然後擧行可耳、夫民困於鋒鏑久也、賊燄雖熾、人情未渙、阮重已昇平、若去一寇、復抬一寇、天下何望也、將士孰不解體、或曰屈時徐議所以拒之、臣恐積弱之餘、萬難發憤、現値兵臨城下、大臣猶曰、釁不可自我開、相卒《率カ》覥顏忍恥、況許於前、而拒于後、則直在彼、而曲在我、誰肯爲國家出力耶、或逆夷一有要聞、不待賊平、遽入內地、布置周密、與長髮賊、隱爲犄角、否則擊賊自效、別啓要求、否則奪賊之城、而有之、以爲非取我也、皆種々束手、謀國者曰、不和則戰、戰果有把握耶、臣請詰之曰、然則和果有把握耶、夫和果有把握、從前反復、姑勿追論、莘自今歲、北竄以來我之委曲從順、可謂至矣、何至猖獗日甚、可見諱戰求和、和愈難成、成則禍且不測、謂戰無把握、何以前年季開芳林鳳祥北犯兇燄、更倍於夷卒至片甲不回、此無他、當時之意于戰、故有進無退、今則一意于和、故變勇爲怯也、現在僧格林沁、兵威已壯、請求戰守、振刷精神、逆夷頗知畏懼、近日天津人民、有與夷衆爭鬪

之事、該夷亦避其鋒、鹽梟海盜、有欲焚於夷船者、有跪求
欽差總督、自愿糾衆打伏者、
欽差總督不許、故未敢擅動耳、不得以偶經小挫、遂爲津民不足用也、誠
飭桂良花沙納勿專和議、會同譚廷襄、鼓勵兵民於文武屬吏紳士之中、得有謝子
澄其人者統卒（率カ）之懸購重賞、隨宜設施、並令附近州邑、廣募壯勇聽候調遣、一面
明降諭旨、大傳撻伐、順天、直隷、京官、有願回籍辦理團練者、
命請辦理、如此多方准備、一旦狡焉思逞、僧格林沁大軍振之於前各路鄉勇、攝之
於後、加之洩水塞河諸法、夷船欲進不能欲退不可、而謂不足制其命也者、臣不
信也、聞暎夷謀主哩嘓吠、係廣東嘉應人、兇悍異常、每至桂良花沙納公館、凌辱
咆哮、臣不解桂良花沙納坐擁兵衞、亦已不少、何謂一哩嘓吠而不敢較、曾彼
欽差總督、反爲解圍、擬請
飭令設法捕獲、立卽梟示、不必稽留審解、以免疎虞、又聞廣東九十一鄉、民風驍勇、
前年平紅頭賊、皆賴其力、夷匪往搜軍器、受傷而回又挾南海番禺兩縣、令鄉氏ゝ

聲言、入吾境者、不論何人、登時殺死、遂不敢入、三月羅敦衍龍元禧蘇廷奎到彼
團練、已有數萬人、至今曾否打仗、無有捷音、意在
朝廷未有主張耶、抑羅敦衍等、恐如黃忠漢寶堧之獲咎耶、擬請　依旨、其銳氣克
日大齊、唯黃忠漢稟承執政主和之意、繞道遷延、請
飭速往會勦、勿再徘徊觀望、轉掣紳民進戰之時、務望同心協力、迅奏膚功、天津夷
聞之、必有折回自救者、而我截其海口緊路、不能盡殲醜類、要非孟浪以敢幸也、
謀
國者曰、一戰不勝奈何、曰請添兵舟戰、戰則有勝有敗、我則有敗而無勝、無勝之於
此、而報復他處奈何、勝之於今、而報復於他日本奈何、始終不怠、戰而已矣、犬羊
之性、但經懲創、往々不敢報復、覩于道光年間、臺灣失利、惟有藉乎耆英以報達
洪阿等、而至今不敢垂涎臺灣、其無能亦可見矣、自古兵荒戰危、原非得已、盡人
事以待天、成敗利鈍、諸葛亮不能逆覩、謀　國者曰、動以事無把握、搖惑
聖聽、間執人口、阻喪士氣、坐失事機、其意直以望風乞降爲快、抑又何也、此年各省

用兵、勝員無常、得失互見、諸大臣何不以事無把握爲慮、而遂請櫜弓藏矢耶、伏
願
皇上統籌大局、深顧後患、知夷欲之難期饜足、念事勢之爲可挽回、左右親貴之言、
未必盡是、大小臣工之策、非無可採、執政諸臣請放夷船內駛者何人、請允夷商
要挾者何人、清夜思維、或亦自知狂謬、祇緣畏罪獲兆、陽作執迷不悞（朱書）恐悞字之悞
皇上不忍遽誅、應請面加訓諭、俾各洗心滌慮、收效桑榆、否則難逃常憲、
嚴諭桂良花沙納譚廷襄等、非分要求、不得妄奏、事至則戰、無所遲回、他如奕山之
以黑龍江外五千餘里藉稱間曠、不候　諭旨、拱手授人、此非寸磔、不足蔽其
辜、臣知
皇上必有以處之也、訐謨既定、渙汗阢隕、薄海傒然、咸知
上意所在、庶臣之志同、而蠻夷之氣懾、
天討聿彰、操縱在我、或遂剿之、或終撫之、舟行相機應變、臣非不知、今所言者、
皇上已厭聞之、特以勢已作危、情深迫切、濡淚濆陳伏乞

聖明洞鑒、謹奏、

臣僧格林沁跪奏、

爲華夷通好、貽害無窮事、竊聞逆夷牛羊之性、犬豕之群、不識綱常罔知倫理、是實無君無父之國、類皆不臣不子之人、既以蠶食諸夷、復欲虎視中原、其志固無厭哉、其釁蓋有由來也、慨自我

朝開國以來、放牛歸馬、脫劍止戈、間有一二跳梁小醜、無不以一旅之師一掃而靖

先皇以爲、偃武修文、國之盛事、是以養兵而用士卒歸養而興學、效制禮樂、雍々乎二百餘年、無不頌太平之盛世也、而不知、武備卽於此乎失修矣、是以道光二十二年、逆夷徒生叛心、以烏合之衆、致萬人長驅直入、竟至勢如破竹、莫敢攖鋒、蓋沿海防堵將士、未嘗訓練于平日、安能調用于一時、是以聞之、無不棄甲拋戈望風而遁、以至粵東江蘇等處、被其蹂躪、擄掠空然、而尚有徐廣縉破之于粵東、陳化成破之于江蘇、林則徐燒去夷船無數、鴉烟亦無數、夫逆夷本無能之輩耳、見

勢焰已平軍心惶懼、束手無能、而孰知琦善得逆夷賄銀、拔去梅花樁、開門揖盜、以致徐廣縉屢敗、不能取勝、牛鑑得逆夷賄銀、撤去防堵兵勇、拆去砲臺、以致陳化成屢敗殉節、琦善等復言林則徐擅燒鴉烟、構興兵禍、遂將林則徐、充發新彊、
詔命琦善耆英議和、准其通商、自是而逆夷約入中原矣、眞言之痛恨也、逆夷既入中原、隨在上洋、蓋造夷房、以逆夷無用之泥土、易中原養命之泉刀、是以逆夷日富、中原日蹙、由此視之、其志實不止通商取利、眞欲以疲困中原也、包藏禍心、概可知矣、而逆夷尙知畏懼、十餘年來、相安無事、不敢輕擧妄動者、何則以中原未嘗無人如徐廣縉林則徐等、而孰知紅巾賊寇滋擾粤東、賽尙阿身爲經略、隔水爲營、以致養成賊勢、中原之經略如此、則經略不足懼、各省督撫、望風而靡、以致賊越三四省、直抵金陵、中原之督撫如此、則督撫不足懼、陸建瀛身爲大藩、而畏縮不前、遂至引賊入境、中原之大藩如此、則大藩不足懼、親王奕山將黑龍江五千餘里、矯制授敵、中原之親王如此、則親王不足懼、葉明琛身爲爵憲、而輕身赴敵擄作俘囚、而尙且偸生忍恥、中原之爵憲如此、則爵憲不足懼、桂良花沙納奉

命議和、逆夷日在公館門前吵嚷、甚至惡聲穢罵、語侵
皇上、桂良花沙納等、塞耳閥《罔カ》聞、吞聲忍氣、中原之宰相如此、則宰相不足懼、中原一
舉一動、彼無不冷眼觀之、皆無足懼者、隨敢任意驕橫、肆行無忌、而所懼者
皇上與臣也、且今
皇上、復听讒言、以爲連年兵荒交迫、人民流離、内兵不解、莫構外兵、不如姑准其和、
待掃清中原培養士氣、再彰撻伐等語、此庸臣顧戀身家眷念妻子。而不以
皇上爲心、臣請言其利害、夫姑准其和、先准其款、伊欲京師置一大員、一切機密事
必計議而行、名曰計議、實則稟命而行也
皇上未知、逆夷先知、則内閣軍機、可以廢矣、而彼却便宜擧事、其害何窮、又欲各路
通商、夫
道光二十二年、迨今十有餘年、中國形已日蹙、況各省通商、則中國泉刀、勢必爲逆
賊有、是實齎盜糧也、其害何窮、又欲各省多設會館、多置人員、來往船隻、不准盤
查、其意實欲選能事者、窮探各省地輿、孰肥孰磽、孰險孰阻、繪成圖本、一旦擧事、

則於通商船中、暗藏火藥軍器、按圖取路、關塞不能盤查、官府不能禁止、各省一
時齊舉、雖武侯復生、亦當束手、其害何窮、又欲各省傳教、夫天主教、絕滅倫理、廢
棄綱常、愚者卽以耶蘇之邪說、蠱惑其心、智者、卽以取中國之金銀、要信其心、不
教年間、耶蘇之邪說流行、孔孟之正道不作、正勢必不成世界矣、一旦舉事則愚
者蠱惑已甚、智者要信已深、中國人民、反爲賊用、非藉寇兵而何、其害何窮、至于
兄弟稱爲、書札往來、則先失上國體統、種々逆款、無非簸
皇上、妄自尊大而已、而諸大臣等、素餐尸位、視若無事、一聞賊至。則觳觫恐懼、按本
妄奏、求請議和、無非欲全身家保妻子、誰以社稷生靈爲重、眞可恨可嘆可笑可
憐、臣聞
皇上宵旰、憂心如煎、甚至節飲食撤禮樂、是皆憐憫蒼生之至意、臣亦不勝感戴、復
聞
皇上在內閣、與諸大臣商議事務、惟相視飲泣、問其謀、則以議和對、臣知
言上聖寰因有灼見、必不以議和爲是、特憂中國生靈塗炭、莫構怨于外夷、而兵不

精粮不足耳、然而豈相視飲泣、可退逆夷耶、況桂良花沙納等數月以來、迄今無
成見、大約逆夷愈驕、欽差愈懦、欽差愈懦、逆夷愈驕耳、依臣鄙見、不如乘驕而擊
之、古云驕敵者必敗、
皇上粮不繼、臣請以傾國之粮、報效
皇上至于勝敗、乃兵家之常事、勝不足以喜、敗不足以懼、人心非不可奪與、天命非
不可挽也、至于堂々之上國、俯首乞和于外夷、
宣宗成皇帝、一時誤信讒言、以至禍貽
皇上、想
先皇在天之靈、無日不推心悔恨、以望
皇上、大振國威、驅逐犬羊、以蓋
先皇之愆、而孰憶カ
皇上、復信讒言、隱憂社稷、貽禍子孫、有何面目、見
先皇耶、臣受寄命之殊恩、亦有何面目、見

先皇耶、臣願
皇上、召囘桂良花沙納等、沿海各省督撫、多設砲臺嚴行防備、夫逆夷本無能之輩耳、特誤國庸、臣畏之如虎、以致嬌橫如是、苟徼天之幸、而大敗之、一敗卽知懼、知懼則受盟听命、而一夷知懼、卽諸夷皆知懼、一夷听命、卽諸夷皆听命、而後綏之以德、撫之以恩、
聖天子、守在四夷、自然金湯永固、萬世無慮矣、宋高宗議和誤國、南渡偏安、蜀武侯五月渡瀘、南蠻不叛矣、至於金陵小醜、現有張國樑何桂淸勝保等困之、癬疥之疾、無足憂也、伏惟
聖斷、容納芻蕘、臣不勝感激之至、泣血上奏、

天津禦夷紀略

暎夷壬夏入內、我國加意撫綏、有求必應、恩禮兼隆、夷竟視恩爲怯、要求無厭、旣通海口、復圖內地、野性驕人、構兵起釁、我附馬親王、僧格林沁統領本部夢《蒙カ》古軍、鎭守

天津、防堵周密、港口皆可、木椿鐵鍬、遏其進路、夷人糾各〔合カ〕夷邦兵船三十餘號、五月二十四日、駛天津口、僧王遣官諭以恩威、所以先禮後兵盡吾國之禮、夷恃狂不理、將輪船四只舺板一只、駛入津港、拔椿截鍬、進口攻砲臺、我軍勿與接伕〔伏カ〕、撤守第二層臺、夷酋見我懼怯、卽時登岸攻擊、我兵入經〔徑カ〕避匿、夷遂奮勇追逐、赶至第三層臺、我軍舉號接仗、二臺避匿之兵、由經〔徑カ〕撤出頭臺、斷其歸路、四處伏兵齊出、鎗砲並舉、灰瓶火箭、擊斃夷人千四百餘名、無一倖逃、轟破輪船四只、舺板船一只、自辰至戌、鏖战〔戰カ〕六時、我軍亦稍有損、次早瞭望夷船、颺去無踪、僧王傳令各口、嚴密防堵、復於二十七日、乘夜復集津口、攻我無備、正在登岸扨營適已潮退擱淺。我軍鎗砲並施、擊斃八百餘人、從沙塗逃命、彼我生捦〔擒カ〕者四百餘名內中亦有華民、及他國之被擄者、是日擊破輪船四只、夷酋遣使登岸、願罷兵求和、乞放還被捦、僧王料知其詐、將計就計、約於六月初四日放還、至期輪船十三只、排集津港、臨放縱時、夷船霎時驟發鎗砲、我軍應敵接伏、適將所縱之人、盡行擊斃、正在應接時、舺板已從間岸、繞越登山、不知僧王如見其肺肝然、早已設兵相待矣、俟其大半進坳、舉起號砲、堵截兩坳、矢石交攻、地雷竝發、擊斃夷鬼四百八十二名、生擒一百十八名、餘未入坳者我軍從上攻擊、亦有逃回舺板者、夷自五月初間、開船北犯一切需用、勢必絡續運送、五月二十日、開放夷船內、裝夷兵六百名、火藥四萬斤、出吳淞口、雷電緊追、霹靂入艙、藥發船損、故輪船在津打伏砲多藥燕、是日港口、潮水漲高五六尺、輪船適對我砲臺炮門、故無一彈不中、殆亦天惡其盈耶、勢危疾退、僅存兩輪、暎邦乘權大酋、被獲在津、領兵大酋津坳傷重、到滬身殞、脅從各邦、互相抱怨、暎邦羅馬、又與伊太利攻戰、殺死兵民、數十萬、天人其疾、殆欲速亡耶、津敗到港、思欲報復、尙無謀主、口稱返國請命、實無定期、在港暎商、頗有悔意、不肯竭助軍貲、我國五口人民、怒夷入骨、思欲盡殲乃止、僧王傳令、只須炮手打中輪船煙鹵、輪船卽不能擧動矣、

初英夷之寇天津也我
皇上欲撫柔之、爰
命大學士桂良、下江南薰成焉、又慮其無厭也、乃命親王僧格林心備之、王曰唯

臣清繕炮台、其甲兵、以俟之、既英夷果不受撫、五月十五日、由中江往津門、念日
謁親王、　王曰、爾胡來、對曰、欲入天津見
天子求
硃批准所擬之五十六款矣、王曰予求
上命駐此所擬之款、俱不准行、汝欲入天津、亦由汝、汝其無悔、夷以王言之保〔侃カ〕々也
二十五日率醜類、至津口、以船十二隻、冲鬧進、及鐵綱又進、
王喜令發火器于綱內、碎其船三、壞其船一、於鬧內碎其船一、壞其船五、自卯至
申、炮子雨飛、炮烟雲罩、夷猶上河欲襲炮臺、及穽而陷、乃走、是役也
英夷之總兵死焉、兵頭死者六人、兵卒八百四十三人、黑鬼漢奸、無算維卜會斯
免、

年五月廿五日、英吉利與佛蘭西在唐山天津口打仗、該英師傷根砵火船四隻、
死夷兵四百八十餘名、內水師兵頭一名打傷未死者六七人、河中用水木柵、釘

滿中貫大鐵鍊、汲黃河水、灌滿河道、誘船進內、水退之後、困船十餘隻、開炮轟擊、該船除傷失之外、現尙困住大兵船八隻、該英人逃回香港、調兵前去、意欲陸路而進救出困船、夷兵勢雖强盛、天津逼近都城一遭蹂躪、社稷危矣、或

天不容其虐、以此鋤其威風耳、後信如何、再當報聞、左圖大略而已

六月初九日、紅毛淺水輪船、到上海服打死紅毛兵丁八百四十三人、打傷二百餘人、兵總重傷、死兵其死者六人、漢奸死者不入數內、淺水船碎者四只、壞者六只、此五月念六日、自巳時戰至申時、始走海中云、

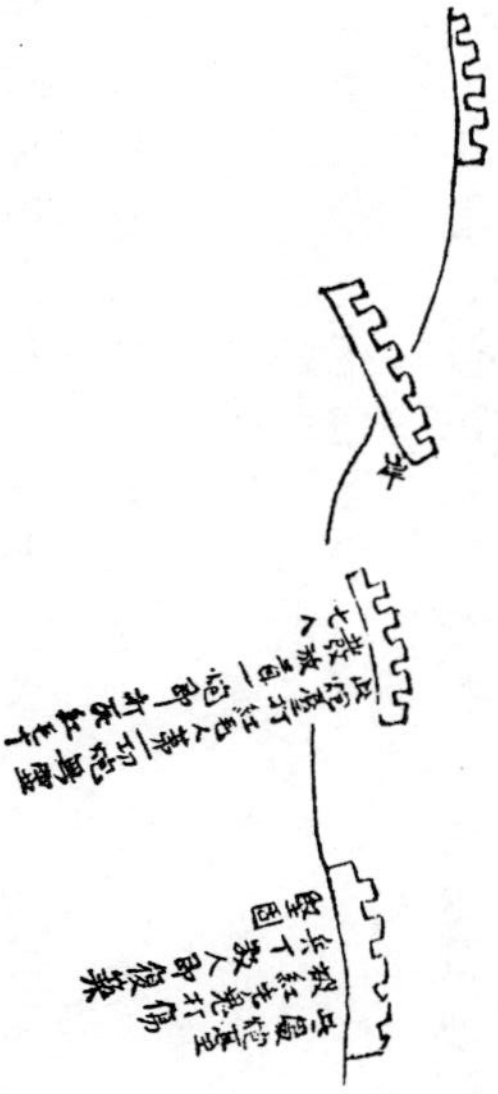

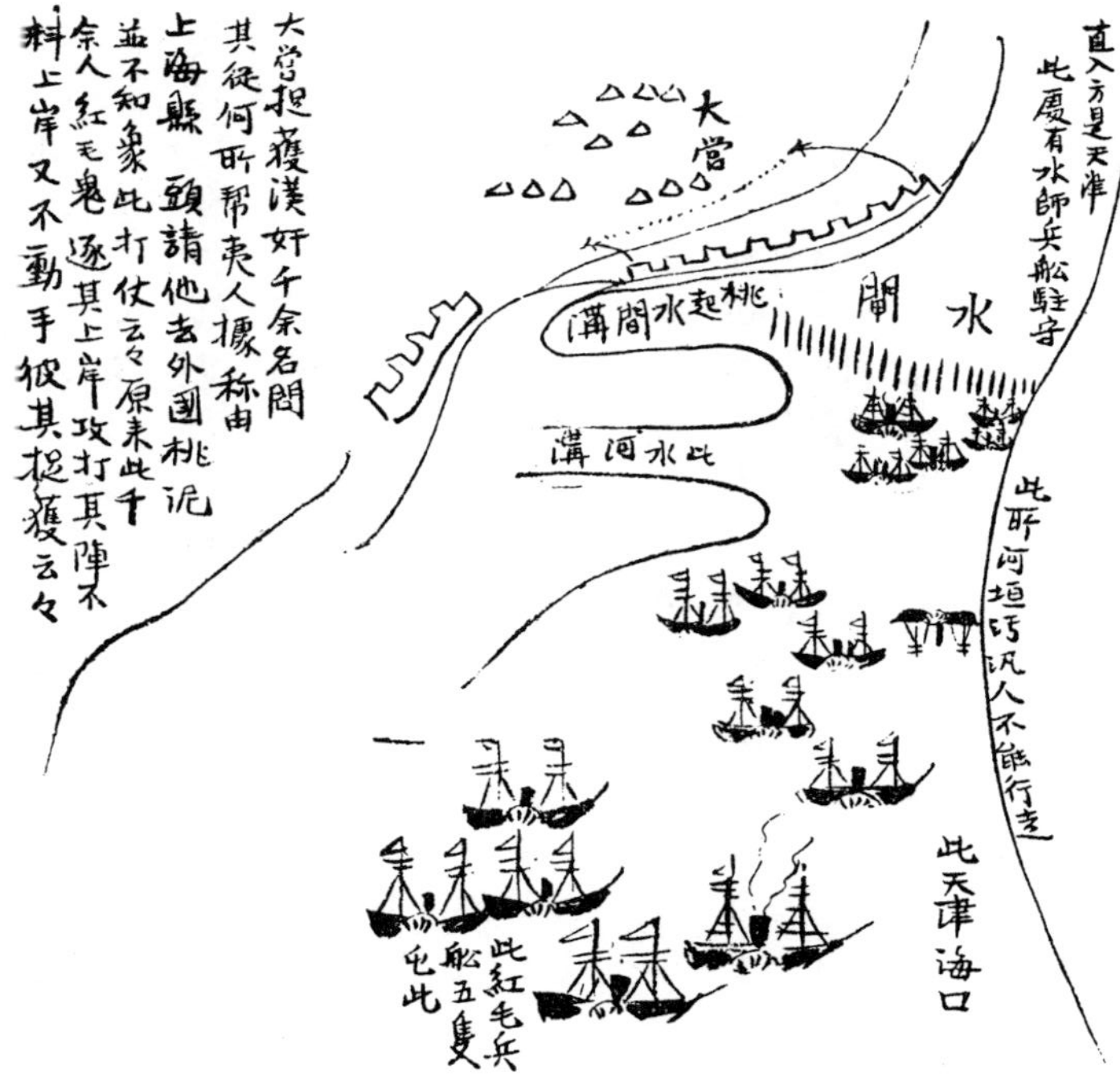
直入方是天津
此處有水師兵船駐守
水閘
溝閘水起桃
此水河溝
此所河垣汚汎人不能行走
此天津海口
此紅毛兵
船五隻
毛此
大営
大営捉獲漢奸千余名問
其從何所帮夷人據称由
上海縣 頭請他去外國桃泥
並不知象此打仗云々原来此千
余人紅毛鬼逐其上岸攻打其陣不
料上岸又不動手彼其捉獲云々

支那ニテ敗軍ノ事　千八百五十九年十一月英國新聞紙ノ抜

吾徒謂フニ蒙古ノ兵信ヲ失シテ吾北河堡ヲ襲フ者ニ抗セルハ尤ムヘカラサル所ナリ然レ共北京府ノ信ヲ失ヒ盟ヲ破レルハ其罪明ニ彼ニ在リト○今不《ボ》列《レ》顛《テン》船河口ヨリ來リテ其堡ヲ襲フ時吾邦精密ナル會議ヲ為シタリトイフト雖其説紛々トシテ一ナラス然レ共先ツ支那人ニ報告シテ吾將士已ニ柵障ヲ破碎シ堡砦ヲ奪掠セムカ為ニ隊艦ヲ編修シ樹障ヲ破リ强テ間道ヲ通セムト言ヒタル時彼必之ニ抗スヘシトイヘルハ其説一定シテ確證ナルナリ○蓋吾兵猶ヨク戒心セル際ハ彼必强ク吾ニ抗スルヲ戒メリト雖此時吾兵大ニ彼ヲ蔑視シテ其防禦ノ方略至ルト至ラサルトヲ論セス共《其カ》畏ルヽニ足ラスト為ルニ及テ終ニ此敗ヲ取タルナリ○或謂フ彼吾兵直ニ堡下ノ一處ニ上ルヲ防クカ為ニ其堡ニ甲兵ヲ備ヘ人衆ヲ充ル時ニ方テ吾軍猶ヨク戒心セリト此故ニ其軍ヨク其堡障ヲ取リ又後面ノ護胸壁ヲ破リテ以テ支那軍ノ之ヲ拒ク能ザリシナリ○然ルニ今ノ兵ヲ用フル者ハ無數ノ兵

衆ヲ戰地ニ屯シ其膽勇ナキヲ以テ遂ニ能々之ヲ保護シテ以テ歸ルヲ得レバ自大都督ノ名ヲ得若シ其謀成ラス軍ヲ失ヒ禍ヲ招キシ時ハ乃自呼曰誰謀テ此極ニ至ラシムト是近日ノ常習ナリ○此語ヲ以テ近日北河ノ役ノ情狀ヲ概スルニ足レリ○夫レ五方ノ民戰ヒテ恆ニ勝利ヲ得ルハ未曾之アラス○故ニ吾今一敗スルト雖每戰必敗ル、ノ理ナシ然ルニ誰謀テ吾ヲ此極ニ至ラシムルトハ亦何ノ言ソヤ○水師提督ホープ今大ニ事ヲ誤リ敵兵ヲ輕蔑シ三時ノ戰ニ其船沈沒シ遂ニ用ニ適セサルニ至リ乃誰謀テ此極ニ至ラシムルノ語ヲ以テ其責ヲ塞ケリ噫此何ノ意ソヤ○此時ニ方テ海軍ノブリガート船名求ムベカラサルノ勝ヲ得ムト欲シヱスカラシト攻具名ヲ以テ將ニ堡ニ乘セムトス然レ共其車輪進ム能ハズ此是大概常ニ然ル所ニシテ孛脫歟レダンニ於テモ亦復此ノ如キ事アリ蓋此形勢ニ臨ミテハ匍匐シテ其堡寨ニ登ルニ非ザレハ必大攻ニ賴ラスンハ非ス

提督ホープノ致告ハ先例ニ從テ七十時我三日又四時ニ英京ニ達セリ其書中多ク

勇猛勉勵ト名譽ヲ説ク英ノ船卒ノ死亡ヲ聞クハ常ニ耳ニ慣不所（本ノマヽ）ニシテ亦何異乎其戰狀ヲ記スル詳悉ニシテ我軍敗績極メテ大ナリ茲ニ於テ予熟々之ヲ考フルニブリユーレ《勃魯斯》中外新報英名ボウルボーロン《蒲婆耶》佛使速ニ支那憲官ノ指示セル如ク其河邊ノ一地ニ上ルヲ議定シ兵裝セル從者多少ヲ率ヒナハ必安全ニ北京ニ到ルヲ得ベシト○然ルニ茲ニ一難アリ若シ此二人此ノ如クセハ其帝室ニ至ルノ狀從來外夷ノ使節ト異ナル無カルヘシ卽一列ノ蒙古軍ニ導カレ將長カルハカード之ニ繼キテ揸置セムハ猶敵ニ質タル者ノ如ク又諸侯ノ使節ノ如クニシテ實ニ唯蒙古ノ酋首ノ恩ヲ希ヒテ其怒ヲ避ルノミナラム英佛ノ兩大使僅々ナル從者ヲ率ヒ火繩銃ヲ携ヘタル暴卒ノ隊中ニ圍マレナハ實ニ支那ノ憲官ニ在テハ一個ノ捷虜ヲ得タルカ如クナルヘケム蓋シ彼ガ意專其都府兵備經理ノ狀ヲ觀セシメムト欲スルニ在レバナリ○若シ此ノ如クセハ兩大使ハ所佩ノ褒飾ヲ剝ガル、如ク其心中ノ痛楚幾何ソヤ而シテ滿洲人ハ反テ吾ヲ嘲弄シテ以テ自倨傲セム○其圍繞シテ先導ヲ號スル人ハ皆是却テ兩使ヲ捕獲スルヲ以テ意ト爲ル者ニシテ久シク兩使ヲ窘窮シ其勢ニ乘シ之ヲ要シテ北京ニ到リ條約ノ本書ヲ裁定セシメント欲スルモノナリ○若シ二民茲ニ從事シ其執ルヘキ法ニ循ヒ支那ノ憲官ニ隨ヒテ北京ニ送ラレナハ彼必久シク之ヲ辱メ輕蔑ノ極ニ至テ始メテ條約ノ本書ヲ調進セシムルニ至ルヘク且其條約ハ必我ヲ下等ノ禮ニ服從セシメ極メテ其稱呼ヲ卑クスルニ至ルヘシ○蓋シ二氏ヨリ之ヲ先見スルヲ以テ其言ニ從ハサル者ナリ茲ニ於テ支那憲官別ニ一計ヲ設ケ吾カ請フ所ニ從テ以テ兵卒ヲ出シ卒ニ我ヲ襲ハシメ其謀終ニ成レリ吾カ不幸トイフベシ○吾隊艦北河口ヲ離レ尙上下スル時ニ方リ支那ノ憲官ハ嚴ニ法令ヲ下セリ此憲官ハ皆我ヲ距ルコト遠シ天津河上若干里ノ處ニ駐レリ蓋彼茲ニ駐ル者ハ其防敵ノ策ニ於テ必要ノ地ト爲スト見ヘタリ然レ共其之ヲ守ルヲ得タルハ吾ガ攻禦ノ拙キニ因ル亦我不幸ト謂フベシ○此時ニ方テ我若シ意ヲ降シテ降虜ト爲ルヲ甘シマカルトチイ公ノ身ヲ賤スルカ

按謂午歲天津之役也

如クセハ支那ノ憲官何ヨク吾策略ヲ防クヲ得ム然ルニ吾情狀發露シテ以テ吾一敵國タルヲ知ラシメタリ惜哉○夫支那ノ我トノ關係ニ於ケルヤ其情狀確實ナラサルハ兩大使ノ名ヲ題セル書ヲ以テ人皆知ル所ナリ然レトモ我其攻擊ニ遭フテ期シテ以テ茲ニ至ルヤ否ハ少疑ナキ能ハス而シテ膽八樹枝上ノ鳩和睦ニ用フル章亦戰ノ起ルヲ知ルニ至レリ○嗚呼此時提督ホープ何等ノ語ヲ爲シタラム乎○第十八日ホープ其船隊ヲ會シ之分カチテ二列トナシ北河口ニ到レリ是レ其地方ノ憲官ニ兩大使ノ至レルヲ告ケ且河上防禦ノ具及ヒ其狀態奈何ヲ探索セムカ爲ナリ○此時ニ方リ提督ホープ既ニ其防禦ノ狀ヲ知リ且未盡ヨク探索スルニ到ラサル時其心中已ニ襲擊ノ念ヲ生セシハ極メテ明ナリトス○嗚呼提督此時何等ノ事件ヲ見タルヤ曰ク去歲崩壞セル諸堡砦復修シ其形狀ヲ變シ壕溝ヲ倍シ樹障ヲ增シテ其巨大ナル驚クベシト○此一語ヲ以テ支那人吾兩大使軍ヲ率ヒテ此河ヲ上ラバ之ヲ防禦スルニ備ヘタルヲ證スルニ足レリ○又曰ク此時砲一二坐ヲ見ル

ノミ其他砲門ノ草席ヲ以テ掩ヘル者其數許多アリト是レ之ヲ包藏シテ我ニ見セシムル無ラムト欲スル者ナルナリ○其繼テ爲ス所ノ事件ハ再之ヲ探索シタル狀ヲ見ス○提督ハ不《ポ》列《レ》顚《テン》ノ船隊ヲ率ヒ英佛ノ大使ヲ導キ天津ニ送ルノ任ニ當リ天津ノ官報ニ因テ其求ニ從ヒ最險惡ノ地ニ入リタリ是ヲ以テ支那人河中ノ樹障ヲ除クヲ拒マハ提督自之ヲ越ユルノ任ニ負ヒナカラ之ニ背キタリ然則差遣ノ人員ヲ敵手ニ附スルノ辱ハ自取ル所ナリ何者提督ハ樹障ヲ除去シ差遣セラレテ天津ニ至ルベキ兩大使ヲ通行セシムベケレバナリ○然ルニ此時ニ臨ミ提督ヲシテ何等ノ事ニ從ハシムベキヤ之ヲ論スルハ無益ナリト○提督ホープタフウタイニ令シテ曰ク吾鬪爭ノ勢ニ乘シ事已ムベカラザル時ハ迫リテ其樹障ヲ移スヘシト而シテ其官報ヲ得ル三日ノ後提督進テ之ヲ行ハムト欲セリ然ルニ此時支那ノ官人一モ茲ニ意ヲ注ガザリシ○然ルニ吾見ル所ニ從ヘハ此時方サニ大誤ヲ起セリ第二十日已ニ晩ニ至リ七時ニ及ヒテ一小隊ヲ上陸セシメ近邊ノ泥堤ヲ距

ル一里四分一以上ノ處ニ到レリ是ニ於テ敵險隘ノ處ヨリ直ニ之ヲ襲ヒ五
個ノ鳴動セル大砲ヲ以テ之ヲ一掃セリ○此砲發ノ時ニ方テ提督若シ河上
ニ登リ其軍ヲシテ敵ノ堡障ト一線直ヲ爲セル上端ノ地ニ上ラシメハ吾一
隊ノ軍泥濘ヲ渉リ殺到スル軍ヲ避逃スルニ到ルベシ然ルニ此ノ如ク時晩
レテ夜ニ至リ終日拮据シテ勞疲セル軍ヲ上陸セシムルハ謀ヲ得タリト爲
ムヤ總ヘテ疑ヲ免レサル所ナリ○此日朝ヨリ暮ニ至リ徒ニ其時機ヲ失ヒ
タリ故ニ敵ノ始メテ衝突シタルハ翌晩ノ二時トス○若シ提督七時鐘ニシ
テ戰ヲ收メシメハ五砲ノ外發スルニ及ハズシテ止ムヘク且持重シテ以テ
次日ニ至テハ恐ラクハ吾一隊ヲ提下ニ下シ其功ヲ全スルニ至リ易カルベ
シ○此日吾兵慘苦ノ地ヲ占メ遂ニ敗績ノ辱ヲ取レリ○次日吾兵泥提ヨリ
遁レ諸船皆去テ海ニ入レリ其舟夫一夜ノ睡息ノ爲ニ英氣復蘇シ再朝光ノ
中ニ戰ヒ相共勝敗アリテ其說一ナラズ蓋兵法ヲ以テ之ヲ論スレバ此ノ如
キ船隊ヲ以テ强テ北京ニ道スルハ上策ト爲ムヤ實ニ疑フベキ所ナリ又ドモ

プロマチカ法ヲ以テ之ヲ論セハ總ベテ兵力ヲ以テスルヲ期セムヤ又最疑フヘキ所ナリ然レ共已ニ一回兵力ヲ以テスルヲ決セハ之ヲ提督スル將士其功ヲ得ベキ至善ノ兵法ヲ選用スベキハ斷シテ知ルベキナリ

按此以下別人所著也

北河ノ戰ヲ論ス

爰ニ一事情ノ敍述スルニ足ル者アリ彼ノ諸堡壘各其位置ヲ得テ製造ノ雄偉河口ヲ扼スルニ足レリトス其一壘ヲセムル時ハ他壘ノ十字火ヲ以テ吾ヲ窘メタリ其壘ハ泥土ヲ以テ之ヲ築キ其大サ多少度ヲ得タリ而シテ是ニ砲熕ヲ載スルノ數吾カ船ニ比スルニ遙ニ倍セリ而シテ支那兵ノ打發精密法ヲ得ル吾人ヲ驚カシメ其砲隊ノ節度必歐羅巴人ニ因ルヲ愈疑ハシメタリ其疑ハ蓋據ナシトイフベカラズ其白種ノ人ハ俄若ハ華旗ノ人タラザルヲ得ズ或ハヘニンセン、ワルクル、ラオウセト、デヘボールホンノ類ノ如キ吾方ノ人タラザルヲ得ザレバナリ此時每戰支那ノ砲手練熟セルコト從來吾ト多少ノ戰ニ於テ未曾有ラサル所ナリ是レ一根由ノ有ルアリテ確定シ難キ所ナリ」支那兵ノ「ミニシ」彈ヲ用ヒタル用法其實ヲ得ハ東西兩洋ノ買客彼ニ授クルニ新製ノ器ヲ以テシ彼ニ教フルニ使用ノ術ヲ以テセルハ瞭然タリトス然ルニ其「ミニシ」彈眞ニ吾ニ不利ナラム乎則堡中ヨリ打發セルカノン彈ノ吾艦ニ不利ナルモ推シテ知ルベシ」此時ニ方リ吾砲舟相聚リテ一處ニ屯シ彼ノ砲手ノ爲ニ恰モ一鴻鵠タリ」是ヲ以テ吾砲舟ノ勇士其他ヲ導キ外部ノ樹障ノ前ニ至リ其巧ニ構ヘタル隙孔ヲ穿チ内ニ入ルニ及ヒ忽進ムコトヲ得ズ已ムヲ得ズシテ避逃ス」退潮之ニ乘シテ吾舟皆膠シテ歸ル能ハサルニ至レリ然レ共吾一小兵隊幾百坐許ノ敵砲ニ對シ各方ノカノン射ヲ憚ラズ打放ヲ爲シタリ」此時ニ當リ膽勇ナル吾水師提督ノ二タビ傷クニ至リ英佛兩國ノ將士兵卒其驍勇撓マサル實ニ美名ヲ有スルニ足レリトス

靏

北河口ノ敗ニ吾將士嶮ヲ犯シテ戰ヒ諸般ノ計ニ因テ國ノ爲ニ死ヲ致シタ

靏ノ字不解疑クハ誤リアラン

リ是レ吾人獨如此驍勇ノ士ヲ亡スルヲ哀ムノミナラス其驍勇稱スヘキニ至テハ天ノ愚騃ナル支那人ヲ哀マシムルニ足ル然ルニ是ニ因テ支那ノ信ヲ失フヿ懲スカ爲ニ新ニ從來ノ役ヨリモ大ナル師ヲ興シテ以テ其國ヲ伐ザルヲ得ザル亦明ナリ」今北河ノ戰ヲ論スルハ徒爲タル耳」吾將士ノ驍勇ナル凡ソ人ノ艱險ニ當テ力ヲ竭スヲ得ル者ニ於テ亦至ラザル所ナキハ蓋疑ヲ容レザル所ナリ」水師提督此將士ヲ揮指シ身親傷ヲ受クルニ至レリ其膽勇ヲ聞ク時ハ毎事其力ヲ悉セルヲ知ルニ足リ又吾將士ノ死ヲ致シ傷ヲ受ル者之ヲ簿目ニ載セテ聯々タルヲ觀レハ其戰ノ甚苦激ニシテ吾陣ノ頑然撓マサル者ナルヲ知ルニ足レリ」嗚呼エルヂン大公ノ功ニ因テ和睦ヲ講セルモ此ニ至テ遂ニ絕ヘタリ吾人今預戰爭ノ新ニ起ルヲ知ル夫レ支那俄ト和睦ヲ厚クシ華旗ノ交通使ヲ北京ニ受ケ而シテ意ヲ決シテ英佛二國ヲ拒絕シ例シテ諸國ニ許セル允准ヲ得セシメサル者是其確然動スヘカラザルノ先兆ナリ

或說天津事起後嘆國中戰和之議紛紜不一其執政者皆主戰而國人多不欲戰執政罷去其爲首者決意用兵既而言戰之不利者益衆

遂未能決用兵勢當出於媾和之計云今合請說考之蓋俄羅斯幸嘆支清之構兵陰爲清之應援欲以報嘆援土耳其之怨其情實明白不容疑也嘆之論議二三而至今日猶未聞與清決戰之事者殆蓋爲由此也魏原既一論用夷狄之方今清之廟堂果有其人能辨彼此之形勢而用之則足以爲牽制洋夷之一術矣

女王官船ハフレイル（船名）今月十二日加奈川ヲ出帆シ昨日午後此港ニ來ルヲ見ル悅ブヘシ

十一日暮江戸大君ノ官殿失火シテ全ク灰燼ト爲ルヲ聞ク是全ク不意ニ起リタルコトナリムル、イ、ロウレシロノ僕ナル支那人ヲ切リタル賊ハ尚未捕獲セラレス○加奈川ノ日本官吏親切ニ事ヲ執リ此逆賊ヲ探索スルヲ務ム○傷ヲ受ケタル支那人ヲ處スル恩惠アリ

サンパイ　千八百五十九年第十一月廿六日土曜

（朱書）
上海商船ノ報告

支那此盟約ノ初ヨリ外國ノミニストル恆ニ北京ニ居住スルヲ拒ミタルハ固ヨリ信ナリトス然レ共此條款終ニエルヂン大公ノ求ニ因テ准可ヲ得若シ條約ノ本書ヲ交換スル時ニ至ラハ女王殿下ノアムバツナドルヲ北京ニ請

スヘシトイヘルモ亦信ナリトス○其後女王殿下ノミニストルノ爲ニ他處ニ於テ居住ノ地ヲ撰ビ而シテ若シ事情因テミニストルノ臨視スルヲ要スルヰハ北京ニ到ルベシト定メタリ○エルヂン大公此准可ヲ得タルヿヲ支那ノ官人ニ報知セル今年第三月迄ノ諸狀中ニ具スル所ニシテ此時吾大公ノ徒支那ヲ去レリ○エルヂン大公又ブリユーンヲ女王ノ大主トナシ天津ノ條約本書ヲ帶ヒテ到ラシムヘシト報知セリ○然ルニ如此數次ノ應酬間ニ支那ノ官人一モ此條款ヲ拒ミタルヲ見ス是即條約ノ第三條ト全ク一致セル條款ニシテ支那皇帝ノ方ニ在テハ一二月前ニ嚴ニ記上セル所ナリ○又吾ミニストル請求シテ支那殿陛ニ上ルヰ須要ナル物件ハ皆支那ト我トノ交通ニ於テ從來ノ典故ニ詳ナル人々ニ因テ定メラレタリトス○此ノ如ク事々平易ニ緒ニ就クニ方テ唯一事ノ缺吾ト支那ト相齟齬スルノ甚シキ者アリ○是エルヂン大公ノ十分ニ支那ノ官人ニ解論セル所ニシテ吾ミニストル恆ニ北京ニ住スルノ款ヲ除キ其皇帝ト議政官ト一モ是ニ就テ拒ミ

タル丁有ラザリシ所ニシテ而シテ北京ニ住スルヲ禁スルノ一條款ハエルヂン太公最後ニ支那ノ政府ニ至リシ時彼ノ議ニ從ヘル者ナリ

吾同盟北河ニ於テ彼ノ拒絶ヲ受ケタル説ハ佛ノ説モ吾第六月二十五日ノ戰ノ説ニ異ナルナシ然レ圧支那ノ守備ノ堅キト此戰ノ前ニ水師提督及ビ兩交通使ト支那人ト會議スル丁ヲ敍スル頗ル詳ナリ○水師提督ホープノ北河口ニ至レルハ第六月十七日トス○提督兩交通使ト相合スル前ノ三日ハ提督陸ニ上リ支那内地ノ憲官ト相通セリ此時支那ノ遁辭ヲ爲シ吾政府會兩使ノ首府ニ來ルヲ准可スル丁ナシト應ヘタリ此時吾説既ニ敍スル如ク二十一日ニ提督兩ミニストルト會議シテ强ヒテ河道ヲ通スヘシト決定シ攻擊ノ備ヲ爲ス爲ニ三日ノ晴ヲ用フヘシト云フニ至レリ○二十二日ニ至リ嚴ニ支那地方ノ憲官ニ牒シテ不日ニ河中ノ樹障ヲ去ルヘシト云ヘリ且云フ若シ事ニ就クヲ怠ル圧ハ提督自戰ニ從事スヘシト然レ共一モ此報ニ十分セル應答アラサリキ○是ヲ以テ時ノ有餘彼ニ在テ吾ヲ待ツノ守備

ヲ為ニ足リ又事變ヲ權スルニ足レリトス○此時提督ホーブハ其戰必往年此地ノ戰ニ均シカルヘシト期セリト見ヘタリ蓋此時ハシッカエルセイモール君ノ提督セル十二隻ノ砲舟ヲ以テヨク之ヲ指揮シ唯一時半ノ間ニ支那堡中砲ヲ止メシメ遂ニ吾軍ノ上陸スル為ニ容易ニ勝ヲ制シタレハナリ○嗚呼今如此拒絶ニ逢フハ吾ニ在テ失フ可カラサル鑑ナリ○吾人今ニ至ルマテ支那人ヲ以テ議論上ノ往　ニ於テハ其術ヲ盡クシ其巧ヲ極ムレドモ戰闘ニ於テハ衆兒子ノ如シトセリ○且此時ニ方テ吾未彼ノ勇ヲ凌轢ン吾ノ勇ヲ倍加スル道アルヲ見ス然レドモ爾後吾其兵ト相唐突スルトキニ臨ンテハ必熟練セル術ニ因テ戰ハスンハ非ス○ミッカエルセイモール往年支那人ノ兵器ヲ改正スルヿヲ述ベタリ蓋其進取ノ效今ニ至リ用兵ノ法ト其操練トニ於テ顯レタリト謂フベシ○吾人今其用兵術ニ於テ進取ノ功アルヲ聞クハ尤吾ニ益アリ何者凡彼固有ノ兵力ヲ以テ吾ト事ニ從フ兵法上ニ據ラシメハ吾必法ト巧トヲ以テ彼ヲ凌轢スルニ足ルヲ知レハナリ蓋其愚ナ

ル邦人縱ヒ練熟ヲ極ムト雖信ヲ破リ使ヲ殺スノ罪ニ至テハ遁ル可カラザル所ナリ

今月火曜十五日ノ夜吾王國亞細亞地方ノ會社ノ黨北支那地ニ於テ例ノ會集ヲ爲セリ○此會ニ與カル諸人ノ中新位數多アリテ譯文局ノ課題ノ責求ニ償ヘル好話アリ然𪜈終リノ一題ハ猶十全ノ考定ヲ要スル爲ニ他時ヲ期シタリ

知事チリツヒヂヨン人性ト天道トヲ主トシテ支那ノ名敎ヲ論セル一葉紙ヲ出タシ知事ヂヨンエヂキンス之ヲ讀メリ○次ニ示ス所ハ唯其全ク譯述セル文稿ノ概略タルノミ

支那彝倫學者ノ中禮義ヲ講究シ是ヲ解説スルヿニ意ヲ用ヒタル者アリ又專其諸説ノ是非ヲ爭フヲ以テ自任スル者アリ是レ人性固有ノ成分ニ係リ人ノ因テ以テ善惡ヲ鑑ムル所ノ者ニ係ルナリ○孔夫子《コンフーツー》及ヒ其孫子思《ツースー》ハ禮

義ヲ講明スルノ中ニ屬シ孟子《モンツー》荀子《シユンツー》ハ是非ヲ爭フ徒ニ屬セリ○孔夫子ノ善徳ヲ論スルハ以謂ラク徳ハ兩端末間ノ中央ニ成レリト○謂フ其一ハ過ノ惡其一ハ不及ノ惡ニシテ其間ニ中アリ而シテ善徳ハ其兩端ヲ避ケ撰テ其中ヲ執ルニ在リトス○其人性ニ就テ敎ヲ爲セルハ要スルニ明ナラストス○蓋夫子ハ人心ノ感發スル根原ニ至リテハ説ヲ立テサレハナリ○又天道ノ説ニ至リテモ明論ナシ蓋夫子ハ嘗人性本善ヨ《マヽ》リト云ハス又嘗本惡ナリト云ハサレハナリ

子思モ亦孔夫子ノ如ク兩端ノ中ヲ執ルヲ以テ徳ニ入ルノ門トス然レ𪜈子思ハ孔夫子ニ從ハスシテ人性ハ十分ニ人道ト一致セルヿヲ定論セリ○子思ハ徳ノ兩端ノ中間ニ在ルヲ致コル耳ナラス又徳ハ卽禮義ノマヽナル者ニシテ性ニ率テ生ケルニ在リト敎ヘタリ人ノ生ケルハ其純然トシテ善ナル性ニ率テ長育スルニ在リ而シテ徳ノ成ルハ唯其性ニ率フニ在リトイフ説ヲ主張スルハ蓋子思ヲ以テ嚆矢ト爲スト見ヘタリ

孟子ノ時ニ至リ此說ヲ爭ヒテ甚囂シキニ至レリ○此時ニ當リ人爭テ子思ト孟子トノ說ニ異ヲ標シ縱ヒ之ニ反スル說ヲ爲セリ○或人ノ說ニ以謂ラク人ノ生ケルハ禮義ノ性ヲ有スルニ非ス唯人心ハ一葉ノ白紙ノ如ク書スルニ許多ノ事ヲ以テスヘシト蓋此說ノ主張スル所ハ人性善ニ非ス又惡ニ非ス唯兩者ニ適スヘシトナリ

蓋此說ノ出ツルハ孟子ヲシテ性本善ナルノ說ヲ愈明ニセシムル爲ナルヘシ○孟子ノ性ヲ論スル以謂ラク人ノ生ケルハ器ヲ造ル土ノ陶師ノ手ニ從テ形ヲ得ル如キニ非猶夫ノ良種ノ如シ自然ニ凡百禮義ノ萌芽ヲ含蓄ス是ヲ以テ其性中ニ含蓄スル者十分ニ發達スレハ善美ナル諸狀ヲ爲スヘシト○又天ノ人ニ賦スル獨私欲ヲ以テスルノミナラス兼子テ仁ノ意ト義ノ心トヲ以テスト謂ヘリ○又禮義ニ出テタル智ハ自然ノ智ニ勝レリ若シ此二ノ者相爭フ𪜈ハ自然ノ智禮義ノ智ニ從ハサルヲ得サルヿヲ辨明セリ○孟子ノ敎ヲ設クル人ノ本性ヲシテ至高ノ聖處ニ至ラシムヘキ者一々備ラサ

ルヿナキヲ辨證セリ〇人若シ孟子ノ說ニ從ハヽ十分ニ禮義ノ人タルヘク
而シテ唯專共《其カ》性ニ率ヒテ以テ天ヲ體スルニ至ルヘシ
孟子ニ繼キテ起ル者ヲ荀子トス〇荀子此議論上ニ大ニ見聞ヲ發シテ曰ク
人性本惡其善ヲ爲スハ僞ナリト〇孟子人性ノ行クトシテ全然善ナラサル
ナシト云ヘルカ如ク荀子亦行クトシテ全然惡ナラサル無シト云テ少モ假
借スルナシ〇是ヲ以テ荀子ハ孟子ト相對セル極ニ立テ其地步ヲ占ムル甚
頑然タリトス蓋荀子ハ其才能非常ニシテ實ニ孟軻氏流ノ一敵國タリ
繼キ起ル者楊子《ヤンチ》トス〇楊子ハ孟子ト荀子ノ兩書ニ因テ興起セル者ト見ヘ
タリ〇楊子蓋以謂ラク此二賢ノ說各適當セル所アリテ全ク其一ヲ駁スル
ヲ得スト〇是ヲ以テ楊子ノ說ヲ立ツル撰擇ノ狀ヲ存シ彼兩說ノ陽ヲ取リ
其陰ヲ廢セリ故ニ楊氏ノ說ニ云フ人性ハ善惡二アリ此二者ソノ中ニ混ス
ト是ヲ以テ人々性ヨリ善ヲ爲シ惡ヲ爲スアリ而シテ人々ノ間ニ生スル所
ノ別是ニ於テ判シ或ハ其性分ノ善ヲ長育スル者ハ善人トナリ其惡ヲ長育

スル者ハ惡人トナルト云ヘリ

韓昌黎ハ楊子ニ繼ク者ニシテ人性ノ論ニ於テ前人ノ説ヲ定レリトセサル者ト見ヘタリ○昌黎ノ説ニ云フ人性ハ三等アリ上中下是レナリ上ナル者ハ純善ニシテ些モ惡ノ混スルナシ下ナル者ハ純惡ニシテ些モ善ノ混スルナシ中ナル者ハ兩者ノ一分ヲ取リ以テ善トナルヘク以テ惡トナルヘシト云ヘリ○昌黎ハ孟子荀子楊子ノ説各當ル所アルヲ取レリト雖其一ヲ以テ一般ヲ概スルヲ拒メリ○云フ前人ノ説人ノ等ヲ分テコレヲ論スレハ各當ル所アリ一般ニコレヲ論スレハ皆非ナリト此説ニ據レハ人ノ世ニ生ル、其禮義ノ性各同シカラス是レ正ニ以テ人々凡百ノ異同アルヲ證スルニ足ルナリ最後ニ清朝ノ諸學者ノ説ヲ出セリ是唯從來法敎ヲ信スル學者ト是ヲ駁スル學者トノ紛拏セル諸説ヲ一定スル爲ニハ至當ナル一計トス蓋從來ノ學者人性ハ天然ニ善ナル説ヲ奉スルヿヲ證スト雖其爭テ已マサルハ殆ト孟荀ノ如キ耳○上ニ敍スル所ニ據レハ支那人ハ思考ニ長シテ極メテ

闇昧知リ難キ道理ニ至リテモ其表章ヲ免レサルヲ知ルベシ

右ハ千八百五十九年第十一月廿六日刷行上海新聞紙葉數四百八十七符ノ抜譯

西　周　助

亞《バ》達《ター》維《ヒ》亞《ア》商帖拔抄

非里《ヒーリ》格碌《コロス》私來泊○試上北河○英人退爲中國隱炮臺多死○失加農五隻

新嘉坡《シーインカホー》千八百五十九第七月二十九日

英火輪船非里格碌私入津日在水曜齋來上海日記至第七月十六日香港日記

至同月十九日之二帖

頃日北河有事重大最可悲歎曩英佛軍綜送使于北京今懷定約立誓人尙居留

以來中人創造切要軍器至其巨大與意匠西國士民之長不得全知之或輕蔑不

爲意○佛英軍綜臨北河口何料列立强大鐵釬配植巨大材柵製作極工最能抗

拒者三段以絶其路○十七日上陸會議二十日亦然二十四日夜始將破一柵飛之空中以通加農船成效僅半○巨材飛迸後中人發二炮聲明示戒愼○第六月二十四日中戰卒越海口○翌朝諸船上北河運轉配置欲使各船放炮互無碍以過其朝蓋河狹水深流急以難備也○已至日中事序始完諸人就食○午後四時半阿《オ》卜《ボ》私《ス》蘇《シユ》母《ム》甲比丹微《ウイ》篤《ト》拉《ラ》斯《ス》進船意氣沈靜結索于鐵釬付浮碇具以徵先登○於是更放蒸氣走過其間進至第二柵波羅里兒建將旗直次之○回顧諸方事態變換炮臺寂寞自有不安之兆不見一活動物唯有一帆舟方我拔杭之時動楫離堤帆走近我急轉舟頭復向堤去耳○阿卜私蘇母波羅黒兒已入彈丸當達處之時炮臺忽落碇炮門乃可見射彈陸續落良船內此船固小于尋常查給登何能堪之○仐艨直應之放彈此役之初起也中人强盛勉勵不撓祇知能敵我未曾見中國有如是○阿卜私蘇母波羅黒兒近柵下碇暫保其處大敗而僅退○先登艦將合《ホ》白《ーヘ》傷甲比丹摩《マ》建《ケン》那《ナ》禪將拉孫死士卒多亡○於是諸船會合邦《バン》的《テ》列《レ》私《ス》波羅黒兒古《コ》兒《ル》沒《モ》蘭《ラン》多《ト》横河爲一字鬪戰最烈○後信之說曰古兒沒蘭多例《レー》波羅黒兒

劇戰而沒阿ト私蘇母結私多列《ケストレ》兒被射而無援六月二十五日以後全綜出居棚外○中人警衛奇勝失信之行猶澳地利《オーステンレーキ》之襲辟門《ピーモント》後將自難苦而尙祝之

安政六己未九月　裕軒漫譯　裕軒川本幸民號

一千八百六十年第二月初一水曜日新報抜抄

佛同盟國ノ爲ニ所出ノ師八千人支那ニ向ヒテ駛ス是其數吾人ノ豫期スルヨリ少シトス然𪜈別ニ海軍ト船夫トヲ加フレハ猶一大軍トナルヘシ○報ニ曰吾印度領ヨリ歐羅巴兵六千人土兵六千人ヲ同時ニ發スヘシト○ホーブ、ガラント氏之ヲ提督スベシト然𪜈別ニ一說アリ頃來カ、フイト公ノ軍中ニテスタフ隊ノ長タルキリエムマンスヒールト氏別提督タリト今ホーブ氏縱ヒ膽勇ノ士タリト雖キリエム氏或ハ都提タランモ亦知ルカベラズ何者キリエム氏ハ兵學ニ長シタル士ニシテ從來兵事ニ熟練スレバ也○支那戰ノ爲ニ鑄造セル野戰ノ二隊砲ハ既ニ精覈ナル試驗ヲ歷ニ皆ヨク其功ヲ奏セリ此隊砲ハ陸路ニヨリテ運送スベシトス○今方サニ支那ト戰フカ爲ニ豫備セル調度中ニ病艦ヲ艤裝スルノヿアリ此諸船中第一ノ船ハメルホールンニシテ方今テプトホルドノ港ニテ急ニ之ヲ艤造セシム是早春速カニ發セシメンカ爲也今此メルホールンヲ病人船トシテ艤裝スル法ハ從來諸戰ニ用ヒタル病人船及ビ哥羅米ニテ用ヒタル者ニ比スレバ大ニ新製ヲ加エタリ○吾カ諸長官皆黽勉シテ事ニ服從シ此支那ニ發遣スル軍兵ノ爲ニ戰具ヲ製スルハ皆學術上ニ本ツキ加フルニ他ノ發明ヲ以テシテ其意ヲ盡シ其巧ヲ極メタリ○其諸長官ノ主持スル所ハ吾邦ノ軍ヲシテ敢テ同盟國勇猛ナル軍ニ後レシメサルニ在リ○今月北河堡ヲ攻ムル時黑木ニテ一奇功アリ當日ノ事實正ニ一般ノ人目ヲ醒サシムルニ足レリ夫ノ曩日敗軍ノ時提督及ヒ之ニ屬セル諸人ノ稱譽スベキ勇戰勝ル萬々也此奇功ハ加比丹セラルドオスサールン氏ノ立ツル所也○王家ノ官僚軍內守備ノ狀ヲ鑒シ特ニ王國諸港幷ニ武庫ヲ鑒檢スルノ欽命ヲ奉スル者ヨリ政府ニ牒告

セリ其中ニ曰ク今新ニ諸器ヲ製スルカ爲十百萬磅ヨリ十二百・磅《萬脱カ》ノ資費ヲ發シ速ニ事ニ就カシムヘシト又ウールヰッチノ武庫ハ皆之ヲ別チテ其一部ハ近ク國内最安全ノ地所ニ徒移スヘシウールヰッチハ全ク廢スヘシ此ノ如キ危殆ナル處ニ諸具ヲ製造藏貯スル甚愚昧ニ屬スレハ也○一ハ義勇軍ノ奮發ト吾英國ノ風習ニテ爽快ナル兵爭ヲ好ムノ人心トニ因リ一ハ支那ハ戰爭ト彼國從來事々多ク譎詐ヲ專ニスルトニ因テ講和ヲ主トスル黨ノ議論ヲ沮ム此黨ノ持論漸撓ミテ世間一般ノ議論ヲ折ク能ハサルニ至リ其力ヲ竭シテ區畫スル所ノ謀ミナ大ニ嘲笑ヲ招キタリ○從來此貴人ノ徒ハブリユーシ氏ノ所行ヲ不忠也トシ之ヲ憤怒スル甚シ今月月曜日我國支那ト方今關係ノ議論ニ就テ和議ヲ主トスル黨ヨリ遣セル徒ト外國事務館ニ於テチヲン、ルツセル公ト會議ヲ爲セリ其遣セル徒左ノ如シ

學士ホトクヂンマシトルヰリエム・チヲンソンアシトルロプルト、カルレトン法官ヂヲルチローンマシトルヰリヱム・ホルメンマシトルエトムンドフ《アレン法官チチンヰルソンマシトルチチンヂヨーン》

ライマシトル《スマシトルキリエム、》ワツカルトカレツトマシトルキリエムユルヌル法官ヘンリリツカルトマシルアレキサンドルフルークエイ法官學ブルンシマシトルゼシイフクーブルマシトルフレツクナリ

ヂヲンルツセル公此貴人ヲ伴ヒ外國事務館ニ至レリ此徒ブリユーシ氏支那ニ於テノ所行罪スベキノ申台シ其所置言行共ニ咎ヲ取ルニ足レリトストイヒ又支那人北河ニテ之ヲ拒絶セシハ事自然ニ出ツ何者彼此時欺ヲ受ケ且激抗セラレタル《レカ》ハナリトイヒ又支那ニテ戦勝ヲ得ルモ後來必ス畏ヲ抱キ神ニ禱ルニ至ルヘシ又英國ハ紳士衙門ノ准可ヲ待タス時月ヲ費シ遙遠ノ地ニ至リ譲ニ兵爭ヲナスノ咎ヲ犯スベカラスト云リ○此時ヂオンルツセル公ニ授クルニ基利斯督宗ノ忽諸スヘカラサル教法ヲ以テセリ其中ニ遼遠ニシテ守備ナキ人民ノ際ニ大・《炮脱カ》ト劔ヲ用ヒ又吾カ人民ヲ勞シテ激烈殘虐ニ服就セシムル事ヲ爲スヲ禁スルノ詞ヲ載セタリ○然ルニ此議論ミナ阻折セラレタリト見ユ蓋チヲン、ルセル公此ノ如ク辯論セル説ヲ破リ

タル也

據開、三月二十七日、水師江南安徽省第一號戰船、來信云、刻下水師戰船、各照常守口、唯陸兵江南圍南京城之大營盤、於本月十六日、被長髮賊、由天策仙鶴水西三門、分路由城内攻出、約有四千《十カ》萬賊、賊晝夜拚死、合攻城、官兵被他打敗、盡將南京城外九十六營盤、退至高溜、離鎭江府城三十里、其勾容漂水、漂湯宜興等縣城、均被長髮踞住、此江南刻下之情形也、至天津一路、僧王帶吉林兵並俄羅斯地交界三勝地面勇、約十萬、分紮天津、水陸連營、逢水隔一里、皆有閘、逢地皆各一里、有伏兵伏箭伏砲、又於山東趙北口之水邊、盡行因堤蓄水、因水作城、以防外夷竄入、此天津一路防守之情形也、其英兵自日本所帶之馬、到中國者、十死七八、一紮營在天津海之對面、按兵不動、一紮營在福寧交界之桝山、亦按兵不動、此英夷紮營之情形也、

閏三月六日之新聞略之

右之書面イキリス人　カラニスマイノ

新聞　四百六號　庚申四月十六日

茲有鐵行火輪船公司之火船名亞頓由上海到港帶來上海四月初十日新聞紙ニ云太平王長毛於四月初七日攻破丹陽官兵大失利丹陽城内之百姓殉國難者亦不少即長毛攻破丹陽之後即將常州府城圍困十分危急有人報説常州已失亦有人説不失但蘇州官府盡將蘇州城外鋪戸揑折多般設策保守上海蘇松太道臺因見勢危迫遂將上海城地獻與英法兩國欽差求他設兵保護城内居民故英法欽差派兵把守此地即出安民告示一紙初聞長毛之事各皆懼恐戰栗惟一見英法提督告示然後心神頗定又聞説張國良張玉梁二位大人倶已陣亡又有説張國良打出重圍生死尚未可知也

南京新聞紙云張玉梁四川人有名之將云々

未聆

臺海涼暄屢矚（マヽ）每念
仁臺福增頤養德業日興咼（局カ）勝多欣邇者世擾紛芳蘇州各處尙未平復而杭州各
轄之患復生將來亦難保矣近聞太倉嘉定已變俱屬江兵而南翔險危在夕恐申
地亦有憂患城內外遷遁人心驚荒思竊此遯擾未識何日復還紛々等尤筆難盡
述邇來申地岑寂市鬻生意休題更我郡鄉梓多有遁歸潮陽福建郡亦多旋里弟
恨冀趣不能飛也今因便鴻附請金安不一
盧秀波先生照鑒　庚申　蒲月初七日

弟陳怡春字

西國紀元一千八百六十年我萬延紀元英吉利佛蘭西大清ヲ伐ツ事

實ハ去年五月廿八日北《ペー》河《ホウ》ニ於テ二國ノ兵大敗ヲトル報也英國ノ大將ロールエルケン同船手ノ大將アッフデアマラールホブ支那北邊タイリヤンウオント云處ニ許多ノ軍艦集舶ス佛蘭西ハ南海ヲ隔テイップウト云處ニ同

ク集船ス軍卒スベテ四萬五千ト稱ス兩處ノ蒸氣ニテ我五時ニシテ往返スト云去ル六月廿日英軍ヨリ四五艘ノゴンボウ是蒸氣船也淺キ處ノ自在ニ走ルト云ゴンボウト云ハ鐵砲船ノ義也ヲ發シペイホフペータンノ港口測量ス清軍ヨリ炮ヲ放ツヿ雨ノ如發モアタラス船ハカヘル也同廿三日軍艦許多寄セ來ル將船ハ三四里沖ニ碇船スアト船ハ皆港ニ來リ放炮ツト雖𪜈更ニ應スル者ナシ忽チ炮臺ニ登テ見ニ人更ニナシ仍テ皆々是臺場ニ上陸ス此處水乏キニヨリ近キ邊ニ清水アラント五十人バカリ水ヲ尋ル處忽チ四五百ノ清卒來リ取圍ミ皆々危キ處元帥ヨリ援兵許多來リ纔死スル者十四人清卒四萬餘ヲ打殺スト云此處ヨリ二里ハカリ隔テ一大ノ要害アリ衞卒四萬餘騎馬一萬五千七月五日此處ニテ合戰スルヿ我二時半清兵白旗ヲ出シ悉ク降人トナリ終ノツトル英死者百人佛死者一百五十餘清死スル者萬ヲ以テ數フト云其ワケ客歳英國ニメ發明スルアーンムスツローンゴーント云鐵炮遠町ノ利器ヲツルヘキ也我二里半內外虛發更ニナシト云タヽチニ天津ヘヲシ寄セル同處皆降ニ出

ル是ニヨリ順天府帝王始群臣悉ク滿洲ニ走ル今英佛北京ノ政道ラシクト
云サスカノ大境一擧ニシテ亡滅ス復報待ノミ
客歳ヨリ支那海岸ノ各處守衛コレナク强盜徘徊シ士民困難ニツキ各國ヨ
注本ノマヽ
リ警衛ス一珍説是北兩川ヿ多クシテ相カモワズ仍テ土人死蕃ニタノ入ノヨシ
前明ノ嫡孫ト稱シ七八ケ年前ヨリ廣東以西ヨリ義兵ヲ起シ漸クニハビコ
リ既ニ南京ヲ取リ今居所ト定メ自皇帝ト稱ス兵卒許多アリト云內地七分
ハ併呑スト上海ニ使ヲサシヲクリ西國諸蕃ト和親定約シ內地住居隨意タ
ルヘキ由申遣スト雖𪜈一同ノ返答ニハ今北徹ト雖𪜈北京有君ハ是義兵ノ
徒ト云𪜈北京ノ皇帝ニハ逆先國內ノ事ヲシマイ復イカヤウトモイタサン
ト云南京大ニ怒リ上海《シヤンハイ》軍卒ヲサシ向ケル嘆一千佛一千花旗一千ノ兵カ子
テ護衛ス一戰ニ打退リケルト云是明孫一時ノ英傑ノ由過ル處ノ寺皆破却
スト云衣服容前朝ニ復古スル也

萬延庚申七月

英國ミ子ストル メエイジル メストアルガーカ ベンブランク　富岳登測量

海面ヨリ直立高　一萬四千一百七十七尺〇二十九町廿二間五尺

頂上洞窟深　一千八百尺〇三百間

窟幅　一千九百九十八尺〇三百三十三間〇五町五分五リ

窟長　三千三百四十二尺〇五百五十七間〇九町二分五リ

〇此廻リ廿三町三分八

我使節歸朝送船名ナーアーイグラト云世界第一軍艦

我使節至ヌーヨーカ一日費用四十五萬元ト云我八月八日西國九月廿二日

晝夜等之日

新報北支那戰聞

千八百六十年第八月二十六日我七月十日に當る

上海刷板

紀北直隷海事

昨宵合衆國水蒸氣船サキナウ船號來著シ北直隷海ニ於て英佛の合軍爲せし所の事の確報を得たり

合軍大沽《タリクカ》ノ諸城砦ヲ攻ルハ本月十五日（我六月廿九日）ヨリ始て企んと定めたれとも爾後爲す所なくして去ル火曜日二十一日（我七月五日）ニ至リ詰朝ニ合軍始テホム彈ヲ劇發シ熕艇カノンホートモ同シクかれを攻む○頗劇戰五小時許の後一城上ニ白旗を擧けしりて餘の城塞《寨カ》も速ニ悉く此例に傚へり

是に於て攻擊を止む時に清人書を英佛の將ニ贈りて清の提督天津に相會し事を議せんと言えり其答言に議を決するに二時の間を聽すへし然れとも其餘ハ許すを得す若夫二時を過て更に復タ攻擊を始むへしと

偺城將悉く其諸兵を引キ去るの免許を乞ひ城を合軍に放に托し去らんと請しかは卽之を許しぬ是に於て大沽城の守兵悉く其兵具を撤し之を攻軍に遺し去る城兵も五時の間て頗る捍戰に耐へたりと見ゆ○清軍死傷の數

未詳ならすと雖忖るに極て尠からさるへし蓋交仗の間一城内の火藥庫碎飛したれハ其韲粉する所夥多なるへし○攻軍の死傷も稍々詳ならねといへとも太率英人百人佛人百五十人の死傷とす

煩艇ハ砂礁上ニ滯るを以て一時其用を廢したり

滿騎ハ曾て其城を攻るに當て大に勇名を顯せし所の者たるに由て此戰に出たり

尤新の報聞に曰英佛の使將將《マサニ》發して天津ニ到らんとし現に其預備を爲せりと○英佛の兩將分れて北河の兩岸に沿ミニストルは此河の中央泝らんとす

サキナウ船土賊上海に近つくと云へる新聞を得たり全《余カ》輩はハロンコロー人名速ニ大兵を差遣する設を爲さんと欲するを知るロルト○エルヂン堪用の擧動を爲さんとして大に其意を用ひたれとも支那に來れる英師の事も未タ之を詳に知るに由無し但シ佛英大に不和なるに由て數千人事を廢す

故に急に大兵を上海に遣すへきを識る不日英佛の船來り其詳說を得ん事必せり

尤近水曜日の晩にペテンを失ひ上海の大に繁盛なる一路陷沒セリ

庚申八月四日　　　　横濱書記房　　　　津　田　眞　一　郎

シーホルトより本國へ送り候書面之寫和解

日本貨幣一件關章

ヨンクヘール　ヘハエフ　フヲンシーホルト著

日本と條約せし航海する國々へ

日本ニ於て貨幣一件

亞墨利加嘆咭利佛蘭西和蘭普西亞と日本と取結し條約を首とし日本政府ハ各港開後一ヶ年の間此國々の人民に其錢と同意にして不足なく引替渡す爲し此規定ハ察るに新開港の地に滯在之外國人を惠まんか爲且ハ外國の人と土人と交易し一般肝要のため互に談決せし事なるに却而世界貿易の

錄說中にも類例なき一事を招起し處の不覺を引出せヿ是ハ日本錢の仕組を知らず隨意にして唯利益を目指さる事也同量にて貨幣引替の規則を見合としてドルラルと日本一分銀に限りて引替の規則を立て日本政府に是を强乞せし右一分銀三個にて凡ドルラル錢一枚の量目なヿ同量錢の潔白なる引替方とせる此仕法ハ我錢則を見合とし或ハドルラル錢及ひ一分銀を交易品と見る輩の眼にハ廉直正路なヿと見申爲し然とも日本に於て金錢と銀錢と之割合一と五半にして我歐羅巴の錢則の如く一と十五之割合ニあらず日本の銀錢ハ都而其國帝隨意に極めし品價なり夫故諸銀錢ハ銀ニて作ゑ《るカ》り「レシヒス」請取手形或ハ「ノードシユント」難澀に迫て設る鈔札の類の如きものにして漸く銀價三分一のものなり尤金錢ハ凡歐羅巴の價なヿ是等の儀抔能々辨知ずるヿたハ外國交易のため方今開し日本に於て其コンシユルケ子ラール一分の如き少價の銀錢を如何してドルラル錢の品價極し基礎とせしや今何處ゟして銀錢と金錢との不當なる割合を知るや如何して自己の

量ふ募られ《たカ》るや斯の如くして手短よユートウークル金を貸て高利を食る人を云とも調べき輩よ仁恵を施ばや

前文條之事情を能辨る人ハ必是を驚らん

一我らんへる事を堅めんらため且我明辨ハ廉直なるを示さんらため少量の銀錢なる一分の最初出來し事を歴史流よ明解せんと欲ば將又方今行もる丶强智ハ輸入商法衰微之基となるを示も事實を副述し加之本國の產業を害し日本と條約を結ひし航海もる國々其國譽を汚し且又成行難計異論之端を開るきを示ば事實を著さんと欲も日本を開きし始の類は輸出商法多分ハ貴金類よして金銀銅輸出計八十二年よて千百ミリユーンギユルデン一ミリユーンハ百萬なり卽一百ミリユーン小判ふ及べり漸々於日本金銀拂底となられ止事を得ず於政府ふ貴金類の輸出を禁シ其後古小判を小形ふし終よ亦金輸出を禁し銅の輸出よ限りを付しあり銀日本よ於て甚拂底となり重よ商買向よ用る丁銀只厚く流銀せし銅を以て代用せり一

分銀を小形にし漸和蘭一キユルデンの品價が有せり然れ共其四ケハ凡拾二キユルデンの金價を有せし小形小判の品價なり故に四箇にて小判一箇の價が保てヿ

一漸三分一の銀價をもてる少量銀錢をコンシユルゲ子ラール等條約のケ條に宛行ひドルラルと一分銀と比量する此處置廉直なる旨趣なりと定慕居る處のもの卽是等より外國錢と比量せんに如何して此小形にせし銀錢を用るにハ至しをドルラル引替の爲先是が元規とする故得し事如何してり成るけんや我是を問ん事が欲せば一分銀とドルラルの引替を條約に及ば事を發明せしハ「トムソンハルリス」なヿと一般みれを言離せり此ゲ子ラールコンシユル日本來著之頃當用仕拂の爲め此小一分銀が三倍重キドルラルと引替渡されしに此銀少量にして高價なヿとたもはドルラルの滿量が一分銀三ッ得ん事を強く日本政府に乞しに日本政府は又コンシユルゲ子ラールに對し永ゞを重し是が拒キさヿし也

下田神奈川此迄之應接可想像嗟々

一然りといへとも航海する大國の交易守護なる右コンシユル貿易肝要としてドルラルを同量の一分銀に引替ん事を如何して日本政府に強乞す又る事か得しや爰に於て我是を裁判するか適當とすは又コンシユルか又日本新錢請取事を拒み終ふトルラルか一分銀に吹替る事ふ至り日本政府より此仕法を以て或る高のドルラルを一分銀と引替る事か商人共へ許せり且又江戸神奈川なり及長崎に於て外國人の方より多くの加都合無理をなせりといへとも我是か默止すへし然れとも唯いふるへたハ金貪《貨カ》商法卽ちドルラル一分銀の引替に困《因カ》て輸入輸出眞實の商法を害し然れとも漸々消滅するに至るへき事あり

一我爰に於て問ん日本に於て航海する外國コンシユルゲ子ラールのなせる處置ハ如何判斷して佳ならん哉此處置ニ因て既に眞實の商法を失ふ道か開きし事明あにして是迄國々の政府人民の得さる信義沒失せん我はこれを事に暗キり故あらんといすんと欲すれとも左ニハあらて其見

込の不直なるニ因而且我意ニ任せて一度設けし趣向を理なく固保さるに因てならん斯のことくして國々の政府もし斯程大切なる事柄の情實を辨知せずしてたるときハ恐くハ仇心を發必據所なき戰爭に押移るべき異論を起すに至らん

一航海及交易する國々の自國を愛する賢慮ある人心の人々ニ我念（今カ）再び尋問せん少量にして「ノートシュント」（前ニ見ユ）同様之日本一分銀を同量にして不足なくドルラルと引替るべき希望ゟ利發なる趣向なる事抔廉直正路なる所置なる哉將又其國々の權を以て鄙き貪商に惑溺する事抔助る事抔免せんそ（マヽ）而自國并屬地の商法こそ殊ニ守護すべき職務なるに上ニも云ひし如く條約の箇條を立るに暗してゟ（我再ひ之を云）又ハ態と設たる趣向を固保するゟ右關係ある國々の尊貴并其職務に相當なるべし

一我望らくハ所謂銀錢混雜ニ付當日本ニ於て自分交易之所存を離而及公事に携らず日本の事情を知るニ任せ永久練磨の眼を以て見極め認し此

書面を航海通商はる人々肝要なりと披見し且又我實測經驗を日本と條
約取結し航海もる國々の政府よても心を付ヶ而して右銀錢一件に關係
もる政府よて規則を立て人民の繁榮其國の産業及ひ商法を勸進もるの
手當あらん事を祈る
一遠隔の東方よ里發もる我仁聲茂國主人民も聞けよらし
長崎本迯寺ニ於て　千八百五十九年十一月廿七日未十一月四日認之
ヨンクヘールオンシーホルト
右之通和解仕候以上

亞墨利加合衆國全權兼
ミニストル
エキセルレンシー
トウセントハルリスに
以書翰申入候孛漏生國條約取結之義強而申請ル品口より許儀之上

大君え言上およひ候處廣く外國と通商之事ハ先年中其許より被申聞置しかと有ルといへとも去ル六日對話之節縷々演説およひし如くにて開港以來國用の物品漸々乏しく士民之不便となり頗る物議を生し細民或ハ其業を失ふにも至れり然るに葡萄牙國之儀も往年證書も渡せしニより辭するニ由なきといへとも夫等ニ付國內之人心居合其品ニより差支有之然るニ此上孛漏生國と條約を取結ん事も猶更指支ひ少なかふは而已ならは即今煩優〔擾カ〕計り難く其行れかへきを知りて枉て其請ひニ應する時ハ全く不信の處置ニ渉り敢て安する所ニあらは是等之事情深察せられ兼々懇親之譯を以勘考被致候樣存候乍去一既〔概カ〕ニ拒絶せる譯ニハあらは我人民追々交易の業ニ熟し國用送〔ゞ〕乏之憂を免るふおよひてハ猶又談判ニおよひ可申候間孛漏生國も勿論其餘之國とても即今條約取結兼候ニ付其邊をも差含まれ取扱ひ有之度此度申入候拜具謹言

萬延元申年

脇坂中務大輔　花押

七月十七日

安藤對馬守 花押

英吉利人四人陸通り富士参詣ニ相越候事

水野出羽守

今般英國ミニストル義豆州熱海湯治并富士登山之義願立御許容相成候ニ付而も外國奉行御目附支配向取締として指添東海道筋罷越候間領分知行通行中休泊取締も勿論右通行筋諸事心付候様可取計候尤猥ニ見物之ものゝ道筋ニ指出間敷外國人之事ニ付萬一不慮之義有之候而も差縺可生も難計左ニ而も其筋之者指添ニ候得共遠路之事故猶取締之手當別而入念可申付候休泊其外要用之儀も外國奉行承り右總而不都合無之様取締可申候事

此度唐國賊亂之爲蘇州落城致し私妻子トモ難ヲ避ケ御當地ニ逼來候ニ付右之模様左ニ申上候事

當夏四月四日南京之逆徒蘇州を取巻城外民家ニ火を付け逆焔を擧候處守兵ニ防戰之心なく官貴〔兵カ〕ハ唯遁ケ支度致候のミニて禍旦夕ニ迫リ城中騒動不大〔一イ〕方賊等ハ城外ニテハ七八日之間肆ニ亂妨致し城中動靜を伺候内官兵不戰して落失せ巡撫官一頭之外町人百姓のミ相殘リ居候處同十二日賊徒昴然と城中ニ亂入致し巡撫を殺害致し城門ヲ閉チ切リ官府町家ニ而大家富宝〔室カ〕を選ミて刧掠致し同十三日ゟ十五日迄擄殺止時なく婦女之美なるをハ一家之内ニ致幽閉兵ニ守らせ初メ賊ニ隨ひ往ざるものハ汚辱殘害せらるゝ由ニ付賊の不來内ニ迚自縊死投水して節ニ死する者却而夥敷種々の慘毒譬へいふべきなし同十六日朝賊首忠王なる者安民之牌を張出し此度當城平略之義も民を凌虐する濫官を除き百姓を安する主意ニて殺伐を事とするニあらば今日ゟ始凡之軍兵共若百姓を劫殺シ婦女を擄淫する者あらハ斬罪ニ行ふ爾等諸民驚恐するニ不及其老幼井婦女之輩他所ニ引越者あらハ可爲勝手旨ニ而兩三日之間城門を開

きたり百姓ハ城中一時ニ穏ニ成たるを見て忠王之仁心と思ひ却て道途之難を恐れ安然として走ラサル者多し其内紳士庶民之差別なく健壯なる者を悉ク引留先ニ蹈潰したる官府町家之所ニ有之貨財を不殘抄收シ一ニ米穀二ニ金銀三ニ布帛并衣服衾裯之類山之如く積立士庶を呵責して楓橋迄荷ひ運ハセ船ニ積南京之本城ニ移し入同廿六日所々ニ論文を張出しいひつるハ當月廿八日英王當城ニ著陣なり汝等善良之庶民罪なくして殘暴を被る事尤憐むニ絶たり依て今日より明日迄ニ立退へし汝等遲滯して英王至らは忠王蒼生を愛惜せんと欲する共得へからすと蘇城六門を大ニ開き百姓を放出し抑此英王とハ專ら殺戮を司とり至る處老幼病衰之者并婦女を見れハ必是を殺し壯年之士民ニ至りてハ彼ニ從ふ者ハ生き逆ふ者ハ死す依て備〔満カ〕城之士民老を携へ幼をつれ洪水の流れ出る如く晝夜となく遁命致候處途中ニ而ハ別ニ草寇土匪有之行李錢物を奪んとて逃民を切散シ此時老弱溝壑ニ轉ひて死する者其數を知らす

父母兄弟妻子離散シて死生存亡更ニ問ふべき方もなく哀なる事共ニ有之右ニ付錦繡之城地俄ニ荒墟と相成王氏十二家荷主初坐方一統仲ヶ間之家族共何れも死砕葬散して行方相分らず此ノ荼毒を蒙り候情景聞モ不忍事計ニて筆紙ニ盡難申候尤蘇州之危急并落城之儀共追々京都へ注進致シ早速救援之催シ可有之處其頃異國船數艘天津ゑ攻寄候ニ付彼是事多く段々手延ニ相成候得とも無程奇計を以數艘討取十分之勝利有之候故其雄兵數萬を引率して魯斯亞之兵を随ひ急キ江南ゑ馳向ひ鳥合之小寇剿滅可致との嚴令被申渡候由ニ候處私家族共上海ゟ致出船候頃迄ハ京軍彌進發ニ相成候段旋と不承伺又同月十四日十二家宏豊船作浦ゑ著船之處同所之土匪蜂起シ鎭官を殺害シ人家を搶刼致候ニ付宏豊ハ積荷之儘乗出し寧皮（波カ）ゑ遁去候由樂（王）士（氏）吉利并吉船ハ同十五日上海十里日本里數之外呉淞口ゑ著船之處上海諸問屋何れも門戸を閉荷物引受候者モ無之候ニ付一船之人數今ニ呉淞口ニ致滯船居候斯てハ商賣方も此後如

何成行可申哉且上海之地ハ銀兩を以佛蘭西人ヲ相頼賊亂防禦爲致候トイへ𪜈爵祿を以テ被養置候官吏さへ難ニ臨ミ命を惜む世態ニ候得ハ利を以テ交る外國人共如何して賊ふ向ひ血戰して可相防哉是亦萬全之計ニ無之此上何等之珍事相發リ候哉も難計誠ニ以危キ次第ニ有之抔致評判候由ニ御坐候此段以書付奉達　尊聽候明鑑被成下度奉願候以上

申五月　　　　　　十二家船主程稼堂

右書付候通和解仕指上申候

後文之趣意至極尤と被存申候同種同血類ニ而親義共ニ深き近き者共を捨之怒恨を懐候様ニ至る迄成し懸隔之夷種異類之唯利のみを以親疎交情と仕候者共懇意助勢ハ無覺束處分明と被考候以上

日本在留ハーレフリタニヤマイーシテイトの特派公使兼全權ミニストルルトセルトアールコック

外國事務宰相台下ニ呈す

千八百六十年三月二十九日江戸フリタニヤ使臣館ニ而

余本月二十四日の朝セーチエキセルレンシー御大老井伊掃部頭武器を帶したる一隊の者に暴襲され且劍傷を蒙られたりと聞て大に痛せり余懇切に台下ニ左件を願ふ右不幸の事件に付て切に深く痛心せし情を其劍傷の速に快復せん事を思ふ余か熱焦せる志願を報告せらるれハ幸也余醫學を心得又外科の實驗なり御大老に余か醫術を其手當に供へ余をして何時にても之か為に側に至らしめんと欲せハ余に於て滿足せり台下又是を余に書送らせん事を願ふ恐惶敬白

日本在留ハーレブリタニヤマイーシテイトの特派公使兼全權ミニストル

リユセルホルトアールコック

ハーレフリタニヤコイルテイトの現住ワイスコンシユル

エルエーステン正譯

申三月十二日對馬守殿へ上ル十三日差遣

太貌利太尼亞格外公使全權ミニストルエキセルレンシールルーセルホールトアルコックに

貴國三月二十九日付第三十三號之書翰落手セリ

今般非伊掃部頭登城掛ケ不慮の禍にかゝり其許にても深悲歎せらるゝ由見舞被申越且療養等ニ付てハ格別懇篤の情を表せらるゝ趣厚く忝く存され共公事にあらすして其許を煩さん事憚あれハ來訪之義ハ堅ク斷に及度されと心を用らるゝの深切なるハ掃部頭にも深く謝する所也此段答書如此候拜具謹言

安政七年申三月　　御兩名花押

英國新聞紙鈔譯（千八百六十年第五月十二日我萬延元年申閏三月十二日鏤行）

我從に於てハ王國日本の執政官三月廿四日（我三月三日）大君の城内ニ出んと

し水戸公之從臣私黨の一隊に侵され大不幸ニ遇へるを今日迄其疑へり然れ共日本の權官等に在てハ執政の性命も既ニ危き重傷を受ケ其死を祕するを知り疑念なし近日日本か新説を得ゐるに執政官大君を訪んか爲轎子に乘臣下の大隊をして其周圍を警衛セシメ大君内城の門前ニ架する大橋か大約三分一里を隔たる自館を出て途に在り進んて岐路の相會する所に到り方に橋を渡らんとす天偶雪を降す十六人か十八人の兵士表に雨衣を著し裏に戎衣を服し直ニ雨衣を脱し急に執政の黨を犯し敵する者ハ盡之を伐劍を以て公の轎子を圍ミ之を刺す遂ニ公の首を切ル其一人首を提けて衆中を遁る又一人從臣の首を切り之を提て叫て云今我公の首を得へりと蓋執政の衆臣を惑ハしめんか爲なり首を提たる者一の大門か遁出へりしに衛士之を咎る者なし翌朝衛士其任を怠たるの故を以て命して自殺せしむ私黨の兩人此事に由て糺明せらる自餘ハ僅に捕へる者二人に過ズ此變事の後兩三日を經て執政の從臣一萬人戰

闘の具を携へ江戸ニ來著すと云

日本の武器ハ皆重くして戰闘に疲勞すへし其具足の製ハ銅鐵に漆を塗り美麗に装ひたり甲假面胸板背板にて編成シ以て體外に飛來する害物を防く其全量極て重シ甲のみにて四封度に至ル一封度我百二十目なり故に五百四十目なる江戸在留の外國ミニストル居住所毎夜嚴戒なり是外國人に害なく且自餘の諸物を燒さる事を注意するが故なるべし實に頗る恐懼すると見へたり不列顛ミニストルユックの羈臣傳を殺害したるハ水戸公の從臣なるへし傳此時外出するを告す又暴行する事なかるべしアールコックも甚恐怖し日本人も尙檢査せりアールコックの廉直なる面目實に十分とす日本人能く注意せしと見へたり日本の鎭臺等不列顛の全權に約せる馬の數を滿るものを拒ミたり江戸にてハ鎭臺等千疋の馬を送らんとれへり然れとも馬ハ皆諸侯の領地より出せハ彼等馬を出すを肯せさるを以て鎭臺も前約を變し遁れる策を設けたり橫濱の鎭臺其府の要用の爲メ

異人の貯たる火器を買んと欲し目錄を異人よ托して之を求〆此銃を以て兵士等前月標的を建て之を照準シ點火して操練せり

横濱鎮臺之命ニ由て　手塚律藏謹譯

乍恐奉申上候

一井伊様よて討留ニ相成候浪人者懐中ゟ水戸老公之御自筆今度之手當として金拾五兩遣候と有之由風說仕候共是ハ水戸老公を御惡み申候者作り言よて決て御信用不相成義と奉存候此度之事若シ老公御承知ニ御坐候得ハ水戸家安危よ懸り候御譯ハ三ッ子ニても分り候理ニ御坐候得ハ凡十七人之者共討死を覺悟可有之ハ勿論ニ候間死骸之中ゟ右様之書付出候てハ主家之滅亡ニ至候事何も承知ニ可有之然る處證據ニ相成候書付類懷中仕候事必定無之事ニ被存候且又十七人之内八代洲河岸ニて自殺もの二人脇坂様ニて深手ニて相果候もの一人有之處其懷中ゟ老公御

出候ノ下一行程も脱候欤定而出で不申井伊ニて打留候者之懼中ゟ出候抔ニ可有之欽

手當金之書付出候事第一不審ニ御坐候老公之御書付を大切ニ存シ肌身を不離位之もの銘々懐中可致事無御坐候且又老公も書付添て賜り後日之證據ニ成候樣之事ハ萬々被成間敷候筈ニ御坐候一體其場之傷死人總て檢使を不申請直ニ屋敷へ引取其後懐中ゟ書付出候樣申觸候もの彥根藩人重々不埒至極ニ御坐候間是處嚴敷御詮議可被爲在義と奉存候

一十七人之もの共亂妨と可申候得共内八人尋常よ自訴仕候同意之者姓名申上御大法相待候程之者ニ候間其外水戸表ニ罷在候同志之もの或ハ上ゟ被申付候哉抔之御吟味ハ御無用之義と奉存候籔をせゝつて蛇を出もと申世話ニ申候通り餘計之御吟味有之時ハ水戸ニ殘り居候勇士忠臣之氣を動し却而事を生し候樣相成可申候扨右之御仕置ニ至り候てハ尋常ニ自訴仕候廉を以而礫刑ニ可被行を獄門と申位ニ御不愍を被爲加一等を被減出格之　御仁惠を被相示候樣御坐有度奉存候事ハ少々相違候共赤穗四十六人御預ケ中一度も評定所御吟味も無之畢竟自訴いたし御大法

を相待候者共ニ候得ハ固ゟ事明白ニ相分候始末ニ付御吟味不及故と奉存候切腹之節も陪臣之切腹ニハ檢使を不被爲付御定法之處御直參同様ニ御徒目付等檢使被下候もの不屆とハ乍申其主人へ忠義を盡候所を以て御定法ニ御斟酌付候義と奉恐察候晋之謝安ゟ事を陶侃稱美して謝公ハ法外之意を得たりと申候總て法ニ拘泥いたし候ハ凡俗之役人ニ御坐候法外之心持を以て刑人之情實を察し候所置を謝候處誠ニ仁義を盡もと可申候此度之一件法外之心持を以て御處置無之而ハ永戸御一家のみニ無之天下之士氣を損し終ニ御武運之損し候様ニ相成可申哉と奉存候

一去ル二月廿二日水戸様ゟ出奔御屆出候高橋多一郎林忠左衞門等數人ハ三日之事ニ加り不申常中納言様ニハ相背候得共御國を厚く思ひ候所ハ忠憤ニ有之へく候間召捕ニ相成刑法ニ被行候てハ惜きもの共ニ御坐候外夷御氣遣最中の世の中右等之もの共被爲助非常之節被相用候ハ、拔

群の勇戰可仕もの共ニ御坐候最早嚴敷御穿鑿被爲止候様有之度奉存候
一一橋様を御養君ニ被爲遊候様有之度と企望ニハ外夷之事御心配之折柄
御年長ニて英明被爲在候御方様何卒將軍家ゟ御備り被遊候様御坐有度
と仰望仕候就而ハ刑部卿様兼て御聰明ニて御家門様方之御中ニて御年
長ニも被爲在候ニ付世上人望之歸候事ハ七八年以前ゟ之事ニ御坐候
公方様　御養君被　仰出候後刑部様を御入申度と謀候ハ不屆ニ御坐候
得共其以前ゟ企望仕候ものニ於てハ更ニ惡意ニハ無御坐と奉存候殊ニ
福井侯ハ阿部伊勢守様御勤役中ゟ其事頻ニ被仰立候由分明ニ御坐候と
奉存候人之不仁惡之已甚亂也と聖語ニ有之通り不仁之人ニても甚敷之
を惡み候時ハ窮鼠却て猫を嚙み候道理ニて禍亂を生申候まして不仁ニ
無之者を嚴敷取扱候時ハ禍亂を求め候事ニ相成申候尾州中納言様御隱
居被　仰付攝津守様御本家御相續被仰付候節御對面ニ不及と被仰出候
抔ハ乍恐父子と御定り候間を　台命を以御隔被成候様相聞へ御政體ニ

於て恐入候事ニ奉存候依之　一橋様御始水戸前中納言様尾張前中納言
様松平越前守様一同御慎御免被　仰付候様有御坐度奉存候
一権現様ハ上杉浪人車丹波　上を覗候もの二御坐候とて露顕之後一命御
助被成候のみニ無之乞食頭ゟ被　仰付格別之御大量凡慮之及所ニ非ず
と申候得ハ火附盗賊之類之極悪人と違ひ其主人ニ忠義有之者ニ候得ハ
法外之意ニて御手心可有之義と奉存候扨水戸御家来安島帯刀茅根伊豫
之介越前様御家来橋本左内等ハ世上ニ称し候程之者ニて主人へハ忠義
ニ相違無之候間大法ニて御仕置被　仰付候ニて御斟酌之御手心被爲在
度と奉存候然る所帯刀切腹被　仰付と申條牢屋敷ニて非人首を打候由
ニ御坐候得ハ打首同様之御刑戮ニ相成候由元来御仕置附者ニ奉行様ゟ
御伺ニ相成御老中様ゟ二三等も軽く御指図御坐候由承及申候然る所帯
刀等仕置ニ限り御奉行様ゟ御伺ニ相成候處二三等重く御指図御坐候
由右様私意を以而法を御枉被成候てハ人心不服之筈ニ御坐候依之帯刀

等御仕置一件ニ付遠島追放押込相成候もの共二三等も御仕置御宥免ニ
罷成候様有之度奉存候

一今度之一件ニ付御役人様方御用心被遊御供被爲増候義ハ御無益之事と奉存候専權第一の御方をこそ目掛候義ニて既ニ本望を達候上ハ何程狂妄のものニ候とも外御役人様へ對し亂妨ニ及候義努々有之間敷譬ハ人を斬り止め刺喉を突候上ニ手の脈處腹の急所足之脈所迄刺候馬鹿者ハ決て無御坐まして御役人様方之御中少しくも水戸ゟ御怨を御受被成候御覺不被爲在候御方抔ハ尚更之儀ニ御坐候若御役人様へ不殘狠藉ニ及候節ハ　公儀を御恨申上候ニ當り候間水戸家之御安危ニかゝり候道理ハ的面ニ御坐候是しきの事は常陸士共勘辨いたし候事ハ必定ニ御坐候乍恐掃部頭様御怨申事ハ數多可有之御役人様方御努々御氣遣不被爲在候

一掃部頭様御黜被成候方々板倉周防守様大久保右近將監様鵜殿民部少輔

樣土岐攝津守樣淺野備前守樣岩瀨肥後守樣川路左衞門尉樣黑川嘉平樣御始世間評判之御方樣ニ御坐候就中板倉樣ハ御家政向御拔群ニて中國邊ニて有志之者ハ御稱美不仕者ハ無御坐候由然る處水戶樣を御惡被成候より曖昧之情を以御退役等被仰付其外御黜被成候義乍恐御私意無之とハ被申間敷候御私意ニて人を御黜被成候てハ衆怨之集り候筈ニ御坐候

一掃部頭樣御事

禁廷を輕蔑被成　天子之御舍弟樣御始近衞樣等大臣方公方樣ゟ御位重キ方を塵芥を吹如く御取除被成右ニ付而も一昨年以來刑戮ニ相成候五六十人之內天下有名之學者も有之一藩ニ臣マヽと被呼候者も有之多くハ隱刑を蒙り申候依之天下有志之者ニ於てハ盡く切齒憤怒罷在候水戶侍も此所を第一ニ憤り此太平之御代ニて右樣罪人夥く出來候事權現樣以來無御坐候古語ニ人盛勝天天定而亦能勝人と申候扨掃部頭樣御盛之時暴

虐を縦ニ被成候人盛ニして勝天之勢ニ御坐候所有志之者ハ何卒天定而人ニ勝候時可有之と内々申居候處夫故三日之事を承り水戸之勇士快能事をいたし候と喜候もの餘多有之候右様怨憤之集り候掃部頭様御一人ニ止り候間外々御役人様方努々御用心ニ不及義ニ御坐候

一天保之時ニ鄙賤之者御役人を怨み申候迄ニ御坐候間御敗ニ相成候時石擲ニ止り申候此度之義ハ有志之士憤怒ニ不堪候間及傷ニ及ひ申候怨甚敷時ハ怒ニ至と申候此度之義ニ御坐候然ニ此節水戸表ゟ御府内へ御家中出候事殊之外六ヶ敷被仰達彦根ゟ武器人數夥敷参り候事ニ御坐候得共一向御構無之段御偏頗之様有志之者存申候大學ニ其之所哀矜而辟焉其之所賤惡而辟焉ト有之通り水戸様之方ニハ其賤惡せる所ニ於テ辟もるの御氣味有之候此度之事御處置次第ニて治亂之界ニ相成候間公明正大無偏無頗之御沙汰ニ及候様所仰望ニ御坐候

右申上候内ニハ道路之流言等交候事實相違候義も可有之事ニ御坐候

得其下情之處御聽ニ奉達度思召をも不相顧乍恐言上仕候以上

異事

日本軍艦當港へ著船之次第。其指揮役其外役人上陸之事サンフランセシヨ都ノ役人等アタムラール木村攝津守ニ應對幷日本人市中徘徊之事

一金曜日ニ新聞書ノ刻所ニ至リ望ムニ日本人捻仕掛ノ蒸氣船灣內ヨリ港內へ乘來リ居ル其樣中柱ノ上ニ國印シ總白ノ眞中ニ朱丸アリ又檣柱ノ上ニハ白キ五角ノ赤丸ノ旗アリ是ハアダムラールノ旗ナリ右軍艦ハ極穩ナル走リ方ナレドモ日本大帝國使節ノ乘組タル船ヨリモ先へ來ル後船ハ彼國二月十一日出帆合衆國ノ蒸氣軍艦ホーハタン船ニテ來ルヨシ船著ヲ日々待居ル又捻仕掛蒸氣軍艦感臨丸ノ我國ニ來リシハ彼國最初ノ船ナリ但シ日本ハ鎖國トシテ他國へ船ヲ出ス事ヲ許容ナキト有シニ實希ニ

珍ラシキ事也此船ホハータンノ著スル迄待合セ居リ而テ使節ノ著セシ左
右ヲ以テ歸國ナストイフ其船中ニ合衆國船將フロック幷ニ役人カン水
主九人ハ合衆國ノ小船ヘ子モハクワ船名ニ屬シ數ケ月以前ニ日本海濱ニ
テ破損セシ者トモナルニ此度便船セラレテ乗組致シ水夫ノ助力ヲナシ
ナカラ當所ニ來ル日本軍艦感マヽ臨丸ハレ、ヨマチ町著船場ノ沖ヘ日暮前ニ
碇泊ス當港市中ニ於テ珍ラシキ事トテ遠見群ヲナス。日本軍艦感マヽ臨丸ハ凡
ソ三年程以前ニ大日本帝ノ爲ニ阿蘭陀國ニ於テ製造シ斛數オランタノ
二百五トン價ドラール七万枚其大炮ハ船ニ過テシーユヱフル炮名四挺ホヱ
ツチヤ同上一挺モルチル一挺。三十二ポント六挺。十八ポント四挺ヲ備フ此
船ノ司ハアダムラール前文ニ云フ長キ名ノ人船將勝麟太郎此人ハ大旨航海中不快
キャプクン萬次郎助役ルテナント佐々倉桐太郎。オキヨモシ勇平。勇次郎。
小野友五郎岩吉蒸氣器械頭取肥田濱五郎。古瀉マヽ健次郎蒸氣部屋役人四人。
醫者三人水夫七十人ナリ但石炭ハ九日分積込ミ蒸氣ヲ用ルハ船山ヲ去

ル所迄トイフ航海中ニ濕氣ニテ惡キ天氣ニ出合フトイヘドモ終ニハ快ク悠々ト凌キ其中或日一日帆ニテ彼二百里走リ著後ニ於テ亞國ノ水夫共ヘ航海中助力ノ骨折代トシテアタムラール木村攝津守ヨリ立派ナル金ヲ與フ。而メ昨日數多ノ役人日本船ニ參リ又今日モ同樣數人參ル其推參ノ者ハ日本人ヨリ叮嚀ナル挨拶ヲ受ケ喜ビ斜メナラズ此時日本船中ノ水夫ドモニ於テハ推參ノ人ヲ珍ラシキ風俗ト思ヒ。又亞人ノ方ニテモ船中凡テ珍ラシク見エ水夫ハ奇麗ニシテ健ニ働キ且頓智ヨク悟リ早ク船ハ規則正クシテ奇麗也又船中乘組亞人ノ說ニ水夫ハ遣ヒ能クシテ働キ宜シ。去ナカラ海上ニハ不鍛鍊故カ日本出帆最初ニハ交代當番ノ役割ナク而テ風雨ノ夜トイヘドモ船足ヲ留メ居ル時ハ危難ノ思慮ナシ併惡シキ天氣ノ續ク故ニヤ乘組一同多分ニ疲勞ス彼等皆能ク此度ノ事ニ就テ乘船ノ法則ヲ覺ユ。又船中ニ於テ見ルニ佛道ノ拜禮ニ似タルモノ更ニ無シ。而メ役人方一同ノ衣服ハ黑キ絲ヲ以テ撚リタル羽織ニテ裾廣キ袴ヲ著ス是モ亦同シ類ノ品ナリ履物ハ美麗ニテ寛カナルサンタル草履ヲ履キ。又端物ノ切ヲ以テ羽織ノ肩ト肩トノ間ニ付タルモノハ役號幷ニ官職ト見ユ人々皆替リテアリ亦役人一同ハ塗物鞘ナル刀ヲ二本ツヽ差シ用ヒ。又一同頭ノ毛ハ念ニ懸ス價ヲ不論シテホメツン付鬢油ヲ用ヒ頭上ニ撫テ揚ケ結ヒ置ク。凡テ其人々ノ衣服ハ清朝人ノ福貴ナル者ノ服ニ似ルトイヘドモ亦亞人ノ風俗ニモ少ク似タリ。亦アダムラールハ頭上ヨリ足ノ指先ニ至ル迄貴人ノ相貌アリ彼ガ官職ノ威光ト見エテ數多ノ家來ヲ仕ヒツヽ日ヲ暮ス其家來ノ者ヘ何カ命ズル時ハ頓首シテ令ヲ受ケ。又下輩ヨリハ直談ナク重役ノ者ヨリシテ取次キアダムラールヘ申シ通ズ故ニ船中凡テ規則正シキトイヘドモ惜キカナ諸役人幷ニ水夫ドモ一同ニ蘭語ヲ用ヒタリ按スルニ日本人ノ食料ハ米幷ニ魚ハ胡麻ノ油ニテ煮揚ケ食フ野菜物ハ乾シ幷ニ漬物ニス。又茶砂糖モ好ク用ユ亦粘ノ如キ柔カキモノモ堅キ物モ能ク馴テ自由ニ箸ヲ以テ喰フ又食スル臺及ヒ腰掛等ハ日本人ニ於テ不用ノ故カ其器ナシ乗組便船ノ亞人ハ船將部屋ヲ借リ請ケ馳走セラレ。亦アタムラール木村攝津守ノ居間ニハ合衆國ノ大棟梁ブカナン人名ノ像ヲ紙ニ寫シ懸ケアリ金曜日ノ夕暮役人ノ内數人上陸ス併シナガラ高官ノ者ニハ無シ。彼等キヤフ。ロツク人名幷ニ其人ノ朋友ニ市中ヲ案内セラレテ歩行シインタ子シヤトイヘル茶店ヘ參リ其所ニテ料理ヲ食ス其者ハ汁肉及ビ鳥類種々ノ品ニテ氣味惡ナガラモ能ク喰ストイヘドモ亞國ノ匕熊手等ヲ箸ニ替テ持用ル所ニ至テハ馴レザルノ故カ小兒ノ匕熊手ヲ持扱フ如クシテ笑カシ其後時刻過テシヤウフトイヘル菓子屋ニ參リ亞人ノ喰スル雪菓子ヲ食ス雪菓子ハ氷ヲ卸シテ砂糖ヲ交ヘタル物ナリ而メシハバイジヤ役人ヤン人名幷ブロツカン人名ト此兩人インタ子ジヤナル茶店ニ於テ待受ケ面會ス時ニ日本人市中ヘ格別ノ禮ヲ述ベタリ

都ノ役人應接之事

一日曜日ニ於テブラジタント役名チシメカ人名シババイシヤ役名ヤン人名ゲイ人名

テナン人名ブロック人名其外都シャンフ《ラカ》ンンセシコノ役人相揃ヒ日曜日ナリトイヘドモ禮ヲ厚クシテアダムラールヘ推參シテ到著ノ祝ヒヲ述ルトテバッーラニ乘組至リシ時日本軍艦ニ於テ立派ニ祝炮ヲ發セリ故ニ又此方ニテモアタムラールノ為トシテ祝炮ヲ發ス其後上陸ノ儀ヲ進ム此談判密ニシテ法談ノ如シ是ハ日本人ヘノ應接ヲ禮儀正シクスベシトナリ良暫シテアダムラール著服ニ及ブ按スルニ此間脱文アリ終ニ木村攝津守ニ告シメテ云クチャメシカハ都内ノ高官ノ者ニシテゲータ人名ハ我ト同官又ヤン人名幷ニテナンモ同シトイフ是ニ依テアダムラール終ニチャメシカ人名ト同船シテ上陸ノ事ヲ許ス。ゲイタ人名其外人ハ別船ニシテ上陸ト決ス。又シユババイシヤ乘ハ日本ナレバ二本帶刀ノ役人ニシテ共《其カ》餘ハ皆家來同様ノ者ハ各陸ニテ待受ルヨシヲ告ゲ知ラシ其後尙又殊ナル催シヲ告テ上陸ノ事全ク決著スアダムラールトチャメシカハ同船其餘ノ家來ハ別船シテ八ツ時ニレ、ヨトイフ船場ヘ上陸。夫ヨリアタムラールチャメシカ二人

ハ同列ニシテ車駕籠ノ待受所マデ進行、マタ其餘ノ者モ跡ヨリ上陸シ是
又同シク別駕籠待受所迄ヲ歩行ス。此駕籠ハ日本人ヲ重ク取扱フ爲ノ設
ケニシテ其所ニ至レハ直樣駕籠ヲ走ラシテインタ子シヤナル茶屋ヘ招
ナシテ客ノ間ニ案内シテ通辯官ヲ以テ種々ノ談話ニ及フ其間ニカブナ
役名ニテカリホ子ヤ國チ支配スル者也ト子人名市中ニ出張シテ有シカ早クモ此茶屋ヘ來ル但
シ日本人ノ存意ニハ斯ク輕々シク無官ラシキ者カ此國ノガブナ役名ナラ
ントハ思フマシサレト若シ異ナル事アル時ニ守役ノ軍勢ヲ引率シテ正
シクシテ來ラハ其官職ハ知ラルヘキナリ扨ガブナ役名ハ只一人シテ來リ
ナガラモ亞人ハ皆重ク取扱フ而シテ後初對面ノ應接モスミテ後ハガフ
ナトアタムラールトハ互ニ快氣面前ニ顯レテ坐シ居レリ其後アダムラ
ールハ通辯官ニ告テ御船咸臨丸ヲ修覆場ヘ乘廻シテ損傷ヲ改ル事ヲ乞然ラ
サレハ安堵ナシ難キヨシヲ告ク而〆酒宴數獻之後茶店ヲ出ルニ一同以前
ノ如クニ駕籠ナリトイヘドモ別テアダムラールトガブナトハ同與ノ駕

籠ニ乗シマンタゴミレ町ヨリプライセヘンノ表立タル茶屋ノ近邊及ヒ寺々ノ境内ヲ通リ抜ケテ蒸氣船製造場ニ至リ珍ラシククンショボレシ船號トイヘル蒸氣船ノ新造ヲ見物スレンコン小岳ニ登リテ美ナル山川ヲ望マシム其時日本人何ヤラ詩歌ノ如キモノヲ誦ストイヘトモ堅クシテ解シ《難シ脱カ》・夫ヨリ又亦車駕籠ニ乗シテウヘ町ヲ通行ナシテ都府幷港内ヲ眺望シナカラインタチシヤナル茶屋ニ戻リ晝飯ヲ食シ夜ニ入リテ茶店ヨリ船乗場迄ノ所ヲ行列正シク行クニ日本ノ提燈ニテ美麗白晝ノ如クシテ夜五ツ半時ニ歸船ス

日本人ノ續キ

正九ツ時亞米利加ノ國印シテ日本蒸氣軍艦感《マヽ》臨丸ノ表柱ノ上ニ引上ケ合衆國ヲ祝シテ廿一發ヲ放ツ又引續キアルカソレーシ島此所臺場ナリニ於テ日本ノ國印シテ引揚ゲ返禮トシテ同廿一發ヲ放ツ今晝後日本ノ役人キヤフクン《タカ》役名フロツク人名トメシタカン人名此人ノ名ニ依《マヽ》テカーニ河トイヘルガアケ高名ノ人ナリト同道

シテ船造リ場ヘ往ク彼等皆其事ニ志シ有ル者共ナリ暫クシテ日本人ニ別ル。但シ其一ハ右新造船ノ器械幷ニ材木ノ大小ノ寸尺ヲ測リ取ル定メシ日本ニ於テ船造ノ諸道具等アラバ此新造ニ似タル船ヲ造ラン志シニテモ有ヘシ又彼等シヤンフランセシコノ器械所船造所鐵ノ細工所等ヲ一見セン事ヲ乞フ問答ニ云日本ニテモ追テハ右樣ノ船ヲ製ナサン其時ハ却テ亞人ヨリモ宜ク製造スベクト思ハル丶ナリ又日本人ニ珍ラシキ咄シアリシバイシヤ乘ヨリ入湯ヘ案內ヲ催ス是ハ彼國人永ク航海ノ勞レヲ休ンカ爲ニ案內ノ時ニ至リ日本ノ役人是ヲ辭シテアタムラール木村攝津守ノ入湯ノ後ナラテハ參リ入ル事難シトイフ禮義正シキ國ト知ラレタリ又日本ノキヤプタンハ立派ニシ勇々敷キ姿ニシテカナル亞人役名フリマンタ人名ニ能ク似テ唯彼カ眼ハ黒ク勝レタレドロハ少シフリマンタヨリモ劣リテ見ユ。又アダムラールハ船乗水ニ一ノ數ニアラス國ノガブナカフナハ國ヲ支配スル奉行ナルヘク思ハル丶ニ此度ハ右役ヲ蒙リ亞國ノ

カマトーウニ比スル者故ニ差越シタリト見
明日ハ日本人亞國ノ蒸船ニテアルカツレー島臺場ナリニ參ル由其時ニ至リ
日本人ノ諸人見物ノ儀ヲ早々ニ定ム。

右ハ亞國新聞書ノ儘ニ候間名面不順等有之候

成豐十年九月十五日內閣奉

上諭恭親王奕訢奏互換和約一摺、本月十一十二等日、業經恭親王奕訢將八年所定和約及本年續約與英法兩國互換所有和約內所定各條均著逐款允准行諸久遠、從此永息干戈共敦和好彼此相安、以信各無猜疑、其和約內應行各事、宜即著通行各省督撫大吏一體按照辦理欽此

續增條約

茲以兩國有所不愜

大清大皇帝與

大英大君主合意條好保其嗣後不至失和爲此
大清大皇帝特派和碩恭親王奕訢
大英大君主特派內廷建議功賜佩帶碩等寶星會議國改世職上堂內世襲額羅金竝金額爾里郡伯爵額爾金公同會議各將
本國恭奉
欽差全權大臣便宜行事之
止諭敕書等件互相較閱均臻妥善現將商定讀增條約開列於左
○第一款
一前於戊午年五月在天津所定原約本爲兩國敦睦之設後於己未年五月
大英欽差大臣進京換約行抵大沽砲臺該處守辨阻塞前路以致有隙
大清大皇帝視此失好甚爲惋惜
○第二款
一再於前々戊午年九月
大清欽差大臣桂良花沙納

カケ目十匁チ一兩トス此節六洋銀千六十六圓ニテ我金ニ改レハ六百三十九萬六千兩程ニ當ル大略如此

大英欽差大臣額爾金、將
大英欽差駐華大臣嗣在何處居住一節、在滬會商所定之議、玆時申明作爲罷論、
將來
大英欽差大員應否在京長住、抑或隨時往來、仍照原約第三款明文、總候本國
諭旨遵行、
○第三款
一戊午原約後附專條作爲廢紙、所載賠償各項
大清大皇帝允以八百萬兩相易、其應如何分繳、即於十月十九日、在於津郡、先將
銀伍拾萬兩繳楚、以本年十月二十日、即英國十二月初二日、以前應在粤省分
繳三十三萬三千三百三十三兩、——內將查明該日以前粤省大吏經支塡築
沙面地方英商行基之費若干扣條入算、其餘銀兩應於通商各關所納總數內
分結扣繳二成、以英月三個月爲一結、即行算淸、自本年英十月初一日即庚申

如每十改圓洋一兩
此二九レ三銀兩ヶ
當萬ハテト十
ソ六我六六十
大千百金十此外
略兩三三六畜テ

鈴木大雑集四　　　　　　　　　　　　　　　　四百二十三

年八月十七日、至英十二月三十一日即庚申年十一月二十日、爲第一結、如此

陸續扣繳八百萬總數、完均當隨結清交

大英欽差大臣專派委員監收外兩國彼此各應先期添派數員稽查數目清單等件以照愼重、再今所定取償八百萬兩、內二百萬兩、仍爲住粵英商補虧之款、其六百萬兩少裨軍需之費、載此明文、庶免拏糾

○第四款

一續增條約畫押之日、

大清大皇帝允以天津郡城海口、作爲通商之埠、凡有英民人等至此居住貿易、均照經准各條所開各口章程比例畫一無別

○第五款

一戊午年定約互換以後

大清大皇帝允於卽日降諭各省督撫大吏、以凡有華民情甘出口或在英國所屬各處、或在外洋別地承工、俱准與英民立約爲憑、無論單身或願攜帶家屬一幷赴通商各口下英國船隻、毫無禁阻、該省大吏亦宜時與

大英欽差大臣査照各口地方情形會定章程爲保全前項華工之意、

〇第六款

一前據本年二月二十八日

大清兩廣總督勞崇光將粵東九龍司地方一區交與

大英駐紮粵省暫充英法總局正使功賜三等寶星巴夏禮代國立批永租在案、茲

大清大皇帝定卽將該地界、附與

大英大君主並歷後嗣幷歸英屬香港界幷、以期該港埠面營轄所及庶保無事、其批作爲廢紙、外其有該地華民自稱業戶、應由彼此兩國各派委員會勘查明、果爲該戶本業、嗣後倘遇勢必令遷別地、

大英國無不公當賠補、

〇第七款

一戊午年所定原約際現定續約或有更張外、其餘各節俟互換之後無不尅日盡行毫無出入、今定續約均應自書押之日爲始卽行照辦、兩國毋須另行

御筆批准、惟當視與原約無異一體遵守、

○第八款

一戊午年原約在京互換之日

大清大皇帝允於即日降諭京外各省督撫大吏將此原約及續約各條發鈔給閲

幷令刊刻懸布通衢咸使知悉、

○第九款

一續增條約一經蓋印畫押戊午年和約、亦已互換、須候續約第八款內載

大清大皇帝允降諭旨奉到業皆宣布、所有英國舟山兵立當出境、京外大軍、即應

啓程前赴津城並大沽砲臺登州北海廣東省城等處、應俟續約第三款所載賠

項八百萬兩總數交完方能回國、抑或早退、總俟

大英大君主諭旨施行、

以上各條又續增條約、現下

大清大英各大臣同在京都禮長衙門蓋印畫押以昭信守、

大清咸豊十年九月　十一日
大英一千八百六十年十月　二十四日

英吉利與暹羅條約

大英君主
暹羅君主、
二王咸、有意堅定兩國彼此友睦和好不絶、且欲將彼此兩邦民庶貿易曁各工修藝業勸勵安撫俾得順適優逸而整飾措理以握兩國民人要鉅可以永保無虞同具此美意所以
大英特派包玲公使大臣一員、
暹羅簡派王第功穆鑾翁沙提轆捕勒等五員、爲公堂大臣、各將恭奉
上諭及
敕賜權衡便宜行事令旨、互交驗閲、均皆妥善協適、

茲將應行諸事款、詳開條列於左、

一自今以後

大英君主　及後代嗣主

暹羅君主、

二王及後代嗣王、永遠友睦和好、凡有英民赴暹羅國土、必爲　國憲、周仝調護、俾其寓居暹羅境內、無虞危險、一切貿遷交易如意順適、並不致愛《受カ》暹羅民庶欺侮損害、如遇暹羅民人前到英境上、或各屬地、亦爲　國憲一律庇護

一凡有關涉寓處暹羅之英民、事務情節者皆歸委派駐劄暹羅棚郭都領事官、管理、該領事官、宜將本約各條並前於丙戌年英國守備已爾尼所議建定條約內有未删改各款、一切親履遵行並率英民循踏無越、凡有自今或日後定設約束寓居暹羅之英民及治理通商事款暨禁止不便暹羅法度之新章、該領事官、亦應一體照行、凡有暹羅英民相持爭論、由該領事官並暹羅該管官會同審斷、罪在英民則領事官以英例罰治、罪在暹羅民、則暹羅官以國例懲

處、惟有事專爲暹羅所係者、英領事官不得越俎與聞、有事專爲英民所關者、
暹羅官員亦無得出位干預、且議定該領事官必俟兩國各將本約

御筆批准並必待

批約之後得有英資主懸掛英旗領取英字牌之貨船十隻進口以圖貿易、方准
其赴棚郭履任、

一凡有暹羅民人承英屬僱工使令而犯法者、或有無論何項暹羅民人已犯法
綱、或有意逃去而致投往英屬家下躱避者、由該領事官查明、有犯罪或逃避
之的據、則將其人交與暹羅官憲治理、凡有英屬民人或在暹羅寓居、或偶到
貿易、因犯法而逃去在暹羅境內藏隱、俟英領事官移咨請行拿交、亦即照辦、
倘偶有華民前赴暹羅、未携有確係英屬之據、則英領事不能援爲英屬、伊自
不歸英領事官所庇、

一凡有暹羅國各口、皆准英人前往通商貿易、至於恆常寓居、惟准在棚郭都城
並在條約內議定界限矣、英民抵棚郭居住、皆准其賃地買房建屋、惟自京城

外、以四千挦、卽英四里之程爲度、英民已在暹羅居住十年以上、方准其在畿內買地蓋房、或由其人專請暹羅國憲特准者亦許之、此外凡離棚郭城以內河船挺一晝夜間行程之遠、作爲圈地、其中准購買房地園林樹木等產、英人凡有欲置買者、必先請英領事官移咨該管官憲、英官與暹羅官會議酌奪定明、英人竝無反意勦佐協辨、俾得公定議價訂確四至地界、蓋印契據交給收執永爲該地業主、其人其產、皆爲該郡及地方官所芘、凡有平常事節、該管官憲、以例令行該地主自應遵依課稅、亦必同暹羅民人一律輸納、但該英人自領地以後三年爲期、如或懈於興工或力有未逮、或緣別故致未興造、暹羅國憲仍將該地段取回、原價交還、

一凡有英民有意在暹羅居住、必赴英領事官署、將姓名登藉、若欲出口或到本約定限居住之界外、必先請英領事官轉咨暹羅官憲給照爲憑、或意欲離國而　國憲移知英領事官、指以有不便准其出境緣由、暫不准他適、惟上一條載明其應得往來之界限、向英領事官發給照票內用暹羅國字書明其人姓

名業藝年貌、繕備移請暹羅官、蓋印畫押註記、方聽其人具領、任意前行遊玩
暹羅國內、諸處駐劄官員見有英人到境、可向其索取照票驗閲、刻勿停阻、卽
放順道前往、因無照票者、致人慮其或係逃人、自應將其留止、刻爲移行英領
事官知照辦理、

一凡有英人在暹羅國居住或偶抵其地、皆准任便拜禱
耶蘇、至於禮拜堂宇有欲建立者、先行擇選地段、呈明暹羅該管官、俟查勘定奪、卽
准興造、凡暹羅民人一切充作英人司事服役百凡差使、暹羅　國憲俱不禁
止、如有暹羅人原有東主所營、而其人投英屬下服事、其原主訪知、將其索回、
亦准其仍返原主、其有英人僱倩暹羅人司事工作兩相約許、而其人原營東
主非經知情允准者、迨欲取回、由暹羅官憲審訊、則所約許作不足爲據、

一凡英師船駛入大江、准其到北灢關地方碇泊、除因船隻損壞請爲修理、應駛
行前進、由暹羅官憲自必專准者外、概不能逾越前進駛泊、如英師船係載駕
大英派到暹羅之

欽差大臣方任其直、抵棚郭、惟化拉加蔑必伯訥二炮臺前除暹羅官憲特進者、餘不准往前駛、遇河面偶無英師船駐泊、忽生事故、英領事官欲將本屬商民抑或貨船水手約束、亦可咨移暹羅官、卽應派遣兵役協同動助辨理、

一凡前道光丙戌年間定有條約、英船入口應納船鈔若干、自今玆約與行後、凡船鈔銀概行裁免、嗣後英船貨物貿易惟有起艙落載出口進口之課稅而已、其入口貨物照價值按三分抽收、如係貨物無百件內核抽三件、或按時價將貨值統核估計每值百兩抽銀三兩、如抽稅後、其貨不能銷售仍載出口者、暹羅營稅務監督官、將原收稅項照數交還、貨主至進口時倘有貨物暹羅英商因關吏議價不協應請英領事官移咨暹羅該管官會議、彼此均勻邀集英商暹羅商公同估訂該貨價值其鴉片土進口、概不納稅、至出售時、惟包攬經記頭人、或經記頭人之屬下人、方准經手承買餘人不准交易購買、倘英商與攬頭人等議價、不協不肯出售、或將鴉片土仍帶出口、一切俱無鈔稅使費、惟別行售買、干犯本制者、將鴉片土、概行全抄入官、

其出口各貨、自出產製造成時、至登載上船出口、惟納稅一次、不論落地稅海關稅、一物不重徵第二次稅銀、凡暹羅土產各物、無論由陸路下船及裝運出口、其稅項皆在附後稅冊內登記明晳、又已會議詳妥、各貨凡在內地已經納稅者、出口時不復重稅、英商購買貨物、准向該貨產造之原主直行議定交易、暹羅人買貨、亦准逕向英商訂買、兩俱無庸旁人從中居間插手、本約附後稅冊銀數俱照中國安南國船載貨到暹羅之例、凡中國安南船到暹羅、嗣後有何獲受惠益之處、英船亦一體同得、英商需裝造新船、應請暹羅該管官准行、方得與工裝造、　鹽米魚三種、如內地所產恐或不敷、應由暹羅官憲出示禁止不准運載出口、凡金銀製造器皿、出入口者、概不徵稅

一凡有後開通商章程、該領事官與暹羅官憲認眞率令遵行、如查各章程尙有未盡未周、英與暹羅兩國官員會同商議、約爲加增條款、俾倍悉遵約、凡有犯本約條例、所罰銀兩、俱歸暹羅國收理、英領事官未到棚郭履任之先、凡有各貨船管商、准其赴暹羅官憲署、面請會議諸務、以期詳協、

一凡嗣後暹羅國、另有允許他國人民及許他國惠卹之處、亦准英人同得、有加增推廣者、亦准英人增廣、

一自將本約呈請兩國
君主御筆批押定奪、以後十年爲期滿時、有英國或暹羅國需爲重加訂改者、先一年預爲聲明俾兩國各
簡派大臣會同商議據其識略意見將本條約並丙戌年定約內有未改訂之條、及稅冊章程、又或有後來增入改訂者即爲酌奪妥辦、

一凡本約各款、應繕寫英文暹羅文各一帙、文理意義皆同、兩國
御筆批押、彼此先爲分交收執、於
耶蘇降生一千八百五十六年四月初六日・卽暹羅一千二百一十八年五月初一日、是日爲始、自後卽照約施行、所有前出名之兩國
欽差大臣、已將本約條例、於降生一千八百五十五年四月十八日・卽暹羅一千二百一十七年六月初二日、繕備四紙、各加書押簽記以爲握據、

通商章程

一凡有英貨船到棚郭貿易、該船駛至淺脚寄掟、或前或後、著使地人前赴北境關上報進口單、開本船水手若干名炮若干位及由何地駛行到此呈載詳晳、並將船內所有炮位鐵彈火藥呈交關吏收貯、由關派委員一名到船一同前進、駛入棚郭都城、

一凡有英貨船不遵上列條例行、抵攬覓、未呈交砲位彈藥、逕行駛進、當即令其返抵北灘照例舉行、仍罰銀八百銖、再令其將砲位彈藥一概交出、然後開行、進詣棚郭都城、

一凡英船抵棚郭灣泊、除禮拜日不計外、著該船主限二十四點鐘內赴英領事官署、將船牌貨單呈交明晳聽候移咨海關監督、刻爲發牌開艙、然後起貨、倘有隱報虛報等弊違犯本例者、罰銀四百銖、如該船呈報後、限二十四點鐘之久、許其自查、有漏報錯悞之處、卽准再赴領事官署檢擧呈明請改、

一凡有英船進口以後、倘未請准管酌奪遵行、而擅自開艙者、或走私瞞報脫漏

課稅者、均罰銀八百銖、仍將私漏之貨物、盡數查抄入官、

一凡有英船入口之後、將貨物全行起卸、至回帆時、將出口貨物、裝載完畢、交納稅餉、清訖、將紅單、赴領事官署呈明、領事官查奪、移知管關官、復核其竝無不准出口事故、由關給與照單、另派委屬官一員、同赴北灙、將前交貯之砲位彈藥、仍行付還、准其揚帆出口

一凡遇

大英欽差大臣有不諳暹羅言語文字者、茲兩國議定條約稅則章程、以英文爲準、文理意義實解、皆在英文內閱之、可得其確據、

計開出口貨物、凡在國內、各落地稅關稅、俱不征納、惟有出口各稅款開列於左、

象牙每百斤擔餉一末	鼈甲每擔餉銀一末
牛皮、、、、、一末	藤黃、、、、、六末
海參、、、、、、三末	象骨、、、、、一末

犀角每擔餉、五十末 蓋銀ヲ脫スルナラン
虎骨、、、、五末
毛燕每百斤抽二十斤（百六十匁
沙仁、、、、六末
象皮、、、、、一末
兒茶 子卽楓 、、、二錢（二匁
箭翎、、、、二末二錢
山甲、、、、四末
浮大海、、、、二錢
降眞、、、、、二錢
苧仔、、、、一末二錢
白樹皮、、、、二錢
烏魚翅、、、、三末

魚肚、、、、三末
白豆蔻、、拾四末
牛角、、、、一末
烏皮、、、、六末
釆鷺干、、、一末
虎皮、、、、一末
馬錢、、、、二錢
玉只、、、、一末
紫梗、、、、一末一錢
甘文煙、、、四末
白魚翅、、、六末
戻魚干、、、、一末二錢
香柴、、、、二末

三班干、、、、、一末　甘密、、、、、二錢
魴魚皮、、、、、三末　蘇木、、、、、二末一錢
孔雀屏每屏餉銀十束〔末カ〕
色角、、、、、一錢　鹿肉、、、、、二錢
鹿茸價銀百末餉銀拾末　牛骨、、、、、三分七毫五
栲皮、、、、、一錢　犀皮、、、、、二錢
鹿仔皮每百張餉銀八末　紅柴、、、、、二錢
臭皮、、、、、一錢　西仔皮每百張餉銀三末
烏木、、、、、一末一錢　龜底、、、、、一末
鹿筋、、、、、四末　米每車餉銀四末

二議明後、開各貨物、照本約條例納餉、其在內地、亦照例征收、至裝載出口時、無庸重納稅餉、

白糖每擔餉銀二錢　各色豆每十二份抽餉一份

蜂蠟每十五份抽餉一份　　赤糖每擔餉銀一錢

蝦米每拾二分抽餉一分　　牂油每擔餉銀一末

棉花只每十擔抽餉一擔　　油麻每十二分抽餉一分

鹽每車餉銀六末　　胡椒每擔餉銀一末

荖仔絲每十二分抽餉一分　　萱芬即生煙每千束抽餉銀一末二錢

甘望魚脯每萬餉銀一末

三議定凡各貨物、有未經此冊登藉註記者、所有應納內地稅餉、俱照現行例征納、不得加增、已納此稅者、方准其出口、無庸重征稅餉、

鈴木大雑集

五

乙集

雑集

文久辛酉

鈴木大一

共五冊五

一昨二日英國ミニストルアールコツクゟ書簡差出申候其趣之大意を摘《ツマ》ミ
左ニ申上候

一去廿八日夜ニ午前不圖賊我使臣館ニ亂入し私共も一同右災難ニ逢しか
りしを天幸ふよりて生命を全ふする事を得たり其形勢ハ外國奉行方御
來臨なりて見給ひぬれバ直ニ　台下ニ被申上たるへけれバ今改て爰よ
記さば其概略を申さんニは賊兵三手ニ分れ三方ゟ亂入し寺僧をおひや
かし我寢室を尋たれとも敢而告さりけれハ諸品を探りてモリソンヲリ
ハンと兩人之居室よ至り疵付て遂ニ我隣室迄來りたれとも其内ふ目を
覺し起出たるを以て遂よ來りたりしふ廊下狹く鴨居よ妨れれて刀の用
法便なれバ依之刀難を免かれたり此時警衞之人達漸來りて賊兵を切拂
ひ遂ニ討取給ひて大よ戰功を顯し救ひ給ひけり去冬私共橫濱引取之刻
大君井太政官の御名を以て
大君の親兵を以て警衞しぬれハ最早殺害愁なるへくもなれしとて歸れ

しめられしに未四ヶ月に滿たは果して此度之大難なりかの賊兵等の形勢を見るに貴人にはならし大名之臣下なるへし　台下達常に説給ふ浪人無法者なと兎角使臣館之異人に災せりと右浪人抔人を殺し又自分死し身命を抛つ程之事を何之功にも爲ゐき道理なし是は其主人より被申付歟又は人に被頼歟にもなるべく就中是は水戸之人なるべし其所爲惡むべく嫌ふべし生取之者を糺明ありて萬事異國之名代にも打明給ひ政務を行ひ所置し玉へあし私共も女王の名代となりて來て旗ょ疵を被付たれは此事を國本へ申送り理非を正して後尚事情を祕し給ふ事なれは一戰にも可及候彼賊兵之所爲全ク兵戰を挑む之形なり

六月四日

西六月二日　亞墨利加公使ゟ返翰

亞墨利加合衆國公使全權ミニスルエキセルレンシートウンセントハルリスゟ

貴國七月八日附第七十號之書翰落手せり去月廿八日英國使館へ亂入せし兇徒之義ニ付色々被申越右者此方ニも尤氣之毒ニ及ぶ所ニして將來之所置等彼此心配せし折柄其許ニも面會相談及度所なるハ來書之旨ふ從ひ速ニ面晤いたし度來ル四日我九ツ時前西洋第一時對馬守邸宅へ被相越候樣いたし度候猶其節萬縷可申談候拜具謹言

文久元酉六月二日

久世大和守花押

安藤對馬守花押

同六月五日英吉利公使へ返翰

貌利太尼亞格外公使全權ミニストル、ルーセルフヲールトアールコックに

貴國第七月七日附第五十貳號之書翰落手披見貴國本月五日之夜數多之兇徒其使臣館へ忍入亂妨及ひし義ニ付件々被申越且即夜警衞諸士并番兵之者等死傷等之危難ニ及ふまて奮勇苦戰せしこといへとも其許始メ附

屬之士官等危難其生命に及ハさりしは全ク天幸ニして初發兇徒之館内へ忍入し頃ハ護衛之者等曾て覺知せさる由議論之趣無謂とは思ハされとも我等ニ於て曾て其邊之懸念も少からさるにより最早新に護衛之者を命せしに其境内而已ならす館内へも相詰爲置度旨申入るといへとも其許肯て承引なけれハ暫く其意ニ任せしに遂に今段《般カ》之危急ニ及へり尤從來護衛之者等へ不慮《本ノマヽ》之成功ニ任意すへき段は我等常々嚴重ニ命し置るとなれバ以後護衛之士を館内へ差置事も領諾有之度神奈川ゟ貴國軍艦を被呼寄其兵卒を以我護衛之者へ加へられ有助となされし段は心入之事なれとも間近く刀鎗を以て刺撃するさへ互ニ熟知せさる時ハ過誤なしとハいひかたきに砲銃の遠きに利ありて且其力强大なるからときハ一旦事あるの際に臨み言語通せさる所ゟ貴國之兵卒等兇徒と衛士とを識別する事不能自然如何樣之過誤に及ハんも難計却て是か爲に防禦の手筈を失ふに至らん歟と懸念之筋不少れハ右兵卒ハ差戻され候樣い

たし度且今度亂入せし者ハ只一己之念慮ニ出で竊に是を主使する者なるべき旨申越さるれと兼ても申入れし如く身柄之者にても開港初頃迄ハ外國と條約取結ひしを甘んせさる族なりし趣も聞へしゟ追々政府の處置ニよりて今ハ絶てなるとなし唯下賤之輩鎖國之爲に拘執し頑固之情に一己之偏見を主張し身をも命をも不顧ものともの所爲に起る所なれハ年月の久敷を待されハ其氣質を變化せしむる事かたきハ此上《本ノマヽ》談判之節申聞置し事ニて既ニ了解なられしあるべし就て者猶巨細申入度事件もなりと雖も譯文等之手數速にハ行屆かたく返翰を差急るゝ趣あれハ先ツ概略を演述して答及ぬ件々之事情も猶跡に可申入候得共書中にてハ其事を盡し難ニ付不日面晤ニて萬事詳悉せんと欲す此段答書旁申入候拜具謹言

文久元年六月五日

久世大和守花押

安藤對馬守花押

同六月六日英吉利公使へ書翰

貌利太尼亞格外公使全權ミニストル、ルーセルトアールコックに

以書翰申入候去月廿八日夜無賴惡徒十四輩亂入せし時不行屆之儀も有之趣被申越氣之毒之至りニ候乍去其使臣館護衛之爲附置るゝ大君之親兵を始警衛諸家之藩士何れも力を戮せ防禦接戰及ひ親兵之內六人藩士之內三人者痛手を負既ニ其親兵之內ニも翌日死ニ及へる者有之程之義其他淺手を負へる者數輩ニ至右等ハ其許ニも目撃せられし事なれハ今別ニ詳審せるに不及と雖畢竟其許等之爲ニ斯迄力を盡せし故亂入せし者之內三人ハ其場ニ殺傷し一人ハ疵爲負捕押へる事を得たり猶其殘黨之內三人品川驛旅店へ取隱候得共手配相屆候故難逃候哉ニて自刄及ひ二人ハ卽死せしかとも一人ハ未タ死ニ至らさる間捕押し者共一同一ト通相糺せし處何れも常州邊之浪人之由ニて別紙拾四人連名之書付を懷ふし互ニ堅く黨を結ひし趣に相聞卽時嚴敷鞠問を遂け度なれとも疵所

療養ニ障り萬一死失せる時ハ吟味之手段を失ふの恐れあれハ即今厚く治療を施し平癒を待て嚴敷相糺し事情明了を得者賊巣捜索之術ハ十分施易かるべし尤も逃遁之殘黨者即今百方手を盡し其筋々へ命を下し專ら手配をなせしなれハ兇徒捕獲之報告を日夜待ッ所也勿論去春我元老出仕之途中ニ待受亂妨及ひし惡徒等逃竄人數井姓名等迄巨細相分居穿鑿方を盡せと雖も更ニ其便を得ず當春ニ至終ニ其一人を捕獲せし而已なれハ今般之賊徒も今より豫しめ捕へ盡へきとの事ハ必とし難けれとも前ふも申演る如く追捕之手筈を盡しぬれハ定て其效空かる間敷と思ひぬ先きふ返書を以て申入し趣もあれとも猶此顚末を繼述して護衛之士面々用意等閑ならは且常々我政府の注意淺からさる段諒察を乞ふ尤過日外國奉行俱々宿寺內締りのヶ所々々一件《統カ》商議之趣も有之奉行ゟも件々引合及ひ粗整頓ニも至れる哉之由なれとも右者一時之取計ニ付猶後來之警衛筋先奉行ゟも追々其許ゟ見込をも相尋夫々所置及ふへけれ

とも此程も申入し如く館內へ護衛之士不差置候てハ十分之警衞ハ行屆間敷ニ付以來ゟ館內之護衞之者差置候儀領掌ゞ有之度其他猶面晤に盡さんと欲もをハ來ル八日九日之內九ッ半時過西洋一時二時之間對馬守邸宅へ參らるゝ樣いたし度依之別紙書付相添此段申入候拜具謹言

文久元酉年六月六日　　久世大和守花押

安藤對馬守花押

別紙者東禪寺亂入之輩存意書幷右人數書等添重複ニ付略之

シーボルトゟ書翰差出申候其趣ゟ此度之東禪寺一件ニ付御大名樣方へも御觸渡有之可然段申出候右御觸案文差出申候其文意ゟ通信交易之條約取結候上ゟ其國々ゟ帝王之名代として互ニ尊敬いたし若し是ニ敵對仕候得者則其國之帝王に敵對仕候と同樣之義ニ付嚴刑ニ被行候趣なり元來交易ハ有無を通し候事ニて日本國ニ者大ニ利益ニ相成候其故ハ每歲生し候物を出し金銀を日本國ニ取込候故也大名之臣下右使節ニ對し

狼藉仕候臣下之國へ兵を起し打懸可申候其節者公邊ゟも御差留ニ相成不申候左候得者獨立同様ニ相成忽ち亡ひ可申候是等之趣御觸渡有之可然段申出候

此度東禪寺へ浪人共夜討仕懸候義ニ付英國ミニストルゟ長文書簡貳通和蘭コンシュールゼチラールヰホンシーホルト等ゟも書簡差出申候亞國ミニストル者閣老方江御逢之義願出候

英國ゟ差出候書簡主意を左ニ申上候

我英國女王使臣館ニ者英國女王之國旗有之私儀女王之名代ニ御坐候右館内へ夜討を仕懸候既ニ私も賊兵ニ被討取可申處幸ニ暗夜ニて賊兵共勝手不案内ニ付漸相遁候時ニ至り御用出役之兵救來候得共私活命者僥倖ニ御坐候國旗有之候女王名代之館内へ夜討仕懸候得者即英國女王へ敵對仕候同様ニ御坐候右賊兵之根本御正被下嚴刑ニ御行有

之候歟右賊兵御捕御渡有之歟兩樣之內ニ無之而ハ英國之旗に疵を被付候間此段英國へ申送り大軍を以此恥辱を雪き可申候元來賊兵を浪人無宿者抔と御申聞御坐候得共彼等も日本人ニ相違無之候得者我方ゟ見候節ハ日本ゟ即敵國ニ付御答次第合戰之上彼等を始悉く討取可申覺悟ニ御坐候急速御答承度段申出候又賊兵誓詞書幷四人白上之口上御送有之樣申出候日本ゟハ陸之警衞計ニて水軍之備無之ニ付橫濱ニ來居候軍艦呼寄海上之防禦幷宿寺警衞をも申付置候

和蘭ゟ指出候文意も大半同樣ニ御坐候得共少々相違有之申候元來日本ハ世界萬國之所置と相違他人を殺し己も死し候ても是を刑し是を探索等之義無之且萬事祕し候事のみと相見申候私義ゟ國元へ引取國王へ此段申出候上此度之所置相濟候由申聞候迄ゟ再び日本へ參り不申との趣申出候

六月六日

八月廿一日阿蘭陀コンシユルへ返翰

阿蘭陀コンシユルセ子ラールエチセルレンシーイカテウキツトは

貴國第八月廿九日附第貳百四拾五號之返書落手披見丁抹《デネマルカ》と條約取結之趣及斷候ニ付再應申越されし議論之趣其意を了せり然處毎々も申入し如く近年西洋諸州と條約取結し以來品々人心不折合ヲ生し既ニ各國條載せる所の兩港兩都開市延期之義をも各政府へ申入れし程之事なれハ此上他之國々之《とカ》條約取結なも眼前何様之患害を引起すへき哉も難計けれハ方今他之國々と新ニ條約取結せさる段西洋諸政府へ觸達し置度旨前年貴國のコンサートスを以て其政府へ申入れし而已なれは近年同様之主意を以亞國公使エキセルレンシーハルリスにも猶諸政府へ觸れ達し方申入し程なれハ今更丁抹と條約取結置なも第一右之諸政府へ對し不都合而已なれは今後他之國々ゟ條約取結の爲メ使節等指越せし節斷り方ニ於て辭なく且ツ我政府自らも其意《言カ》を食むの理なれハ申越されし

議論之趣其許ニ取てハ謂れなき事ならねと我方ニ於ても不得止のいときなれハ此上西洋各國と條約取結ひ之義ハ断り及へるニて其許國元ゟ全權之書札を到來せられし頃ハ右各政府へ調《觸カ》達之義未タ行屆かさる内との趣なれとも方今ハ定めし夫々行屆し事なるへしされハ丁抹於ても既ニ我政府の主意を領せしなるへけれハ我等ゟ再應申入れし断り之趣を以て尚其許ゟ同國政府へ委細申通しらるゝ様いたし度此後右様之義ニ付如何様論辯有之とも迚も其意ニ同しかたけれハ無益ニ文筆を勞せられん事なきを望尤今より幾回の星霜を經し後の模様等ハ預しめ申入かたく此段再答如斯候拜具謹言

文久元酉年八月廿一日

久世大和守花押

安藤對馬守花押

七月廿五日英吉利公使へ書翰

貎利太尼亞格外公使全權ミニストルエキセルレンシールーセルフヲールアールコックへ

貴國八月附第六十一號之書翰落手別紙姓名簿載るゝ所之者へ一謝を述られんか爲め其公使館へ招るゝ趣懇親之情委細領承せり然るに傷創未タ平癒ニ至らさるものもなれと全快次第一同招キに應せしむへし且禮謝を表せられける爲メ贈り物いたされんとの義者過日神奈川表ニ於て酒井右京亮ゟ委細申入れし趣に心得られ強て配慮されなき様いたし度候尤此方ニ於て戰鬪之功委細取調及ふ之處其夜格別之働キならされな るものハ別紙名前之ものともまて其許申越るゝ所と稍異同なれハ爲念返書旁申入置候拜具謹言

文久元酉年

七月廿五日

久世大和守花押

安藤對馬守花押

別紙

御目見以上 小十人雄五郎養子 天野岩次郎

御目見以上 小普請於菟次郎總領 今井善十郎

同 小十人 澤井槇之介

同 新御番瑛之介總領 河野寅吉

同以下 小普請亥之介悴 中尾祐太郎

同以上 同 深津彌太郎

右外國御用出役

石川治介

上原瀧之介

御目見以下 大御番同心庄左衛門悴 江幡吉平

同上 御書院番源吉郎弟 柘植鉄吉

御小性組虎之介伯父 安藤鋭次郎

同 小普請勘五郎弟 北條薫三郎

同以上 大貫増吉

川邊助十郎

谷津鉀之介

小村富治
八十島惣介
中村伊三郎
山口民之介
野村寅藏
横地豐三郎

右松平時之介家來

右人名之順序者働之甲乙ニて錄之身分階級ニ非ᄌ時之介家來も同樣之事

英吉利人ゟ差出候名前書

死 江幡吉平
重創 中尾祐太郎
輕創 大貫增吉
輕創 河野寅吉
天野岩次郎
柘植鉄吉
今井善次郎
本庄幸之介
松平久米次郎

右親兵

輕創　上原瀧之介　　　　同上　與吉豐太郎
重劍〔創カ〕　阿部助十郎
右松平時之介家臣
中山主水　　　　　　深津勇太郎
木多幸吉郎　　　　阿部勝之介
青山角之介　　　　能勢銀次郎
安藤鉞太郎　　　　筒井勘助
右八人者創者至ゑさを共大戰こたり

英吉利公使へ返書
貌利太泥亞格外公使全權ミニストル　ヱキセルレンシー　ルーセル
フヲール　アールコックは
貴國八月廿六日附第六十六號之書翰井繪圖面共落手ミニストル館地所

之義ニ付申越さるゝ趣逐一承知せり右ゟ先般中ゟ兩度迄も其許外國奉行同道ニて實地見分談判被致候趣もなりて彌右地所ニて異存無之趣ニ付委細　大君殿下へも言上せし所速ニ許容有之候間別紙圖面朱引之全地中へ我條約濟國々之使臣館可取建積なれハ其心得を以て地坪とり方之義ハ各國見込廣狹次第各ミニストル等へ打合せ不都合無之樣應接可被申越候將同所借地代之義ハ百坪ニ付一ヶ月金壹兩宛ニ一定せんとも且普請之義ハ兼て申聞ゑるゝ通り此方ふ取補理貸渡之積取計可申普請出來之上ハ總入費十分一之割合を以賃借料として年々差出さるゝ樣いたし度候就而ハ右普請其外諸事取扱方勘定奉行松平出雲守外國奉行水野筑後守鳥居越前守目付松平備後守江委任いたさせし間右等引合筋ハ同人等へ無伏臟被申談候樣存候依之別紙圖面へ坪數間數相加へ此段答書旁申入候拜具謹言

久世大和守花押

文久酉年八月十二日

安藤對馬守花押

亞墨利加合衆國全權ミニストル　エキセルレンシー　トウンセント

ハルリスに

以書翰申入候別紙繪圖面朱引之地所ヲ條約濟各國使臣館建造之地と取極申度右ニて違存者無之哉且貴國ミニストル館取立ゑさ度場所其許見込如何可有之哉各國之中廣狹異同も可有之ニ付外國職等ょ被打合不都合無之樣坪數取極可被申越且右最寄海面へ波戸場一ヶ所取建小船出入を便ニし其外館外之周圍へハ塀牆等取設け候積り將同所土地代之儀ハ百坪ニ付一ヶ月金壹兩宛之積ニて右總體普請等之義英公使ニ者此方ニて取捕〔補カ〕理有之度旨申聞け候間其通取計右普請出來之上ハ總入費十分一之割合を以賃借料として年々差出し候樣打合置候得共貴國ニてハ如何被致候哉承り度若當方ニて取建候義ニも候ハヽ、圖面早々被差越候樣致

度尤右普請其外諸事取扱方勘定奉行松平出雲守外國奉行水野筑後守鳥
居越前守目付松平備後守へ委任いたさせ候間前書引合筋ハ同人等へ無
伏臓被申談候様存候依之別紙繪圖面相添此段及打合候拜具謹言

文久元酉年八月十二日

久世――花押

安藤――花押

阿蘭陀コンシユルセ子ラールヱキセルレンシーイカテウヰットに

同文言

佛蘭西全權ミニストルヱキセルレンシートセンテヘレクルに

同文言

本文朱引之所ハ阿蘭陀佛蘭西へハ除之

於兵庫外國奉行竹本圖書頭英國ミニストルアールコック英國領事官

兩人と應接之大意

以下各條竹本又ハアールコックト認ムベシ

竹本
其許モス一件ニ付支那へ被參候用向相濟候哉遠方之處大義之事ニ候

アールコック
右モス一件分明ニ相分無滯相濟申候
扨此度拙者を態々當地へ被遣候者其許兵庫一見爲談判并海路ゟ被歸候樣相談可致旨被仰渡罷越申候
前日長崎ゟ以書簡申上候通陸地ゟ歸府仕候樣決心仕候

左も可有之候得共人氣騷敷時節ニ付日本政府ニて者甚心痛有之且拙者江戸表出立前浪人共多人數ヒストルを求め京攝へ赴候樣風評有之候　大君殿下ゟも大ニ被遊御心配急ニ拙者を被遣右之事情能々被致推察當地ゟ船ニて可被致歸府候

元ゟ私職分ニ於て陸行可仕之道理候間陸行相願申候最早右之心積ニ仕居候間是非東海道ゟ歸府可仕候

右様被申候を差止候ゟ斯親睦之上不慮之義出來候てハ却而事を破可
申候前日も浪人體之者兩人堺奉行手ニて召捕申候之間甚致懸念候
　夫ゟ如何なるものニ候哉私共を付ねらひ候哉
何も付ねらひ候證據も無之候得共右士之義を政府ニて甚心配仕候
　右様之者御取鎮無之ゟ日本政府權威なき故也速ニ御取鎮可被下候
　私ゟ萬一不慮之義有之候ても私一身之事ニ付是非東海道ゟ歸府仕
　候
其許被申候も一理無之ニも相聞不申候得共兩三年前迄鎖國ニ候得者
未タ鎖國之餘風貳分通殘居申候然らハ大坂ゟ奈良江出伊賀越ゟ東海
道を經て歸府可被致候先其趣者取計見可申候
　京都江者通行出來申間敷哉
京都者此節　姫君様御下向ニ付神社佛閣抔へ爲御名殘御參詣ニて萬
事不都合なれハ此度ハ可被見合候

左候得者乍殘念此度ハ見合可申候
右樣應接相濟申候只京都を御差留之　思召ニ御坐候得共最初ゟ京都を
申出候てハ彼等迚も承諾不仕候間右樣御說解之樣子ニ相見申候
五月廿二日
右アールコック儀明日歸府仕候樣子ニ御坐候

對州表魯西亞船之義承り候處始魯船參候哉否對州人棒を以打候より起
候事ニて對州之方却而暴なる樣子ニ御坐候元來對州ゟ日本人參り候て
も上陸爲致不申趣ニ承り申候魯人之主意ハ英佛より不遠內對州近地へ
兵を出し可申ニ付先魯國ゟ測量等いたし置對州邊へ兩三艘宛舟を出し
兩國ニ彼地を不被奪樣仕度積ニ候樣子御坐候對州侯夷人へ御逢之義家
來共折合不申相止候樣申事ニ御坐候右船ゟ不遠江戶へ參り可申樣子ニ
相見候樣承り申候軍艦、《マヽ》艘品川沖へ入津仕候英國軍艦ニて東禪寺へ止

宿仕候ミニストル爲警衞參り候樣申事ニ御坐候右船將同道ニて御老中へ御逢願出申候

近年海外不穩時勢ニ付異人共萬一近國致亂妨等之節賴談之向も有之候節任其意可盡信義ハ勿論ニ御坐候得共自然右體之趣ニより候てハ兼而之規則第一長崎表御警衞嚴重手當之外猶又急速人數船等指配且領海手廣大洋を引受居候事ニ付私おゐて御國體ニ拘り候次第ニ付夫々海軍手當向嚴重手配不仕候てハ不相濟候儀ニ付乍心外近領ゟヽヽ心得ニ御坐候尤判談筋迄ハ迚も難行屆及斷候心得ニ御坐候尤時宜ニより餘り有之節ハ取計方可有御坐候得共相心得第一長崎表手當之筋幷領海手配等之義猶又重疊ニ入候樣國中末々迄相違置候心得ニ御坐候得共右等之趣無乾度御內慮を以奉伺置候樣國許ゟ申越候以上

五月廿四日

松平美濃守內
大野小辨治

右久世殿へ指出候事

五月廿一日

小笠原信濃守届書

口上之覺

先月廿八日異國船壹艘西海ゟ領海蘇《本ノマヽ》島沖へ通船長州六連島へ繋船仕候

一同廿九日右蒸氣船一艘長州赤間關へ乘行無間も乘戻殘一艘を引一同赤間關沖繋船仕候

一同日異國船蒸氣船一艘西海ゟ領海通船是又赤間關沖繋船仕候

一去ル朔日朝右異船ゟ異人八人ハッテイラニ乘組私領分門司浦へ乘來致測量乘歸候處無間も赤間關ゟ異船貳艘乘來同浦へ繋船仕候

一同四日右異國船四艘之內三艘上筋へ向出帆內壹艘者卽夕乘戻同浦へ繋船仕候

一同五日内一艘出帆長州福浦前繋船其後領海大橋川口洲先碇泊仕都合貳艘繋船仕候

一同日夕蒸氣船壹艘上筋へ出帆喜多久村沖へ繋船翌六日上筋へ向乗行申候

一同六日夕異國蒸氣船貳艘上筋ゟ領海下筋へ向乗來同一艘下筋ゟ渡來何れも領海門司浦へ繋船仕り都合四艘碇泊仕候

右之通り繋船仕候ニ付其都度々・手〔々脱カ〕當人數穩便ニ用意仕浦々入念候樣申付物見船差出爲聞糺候尤相糺候之趣別紙之通御坐候未退帆不仕候得共不取敢家來之者申越候ニ付先此段申上候以上

五月廿一日　　小笠原信濃守

別紙

別紙御届申上候通り去朔日ゟ私領海へ異國船碇泊仕候ニ付役人共差遣和語蘭語等を以一ト通通辯仕候得共不相通候中淸人體と見掛候ニ付國

名來意其外共追々聞糺候處何れも暎咭唎國軍船ニて唐國上海ゟ長崎港へ渡來暫同所へ滯船對州江立寄同國出帆長州六連島へ乘渡夫ゟ領海へ碇泊いたし候段渠所持之私國繪圖を以粗通辯いたし長崎ゟ日數凡三日を經來著見物之爲ニて又々長崎へ乘戾候由船號者エッヲイラン船將之名ウヲート乘組人數凡貳百人程有之候由粗聞取猶又外異船ふ乘寄聞糺候處唐人多人數立出筆紙乞候體ニ付役人共所持之品貸遣候處渠ゟ漢文を以地名相尋候ニ付豐前國門司關と申聞候處米菜魚島（鳥カ）牛有之候ハヽ持參候樣買請申度段申聞候本船退帆之日限相尋候處片手を開キ是と相示候間五日歟と相尋候處合點之樣子御坐候間（本ノマヽ）三日異人四人ハッテイラふ乘來門司浦梶ヶ鼻と申處鹽濱脇ゟ・（上脱カ）陸楠原と申村内所々致歩行候中幼少之百姓共娘兩人へ通用壹分銀壹ツ宛遣候ニ付斷候得共强て差遣候間役人共取上置申候猶又役人共外異船江差遣段々爲聞糺候處赤間關沖汐早く候ニ付門司浦ニ致繫船今日蒸氣船上筋へ出帆之義者赤間關御開港江戸

表ハ書翰持參之由就而ハ右願相分候迄滯船罷在候得者繋船之日數預て取極難申聞由異人上陸之趣意相尋候處山ふ登此邊地圖取立候由梶ケ鼻本船ゟ見付之石ニ白キ粉を塗候ニ付是又相尋候處船々之目印ニ致候由猶外異船ハも乘寄候處是又清人體之者相見コンクンと申候て筆紙を乞候體ニ付貸遣候處漢文ふて廣東人之由姓名を尋候處姓ハ容名者亞恩と申役人共姓名をも問候ニ付姓名申聞候異人共ニも追々立出候ニ付相尋候處船將之由申候兎角邊鄙ニて需候品々難整旨申諭候處米買請度由同四日漁船ニ生鰯少々有之候乞請度體ニて手眞似いたし候ニ付差遣候處フラスコ二ツ船中へ投込候間差返候得共又候投込其儘乘行候ニ付持歸是又役人共取上置申候同日夕異人六人ハツテイラよて領内田野浦と申所へ乘來内壹人上陸町屋歩行町人共幼少之娘兩人へ通用銀壹歩井キヤマン樣之德利壹ツ宛遣候ニ付相斷候得共打捨置右船へ引取候付右壹分銀德利共是又役人共取上置申候同五日朝異人壹人ハツテイラニて領内田

野浦へ上陸同様百姓共宅へ罷越水を乞候體ニ付遣候處キヤマン様之小徳利壹差置候ニ付差返候得共請取不申其儘同所ゟ出船仕候ニ付右小徳利是又役人共取上置申候去ル朔日ゟ同七日迄色々ハッテイラゐ乗組領内大里御用地場所其外所々へ上陸いたし候ニ付番所有之候場所者番人共ゟ相制候得共聞入不申押て上陸仕其最寄へも地圖取立或領海所々測量仕又者本船見付石ニ白キ粉を塗申候右之通ニ御坐候ニ付差置候銀井徳利フラスコ等取計ひ方之義者在所家來共ゟ長崎表へ相伺置候間御差圖之趣者追ゐ可申上候此段申上候以上

五月廿一日

小笠原信濃守

小笠原信濃守屆書

最前御屆申上候通り私領門司浦へ英吉利船四艘之内蒸氣船三艘去ル十一日下筋へ向出帆仕候殘壹艘翌十二日出帆長州赤間關へ繋船仕候去ル

十一日出帆之蒸氣船三艘同十三日追々乘戻し右同所へ繫船仕翌十四日
右四艘共又々乘戻し門司浦へ繫船仕候
右之通り繫船仕候ニ付兼而手當之人數穩便ニ用意相増浦々入念候樣申付候尤右碇泊中之次第別紙之通ニ御坐候未退帆不仕候得共不取敢家來者申越候間此段申上候以上

五月廿一日

小笠原信濃守

別紙

別紙御屆申上候通り長州赤間關碇泊之於異船大炮二拾發程空發仕候尤祝砲可致放發旨渠ゟ申立候段前以毛利左京亮家來共ゟ在所へ通達有之候同十五日異人多人數ハッテイラニ乘組私領楠原村之内雨ヶ久保と申所へ上陸磯邊ゟ一町程隔候山裾を堀穿無間葬棺と相見箱ニ紅白縫合候油箪樣之物を掛右之上ニ劒壹本頭巾樣之物一ッ差置持參石穴ニ入暫時讀經仕候體ニて其後異人共多人數立集小銃三發宛相發埋申候右者全ク

死骸埋葬仕候義と相見申候右上ニ小松壹本植付猶又ハツテイラ江乗込小砲五發相發罷歸申候勿論最初穴を堀候砌役人共ゟ精々相制候得共可聞入體無御坐候ニ付無餘義差置申候右徘徊或者夜中上陸目鏡を以月星を望申候右徘徊中民家亦者町家等へ立入酒水魚類等乞候ニ付相與候之處飲食仕通用金銀錢等差置又者處々ニ遊ひ居候小兒共へも金銀ギヤマン幷ニビン或者小金具縫針差金等差遣候ニ付右品々役人共取上置申候尤差向之義ニ付不取敢取計方之義幷ニ異人死骸埋葬不苦候哉之段者在所家來ゟ長崎奉行へ相伺候旨申越候此段御届申上候尤長崎奉行ゟ御差圖御坐候ハヽ追而御届可申上候以上

五月廿九日

小笠原信濃守

五島讚岐守届書

去月廿日御届申上候當四月廿四日巳中刻私陣屋元前海領内田尾村と申

所之沖へ碇卸候英吉利船同夕警固之者ゟ早々出帆候様手扣〔様カ〕を以申入候
處明朝出帆之趣申出其後肴請受度旨手様ニて申出候ニ付海老五拾頭鯛
七枚早速相與候處殊之外歡之體ニて厚致禮義其後手様を以上陸仕度段
申出候ニ付嚴敷差留候得共强ゐ上陸いたし候ニ付警固之者罷出候處別
紙之通り相認差出直ニ乘船本船へ引取候由

一同夜致泊船候ニ付警固之者初番船附置候處翌廿五日卯之上刻出帆仕領
内部崎と申所之海岸筋乘通同様握と申所之沖へ碇卸候ニ付警固始海岸
固人數差出候處むつていゑゟ五人丸子村と申所之濱へ上陸夫ゟ高山へ
登り山之模様取調候體ニて直ニ下山覆盆子を取居候ニ付警固之者罷出
手様を以早々出帆候様申聞候處直ニ出帆いたし候段申出又々肴請受度
旨申出候ニ付早速海老廿頭鯛六枚相與候處歡之體ニて致禮義別紙之通
り書物差出候ニ付果又早々出帆候様申聞候處致承知候旨申出直ニ乘船
未刻出帆之處同姓五島近江守領分大寶と申所之前海へ碇卸候模様ニ付

海岸相固罷在候處同夜同所へ致泊船翌廿六日卯上刻同所出帆西方へ向
乘放同申刻頃帆影見隱候段海岸固之人數幷福手右遠見番所ゟ告來候右
ニ付最前差出置候警固人數爲引拂猶又海岸入念候樣嚴敷申付候段在所
家來ゟ申越承知仕候此段御屆申上候以上

六月朔日　　五島讃岐守

英吉利共肴乞請度旨申候ニ付兩度ニ相與候品

一海老　五拾頭　　一鯛　七枚
一海老　貳拾頭　　一鯛　六枚

右之通ニ御坐候以上

六月朔日　　五島讃岐守

英吉利人共陣屋元ニて上陸之節差出候書付寫

迯回什物如今食了午食多領謝々々

同握前海ニて肴相與候節差出候書付寫

送回鮮魚數尾多領謝々々

右之通りニ御坐候以上

六月朔日

五島讃岐守

土井能登守家來屆書

於北蝦夷地能登守方へ兼而御引渡相成候地内ホロケシ以北ポロコタン迄大凡四十里之間人煙絶土人住居之地ニ無御坐未漁場等も開拓不仕候ニ付去夏見廻之者差遣候後見廻不申候處ナヤシゟ北之方行程一里餘ニて地名シリトツタ井ポと申處ニ魯西亞人渡來家作仕居候風聞有之但ナヤシゟウシヨロ會所ゟ北二十里餘之場所早速見屆能越候全相違無御坐人數拾六人内頭目壹名下官壹名働方體之者拾人婦人貳人小兒貳人居小屋三軒物置壹ヶ所食料仕出方樣之小屋壹ヶ所都合五ヶ所何れも枠組立之造作ニ御坐候此邊一圓之石炭山ニて観察仕候處開坑一色之目論見と相見當節開坑四ヶ所堀取

積貯置候分も多御坐候尤去秋末頃ゟ移住之樣子ニ御坐候旨彼地ニ差置候家來共ゟ申越候能登守在邑ニ付此段御屆申上候

酉七月十八日

土井能登守家來
雨森宗次郎

小笠原信濃守差出候書付

私領海へ當五月中英吉利船渡來ニ付右碇泊中追々御屆申上候通り所々上陸仕自儘致徘徊其上同月十五日領分楠原府之内雨ヶ久保と申所へ礒邊ゟ壹町程隔候山裾を穿候間家來共ゟ精々相制候得共更ニ聞入不申無餘義指置候處葬棺と相見候箱持參右穴へ入小銃三發宛相發埋申候右者全ク死骸埋葬仕候義と相見申候追而埋葬之場所へ蕃書認メ候墓印樣之厚板を建右廻へ桒《本ノマヽ》を插置候故以來英船度々渡來之基ニ可相成と深ク心配仕候其上滯船中問開之者差遣候砌言語不通候得共長州赤間關開港を願立候存意と相見候右ニ付申上候も指越ヶ間敷奉恐入候得共萬一開港

御差免ニも相成候者是迄一圖ニ御趣意相守異船防禦年來之鍛錬も空敷相成候儀者領分邊鄙出生之者共一統悲歎仕候勿論赤間關ゟ肝要之御場所九州咽喉と申義ハ人口ニも申傳候義ニて既ニ先祖右近將監忠眞寛永年中小倉城拜領之砌重蒙上意且又唐船打拂之義ニ付てハ度々重蒙　上意其後唐船漂流之處唐人召捕候ニ付家來共拜領物被　仰付候以來ハ別而心掛申候一體洋中手常之義ハ數百艘之船共連候事故常々厚世話仕船手方大船改小船改役幷梶取共都合三百人御坐候何れも若年ゟ諸廻船等ニ乘組專海上修行相勵格別熟練不相成候半而ハ家督相續不申付候且又平常海上事馴得自在候水主共多人數無之候てハ洋中之働キ出來兼自然非常之節兼而重キ　上意之御趣意ニ相外れ奉恐入候事故海岸廿四浦之者非常之節爲手當古來ゟ漁業勝手次第差免置自然海上功者ニ相成候樣家來之者へ厚く世話申付置候付漁業渡世之者壹人ニても相增候樣仕候仕來ニ御坐候一體參勤之節ハ小倉ゟ大坂迄御暇之節も大坂ゟ小倉迄船

路旅行仕候ニ付多人數水主共入用ニ御坐候處右浦方之者召連候てハ洋中之備手薄ニ罷成候間古來ゟ自用不申付仕來ニて往返之都度々々ゑ水主共他所ゟ雇入自用相立候義ニ御坐候依之重キ　上意之御趣意家來之者ハ勿論末々海邊浦方之者ニ至迄能心得從來堅相守申候然所先般英船渡來自儘ニ上陸仕剩領分へ死骸埋葬仕候てハ以後何樣之義出來可仕も難計眼前ニ對州等之風說も粗承及候間上下心配仕兎角種々成取沙汰仕人氣居合不申當惑仕候精々御條約譯柄も申諭置候得共異人墓處御坐候てハ何分一統不穩義も御坐候上右場所ハ肝要之海邊ニて第一警衛向之妨防禦之備も不相立殆迷惑仕候ニ付此段英船渡來埋葬之地ニ生立候前後勘辨も無之下々之者共之義ニ付兼而嚴敷申付置候得共萬一如何樣之御面倒之筋仕出し可申哉難計左候得ハ先祖以來出格蒙　御厚恩候家之義實以奉恐入候間右之段御憐察被成下何卒改葬被仰付且赤間關開港之義容易ニ御差免相成候義とハ不奉存候得共自然御差免相成領分へ異人

館等出來仕候節ハ舊來之備向一時ニ廢絶仕誠以歎ヶ敷且領內暫時ニ疲弊仕候義ハ眼前之事ニ御坐候間家來共始領內一統動搖仕候てハ以之外奉恐入候義と深心痛罷在候ょ付幾重ニも御高評を以一同安心之御沙汰被成下候様仕度依之前書上意之趣別紙系譜書抜并領海場所繪圖相添此段只管奉歎願候以上

八月五日

小笠原信濃守

十月二日

一紀州様ゟ御同朋頭へ爲御物語之趣

神奈川ゟ長崎箱館迄海路測量之義英國人へ御差許之段七月被　仰出御坐候處右英國船八月十六日紀伊殿領分紀州牟婁郡へ罷越注進有之候ニ付所々へ諸役人并船をも用意爲致置候處同廿日日高郡由良湊へ巳刻著船上陸之上海路致圖取且小船ニて湊內致測量同廿七日迄碇泊同日巳刻

頭出帆夫ゟ海出郡大磯浦へ酉刻頭著船去月朔日迄碇泊右の内近邊高キ山へ登候處測量其邊海岸向者勿論阿州淡州之島々迄圖取同日辰刻頭大崎浦出帆加太浦へ午刻頭著船小船ニて田倉崎邊乘廻り上陸をもいたし同二日友島へも上陸所々致測量同四日巳刻頭出帆淡州由良湊へ向ケ罷越夫ゟ南方へ颿行候處同六日又々日高郡由良湊へ申刻頭著船翌七日卯刻頭出帆牟婁郡沖へ向ケ颿行候旨尤前段滯船之内食物炭等買受爲積入候旨をも浦方ゟ屆出候段國許ゟ申越候此段各迄及御物語置候

右奉承知對馬守へ可申達置旨申聞候由ニ御坐候

御勘定奉行外國奉行御軍艦奉行御目付ゟ

水野筑後守

伊豆國附島ニ御備向取調且小笠原島御開拓之御用被仰付候ニ付而者都合次第御軍艦へ乘組彼地へ乘越巨細實檢いたし厚く勘辨之上見込之趣可被申聞候

覺
御勘定奉行
外國奉行
御軍艦奉行
伊豆國水野筑後守
、、、、、、、、
、、、、、、、、
、、、、、、、、
、、、、、、、、
右御書付、、、、

右書付大和守渡之

書面之通相違候間可得其意候

久文元年辛酉八月伊勢神宮之神官衆へ被下候敕書之寫

今度從英國測量之儀申立候趣從

神宮言上之儀有之初而被

聞召御驚思召候

神宮之儀者兼而被

仰出茂被爲　在候儀故於關東如才無之儀とハ被

思召候得共自然　神三郡志摩國等へ立入候而ハ對

神宮御尊敬之御廉茂不相立被爲恐入候御譯ニ而

皇國之御瑕瑾とも可相成必　神三郡志摩國等へ夷人共不立入候樣猶又

堅固ニ其役々へ茂申渡相心得候樣被遊度候間早々關東へ申達關東ニ

於テ取計方被

聞召度
思召候事
　別紙之通武邊へ被
仰達有之候間若右御往復不相濟中夷人共立寄候儀茂候ハヾ前條之意味
を以可及應接事
　八月
　　上卿　德大寺殿也
　八月十四日伊勢著之事
右之次第翌十五日　　司よ了
神宮御役所へ御注進申上候事
私儀此度供（奉カ）手之公卿殿上人等御馳走御用被　　仰付候處是迄柳席ニて敕
使院使宮家五攝家等御馳走付被仰付來候得共此度諸々先例相見不申新

規之義ニ付勤向之義ハ取伺之上萬端高家衆へ問合相勤可申奉存候得共是迄之振合ニてハ著輿前日ゟ御馳走所へ引越相勤來候義ニ御坐候然る所此度ハ重御使之義ニも無之又宮家五攝家等之重キ家柄ニも無御坐候得者著輿發輿上使奥向御使井登　城等之廉立候節者相詰其餘御用無之節相詰不申一兩日置御馳走所へ罷越安否窺家來共取締向等申付右之外朝夕安否窺井出入之先立等爲名代家老之者爲相勤申度奉存候其上御馳走所之義未御達ハ無御坐候得共此度ハ先例無之多人數ニ御坐候得者手狹混雜ハ申迄も無之間敷《數カ》品ニ寄夫々割渡も如何可有御坐哉殊ニ私義高直被仰付候得者召連候家來共も多人數ニ相成候ニ付旁手狹差支筋も可有之處兼々而已相詰候儀候得者居小屋向餘程相減候ニ付夫而已都合ニも相成御差支も有之間敷と奉存候且又此迄拾萬石ニて者御馳走人相勤候並合も無御坐初而之義後來之規則ニも相成甚心配奉存候何卒右廉も相立候樣仕度義ニ奉存候ニ付旁不苦儀ニ御坐候得者右之通被仰付候樣

仕度奉存候依之奉伺御内意候以上

八月　　溝口主膳正

今度供奉之公卿殿上人拾三人馳走方私井島津淡路守へ被仰付候處右御馳走人之義ハ高割ニて心得候樣高家衆ゟ被仰達候左候得ハ私義ハ八九人位も引受ニ當と奉存候尤是迄勤來候　勅使院使等に對し候てハ都而御手輕之事ニも可有之候得共御馳走被仰付候義ハ疎略之御取扱ニも難相成奉存候處是迄之振合を以勘辨仕見候ニ　勅使兩卿ニてもら不容易事多混雜仕動もすれハ行違筋等出來仕候處此度ハ九人以上ニ相成候てハ何分ニも行屆兼可申奉存候就中膳中ハ御用之口往來留ニ相成諸家使者等ハ勿論御用ニて被參候三高家衆迚も膳濟迄被指扣候振合ニ御坐候處短日之折柄多人數之義彼是半日程も相懸り可申左候てハ品ニより上使又ハ御使等之節も御差支ニ可相成哉と奉存候尤一卿每夫々家來役々差出

候義ハ在所表ゟ爲呼登候得者差支筋無御坐候得共縁出し候役場ハ只一ケ所ニ御坐候間自然相渡追て相成何分問方合中〔申カ〕間敷第一私壹人ニて朝夕之窺多人數之出入送迎先立等も可仕義ニ候得共是又行届兼可申奉存候併餘り乙甲ケ間敷樣ニも可被思召候得共御馳走所之義も先前手重之振合ニて定式之取計事も附届之ケ所多誠ニ手數相掛り候事而已ニ而委細ハ其筋掛り役人中ニも承知之通ニ付多人數ニ相成而者迚も平等ニ行届兼可申甚心痛仕候義ニ候得者依之勝手ケ間敷義恐入候とも公卿方五人丈ケハ御馳走方ニて引請被仰付　敕使院使等之振合見合家來指出爲相勤殿上人之義ハ御大禮之節ニ參向之高倉殿右衛門殿振合を以公邊ニて御賄被仰付被成下右賄御入用金者勿論殿上人入用人等ハ御馳走方ゟ指出候樣被仰付被成下候樣之義も出來仕間敷哉左候者誠以難有仕合奉存候相叶候義ニ御坐候者右樣被成下候樣仕度奉存候此段奉伺御內慮候以上

八月

右之通り八月廿三日出翌日持出

和宮様御下向之節御道固御警衛被仰付候向々江達候義申上候ニ付

和宮様御下向之節御道固之義ハ御道筋へ罷出居候義ニハ無之全枝道間道之御警衛相心得候事尓付右之心得を以御固筋之義面々見込次第充實ニ相立候様可被致候尤見込之趣者近々拙者共上京之節於其場所得と可承候

右之通り可被心得候事

八月

神保伯耆守

小倉九八郎

和宮様御下向之節御先御跡御固之者心得方

御旅館前後江屯所設置晝夜勤番可致候事

一御供之前後御警衛相建候場所幷御用濟引拂候之義ハ都而支配向ゟ可爲致指圖候事

一御警衛罷在候家來何も强壯之者相撰召連候小者ニ至迄手人指出雜人等ハ相省可申候勿論雇人馬等ハ無之樣可被取計候右之通り可被心得候尤拙者共近々上京之節御警衛筋見込之趣其持場々々於て可承候間心得候者差出置可被申候事

八月

神保伯耆守

小倉九八郎

此以下六枚皆日記之內へ寫し込可然分而已共寫し置候間綴り置

一一昨々十四日英國書記官マイピユルグと申者御老中安藤公へ拜謁相願同人申上候事件日本沿海測量之義御坐候同人建白仕候主意ハ私右マイピユルグ自分稱スル也相考候ニ右測量之義者去年中ミニストルゟ測量一件願出候節台下

御答ニ者其義ハ其時ニ至り又々商議可致樣御申聞之由ニ付ミニストルゟ御許容有之候事と存支那在留之海軍總督と相談之上此度測量船三艘を艤裝し長崎へ來同所奉行へ通辭借用仕度段申出候處於江戸表未御沙汰無之趣ニ付御貸渡ニ相成不申由ニ御坐候右者日本海岸多分諸侯之領分ニ付行違等有之も難計候間心を用御願申上候義ニ御坐候依之私へ申候間來右之趣又々以書簡御願申上候處日本ニて精密ニ致測量繪圖相送可申樣被仰渡候得共日本支那等之繪圖と西洋風とハ大ニ相違仕候間何分拜見仕候ても難相分且海岸測量之術ハ餘程六ケ敷事ニて毫厘を誤候ても千里を誤り候ニ至り此術ニ極て精巧成人物ならでハ難出來候何卒右之段急速海岸筋へ御觸渡可被下候其段ハミニストル義既ニ歸府可仕處今以其義無之候得共右測量船ニ至り沿海を測量し海上を經可來候も難計候安藤公御答ニ夫ゟ暴と申者也去年中右一件ミニストルゟ申出候節又々商議可致樣申置候間一應此方へ懸合之上測量可有之事と存候マ

イビュルグ又申上候ハ彌海上ゟ歸り候哉否相分不申候得共右樣相考へ
候間申上候安藤公被申候ハ今日堅〔緊カ〕要之事件ニ付拙者へ逢度よしニ候處
右之事ニ候哉マイビュルグ左樣ニ御坐候右之事件位ならハ外國奉行ニ
て相決候間此後ハ同人等へ可被申聞候マイビュルグ私ニ於てハ一大事
と相考候間拜謁之上申上候

五月十七日認

一神奈川表へ英國軍艦壹艘入港仕候右船中之者食料米壹俵同所市中ゟ求
歸候を番人相正し候處船將共大ニ怒り訴申候其趣ハ是迄幾度も米を求
メ取歸り候處番人ゟ咎候義壹度も無之候然ルよ此度指止候者何故ニ候
哉承度由申出候奉行ゟ答ニ條約書第四ケ條ニ日本產物之内米麥ハ積申
間敷段明白ニ記し有之候・答〔由脱カ〕候○夷人又々申出候荷物ニ積候者條約ニも
禁制ニ候得共國人等滯留之食料も十分ニ與へ可申設明白ニ記し御坐候

由申募り大論ニ相成申候

一和蘭コンシュル、ブルークと申者ゟ外國奉行へ書翰指出申候書中之文意ハ開港以來平人江戸表へ出候義嚴ニ御制禁たりし處此度蘭人シーボルト御呼立ニ相成候者如何成譯合ニ候哉同人義ハ和蘭政府ニ於てハ全ク平人ニて無位無官之者ニ御坐候日本政府ニ於てハ右樣御取計有之間敷筈ニ相考申候併し日本政府ニて平人御呼立ニ相成候を私ゟ彼此申上候譯合ニハ無之候得共既ニ明白御制禁も相立居候事ニ候得者此度シイボルト出府之義ニ付てハ一應爲御知位ハ可有之筈と相考申候右之段御辯解承度段申出候

五月十九日

前日外國奉行衆ゟ亞國へ商船貳艘御買上之義御賴ニ相成候處右御返書差出申候其趣ハ御賴之商船貳艘早速國許へ申送候今年中ニハ多分參り可申候得共無相送（違カ）處ハ難申上候價も來著之上ならでハ相分兼候尙本國

ゟ答書來著次第巨細ニ申上候趣ニ御坐候

横濱新地堀割向地英國軍艦物置場ニ仕度段先日御願申上置其後御免ニ相成候ニ付神奈川奉行へ此段懸合候處相渡不申候間早速御渡有之候様御沙汰御願申上候毎度神奈川奉行ゟ萬事被指留甚迷惑仕候以後右様之義無之様御申達被下度此段相願仕候様申出候右ハ英國書記官マイピュルク申上候

蘭人シーホルトゟ蘇士迄之使節船英船を御頼可然段申上候所使節船ゟ兼て佛英兩國へ御頼切相成居日數も相定置候ニ付未支度調兼候間其許深切者辱候得共相斷候段竹内下野守殿桑山左衛門尉殿ゟ書簡參申候

一先日申上候通り此度英國軍船之大將ゟ命を下日本海岸深淺測量暗礁沙洲等ニ至迄深索仕度候ニ付此段海岸御掛御大名様方へ御沙汰被下且通事壹人借用仕度段申出候然る所昨日返答御送相成申候其文意ゟ右之段ハ一昨年被申立候節も申述候通り日本沿海ハ多分諸侯之領分ニ付右測

量等之義被致候てハ萬一行違出來之節互ニ爭論相起候も難計乍去海岸測量之義ハ航海之一大事件ニ付此方ニて暗礁砂洲探索淺深等其外巨細ニ詮義之上相達可申候間夫迄被相待候樣致度趣御申送ニ相成申候

月日無之五月中之事歟

一昨日安藤公英國ミニストル并同國水師提督ホーブ暨同國上海コンシユル同道ニて罷出申候一ト通應接相濟別段人拂ニて申上度段申出其後の事ハ相分不申候得共此度英佛魯等へ使節之義對州一條并東禪寺夜討等之事ニ可有之處承り次第可申上候人拂ニて申上候節ハ安藤公右京亮殿并英佛へ使節ニ被參候内壹人都合三人と英人三人のみニ御坐候最通詞壹人相添申密談相濟候て後右コンシユル申上候ニハ先達而御賴送ニ相成候日本商船支那へ御遣しニ相成候趣ニ付相待候得共私出帆迄ハ參不申歸唐之上參り候ハヽ御周旋可仕段申上候今日も密談未タ相濟不申由

ニて又々安藤公ハ英人三人罷出申候

一小栗公溝口公兩氏何も病氣届ニて引籠ニ御坐候其故ゟ此度箱館へ參り魯國コンシユルへ對面之上對州在留之魯人歸國いたし候樣取計可申段被仰付候處兩氏共箱館コンシユル位之命ニてハ迚も引取不申候ニ付支那在留之魯國アトミラールに對面ニて同人之命を傳候歟又ハ魯國迄も參り懸合不申ゟ者迚も歸國仕間敷段被申立引籠ニ付多分御役御免ニも相成可申樣評判仕候

酉七月十日

御書翰

安政七（即ち萬延元）庚申亞墨利加へ使節御遣之節也

うや／＼しく亞墨利加合衆國の大統領の文をとゝまゐらすさきに下田奉行信濃守源清直目付肥後守藤原忠震等に仰て貴國の欽差全權巴兒利斯とはかりむつひのよしみをさためてそのうりかうへき契りのしるしふみ

此邊本ノマヽ

我はたへ江戸のつかさにゆるかなせしむいままたことに奉行豊前守源正興信濃守源範正目付豊後守源忠順等にちきりれまるしふミ我をたしめて華盛頓のつかさにいたはまむこれと《きカ》めていたりふかくこゝろいとふもころなりかれこのゝちふた國のまたしみいよ〱なつくましはへも世々にかはらざるべしいまこのつかひみたりれおミかさはにゐはひまかゐるものふしなをれともにま心我のれへてまともかをにかしもへてまたしミ我なつくし海たその國もかはけくやもかかはむかと我おをふりかそ

安政七年正月

源御諱御判

貌利太泥亞格外公使全權ミニストルエキセルレンシールーセルフヲールトアールコックに

以書簡申入候箱館表新規築立地所之義ニ付てハ先般申入候趣も有之候處右地面十畫になし其一畫ハ政府建物之用に供し其九畫ハ外國人居留

地と相定尤地税之義ハ同所海岸附我商買賃借地代之振合ニ準シ可取立積昨廿五日亞國ミニストル對話ニて談判決定せり尤巨細之義ハ同所奉行各國コンシユル致商議可取極間其段同所コンシユルへ通達有之度此段申入候拜具謹言

萬延二酉年正月日

久世大和守花押

安藤對馬守花押

佛蘭西サルゼタフヘールエキセルレンシートセンデベクル江

右同文言

亞國ミニストル江

以書翰申入候今般蝦夷地ニ於て鑛山等開發檢査之爲メ貴國坑師之內最其業ニ熟練之者兩人相雇度候間右呼寄方早々取計候樣賴入候尤壹ヶ年給料等も略致承知度且貴國ニて相用候乘車并荷車各種壹輛宛取寄方是又賴入度如此候拜具謹言

月日欠

村垣淡路守

津田近江守

魯西亞へ御書翰

恭しく魯西亞國帝之下ニ申す我國と貴國と條約を結ひしゟこの方數々の事務漸々つひでを以て條約之書ニ載る處大かたハ是を施すに至りぬされるに彼條約中兵庫及ひ西海岸の港を開き江戸大坂之市町ニて外國人との商ふ業を營むへき條ハ契りし如く行はんとすれどもかず〳〵の障の事なれハ暫く開くへき期を延むとす其細やかなる事柄ハ外國の事務に關れる我老中久世大和守安藤對馬守より貴國外國事務大臣ニ申入へしこハ親しく懇なる意をもてうへなさんことを求む且貴國平安を祈るなり

文久元辛酉年三月十四日

源　御　名　御朱印

十月十七日　英吉利公使へ返書

貎利太泥亞格外公使全權ミニストルヱキセルレンシルーセルフヲー
ルドアールコツクに

貴國十一月十四日附第九十一號之書翰落手貴國へ可差遣使節之義并館
造營之事ニ付談判之爲出府可被致條委細致承知候扨以後途中之護衛ハ
貴國之騎士を隨へられ此方付添之者被相斷候との段に愕然當惑之至ニ
候右ハ全く其許と位階ニ應し被召連候事を差支ふる筋ハ無之候得共其
頃對話之砌縷々面談いたし置候如く我政府ニ於て外國公使を庇蔭いた
さゞる場合ニ陷り條約懇親の意を失ひ余等於て安からす思ひ候事ハ勿
論國民不折合折柄外國之騎士ニて騎行被致而ハ事情言語の通せざる所
ゟ如何樣之行違を生しへき哉と一層の痛心を增候尤其許一身之護衛ハ
右隨從之士ニて行屆可申哉ニ候得共若貴國士人之制暴之所業を施し時
ハまゝ兩國之交際へ支り我政府於て外國人を庇蔭せさる事に陷り甚心

痛いたし候畢竟其許の心情兩國の和親厚からしめんと思へる所ゟ出る所ならんにて暫く此迄之通ニ被居置騎士隨從之義被見合なハ其許の懇切益深く信する所也猶餘り懇情を委細ニ申入せんの爲メ神奈川差遣し談判ニ可及候且親兵之附添粗暴之者を制右附添之者怠たる罪を糺し所置すへき間月日等委細神奈川へ被申聞候〔様脱カ〕・致度自今粗暴之者有之時其節可被申聞候必嚴重所置いたし候不取敢返書旁此段申斷置候拜具謹言

十月十七日

久世大和守花押

安藤對馬守花押

英公使官姓名等前例ノ如ク認ム

我九月廿二日附書翰答書として貴國第十月晦日附九十號之書翰落手神奈川港横濱地所借料を一坪ニ付壹匁八厘七五ニ決定して尤是迄之分ハ西洋當年之末を以決算及以後ハ毎年西洋出來收納すへき事を其コンシ

ユルへ告命ならせし旨被申聞委細領承候右ニ付舊居留地之分借住せる
人名坪數等取調其コンシユル可及懸合趣キ早速神奈川奉行へ申達候右
再答書如斯候拜具謹言

十月十八日

久世大和守
安藤對馬守

英國軍艦蒸氣　船號ヲーデン　船將ロルージヨン
乗組百廿六人 内士官廿六人　大砲貳拾挺　噸數貳千トン
酉九月十一日申下刻江戸之方ゟ入津當時神マヽ港碇泊船中補理

英國蒸氣測量船　船號レフヱン　船司アレンドル
乗組三十五人 内士官三人　御軍艦奉行支配 福岡金吾　通辯御用兼 齋藤卯太郎乗組
酉七月十九日入津同日江戸之方へ向出帆乗組如前
同廿一日江戸之方ゟ入津同廿二日出帆同
同八月二日入津同十三日出帆同

卯太郎ハ通辯之爲メ始終陸近クよろ船ニ乗かゝり候ニ付度々神奈川へハ參り不申候由也

エルジーリンハ遂ニ香港迄之用向出來測量不致出帆故塚原ハドーフ之方へ參リ候由ニ

同九月三日入津同七日出帆同
英國蒸氣測量船　船號エルジーリン　船將ハロース
乘組五十八人　御軍艦方塚原銀八郎乘組　豆州網代港ゟ入津
西七月廿九日入津八月十三日退帆同八月二日入津同十三日退帆乘組同斷
英國蒸氣測量船　船號ドーフ　船司ボルク
乘組五十八人　大砲五挺　外國方荒木濟三郎乘組仕ル
西八月朔日入津同十四日退帆
英國蒸氣軍艦　船號エンブエリユース　船將ギリブンボーブ名
アトミラール乘組　乘組五百三十八人　大砲五拾五挺　廿日以前香港
出帆
西七月四日入津同七日江戸之方へ出帆
英國蒸氣軍艦　船號エンコンテル　船將デウー
乘組百九十一人アトミラールセイムスボップ乘組居　噸數九百九十

大砲十四挺仕出し箱館五日已前出港
酉八月十二日入津九月十一日出帆
同前　船號ヱンフヱリエース　船將ウヱリオス
乘組三百廿六人アトミラール乘組居　仕出し長崎六日以前
酉十月十五日入津同廿五日退帆

七月廿六日

死罪
（水戸殿家來ニテ出奔いたし候）大關和七郎
森山繁之介
（御同家來三四郎弟ニて出奔いたし候）森五六郎

上同
蓮田市五郎
杉山彌一郎

外夷へ被爲對候御所置振等品々申唱銘々申合國許出奔致候剩多人數徒

黨を結ひ重キ御役人登
城之節御場所柄をも不憚及亂妨候始末不恐
公儀次第不屆至極ニ付
死罪　御同〻家來岡部藤介伯父ニて先達ゐ出奔いたし候　岡部三十郎
先達ゐ致出奔候身分外夷へ被爲對候御所置振等品々申唱ひ同藩關新兵
衞其外之者共倶ニ重キ御役人登
城之節御場所柄をも不憚及亂妨殊ニ新兵衞一同其場を逃去猶水戸殿領
內へ立戻り潛居罷在り候段縱令其節刀拔立騷候義ハ無之候とも右始末
不憚
公儀仕方不屆至極ニ付
死罪　御家來ニて出奔いたし候　金子孫次郎
外夷へ被爲對候御所置振等品々申唱重キ御役人へ可及亂妨手筈等同志

之者共へ及噂置其身ハ存含の筋有之迚同藩清劔四男佐藤鉄三郎を召連
松平修理大夫家來有村雄介倶ニ身分を僞上京可致と仕成候段不恐
公儀仕方不屆至極ニ付

御追放　同佐藤清劔四男ニて出奔いたし候　佐藤鉄三郎

主家御愼解之義を懇願いたし候ハ無謂義ニハ無之候得共右を歎願可致
と猥ニ下總國小金町へ出張いたし殊ニいつきへ歎致潜居主家御愼解之
義等周施可致候間同道致し可呉旨金子孫次郎申聞を難默止存候迚同人
倶ニ國許致出奔其上大關和七郎其外之者共重キ御役人へ及亂妨候旁《其カ》場
所へ罷出候儀ハ無之候共右申合之趣承り不容易義とハ心付其儘ニ打過
殊ニ右孫次郎義存含之筋有之松平修理大夫家來有村雄介一同身分を僞
上京可致と仕成候孫次郎へ付添致旅行候始末不屆至極ニ付
右之通御仕置被仰付候

此ハ戊午ノ册ニ綴リ可申之處誤テ此ヘ出ツ

七月　　　　　　　　　　　　水戸殿家老衆へ

去申三月三日井伊掃部頭登城掛ヶ外櫻田御門外ニ於て及狼藉候水戸殿御家來ニて致出奔候大關和七郎始今日別紙之通り夫々御所置被　仰付候此段可被申上候事

七月廿六日

上大原三位卿機密并時勢論

謹白

先達而弊藩之書生中谷正亮久坂其（玄カ）瑞參殿仕高議竊ニ相伺候由ニ而委細之儀書翰ニ而申來且輕卒伊藤傳之介ト申者歸來兩生ゟ傳言承之候處誠ニ御父子樣御揃御正義御雄論只々奉感佩傳聞候處御高議ニ曰ク此上者吾輩投一命候而も身ヲ奴隷ニ致候而も諸侯之國へ往き其大臣ゟ致相對一藩一國只々聞糺之外無之候汝藩之大臣能面我歟若能面我者卽決策西

下との御事三人之者共書翰且口上ニ而私見込ヲ尋來且異見ゐ之早く大原卿の下執事へ申上〔よ脱カ〕との御事ニ御坐候私義未曾て御下風をも御伺不申上者之唐突ニ天下之大計を申上候事恐多奉存候得共三人之者者皆異體同心之朋友之事ニ而殊ニ兩生一度下風ニ拜趨仕候上者私義も最早同樣之儀与相考申上度事御坐候私異見ハ別紙時勢論之通ニ御坐候就而者主上御決心後鳥羽後醍醐兩天皇之覆轍たよ御厭不被遊候者私之愚策言上之義尤所願ニ御坐候諸侯者不足恃と申候内公卿方間ゟ親く御下向御説破被遊候ハヽ四五侯位者立處ニ應するもの可有之歟一旦義旗擧り候上者雲霞の如く天闕ニ拜趨仕候段者疑無之候併他藩之事ハ詳ニ不存候得共弊藩之義者兩職と申候而兩人ツヽ家老中之要職有之候處當職者穂〔本ノマヽ〕哲仕る故世々國相と唱申候當時者浦負靫と申者相勤候當役者寡君輔弼之任ニ而江戸へ従行仕候故ニ世ニ行相と唱申候當時者益田彈正相勤居候兩人とも孰れも有志之者ニ候處浦者老輩ニして其家來ニ忠義之者殊

ニ盛ニ御坐候益田行年二十六七歳英氣活發之人物ニ而當時家老中第一
統之人材ニ御坐候私門人ニ付幽囚中ニ而も兩度間者差通し居候事ニ付
勤王之一義においで尙々志を同計候義ニ御坐候浦之縁屬ニ前田孫右衞
門忠臣にして能人の言差容を候者ニ而是弊藩之樂正子ニ御坐候前田之
縁屬ニ調（周カ）布政之介と申者是者此節上京仕候而三條公ハ得謁見候由ニ承
及候三條公之才を能々御聞糺被遊度此者者剛正比なき者ニ御坐候併な
から頗る持重之論も有之候其他兩相者之役人とも孰れも異論之者ハ無
之候小吏無役之輩ニ至而者頗る篤志之者有之候右ニ付御父子樣方御面下
下（向カ）被遊候者私屹度周旋仕兩相等謁見仕候樣ニ可仕覺悟ニ御坐候私義幕
府之罪人ニ而幽囚之身分ニ者御坐候得共今ニも脫走上京も可仕候得共
只今上京仕候而者一手も出さる前ゟ又々幕府ハ被召捕何之益もなき事
ニ付御父子樣御下向被遊候ハヽ乍不及弊藩之力ニ而も御身柄を幕府へ
渡し候樣之儀者斷然不仕候左候而弊藩御逗留中ニ弊藩有志之者共九州

に差廻し勤王之義相談可仕候最早角成行候義ニ付有志之士者悉く弊藩まて馳付可申候左候ハヽ萬々一失策ニ出候而も私共同志之者計へ募り候而も三千人五千人者可得付此ヲ率て天下ニ横行し姦賊之頭二ッ三ッ獲候上ニ而戰死仕与も勤王之先鞭天下之首唱ニ相成可申私義本望不過候とも諸侯不可恃候とも草莽之志者募と申事ヲ大坂陣等之覆轍をのミ思合せ一概ニ危き事のよふニ申者も御坐候得共是者事之本末ヲ不考之類之論ニ而御坐候大坂陣者元來豐臣氏之爲ニ仕候義兵ニ者無之偏ニ大野抔る姦計ニ籠絡せられたるよ不過失職之徒之私黨ニ而殊ニ明智之士ハ關原前後皆徳川に與し其與せさるハ大概時機を失せる鈍頑之徒ニ御坐候況や徳川之武運日の昇る如く明主智將一世材能之士ヲ羽翼股肱とせしとなれハ大坂破固ゟ其處御坐候今日之事ハ則不然諸侯之志ある者已ニ少ニ偶其人あり共家老用人抔の諸役人皆俗論を以て是ヲ沮む時者能舉動するものなし此輩皆身家ヲ顧ミ妻孥ヲ眷み斷然として大義を以

て自ら任せるヿ能ハす候故ニ其人柄知へし彼か募りニ應する志士ニ至、り候てハ禍福死亡已ニ其念を断ち候而大節大義を後世ニ建明せんと願ふ者共の義ニ御坐候得者大坂陣と同日之論ニ者無御坐候扱又元弘之時は民怨ニ乘して北條氏を誅伐し給ひ今は士論ニ因て徳川を匡正し給ふヿ體勢各異なり難易も又不同候といへとも外夷ニ關り候事故今日迄も愚夫愚婦迄も切歯扼腕候氣有之候處を程能被致鼓舞候ハヽ士論者民怨之端と相成可申候若此分ニ而曠日彌久しく被遊候ハヽ外夷の事日々ニ人心ニ習染候而切歯扼腕之氣も沮喪いたし民怨のみならす士論之崩れ行申事ハ必然ニ付何れ士論之崩れぬ内御決策御下向奉待候委細ハ傳之介へ含差登し候間呉々も草莽之愚意願止之替申事又白調布政之介三條公迄申上候義未委細承り及不申候得共寡君よりえ直命ヲ受罷登候事ニ付寡君平素勤王之微忠ヲ申上候事と奉察候去なから是其外臣ニ而者存候をの断而無之事ニ付是へ者關係なく御下向被下候而も不苦候尤一應

三條家へ御内達之上ニ而御所置被遊候事ニ可有御坐候此段奉伺候別紙
時勢論之義者何卒被達　叡聞　主上御決策之處竊ニ伏聽仕度奉存候事

九月八日　長門吉田虎次郎

時勢論

某竊ニ時勢ヲ觀察スルニ
實祚無窮ノ大八洲ノ存亡誠ニ今日ニ迫リ誠ニ恐多キヿ也上ハ
主上ヨリ公卿ノ歷々ヨリ下吾々士民ニ至ルマテ中々一ト通リノ心得ニ
テハ相濟サルヿナリ抑徳川家征夷將軍ニ任セラレテヨリ以來外夷控馭
ノ策著ニ其宜ヲ失ハレタルヿハ一朝一夕ノヿニハアラサレトモ中ニ就
テ近年墨夷ノヿ起リショリ以來彌以內外失策ノミ行ハレ條約調印ニ至
テ極レリ去年墨夷ノ來ヤ某長大息シテ云
神州已ニ陸沈セリ亡國ノヿハ

皇國ニ於テ振古以來斷テ前蹤ナキヿナレハ如何ニシテ可ナランカ已ムヿナクンハ漢土賢哲ノ往跡ナリトモ學ハンカ伯夷叔齊ハ如何伊尹太公如何翟義敬業ハ如何ト頻リニ苦惱スル内恐多モ
九重ノ敕諚天下ニ布キ草莽マテモ響キワタリ死者再生ノコヽチシテ幕府奉揚諸侯協同天兵一時ニ墨夷ヲ膺懲スルヿアランヿト日夜翹企セシトコロ豈圖ンヤ六月廿一日神奈川ニテ調印幕府明ラカニ
敕諚ニ違背セリ爾ノミナラス正論忠志ノ尾張水戸越前等ヲ黜罰スルニ至ル某是ニ於テ
天子逆鱗如何ホトニアラント恐惶ニ勝ヘス而テ今ニ至テ何タル御所置モ不承尤幕府尾張水戸ェ　敕諚ヲ被下且公卿親姻ノ所縁ヲ以テ二三ノ名藩ヘモ御内書ヲ發セラレシヨシナレ𪜈是亦嘉々シキヿモ承ラス加之水戸ヘ奸臣ノ輩父子ノ間ヲ離間シ内輪甚タ不協和シテ近日正論ノモノ武田彦太郎安島彌次郎ヲ謫罪シ奸臣二人太田丹波守鈴木石見守ヲ擧用シ　敕諚ノ趣イカヽ致

へキヤト丸ニ打明ケテ幕府閣老へ謀リシニ閣老曰コノ　勅諚ハ傳奏隨
意ニカキシモノニテ眞　勅ニアラスト申タルヨシカヽル次第ニテハ
中々以テ御爲ニハナラス尾張モ元來天下ノ務ニ疎キ國風ニテ竹腰コト
キ奸物甚タ跋扈スルヨシ去レハ天下頼ムヘキ諸侯ハ至テ少ク勤王ノヿ
ハ思モヨラヌヿ也　天朝格別ノ御英斷被成スンハ
神州ハ必ス夷狄ノ有トナルヘシ
皇太神ノ神勅モ今日切リナリ三品神器モ今日切リナリ豈痛哭ニ絶ヘケ
ンヤ幕府ニハ墨夷トノ條約モ相濟近日ノ内ニ外國奉行目付等ノ吏員墨
夷へ渡海イタス由然ラハ和親ハ益々固タマリ幕府ヨリ外夷へ許シツカ
ワストコロノ諸港モ漸々開市イタスヘク夷官夷民𪜈モ追々占據致スヘ
ク加之魯西亞英吉利佛蘭西等モ同樣條約相濟殊ニ淸國覆轍ノ鴉片ヲモ
持來ヲ許シ二百年來德川家第一嚴禁ナル天守教ヲモ許シ蹈繪ノ良法ヲ
改除シ他日ノ患害已ニ目前ニ備リ今日ヲ失ヘハ千萬年モ待テモ機會ハ

決シテ有ヿナシ幕府
天朝ニソムキ衆議ヲシテ其私意ヲ逞フスルハ賴ム所ハ外夷ノ援ナリ然
ラハ幕府ニハ諸國義擧ノ起ラヌ內ニ早ク外夷ノ和親ヲ厚クスルノ計ト
見ヘタリ只今ノ形勢ニテハ
天朝ヨリ幾百通ノ　勅諚下ッテモ諸侯ヨリ何通ノ正議ヲ建白シテモ幕
府ニハ一向遵奉採用ハコレナク只々外夷ノ和親ヲ忽ナクメ和親已ニ堅
ル上ハ天下正議ノ者ハ悉ク罪ニ行ヒ又　天朝正議ノ公卿ヲ廢錮誅戮ニ
モ及ヒ其次ハ承久元弘ノ故事ヲ引テ
主上ヲ議スルニ至ランヿ必セリ此度梅田源次郎等ヲ召捕候テモ推知ヘ
キナリ然ルニ　天朝今日ノ機ヲ失ヒ空論ヲ以テ害毒ヲ攘ヒ玉ハント有
ヿ實ニ恐多キヿナラスヤ　天朝ノ御定算ハ蓋シ諸侯ノ赤心ニテ人心ノ
歸スルトコロヲ御待ナサルヽナルヘシ誠ニ勿體ナキヿ也當今三百六十
諸侯大抵膏粱子弟ニテ天下國家ノ事務迂濶ニシテ殊ニ身家ヲ顧ミ時勢

ニ媚諛シ其臣ナル者御大事々々ト申ヿニテ人君ヲス、メ勤王ノ大義ナ
トハ夢ニモ説不申何程聰明果斷ノ人君ナル者決シテ薦擧ヲ企ルヿ相成
ス勢ナク是尋常ノ諸藩然リ其奸惡ナル者ニ至テハ幕吏ニ連結シ其逆焰
ヲ助長スルノ類少トセス然ラハ當今天下ノ諸侯ヲ御待ナサレテハ終ニ
幕府ノ議ニ落伏セラレ其末ハ外夷ノ屬國ト相成
皇國ノ滅亡實ニ踵ヲ旋サヾルヿ也直ニコノ趣御落著被遊タクハ天下萬
民ノ信服仕リ義憤ヲ徹發スルノ御所置アラマホシキヿナリ勿體ナケレ
𪜈 後醍醐天皇隱岐ニ出マシタレハコソ天下ノ義兵一同起リタリ爾ノ
ミナラスコレヨリ先 後鳥羽順德土御門ノ三 天皇ノ御苦難モアラセ
ラレタレハコソ建武ノ御中興中々一朝一夕ノヿニハアラス孟軻カ云苟
爲善後世子孫必有王者矣君子創業垂統爲可繼也若夫成功則天也君如彼
何强爲善而已矣ト申タルモ思合スヘシ某カ覽ニテハ
主上大ニ天下ニ 敕ヲ下シ聞ユル忠臣義士ヲ御招集アソハサレ又尾張

水戸越前ヲ始正議ノ人罪譴ヲ蒙リ又ハ下賤ニ埋沒スル者𪜈ヲ盡ク闕下ニイタシ外夷撻伐ノ正議御建アソハサレ度ヿナリ某向キニ屢叡山遷幸ノヿヲ議ス今前說ノコトク行ハルレハ遷幸ナキ𪜈又可ナリトス　桓武以來ノ常《帝カ》都御持守遊ハサレ幕府ヨリ何程逆焰ヲ振ヒ悖慢ノ所置有モ御頓著ナク　後鳥羽後醍醐天皇ヲ目的トシテ御災耤ヲ定メラレ候ハ、必ス正成義貞高德武重ノコトキモノ累々繼出センヿハ必然ナリ　天朝ニハ德川ヲ扶助公武一和トノミ仰出サル、故ニ德川ハマス々々兇威ヲ逞フシ諸侯ハ悉ク德川ニ頸ヲ抑ヘラレ勤王ノ手足ハ不出其下ノ忠義ノ士ニテモ皆征夷カ諸侯ノ臣下ニ非ハナケレハ其主人ニモ先キタチテ義擧ヲ企ヿモナラズ終ニ　天朝ニ志ヲ歸スル者アレ𪜈志ヲ抱ナカラ老死イタシ甚シキハ奸吏ノ手ニヲチ囚奴トナリ戮死トナリ終ニハ戀闕ノ志モ日ヲ逐テウスク成行候也コレマテノ寛大ノ御處置ハ誠ニ凡慮ノ及フ所ニアラス御尤ト申上ンモ畏ルヘケレ𪜈今ヨリハ　御果斷ノ時節到來ニテ今一年モ今ノ形勢ニテ御觀望ナサレテハ忠臣義士半ハ死亡半ハ挫折セラレ幕府マス〱兇威ニ募リ諸侯ハ益幕府ノ威ニ懾レテ而テ外夷ノ患ハマス〱深クナリ天下ノ事凡テ時去リ機ヲ失ヒテ如何トモ手ハツキ申サヾルヿ必然ナリコノ論尤トオボシメサハ別ニ秘策アリコノ論不當ナラハ某モハヤ勤王ノ手段盡果タルユヘタヾ〱主家ヘ微忠ヲ效スノ外致方モコレナク亡國ノ苦惱適從スル處ヲ不知痛恨ノ極爰ニ止タリ

草莽臣藤原矩方謹識

戊午九月念二日

不動鐵樓イムプレギ子ーフル、アイロン、フチールトレス

ロンドン、ターウェルンターウェルンハ旅館の義なりロンドンハ即チ館の名なるべしに於てウヰルレム、シヨン、ホール氏首府の海門にハ敵の急襲に備ふこと薄弱なるを世の爲メに憂てテームス河の名及び倫敦《ロンドン》に防禦を設け敵患に備へんことを論説せし以來大約一月にして機關家ウヰルレム、ホス氏と共に謀り不動鐵樓を

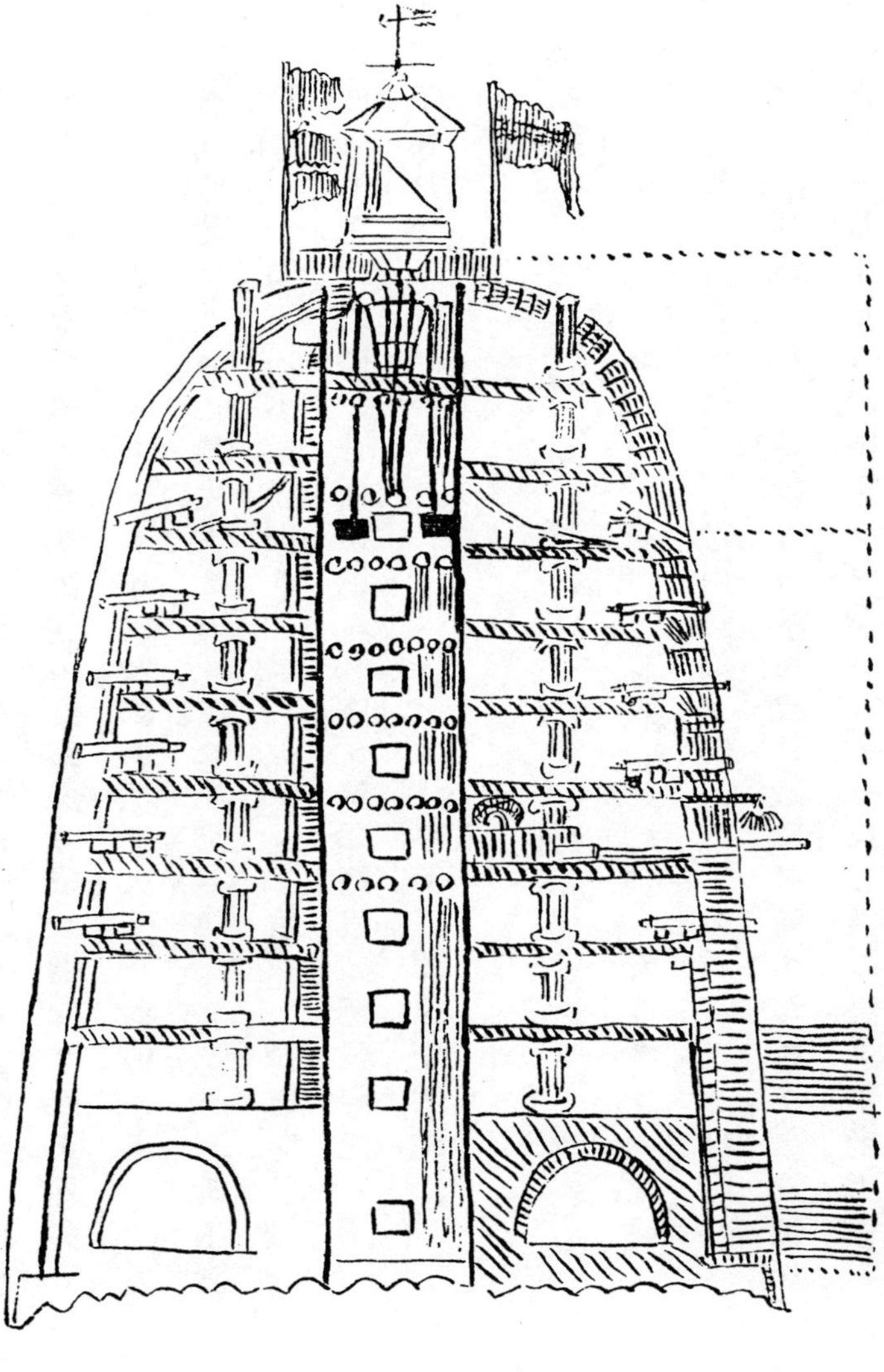

發明し由て貿易に關係なる者ハ不虞の危難なるへきを述へて徇ヲ其發明せし所の工夫を子細に檢査せんことを乞ひ次て又其樣式及ひ圖稿を製してボルリントン、ハウス公衙の名のローユル、ソサイチ官吏社中の名に呈して諸侯及ひ有名諸學者の閲評を需めり後大約十四日にしてホール及ひボスハ其論策の利を説辨するため宿直に在りしに公衙チールーム衙中の室の名の執政長官も此のことに就き周旋したり○諸學家に由て國益を起せしハ其例多く且今般の建策ハ英咭王の海陸軍將士の同意せる所なれハ今其圖説をイルリユーストレーテド、ロントン、ニユース注カ住解倫敦新聞紙の義に載せ世人をしてホール氏の需に應し公平の評論をなさしむるに妨なかるべし

ホール氏の著述せるロンドン、ウヰーキ、ボイント書名には分明に下件を論せり其論に曰く倫敦府無量の財貨の危き所以ハ敵襲に備ふる適宜の防禦なきを以てなり故にノール洲グートウヰン及ひマブリンに各々不動

鐵樓一個を設くる時ハ河口より倫敦に侵入する者を懼るゝに足れず而して此三樓を築しに費用一百萬なるべし其一百萬ハ首府内の財貨の安全の爲めとして一ポント毎ニ三フハールシングマヽ（一フールシングハ和蘭の一セント二五許に當る）を出さしむれハ之を償ふに足るべし此亦些細の冗費なり預マヽメ備へて敵を逐ひ敵を防くべき勢なるハ現在敵至れる時之に對して安靜し得るの良法なることハ固より論を俟たすテームスハ宇宙の人民此の國に來て貿交する者の大衙なるを以てホール氏時勢を察して以爲らく防禦の中心ハ必ず我ハ首府の河口に設るより利なるハなしと此の河口ハノール洲に由て中流より分て二海門となれり而して船艦の河に上る者ハ必す此の海門より入れさるを得ず故にホール氏此の洲上に鐵樓を設けんと欲するなり○樓の裝置ハ爰に附屬せる圖ニ由て明なり○樓の中徑滿潮線の所に於て百二十フートト此線より上樓頭に至るまでの高サ百三十フート線以下を併せ樓の全高ヲ計れバ二百四十フートなり○

大礮七十門を備ふべき射眼あり七十門の内二十一門の礮ハ時ニ臨て各處に轉するを得べし○樓内ヲ分て千五百室と做す但し尋常ハ本數三分の一を以て足るべし○ホール氏又公私に說き閑散なる都下の少年一千人をして會社を設け水夫となし或ハ機關工匠術の如き有用の道ヲ學はしめんと欲す○樓内の底部ハ地中ニ至るまてヲ穿て砂礫を埴(塡カ)め彈藥室となす○樓の外圍ハ鑄鐵塊重サ各五トンなるものを層重し鎔金を灌て毎個相接著せるか故に恰も一塊の鐵屏をなし其厚サ二フートなれハ何等の礮彈と雖共(マヽ)破ること能はさるべし

鐵屏の重サ大約三萬二千トンニして木材及ひ砂礫の重サを併せ計れハ樓の全量大紙十一萬トンニ至るべし○火藥室ハ砂礫中に設けて落潮線の下に在り○樓頭に燈籠あり此の燈ハ隨意に上下をなし之を下す時ハ通氣筒内に藏る通氣筒ハ中徑二十フートにして樓底より樓頭に達す通氣筒の主用ハ最も緊要にして就中蒸氣力に由り水筒(ポンプ)を以てアルテシエ

ン井本邦掘抜き井と唱ふる者より水を取り火藥彈丸を火藥室より出たし其他雜具を樓の下層より上層に上るにハ皆此通氣筒の内に於て事をなす○各層の樓板を支持せる柱ハ内室虛にして之ニ蒸氣を流通せしめ樓内の各處を溫む難破船のとき救難船を以て人命を助くべき仁惠の備ゆるも此の首府の財貨を庇護する洪大の建策に於てハ不用の贅論に非す

此の策論他人の庇護を得んか爲メ人情も諛り僥倖を求ることなきハ我輩の之を洪大非凡とする所なり其故ハホール氏父母の國を思ふ丹心より私財を散して獨許の利を求め必す其策の變革すべからさるを主張せすして他人の之を改正せんことを乞へり而して唯ニ其希望する所ハ政府より直に命を下し不列顚貿易入利の大數の内より費用を出して其策を施行するか或ハ此の費用を以て足らざることを前知すべき時ハ本國より扶助して有名の大業を遂けんとするに在るのミ

九段込方込メ　一節一擧動

左ノ手ヲ以テ銃ヲ右ノ臂ノ高サノ處ニテ把ミ身ノ正中ニ對シ持來スナリ而メ右ノ手ヲ以テ最上帶マテ送リ銃ノ下部ヲ兩足ノ間ニ置銃身正面ニアル様ニシテ巣口ニ近キ處ヲ左ノ手ニテ把ム但シ我體ヨリ三「インチ」二寸四分隔ツ右手ヲ藥苞袋ニヲクル

二トレ‖早合　一節一擧動

親指ト次指二本ヲ以テ藥包ヲ取リ齒間ニ致ス

三開ケ‖早合　一節一擧動

火藥ノ際ニテ紙ヲ喰ヒ切リ親指ト次指二本ノ間ニ持チ巣口近ク持送リ其手ノ甲ハ正面ニスル

四込メ‖早合　一節一擧動

火藥ヲ巣中ニ注キ玉ヲ紙ヨリ放シ右ノ手ト左ノ親指ト次指二本ヲ以テ玉ヲ放解シ尖部ヲ上ニシテ巣中ニ籠メ右ノ親指ヲ以テ少シク下ヘ送ル

而テ親指ト食指ヲ以テ槊杖ノ最端ヲ把ミ他指ハ閉チル兩臂ハ身體ニ附著スル

五拔ケ＝込矢　一節三擧動

一右ノ手ヲ延シ槊杖ヲ半分拔出シ其儘左ノ親指ヲ以テ撑ヘ而メ右ノ手ヲ以テ槊杖ヲ巢口近ク握ル其仕方小指ヲ上方ニナシ爪正面ニナル樣ニスペシ而メ親指ハ槊杖ニ沿ヘ延ス

二再ヒ臂ヲ延シ槊杖ヲ管ヨリ拔出シ之ヲ其延伸内ニヲク

三槊杖ヲ轉廻シ其細端ハ左肩ヲ通過シ槊杖頭ヲ彈上ニ置其手甲ハ正面ニスル

六突ケ＝早合

槊杖ヲ右手巢口ニ達スル迄壓入シ而メ左手ノ拇指ニテ槊杖ヲ撑ヘ右ノ親指ト食指トヲ以テ槊杖ノ細端ヲ把ム其𪜈手ノ甲ハ正面ニアル如クシ彈ヲ室ニ送ル但シ臂ハ體ニ接ス

七收メ‖槊杖　一節三擧動

一槊杖ヲ半分拔出シ之ヲ其儘左ノ手ノ親指ニテ撑ヘ小指ヲ上面ニナシテ巣口ノ處ニテ把ミ臂ヲ延シテ槊杖ヲ拔出シ之ヲ巣口ノ延伸内ニ在ラシム

二槊杖ヲ轉廻シ其頭ヲシテ左ノ肩ヲ通過セシメ管中ニ納メ右手巣口ニ觸ル、迄突込爪ハ正面ニナル様ニス

三右小指ヲ槊杖頭ニ置テ槊杖ヲ納メ其𪜈左ノ手ヲ臂ノ全長ニ延シ左肩傾カヌ様ニスベシ

八管附ケ　一節二擧動

一左手ヲ以テ筒ヲ其擧シ目ノ高サニアル如ク上ケ右手ヲ以テ銃把ヲ握リ半右向ヲナシ同時ニ右足ヲ左ノ足ト直角ニシ足心ヲ以テ左踵ニ對シ而メ左手ハ下ノ帶迄滑送ス其𪜈親指ハ臺ヲ傳ヒテ延シ右ノ臂ハ身體ニ接シ筒ヲ右脇ニ持來シ臺尻ヲ右ノ肘ノ下ニシ銃把ヲ身體ニ對シ乳ノ下

二「インチー」ニ對シ銃身ヲ上トシ銃口ヲ目ノ高サニス
二右手ノ親指ヲ以テ鷄頭ヲ半機ニ掛ケ諸指ハ鬼牆ト銃把ニ接ス右手ノ拇ヲ以テ雷冒ヲ袋ヨリ取リ火門上ニ置キ拇ニテ押ヘ銃把ヲ握ル

九肩ヘ||筒　　一節二擧動

一筒ヲ右肩ニ致シ左手ヲ以テ押付ケ正面ヲ向キ右ノ踵ヲ左ノ踵ノ側ニ持來右ノ手ヲ以テ上ニ示セル如ク銃ヲ持ツベシ
二左手ヲ速ニ左ニ垂ル、ナリ

構ヘ　　一節三擧動

一、右手ヲ以テ筒ヲ擧ケ左踵ニテ半右向ヲナシ右足ヲ左踵ノ後ニ置キ左ノ手ヲ以テ筒ヲ下帶ノ處ニテ握リ之ヲ肩ヨリ放ス
二、兩手ヲ以テ筒ヲ下シ銃身ハ上ニアリ左ノ拇ハ臺ニ沿ヒテ延シ臺尻ハ右ノ前肘ノ下ニナリ銃把ハ右ノ乳ノ下ニ「インチー」ニ置キ巣口目ノ高サニ對ス左ノ臂體ニ接シ同時ニ右ノ拇鷄頭ノ上ニカ、ル諸指鬼牆ノ下ニ

テ夫レニ對ス

三、鷄頭ヲ張起シ銃把ヲトリ銃尾ノ位置ヲ動カスヿナキ様ニス

狙ヒ　　一節一擧動

拇ヲ搬軌ニ掛ケ左眼ヲ眇シ狙フヿ「ゲウェール」ニ異ナルナシ

二列ニ組タル𪜈ハ一列兵右ノ臂ヲ稍ヤ高クシ二列ノ兵ノ狙ヒノ爲ニス

二列兵足ヲ右ヘ出スコト八「インチー」ナリ

打放シ込ヘノ合《令カ》アレハ銃ヲ下スト一同ニ足ヲ揃ヘ上ニ説示スル如ク銃ヲ下シ再裝藥スル

打止メ肩ヘ取モ狙ヲ待テト云モ替ルコトナシ但シ狙ヲ待テノ後肩ヘノ令アラバ鷄頭ヲ半段下シテ肩ヘスルナリ

鈴木大雜集　六

乙集

雜集

文久辛酉二

鈴木大

共五冊　六

神奈川日記抜書

六月廿七日蒼天南風ニして烈風之

一水浪之者小船ニてフッチ沖へ御船旭丸と相唱候御舟一艘御差廻ニ相成候尤迄改方として江府へ來ると之浮說紛々有之ニ付出入之大小舟ニ至右乘組人數之義ハ浦賀奉行御渡ニ相成同所詰之與力同心とも乘組罷在候よし

一前同樣改方として下總洋へスクチールー艘御差廻ニ相成候右乘組人數ハ俗（本ノマヽ）事方并講武所教授方乘組罷在上之御人計り之

一四五日以前戸澤　守之人數神川在留之コンシユール館之固被仰付候よ付著いたし候隱岐守人數ハ英コン之宿寺警固戸澤之人數ハ亞コン之旅館を警衞罷在候

七月十一日

一今日亞之醫官一人上府附添之者四人送る

一英之軍艦當港ニ碇泊いたし居候中ゟ近海之測量として三艘出港いたし候内一艘ハ長崎迄參る一艘ハ奥州邊之近海を測量之ため出ル一艘ハ西海之近邊を測量之爲出ル

但し奥州近海と西海近海之測量舟へハ御徒士目付外國詞役一人定役一人宛乘組居候よし

一前同樣之振合を以長崎港行之軍艦神川方同心乘組セ可申哉之段英人へ申向（聞カ）候處早速承知ニ付則ち兩人差遣可申積ニて手配罷在候處出港之砌ニ臨み被申聞候者長崎迄參るとて案内を賴候得ハ各國之者へ對し外聞も惡けれハ折角之思召なれとも先御・ニ（断脱カ）及ぶとの答ニ付案内之者ハ參り不申候

七月十三日

今日御舟當番ニ付講武所方ゟ出張之人數ハ何十人なる哉問合候處是迄一組十五人宛之處東禪寺事件已來御人增ニ相成十八人宛之由四組都て

七十貳人ありり御手當ハ一日ニ金貳朱宛あり

同十五日

夷人とも十里四方中之近在へ遊歩ニ罷越候節之取扱方被仰渡候ニ付村々名主共ゟ之請書左之通り〔書付歟〕、別ニ寫ス

港崎町廓内高札左之通り　同斷ニ付別ニ寫ス

一此度御軍艦方ゟ左之通り繪圖面を以御造製之義伺出候處伺之通り被仰付候云々下略之

右船數七艘大ニて八間ニ貳間小ニて五間貳尺六寸ニ一間一尺餘之此亦略之

七月十六日

一今日若年寄井左之役方神局へ著夕七ッ時頃運上所へ御越ス異人商館を御巡視夫ゟ虎を一覽黄昏頃船よて神川へ歸る

若年寄　酒井右京亮

御勘定奉行　松平出雲守

外國奉行　水野筑後守　　神奈川奉行　松平石見守
御目付　淺野一學　　御使番　兩人
御祐筆　兩人　　外ニ　組頭　調役　定役

七月十七日蒼天輕風之
一今晝八ッ時頃ゟ戸部御役所ニ於て英佛ミニストルハ酒井右京亮殿御應接有之ニ付八ッ時貳分頃英佛之ミニストル御役所へ罷越右京亮殿と一時計何歟御應接有之候得共其場へ近寄かたきニ付對話之次第一向相知れ不申七ッ時頃ゟ應接も相濟候ニ付彼等を饗應し候た処種々之酒肴を設

應接所之坐列左之通

彼ノ方　英ノミニストル　同通辯官　同コンシユール　佛ミニストル
佛之同コンシユール

此ノ方　酒井右京亮殿　御勘定奉行一人

松平石見守 瀧川播磨守 神奈川奉行両人
御使番両人
外國奉行一人
御目付両人 松本十太郎
外ニ御祐筆井組頭
調役定役ゟ至る迄應接場之縁頬ニ扣居申候
右之通り左右ニ列坐罷在候事
彼等へ差出候酒肴大概左之通り
一サンハン酒　五十本程　一葡萄酒　五本　〔一脱カ〕紫蘇酒　五本　一かもてゐら　一ハン　一鶏之蒸焼　一ぶさの蒲鉾　一夷製之瓶入漬物弐本
一鰕之てんぬら　一吸物　一さしみ　一鯛之てんぬら
右之酒肴種々差出し互ニ酒興相醸し黄昏過迄有之候彼等歸館之時ニハ護送として定役両三人同心廿人程外ニ下番之者横濱迄罷越候
一予今日之給仕役として其場へ立寄應接之始終等相監るニ若老彼等を遇する之慇懃成事實ニ歎息せり只一向ニ彼等之氣を快からしめんと相見

候ゐそ悲しけ里（マヽ）

七月十八日

一佛之ミニストル館ニて酒井右京亮殿へミニストル🈩饗應有之候

一蘭商舟一艘入津此船虎一匹積來る外豹様之黒形之獸一匹積來る

同廿日

一神奈川奉行竹本圖書頭來ル神川へ滯在ス

一蘭人シイボルト江戸🈩來ル横濱へ在留ス

同廿八日

一今日播磨守殿と圖書頭殿ニ英之コンシユールル館ゐて饗應有之

同廿九日

一當時碇泊之黒船左之通り

一亞商船　六艘　一英商船　三艘

一蘭同　四艘　一佛同　一艘

外ニ亞國スクネール商船　壹艘
一英軍艦　貳艘　一佛軍艦　壹艘

酉ノ七月
一昨十日外國奉行水野筑後守殿津田近江守殿兩人亞國ミニストルハルリスと對話有之申候奉行尋ニ英佛上使ゟ兩人共濱御殿内へ引移候事ニ相決候共許ニハ如何いたし候哉
　ハルリス私も兩三日の中引越候積ニ御坐候
奉行ソレガットヰマルヘット船貳艘軍艦ニ仕立度候亞國ニて右船出來可申哉
　ハルリス出來申候
奉行代金ハ何程ニ可有之哉
　ハルリス私も委敷義ハ存不申候得共八十万ドルラル位之事ニ可有之相考申候

奉行相頼申度候不遠是ゟ又々相談可致候
奉行亞國戰爭之模樣ゟ如何ニ候哉
ハルリス私も心痛仕候得共委敷義ハ存不申候合衆國兩部ニ分き戰爭ニ相成申候其一部ゟ北部と唱候大統領大將ニ御坐候又一部ゟ南部と唱ひ候側のスラーフ方ニてヒヘホと申者大將ニ御坐候

一英國ツニストル幷支那在留之水師提督九日十日兩日安藤公罷出人拂ニて重大之密談申上候趣御坐候其趣ハ當春以來對州ニ在留仕候魯西亞人共を追拂候一條之由承申候
公邊ゟ右之水師提督へ對州へ魯人致退去候取計方御賴被成候思召之樣子ニ御坐候

七月晦日於東禪寺外國奉行英國之通辯官ニ對話
異一北京よりミニストル兩人爲見舞罷越可申候

一同 兩三日滞船直様香港ゟ上海致候

一同 御殿山ミニストル館之義早々相願度候

一同 昨年中モス一條ニ付ミニストルゟ罪之方不筋之趣ニ而本國政府ゟ書翰致來右ハ國法ニ違ひ候義ニ有之ミニストル申渡候咎ニも不致様ニ而此後モス義日本ゟ勝手次第ニ再渡差許相成申候右ニ付千トルラル之過料差出候處右も同人江戻し候様相成申候然ル處御役人江相渡候後ニ付本國政府より同人江戻し候様相成候間入御聽置申候

一日本 右ハ如何之義ニ有之哉

一英 規則ニ相觸候義有之且日附等之義間違ひ其外二ケ條有之アトホカート官名右ハ罪人之理非ヲ取計いたし役人不調ニ而被許候義ニ相成候

一英 モス取押候節役人粗暴之取扱有之趣も申越候向後英人之内如何之義有之候与も手込ニ取計無之様致度尤ミニストルゟ事務宰相ゟ談判相濟候上ハ格別夫迄ハ直様コンシユル一厶《マヽ》へ卽時ニ御引渡可被下候

一日本 右粗暴之取扱与ハ如何之事ニ候哉

一異 右譯ハミニストルゟ事務宰相江申上候細倉謙左衛門殿扱粗暴之義有之候同人義ハ外國人ニ關係無之處江爲取扱候樣致度候

一同 先日東禪寺江入込候亂妨人ヲ防候怪我人江御手當御遣ニ相成候樣仕度旨申上候處何を快方之上と彼仰聞候得共快方ニ相成候者計江も早々御遣し相成候樣仕度候

八月六日神奈川奉行英コンシユル江對話

一奉行 山手コンシユル館出來ニ相成候間引移候樣致度候

一異 近日中引移可申候

一奉行 承候處アメリカニ混雜之事有之よし承候實否承り度候

一異 實以戰爭有之候夫ハ先頃飛脚舟參り承り候追而親（新カ）聞紙來候時者早々可申上候右者此度戰爭之國ハ北アメリカ中之南北ニ打分居候國ニ而市人与市人与之戰ニ而其兵端之根元ハ南ニ而北之方を錢を以人を傭ひ相遣

アメリカ國ニ男女老少不殘ニて億ニ至らざる人口故此ノ數ハ異同あらん歟

候仕來之處餘り南ニ而不仁之遣方故北之方ニ而見るニ不忍兵を起し候
よしニ御坐候北之士ハ貳億《本ノマヽ》南之戰兵士ハ一億《本ノマヽ》貳百万ニ候追而盛ニ相成
可申候夫故各國之軍艦も右之處ニ參申候

異
一東禪寺一條ニ付何ら仙臺より事務宰卿ニ申立ニ相成候事有之よし御承
知被成候ハヽ承度奉存候

奉行
一其外一向不存候

八月九日和蘭シイホルトニ奉行對話

異
一十二日程之日數ニ而養生之た決當港ニ來ル最早日限ニ相成候江戸ゟ何
とら申來不申哉未タ七八日も養生致度候

同
一御國之事ニおゐてハ御爲ニ相成候義ハ何成とも可申上候已ニ先頃國元
ニも御爲ニ相成候事申遣候

同
一歐呂巴洲之中より何ら海岸筋之事ニ付戰爭ニも及候之事風説有之候併

し急之事ニハ無之候

一同
一私も壯年之時ハ諸方ニ名を賣候得共當時老人ニ及ひ不被相用貴國之事ニ而ハ精々骨折可致候

一同
一索漏生ハ至而溫順之國ニ而陸軍ハ盛ニて强く候人氣ハ人律も有之私ハ大ニ頼敷存居候私の妻ハ同國之者ニ候

八月九日和蘭コンシュルセ子ラール館ニ於て奉行對話

一奉行
兩都西港延期之義事務宰相申聞候處右御返事ハ書翰を以御返事ニ可及旨被申付候

一同
江戸へ通商交易場を開度趣之義ハ不容易義ニて其譯ハ當時外國と通商交易も盛ニ相成物價も沸騰自然人民も動搖いたしへく何分此儀ハ不容易事ニ候追而宰相ゟも可申入候

一同
一昨年蘭人殺害御手當之儀事務宰相へ申聞候處セ子ラール被申候如く

國へ殘居候妻子を御憐ミ有之候得共行立ニ相成候樣ニハさし遣べし併

セチラール申通償金ハ不差遣候

セチラール
一夫ハ强て私ゟ償金を乞ふと申譯ニハ無之右一條ハ本國ニ在候政府ゟ申來候此申來候趣ハ全ク殺害ニ相成候一條何共沙汰も無之候得ハ如何相成居候哉承度よし私迄問合ニ付夫故申上候

同
一國ニ在る妻子とも夫殺され候て沈困窮ニ及ひ候を見兼候故國ニ在る執政ゟ申來候

同
一御手當の償金のと奉願候譯ニハ無之候併し右妻子貧乏を御憐被下度殺害ニ逢候者ハ船持ニて一ケ年八百トルラルを利益を得候右へ一ヱりと歟二ヱりと歟割合を以御手當不被下候ハヽ國ニ在る妻子とも饉渴ニも及ひ候譬ふ見るふ八百トルラル之株を失ひ候者も同樣也

日本
一夫ハ御手當ハ妻子之行立ニ相成候樣可差遣候得共日本ニて人を殺候ても償と申金無之親を殺も亦ハ兄を殺セハ其罪を以罰も事務宰相ニ於て

も如何ニも妻子之貧窮を深く氣之毒ニ被存候得共何卒御手當之儀ハ早々書翰を以可申入候
右之外種々引合も有之候得共申上候迄之義ニ無之故ニ略ス

神奈川日記抜書

八月十六日

一外國之士官亦ハ商人醉興ニて市街徜徉越前守殿巡警之番士伍間ニ立入鞭杖を以打擲不法を働キ候儀も度々有之候故已來右樣之所業ある時ハ手荒之取計候哉も難計其趣配下之者へ令し置候樣可取計旨圖書頭殿名前ニて各國コンシユルへ書簡御差出相成候

一佛國ニ在る政府ゟ横濱在留之ミニストルへ籾米一俵注文ニ付即ち御差廻ニ相成植付候よし

同十八日

組頭と英國コンシュル對話警衛等之義ハ略之

同十九日

一英軍船之士官一人豐前小倉ニ埋葬いたし候處右改葬之義申達相成右ニ付英艦長崎迄航海之序ニ小倉へ立寄死骸アハクニ付棺を取扱申候尤横濱ニ墓所有之候てハ此地ニ葬と被存候右ニ付外國方同心一人通辯官一人己さ〳〵乘組として參る所不承知ニ付止ミ軍艦ハ出帆いたし候

同廿日

一越前殿警固人數夜中市中巡警いたし居候處度々異人共醉興ニて亂妨有之故ニ越前守殿ゟ何歟趣意を御申立相成候よし右ニ付當分夜中巡見之義ハ見合候樣御達ニ相成候尤警衛之人數ハ如元運上所構內ニ居申候

各國コンシュルゟ

以書簡申入候然ハ當港居留之外國人亦ハ軍艦乘組之水夫共やゝもすれハ醉興之餘り市街を散歩之折往來之者へ疵付且ツハ巡警番士之伍間ニ

立入鞭杖を以て漫ニ打擲不法を働ニ及べき右ハ泥酔中宿意ありての所為とハ聞へざれとも向後右様之事屢ある時ハ無餘義手荒の所業ニ及むんも難計余ニ於て痛心せる所なれハ其許等深く注意して嚴ニ申觸らし雙刀を佩せる者ハ勿論商賣之庶人ニ至るとも故なくして失禮を加へざる様其配下及び軍艦乗組のものへも布告あらんを欲せ此段申入候謹言

文久元年酉八月

竹本――

瀧川――

酉八月十九日達ス

英亞蘭佛各國コンシユルに

以書簡申入候然ハ實丸發砲之義ハ小銃より共差留候段先般ゟ度々申達置候處此程追々相緩み屢流丸の飛來る處ありて人々危ふめり定て新渡之外國人右之禁を不心得事と存候依而ハ再び其筋へ達し被置度候此段

申入候謹言

文久元酉年八月　　竹本圖書頭

酉八月廿日於對馬守宅佛蘭西ミニストルへ對話拔書

佛
一此度外國へ使節御越ニ付送迎之船指出方之義佛英之兩政府ニて尙一決次第可申上候

一追々御國商人へも御指免有之商船買入銘々外國へ貿易ニ被差遣候趣ニて既ニ黑龍江迄被遣候商船も貿易無滯出來候趣ニて承り大慶仕候就てハ追々歐羅巴へも被差遣候樣相成御國地貿易も盛ニ相成自然御國商人とも引合熟知いたし候樣可相成と奉存候

一往々ハ盛ニも可相成候得共何分不慣ニて指支申候

一昨日外國奉行へも相談候義ニ御坐候外國貿易之義ニ付てハ外國人之内ニて取扱方被仰付候方可然且右給分等之義ハ外國人ニも光榮とい

たし候義ニ付前段相願申間敷奉存候且ハレイス等何れも右取扱人被仰付候ハヽ御都合可然奉存候

一追々商船も多く仕出候様相成候ハヽ左様ニも可致候

一私共同様各國都府へ公使被差置候様仕度奉存候

一追々左様いたし度事ニ候

一私義も此程歸國仕度趣政府へ申遣置候間其内申立通り可罷歸旨申越候ハヽ御使節被遣候節同時ニ出立仕候心組ニ御坐候右ニ付相願候御國人子供之内兩人自國へ召連申度尤右ハ箱館ニて罷越度趣申聞候ものゝ有之候右子供ゟ永く自國へさし置度候得共其義も不相成候ハヽ御使節歸國之節相返し候様可仕候

一勘辨之上可及挨拶候

一使節之義國々都府も有之候得ハ凡何ヶ月程相懸り可申哉

一佛國ニて二ヶ月程相懸り可申候先佛迄二ヶ月佛逗留中一ヶ月佛ゟ英

迄一日半路ニ有之右都府へも一ヶ月逗留夫より魯へ一ヶ月相懸り同所へ一ヶ月逗留其外孛漏生葡萄ゟ半ヶ月宛之逗留ニて可然又歸船之節二ヶ月相懸り可申右ニても九ヶ月程ニも相成可申候

一夫ゟ早き事ニ候此方ニてハ一ヶ年半も相かゝり可申と存候

〆

酉八月廿日圖書頭と蘭ノコンシユールと對話

コン一先頃御書簡を以御達ニハ市中巡警之士へ外國人不法をいたし候節ハ元ゟ輕輩血氣之者故自然拔刀ニ可及も難計依ゐ其配下へ嚴敷令し候樣いたし度旨被仰候意味ハ難解就てハ相伺申候

一右樣亂妨之所業出來いたし候も畢竟酒故ニ候得ハ酒賣買を御禁被下度已ニ運上所脇ニ外國酒を賣候もの有之是ハ看板等迄掛置候故外國之者共上陸等之節近邊故買呑自然不法之義出來候樣相成甚指支申候

一岩龜樓邊ニも酒店有之是へも立寄飲酒いたし泥醉いたし候ニ付右酒店

も御引拂ニ相成候樣仕度候

一日本酒ハ酒味弱く候故差支不申候得共外國製之セニーフル等ゟ強く故直ニ酩酊いたし候

八月廿日

圖書頭播磨守十太郎蘭コンシユルセチラール館に於て

一應挨拶畢て

一圖書頭久敷不致面會候得共耳之痛如何ニ候哉

一一時ハ餘程痛强候得共追々快く相成申候江戸表へ相成候哉　此時セチラール出席コンシユル退席

一播磨守先日其許ゟ被申聞候件々委細事務宰相へ申上右挨拶今日申入候

一兩都兩港延期之義過日も圖書頭ゟ申入候ニてセチラールニも兼而承知之通事務執政ゟ御書翰參り居素々延期之義ハ我國舊來鎖國之處一時外國と交通いたし候故何分人心不折合右ハ貿易盛大ニ相成物價沸騰いた

し候は全ク貿易故と卑賤の者なと存取候故自ら人心不折合も相生し右等故兩都兩港延期いたし度と申入候譯にて元々懇親之廉を以差延し申度と申入候事ニて右之段ハ委細セ子ラールニも承知之事ニ候得共一應申入候且江戸へ商賣相開候義ハ其許委任ニ有之開候ても亦不開候ても其許存意ニ有之候よし右江戸へ商賣相開候義も前申入候通り人心不折合之折柄故江戸へ商賣相開候義ハ其許取計ニて御書簡之通り延期被致度旨事務執政ゟ申聞候間右之段も申入置候

一昨年中其國之者兩人殺害之義ニ付御手當筋之義如何相成居候哉と政府ゟ被申越井其許心付候件々委細事務宰相へ申立候處宰相ゟ拙者へ被命候ハ我國法律ニてハ償ひ等差出候譯ニハ難及讐親を殺害ニ及或ハ火を付ケ候共夫々罪人召捕我國法則通り行ひ候國法故何分償と申候てハ難差出候得共其許被申聞候通り本國妻子等も難澀罷在候趣故右等之事情委曲申上候處執政ニ於てハ殊之外不便ニ存居候得ハ政府ゟ右浪流いた

し候妻子の者へ何と歟御手當も有之候間其段事務執政ゟ被申聞候右之段申入候

一御手當之義被下置候趣自國政府へ申遣候ハヽ難有御禮可申上乍併政府ゟ御手當之義願上候譯ニハ無之候

一素ゟ政府ゟ願立候譯ニハ無之如何相成居候哉との事ニて其許懇親之意を以被申立候義故右等之處ハ懸念無之樣存候何そ政府ゟ御手當有之ニ付執政ゟ其許へ御書簡ニて可申越候得共先日談判いたし候翌日早朝江戸表へ相越直樣右之段執政へ申上翌日早速歸府〔港カ〕いたし可申處少々不快ニて稍今日歸港いたし尤御書簡之義ハ少々相後候哉難計候得共不取敢御手當有之趣挨拶申入度尤償と申譯ニハ無之故員數之多少ハ難相分候

一本國へ申遣候便宜有之候處ニて都合宜敷難有奉存候

一今日迄ニ挨拶申入候樣被申聞候故不取敢右之段申入候迄ニ而書簡之義ハ急速ニハ出來いたし兼早く共五六日ハ後を可申候得共尚又其段可申

遣候
一御手當有之候を本國へ申遣候ニ品の多少相分不申候てハ不都合ニ有
之候間御書簡被遣候を御待居可申可成丈ケ早急被遣候樣仕度候
一（圖書頭）格外ニ延引いたし候と申迄も無之尚又右之段江戸表同役へ催促可申遣
候
一船乘と申候ものハ一ヶ年手當何程ニて何弗丈ケもふけ有之候と申極
り有之候間右ニて御勘考奉願候
一（播磨守）其義ハ外國之習風ニてハ右樣之見合セニて手當も可有之候得共此度之
義ハ政府之厚意を以手當指遣候譯ニて償と申候てハ何分難差出人情ニ
於て難捨置故政府ゟ御手當として被下候事ニ有之候
一全ク御償と申譯ニ而無之御手當被下候ハヽ右之割合を以御勘定被成
下候樣奉願候たとへ八百鍈と申を一鍈と申ニハ難相成一ヶ年之總取
高減し候故右を目當ニ

御遣之義奉願候

一外國ニてハ右様可有之候得共日本政府ゟ懇親を以御手當被下候義ニて拙者當港へ相越候砌ハ未タ員數も難相分何れ懸々評議之上ニて取極候譯ニて其許ゟ相談も可致旨御手當之義政府ニ於ても規則も有之義故員數之義ハ何れ御書簡之節可申越ト存候

一船司一ヶ年之取高ニてハ八百弗ニ御座候得共右御咄迄ニ申上置候左候得ハ右を目當ニ御遣之義と奉存候

一船之頭ニ有之候哉

　一左様ニ御坐候

一兩人共左様ニ候哉

　一同様ニ御坐候

一咄丈ヶ之義ニ候得𪜈承り置可申候

一右之元高申上候ハ勘定立方いたし候節五歩と歟一割と歟相懸候ため

の事ニ御坐候

一右一ヶ年取高御勘考被下父母妻子之者困窮之義御察被下政府ゟ御手當被下置候様奉願候

一右之義ハ咄迄ニ承り置可申候得共御手當之義ハ格別政府之御憐愍を以被下候譯ニて極めて其許被申立候通ニハ相成申間敷哉咄迄ニ承り置申候

一只今申上候ハ彼船司取前丈ヶ之義を御咄迄ニ申上候事ニ御坐候

圖書頭 一呉々も外國へ對し償と申譯ニハ無之其義ハ能々其許ゟ心得父母妻子等ニ手當として遣候譯にて決して償と申銘義ニ無之候間外々之者へ右弊不押移様被心得候様いたし度存候

一過日も申上候通りニて難澀之者へ御救助之譯ニて決して償と申義ニハ無御坐候尤私方ゟ願上候譯ニハ無之様奉願上候

一其義ハ承知いたし候

一御書簡御遣し相成候得ハ他へ洩候事者無御坐候銅ニて御遣相成候得ハ長崎ニて引替差遣可申候

一右ニ付御繁用之中御周旋被下難有奉存候

圖書頭 一其許被申聞候意も相屆キ大慶存候

播磨守 一兩都兩港延期之義ハ申入候事ニて相分候事と存候且江戸表開不開と申譯ハ其許委任之事故不開樣是亦承知之事と存候

一右御手當之義相願候も大坂兵庫湊開港延期之義も殺害之者へ御手當ニても御遣し相成候得ハ政府ニ於て御懇親之意相顯を御都合宜と存候故申上候事ニ御坐候

一其許被申聞候處能相分申候

右ニてセキラール退席コンシュル罷出候

八月廿一日　竹本圖書頭大井十太郎フランスコンシユルに對話

一應接拶畢而

一一昨日通辯官ウエルヱ義ミニストル駕籠江戸表へ差送候ニ付神奈川宿へ罷越人足相雇度旨會所へ罷越申談候處前錢ニ無之てハ人足差出兼候趣被申聞候其内通詞品川英介罷越候ニ付漸人足差出候得共一體ミニストル用向よて人足相雇候ニ右樣差支候而者不都合ニ御坐候

一夫ゟ支記向之詰所ニてハ有之間敷候

一御支配向之詰所へ罷出候由ニ候

一一體運上所へ被申出候ハヽ左樣之不都合者無之候以來ゟ右樣之不都合無之樣可爲取計候

一江戸表ニても通詞へ申聞候得者速ニ相辨申候何れニても人足雇上等ニ差支候義ハ無之と奉存候

一組頭へ委細承り候所ニてハ全神奈川會所支配向へ申聞候ニ而ハ無之支配向之者アメリカコンシユル所へ罷越歸り懸右混雜を見受候由ニ候同

所へハ組頭も相詰候事故會所へ被參候ハヽ右樣之差支ハ無之候以來ゟ運上所詰重立候者へ可申聞候尤其許ゟ書面等差出候得ハ速人足指出方等取計可申候

一私も不罷越候ニ付聢与ハ存不申候得共ウエルエ申聞候處ニてハ全ク役人へ相願候よしニ御坐候人足雇入遲延ニ及候ニ付翌日ミニストル御老中方へ罷出候義延刻ニ及び旁同人《ミニストル》も立腹いたし居候趣ニ御坐候

一役人之詰所ニ候ハヽ差支候樣之義も無之何れ共其節被參候ウエルエ當方へ被參篤と承り候ハヽ發輝と相分可申候

一右ハ過去候事故いたし方無御坐候得共以來ミニストル井コンシユル等用向ニて人足雇入候節ハ速ニ差出候樣いたし度奉存候

一承知いたし候書面等運上所へ可差出候

一過日御國人へ對し水夫共酩酊之上不法いたし候旨御書翰被遣候處御書翰之意味合ハ右樣之事有之節ハ外國人を刀殺ニ及候趣ニ候得共全

ク酩酊之上ニ付左樣之御處置も有之間敷奉存候
一外國人ゟ劒ニて切掛候樣之節其儘に打過キ候譯ニも不相成去るし安ニ切傷いたす樣成事ハ無之候得共夫も其節之場合ニより下賤之者共も如何樣之義可致も難計先も左樣之節取押候ゟ外いたし方無之候
一右樣之義重ク候上は無餘義切傷いたし候場合ニもいたる之御文意ニいたし度何分御書面ニてハ左樣聞届候

御書翰差出ス

一一應申入ゐく候一體越前守人數幷支配向等ハ外國人警衞之爲メ夜中見廻候義ニて全政府之厚意ニ有之夫を都而不法等仕向候ハ於拙者甚不快ニ存候右樣不法者有之劒ニて向ひ候節は當方下賤之者ニいたり候てハ切傷可致も難計尤兼々政府ゟ外國人ニ對し不法之義無之樣可致趣ハ精々御達も有之夫々心得居候得共自然外國人ゟ有樣仕向候節は何樣之事も自然兩國之和親ニも障り候樣之義出來いたし候てハ不容易義ニ付右

夫前以申入置候ニ付其許配下之者へ篤と被達候様いたし度右主意申遣し候事ニ有之候
一御書翰ニてハ佛人之所爲の様被存候
一左様ニてハ無之れつをの者共不相知ニ付各國へ申遣し以來左様之義無之様いたし度旨申入候事ニ候
一自國水夫ニ不限商人共ニ至る迄右様亂妨之者ハ無之乍然精々可申達候
一酩酊人と申てハ御國内ニも數多有之候商人シラールル出府中同人を頻り・ニ脱カ誘り候もの有之ニ付相糺候處全酩酊与申聞候
一東禪寺之義もミニストル方申越ニハ酩酊ものゝ所爲と申越候
一私江戸表方罷越候節途中役人ニ出合候處惡口等いたし片寄セ候而相過候其節ハ付添の者拾五人程も有之候ニ付相尋候處帝之役人ニて酩酊いたし居候よし申聞候得共敢而酩酊とも不被存候

一被申聞候通り儘惡口等いたし候ものハ可有之候得共敢て打擲抔いたす者ハ無之此度之義ゟ事柄も致相違居候其許道中ニて出合候役人何人程參り候哉

一三人程參り申候付添の者へ相尋候得ハ薩州家來と歟帝の役人と歟申聞候

一夫ゟ付添のもの丶不心得ニ有之をへて付添の者ハ先乘等無之てハ不都合ニ候其義ゟ承知いたし被居候哉先乘さへ有之候得ハ右樣不都合ハ無之候

一右ハ酩酊の義を申上候酩酊とさへ被申聞候得ハ夫ニて御申譯ニ相成候哉於御國も右樣之義儘有之ニ付申上候

一當方ニても酩酊人ニ候得ハ夫ハ勘辨可致候得共劒抔ニて立向候得ハ何分其儘ニも打過かたく候東禪寺之義を引競候てハ事柄も相違いたし候其次第ニも寄候事ニて已ニ先日軍艦乘組のもの當方職人へ疵爲負候事有之其者ゟ取締相渡候樣相成申候

一右等も其儘御勘辨相成候事と存候東禪寺ニて英人へ疵付候節も英國方ニて勘辨いたし候
一勘辨も被致候得共疵付候ものハ夫々罰し方いたし夫ニて被致勘辨候事ニ有之候
一仰ニハ候得共御國ニて右樣之もの有之節ハ不法のもの共一年も二年も相知れ不申候
一書翰差遣候義其許不承知ニ候ハヽ其趣返書可遣越候各國コンシユルゟ
承知ニ候得共佛國コンシユルニおゐて不承知と申事故政府へ可申遣候
一御書翰者御預り置申候外國人ゟ劒ニて切掛候節ハ自然役人ゟ刀ふて
立向可申乍然外國人方ニ者決て劒抔ハ持參不致候
一乍然棒抔ニて打擲いたし候節ハ同樣ニ候其許ニハ不相分と存候
一意味ハ能相分申候
一其書面不承知ニ候ハヽ當方へ可被戻候

一何ぞミニストルゟ申聞候上御返書可差上候佛人ニ於てハ酩酊いたし候もの一切無之候
一其趣返書可被指越候
一承知仕候
一まへて穩便と申義御達も有之候ニ付刀ニて切り候樣成事無之樣いたし度且又警衛役人等ハ大男を御撰可被下候左候得ば取締候事も出來いたし候
一其趣ハ相心得居候得共佛人ニ於てハ醉狂人無之と被申候上ハ其國之者ニ者無之と存候
一再應申上候通り於水夫え一切武器類持參不致居留商人共も同樣持參不致候ゑらし若致持參居役人等へ對し差向候節ハ御取上可被下候左候ハヽ强てさからひ候樣成義ハ無之其上よて御取押可被下候
一承知いたし候

一決て自國のものゟ役人を妨候ものハ無之其邊ハ役人へ御達置可被下
　候御國人ニ外國人へ對し惡口等いたし候者ハ數多御坐候
一惡口抔いたす者ハ可有之候
一私市中通行の節役人參り脇へ寄れと申者有之候得共自分ハ片寄不申
　脇ニ居候ものハ馬鹿ものと歟申聞候
一其許ハ常々一人ニて歩行いたし候哉
一一人馬上ニて通行いたし候
一壹人ニて通行いたされ候てハ何れの者共不相分コンシユルの印等有之
　候得ハ當横濱中ハ其趣可相觸候
一帽子に金所を付候ものハ商人ニ無之候日本にて帶刀人ハ必士官と申
　事相分り居候哉
一夫ハ相分り居申候
一敢而左様ニても無之小使抔も帶刀いたし候帶刀人ニも役人の家來等

有之見分ケかたく候

一夫ゟ次第も有之候得共をへて政府ニてハ外國人迷惑ニ不相成様御世話も有之候右を厚意ニ被存候哉いかゝ被心得候哉

一居留商人軍艦乘組の者へハ御國役人へ對し不法不致候樣相達可申候御國ニても同樣御達可被下候

一先達中程ケ谷茶店へスヲチル同道相休食物を乞候處役人共指留申候

一休息被致候茶屋ニ食物等無之事故斷候義と被存候

一何れの役人ニ候哉相尋候處役人とのみニて不相分候右之義を敢而申上候義ニも無之候

一其節ハ茶のみ差出し候哉

一左樣ニ御坐候平日休息いたし候茶屋ニて食物等も有之其節ゟ役人等差留不都合御坐候右ハ御咄し迄ニ申上候

一左樣不都合も可有之候得共政府ゟハ左樣之不敬無之樣精々申觸置候

一先達も鎌倉茶屋相休候處戸を〆候不都合并金澤ニて役人共立出自分共を妨ヶ候義等有之右者其節申上候

一夫者全ク妨候義ニてハ無之當方ニ者大名家來も有之其許ニハ其邊難見分事可有之候

一屢左樣之事有之不都合奉存候

一以來他行被致候節者れつきの方へ罷越旨運上所へ被申聞候得者左樣不都合之義者無之候

一其儀前以難申上人馬等も勞き候節ハ申上候方角へ必參り候譯ニも不相成候

一乍然一ト通被申聞度候

一政府役人の妨ヶ不致候義者兼而信用いたし居候附添役人等有之節ハ

一向妨候者無之候私一人通行之節者何分被妨候

一左樣不都合有之候ハヽ以來他行之節役人を召連可被申候

一仰ニハ候得共左様相成候てハ役人同道之節ハ妨無之壹人之節も妨有之事と相成是又不都合御坐候

一當支配之者付添候得も不都合之義も無之候以来召連候様可被致候

一をへて外國人遊歩いたし候丈ヶ之場所ハ今一應御沙汰被下置度奉存候

一夫ゟ尙又相違不都合無之様可取計候

一先日英コンシユルゟ茂申上置候運上所脇ニ外國人の酒店有之候水夫共兎角上陸之上右酒店へ立寄醉狂いたし候ニ付右之者ゟ早々其處を立退候様御命可被下候

一早々取調可申入候

一彼ゟ無宿者と存候

一えらし商人共內ニ而召使候ものニ可有之間其ものへ申付爲立去可申候

一全無宿ものニ候ハヽ爲立退候て宜敷候

一無宿者ニ候ハヽ追拂可申候
一運上所脇ニて役人の出入等繁く醉狂人等無之混雜御坐候而者不都合ニ付此段申上置候
一先達中ゟ度々申上置候水夫共湊崎丁酒店等へ立寄酩酊之上散歩いたし自然不都合等も有之候ニ付水夫共ニハ酒を不賣様御申付可被下候
一當方ニて酒も不賣様可申渡間其國水夫共へも必酒を不買求様相達可被申候
一佛國商人ゟ者水夫共一切酒類不賣様兼而相達し置申候
一水夫共へ急度不賣〔買カ〕様可申達候
一自然買求候得者船將方ニて罰申候
一居留商人ニ右様之義者無之候水夫抔ニハ儘醉狂人有之亂妨等相働候ニ付取締役人ゟ大男を御撰可被下候
一過日亞國コンシユル山頭コンシユル館地所見分罷越候同人者何迄之

邊望ふ候哉
繪圖ニて談判
一一體其處望ニ候得共其許ゟ被望候地所ニ付亞コンシユルゟ之外之地所
相渡候積ニ有之候
一其許ゟ地所を横ニ長くいたし度よし
一全クミニストル好ミニて海岸手の地所を望ミ申候
一此方ニいたし候得ハ英之方と高サ同様ニ候
一低キ地所を築立候てハ餘程手も掛り候事故英之方同様ニいたし候方
可然存候間尙ミニストルへ可申聞候今一應地所懸役人同道一見いた
し取極可申候
一見分可被致候
一今日セ子ラール用向有之罷越候間尙明日可及談判候
一今一事申上度候商人コンスタンス普請一件最ふしん成功ニ相成候哉

未タ不取掛候ハヽ當方ニて外々へ申談普請いたし候間否御取調可被下候

一先日申上置候堀ゟ脇往來筋掃除之義奉願候右之昨日和蘭コンシユルゟも申上候義と存候

一蘭コンシユルゟ申出候而下水之義ニ有之候

一下水ニてハ無之往來ニ御坐候草抔生繁り候間右掃除奉願候

一承知いたし候

一コンスタント普請之義取掛居候哉否自分方へ御申遣可被下候

一取調明朝迄ニ可申遣候

一承知いたし候

酉八月廿二日　於對馬守宅アメリカ公使への對話拔書

一兼而誂候軍艦既ニ本國へ申遣候哉

一未タ御治定ニ〔脱あらん〕御坐候事と實ハ差扣へ居申候未タ本國へ不申遣候

一其方へ奉行ゟ左樣之義ニても申入候哉不存候得共此方ニてハ差支無之
候
一右船之義ハ代料御差越不相成候てハ本國ニ於テ差極め取計難候其義
ハ御心得不被爲在義と存候間一應可申上候尤格別之高金ニも御坐候
得ハ一同《マヽ》御差遣相成候事ニハ及不申候割合を御遣相成候方可然存候
右御遣相成候ハヽ是ゟ支那へ差送り夫ゟ英國夫ゟ本國へ差送候手續
ニ有之候間凡五ヶ月程も相懸可申候私義も本國へハ來年正月初旬ニ
ハ罷歸候運ニ相成可申存候御國政府おゐて思召も御坐候ハヽ歸國の
後可然職人見立打立させ候樣可仕存候間其節之事ニ被遊候てハ如何
御坐候哉
一右樣相成候ハヽ安心之至ニ候
一右打立方ニ付役人御差遣ニ相成候とも何私ゟも心添いたし不都合無
之樣取計候樣可仕候

一此亦右様之運ニ致度存候事ニ候左候ハヽ何日頃船出來いたし本國ゟ被
　差遣可申哉
一私見込ニてハ御國退去後十ヶ月目ニハ出來いたし御國へ到著仕候樣
　可相成存候
一夫レハ速に成功之事ニ候
一過日外國奉行對話之砌ロントン武學校より獻上仕候大砲格別御意ニ
　叶候由承知仕候
一右ハ格別利用之品ニ有之候
一今般御誂相成候新船へも右同様之大砲思召次第ニて据付候樣可仕候
　右かたにて八十封度之品に御坐候得ハ百町餘も相とゝき可申勿論夫
　丈ヶ之價も上り可申候
一右樣通例之大砲相備候得ハ八十萬トルラル位候得共此程獻上仕候樣
　之大砲相備候得ハ十萬トルラル程高價ニ相成可申候

一先頃中本國戰爭有之趣心配之義察入候此節之模樣如何ニ候哉承り度候

一南部之方騷立候得共華盛頓《ネエ》新《ヨル》約《ク》基邊ハ靜謐ニ有之候一兩日以前本國外國事務局ゟ書簡到來爭亂之義も速ニ靜謐ニ可及見込も有之趣申越候

一大統領ハ矢張ブカナンふ候哉

一蒲家南退役仕當時之者ハ林《リー》硜《コン》と申候

一右樣之場合ニ及候てハ外國船等之出入差支無候ものニ候哉

一仔細無之候

一其本國戰爭之義ニ付英國公使ゟ書簡さし出英國支配之者ハ事務ニ携り候もの武器等を備へ候船々等アメリカ諸港へ相越候事禁制いたし雙方とも携り不申中立いたし可申旨觸示し候よしニ（本ノマヽ）てハ左樣ニ候哉

一相違無之候

一此方丈ケ之勘辨ニてハ左樣之筋ニハ有之間敷と被存候得共外國ニハ右樣之振合有之候事ニ候哉

一 左様之風習ニ御坐候右ニハ次第有之事ニ候一應可申上候

一 元來一揆徒黨と申ものハ政府へ對し叛逆致候ものニ有之候間自然政府ゟハ力弱キ方ニ御坐候間是非とも外國之力を借り不申候得者不相成候間何れふも外國へ與力之義頼入申候乍然右等ニ苟擔いたし候ては條約取結候政府へ對し懇親之義無之間右へ者苟擔不致もし致苟擔候ハヽ罰候事ニ有之候

一 勿論左様可有之候乍然徒黨之ものハ政府ふ背き候者故條約を結候國々ハ政府を致補翼取鎭方可致筈ニ心得候處中立傍觀いたし居候趣ニ相聞候間難心得存候事よ候

一 元來外國と外國との戰より起候義ニ有之先年中英佛兩國と魯西亞と戰爭有之候節本國ニても荷蘭ニても中立いたし取合不申候

一 兩國之戰ハ左も可有之候得共國中之一揆ハ左様ニハ有之間敷存候

一 此前支那ニ戰爭有之勿論內亂ニ有之候然る處各國相戒め候て何れニも苟擔不致様致申候右ハ各國通例之規則ニ御坐候尤御國之義ハ別段

ニ有之候則御取結ニ相成候條約面軍器兵勢とも差出可申と書載有之候通り本國ゟハ必ス御國政府へ御加勢申上候事ニ御坐候万一御國おいて左様之義も有之候ハヽ大統領政府より御國政府へ之條約之ヶ條ニ基キ加勢申上候趣觸示し申候

一各國へ觸き候哉

一各國へハ觸き不申乍然各國へ出使致居候アメリカ臣民へハ悉ク相觸申候尤右ハ御國ト本國限り之條約にて外西洋外國條約面よハ無之候

一左候得ハアメリカと英國ニハ右様之條約無之故ニ候哉

一外國ニハ無之御國而已ニ御坐候乍然右様之義有之候節中立いたし雙方とも不携義一般之規則ニ御坐候

一亞米利加内亂ニ付右様英國ニて中立いたし居武器賣不申との事ニ候ハヽ自國迚も其國へ武器ハ賣渡し方相禁候方ニ可有之候哉

一御國ニてハ外國同様出商賣いたし候者も無之迚も御國民等右へ携り

候事出來不申候間右様之御觸ニも及不申候且縱令出商賣等御始め相成候とも十艘二十艘位之少數ニ候ハヽ其を迄ニハ及不申候

一右様之儀有之候とも他國ミニストルコンシユル等ハ其儘致居留居候哉

一致居留居申候外國交際おゐて更ニ差障も無之候

一外國交際之義リンコーン之方ニ可有之候

一左様ニ御坐候兼て御承知之通り大統領義ハ入札ニて入選いたし候規則ニて四年目〳〵ニ交代いたし前大統領フカナン今大統領リンコーンと規則通り相禪受いたし候義ニ付外國交際ニ於て聊差障り無之則ち御手前様方追々御役替ニ相成候と相違無之私共御國へ罷越候より大統領も既ニ三人相交り最初コフンクリンピルスと申者ニ御坐候

一能相分り申候最初英國ゟ右内亂之義ニ付申立有之候得共此方ニてハ本國政府之方へ助力いたし可然様被存候間相尋候事ニ候

一御了解相成候趣大悦仕候

此義ハ追而承り候得ハ京都ゟハ伊勢ニ神宮も有之候間其他ヲ汚シ候てハ恐入候間右海を測量不相成趣御申聞ニ相成候事之由ニて御老中ゟ無據掛合相成候由也然る處石炭ニ差支候義本文

八月廿二日

圖書頭　英コンシュル　　抜キ書

一英人測量舟之義御老中方ゟミニストルゟ御懸合之趣ハ京都ゟ　大君へ被仰
出候趣有之測量いたし候てハ品々御不都合之義有之候間御老中方ゟミ
ニストルゟ御申聞有之其趣承知仕右ニ付蒸氣舟ニて追驅候積り御坐候
ニ付石炭ニ差支候間軍艦船將ゟ石炭之義御談判仕候義ニ御坐候

一右ニ付昨日ヲーテン船當港出帆江戶へ罷越アールコック之命を受可申
筈之處彼の雨天ニて出帆見合多分出帆可致義と被存候
左之ケ條月日不分之內ゟ書キ記し置く事八月九月之間之

一異商ゟ物貨指出候間其品物ニ應し價高下御付被下度旨申立候事

一差出候品物之一ツ宛見本差出度旨申出候事

一賣殘候品ハ土藏へ圍ひ置度旨申出候事

之通ニ付志州鳥羽之港へ書狀を遣し置キ測量船參り候時渡し候筈ニ相成候よしニ御坐候

一圍置候品賣捌候節其趣申立運上差出可申旨申立候事

八月廿四日

圖書頭　十太郎　蘭コンシユル

一昨日罷越彼是世話ニ相成候

一今日罷越候ハセネラールゟ被命候用向ニ御坐候

一昨日セネラール館へ罷越候節軍艦食用品ニ相成候米或ハ麥士官ゟ買入候節運上所へ其段申出候方ニ可有之と談判いたし置候處未タ蘭セネラールゟ返事無之ニ付如何相成候哉左右を承度候

一其義ハ被　仰聞候通り以來輸入之節運上所へ相届書付を貰候上ニて買入可申候

一左樣取計候方可然と奉存左も無之節ハ商人共軍艦食用品之趣ヲ伴ヒ買入候樣相成候てハ自然規則を取亂申候

一何ぞ運上所へ不申出候得ハ混雜いたし候故呉々も前斷之通り取計候樣

と申聞候事ニ有之候只今被申聞候通被取計候得ハ聊子細も無之至極安心いたし候

一以後米麥入用之趣運上所ヘ申出候ハヽ差支ニ不相成樣早々御取計之程奉願上候

一承知いたし候夫ハ速ニ取計可申候

一蒸氣舟近々入港可致候間其節申出候ハヽ早く御取計奉願上候

一承知いたし候

一先日書翰を以御達ニ相成候玉込發炮之一條ハ蘭人ニ於是迄玉込之發炮いたし候義決而無之候

一玉込之發炮いたし候節ハ貳百ドル之過料取立候規則ニ御座候

一アメリカ人度々發炮いたし候

一各國コンシュルゟ申聞候ニハ兎角亞人ハ發炮いたし候樣承り候

一私近所ニアメリカ船入港可致趣承り其節も晝夜之差別もなく發炮い

たし候義と奉存實ニ懸念ニ有之候

一甚た不宜候

一蘭人炮發いたし候得ハ貳百トルヽ之過料亦馬乘ニて市街通行之節馬を驅させ候得ハ十トルヽ之罰金を取立候規も御座候若し市中驅乘いたし候節役人夫レを見付兩手を開キ候得ハ則十トルヽ之罰金差出候則ニ御坐候故蘭人ニ於てハ實丸發炮ハ勿論乘馬驅乘等一切無之候其上馬上ニて橋上通行之節手强く相乘不申候樣嚴敷達置申候

一委細相分申候至極宜敷掟と被存候

一先達被申聞候牛骨捨場之義以來不相成趣キ嚴敷其筋へ申置候ニ付此節取捨候者無之と存候

一此節取捨不申候難有奉存候

一兼て松平石見守樣辨天居留地揚場之義申上置候處未タ御同人ゟ何共御沙汰無之候哉

一右一條ハ兼及承候得共全體此度揚場ニ相成候ヶ所ハ辨天之外海岸ニて
取締も不宜甚ゝ不安心ニ被存候就テハ一丁目渡舟場ゟ上陸被致候ハヽ
取締も宜敷於拙者も大安心いたし候

一右ヶ所ゟ上陸いたし候得ハ居留地へも廻り遠く相成候のみならす追
ゝ米藏造建ニ相成候節ハ右へ運送方之不便もなり甚差支申候尤右上
陸等ハ外人ハ一切相禁只私而已ニ御座候尤舟之漸寄候様なれハ三も
しニても宜敷候

一三もしニて差支ハ有之間敷候得共只今申候通り上陸場ハ如何ニも外海
ニて甚要害悪敷全ク右を彼是と申ハ賣買品輸出入を疑惑いたし候譯ニ
も無之畢竟浪人等之懸念有之候故ニ候居留地後手之方ニ候得ハ役人も
居防禦之爲メニハ至極宜敷大ニ安心いたし候

一左候ハヽ門を建可申哉都合も宜敷且ツ取締ニも相成申候

一拙者ゟ右ヶ所琁と不相分候間何れ見分之上可申聞候其節不都合ニ候得

も其段及斷候
一何分ニも近ミ中御挨拶可被下候上陸之度甚ゝ差支申候
一此間約定之金子今朝る（爲カ）持差廻候金子受きぢ（本ノマヽ）受取置候義と存候
一慥ニ御受取申候
右畢而退席

酉

八月廿七日於對馬守宅佛公使へ對話拔書

書簡指出

一此書簡もナタールル一條ニ付過日御返簡差遣さ埜候間右之義ニ付伺申上度義有之候其義相認候ハ再答ニ有之候同人義ゟ最早勤仕も難出來候間同人へ政府ゟ之御仁惠と思召殺害ニ逢候支那人とも兩人へ箱館表軍艦之義ニ付政府ゟ返納可致引負之中ニて御差引同人并支那人家內之者活計之爲兊被下置候樣偏ニ奉願候

一右之義ニ付而も外國奉行ゟ談候義ハ承知ニ候哉
一御主意之趣も承知仕居候得共御仁惠を以同人へ被下置候樣相願候義ニ御座候
一左候ハヽ勘考之上挨拶可及併し償金と申譯ニハ無之段承知よ候哉
一名義之處ハ何れニても宜敷御仁惠を以被下置候樣相願候義ニ御座候
一承知いたし候尙取調可及挨拶候
一尙一事申上候此間和蘭コンシユルセ子ラールゟセ子マルカ條約取結之義申上候趣ニ御座候右ハ一ケ國ニても條約御取結之義御國之御爲と奉存候
一右も最早返書もさし遣候決而取結不致候其許我國之爲と被思候ハヽ彼方へ斷り之義周旋有之樣致度候

酉九月七日於對馬守宅荷蘭コンシユルセ子ラールへ對話拔書

一尙一事申入置度候シーボルト義ゟ傳習筋之爲呼寄之事ニて全遊歷人同
樣之心得ニ候所何歟不都合之趣被申置候何故ふ候哉
一何歟御不都合之義御座候との仰ニ候哉
一此方ニて別段不都合も無之候乍然同人事本國人別を除キ候事亦同人へ
政事向相談候事不可然抔彼是被申聞其邊承り度候
一右次第申上候事甚〻氣之毒ニ奉存候得共右樣被仰候上ハ無是非可申
上候一體私義コンシユルセ子ラール之職を以て御當國へ相越候ハ本
國政府之名代ニ御座候間兩國交際ふ拘り候義ハ私ゟ御相談被下置可
然義ニ有之候處右を被差置平人のシーボルトゟ御相談御座候事ハ不
都合之段申上候義ニ候乍然御國政府格別之思召も有之右樣御取計被
成候方敢而御邪魔ハ不仕候
一交際之義ハ固より左樣よも可有之候同人事ハ醫道其外巧者ふて殊ニ此
國ゟハ再渡いたし此方風習も熟知いたし居候ものニ付都下へ呼寄セ傳

習いたし候心得ふて政事を談候事ハ無之候併同人より夫等之義申聞候事ふても有之候哉

一同人義不拘政事學問邊之ゑ外御呼寄に相成候との事御直ニ奉伺候上ハ私おゐてハ存寄無之候間同人身分之義再度申上間敷候

一了解被致候ハヽ宜敷候乍然同人事ハ全ク遊歷人同様之心得ふて此方へ留置候得共同人申立候處にてハ其國ニて何歟職務も有之候處此方渡來いたし候てハ不都合ニ存候左樣ニ候いたし候ニ付右をも辭退いたし候よし左候てハ不都合ニ存候左様ニ候哉

一原來同人事ハ武官之醫者に有之候處老年ニ及候ニ付右職務を辭いたし候乍然多年相勤候功勞も有之候間隱居之後も政府ゟ手當ハ差遣し候得共最早官位ハ無之候然る所貳ヶ年前御國於て貿易御取開ニ相成候ニ付同人事御國風案内之廉を以本國商人仲間之中ハタピ井出島に罷在候者共被相頼再度御國へ相越右肝煎いたし頗る給料も有之候處

追々商人御國風ニ相慣ひ同人世話をも不被相頼候様相成候間只今ニてハ全ク手明キニ有之候

一只今被申聞候隱居手當ハ于今請取居候哉

一一生涯差遣候義ニて今日迄も取來申候尤十五年前職を辭申候

一同人身分被申聞候趣ニてハ各國帝王等へも謁を談判等もいたし候抔申事實に候哉

一學問ニ秀候ものハ各國帝王ゟ案内いたし招待接見仕候事間々有之候得共政事ニハ關り不申候

一右ハ平民故之事に候哉官位有之候ものハ政事ニ携り候事ニ候哉

一右ハ官位之有無ニ拘り不申縱令え先年御國ニ罷在候傳習士官之如く御國政府ゟ本國政府へ御懸合相成承知之上差渡候得ハ事件をも取計候得共私にてハ官位有之候とも取計ひ不申事一體之制度ニ有之候

一此方にてハ右等之振合一向心得不申事に候左候ハヽ最初同人呼寄之砌

一應其國政府へ相斷候方ふ候哉

一左樣ニ御座候自國政府之許無之他國へ士官仕候ものハ官位の有無よ

　不拘直樣本國帳外之ものと仕候事ニ候

一同人事ハ都下へ差置候とも長崎表居留いたし居候同樣之心得ニて呼寄

　置候被申聞候通ニて帳外之者ふ有之候哉

一私ニ於てハ日本政府ふ御召抱よ相成候事と奉存候同人へハ給料等御

　遣相成候哉ニ承り申候即ち御召抱ふ相成候姿よ御座候

一手當ハ差遣申候乍然此方ニ召抱候心得ニハ無之且ツ傳習之爲メ呼寄候

　事故久敷留置候譯ニハ無之事濟次第歸國爲致候積ふ候處本國ニて除帳

　相成候てハ差支候

一御手當ハ如何程被下候哉

一月ニ四百兩差遣申候

一夫ハ多分ニ有之候先達而私より同人へ差贈候書簡寫入御覽候右ハ江

戸滯留仕候內ハ除帳致候との事ふて候御了解相成候哉
一一覽致候乍然同人手當之義も長崎表傳習之振合ニて差遣候事ょ有之且ッ此方用向之ため此國へ差置候ニ付てハ要子撫育方ふも差支可申間其爲メ手當致し遣し候迄ょて召抱候とハ差別有之候
一傳習之ものニハ四百兩之御手當被下候ものハ無之候既に長崎表飽之浦製鐵所ょ罷在候者抔ハ學術ハ格別秀候ものょ有之候得共每月六百キユルギ《テカ》ン宛ニて御國百五十兩位被下候事ニ御座候
一左樣ニ候哉傳習人とも給料之義ハ此方ニてハ其本國ょて之受取高を見合差遣候振合故シーボルト事も此迄ニ給料書付を以申出算勘爲致候處四百兩ニ相當候ニ付夫丈ケ差遣候事ょ候
一右等之邊同人御呼寄以前御相談有之候得ハ萬端御都合宜敷樣取計方も有之候得共只今ょ至り候てハ申上兼候
一兎ふ角其本國除帳のものふ有之候てハ此方ふて持あつかひ申候如何取

計可然哉
一江戸表在留中ハ何れも除帳いたし候事規則ニ有之乍然何時ニても御差戻し相成候ハヽ矢張本人別ニ復し申候
一差戻し候とも本國ニて除帳之者ニてハ當人迷惑申立承知いたす間敷候
一御用濟相成候て御手當も不被下候事ニ御座候得ハ同人於て都下ニ在留ハ仕間敷候
一一體之處ハ此方不案内より起り候行違ニ付只今迄之處差置キ最初へ立戻り當時用濟と申ニも無之候得共先一旦差戻し其上ニて改て其國政府へ懸合呼寄候樣可致哉
一至極宜敷候間同人出都仕候砌私よりハ本國政府へ申遣日本政府御用ニて御呼寄相成候事故御妨は不仕候得共本國人別をハ相除キ候旨相斷置申候右返事も近日之中可參被存候然る所左樣御處置相成候ハヽ丁度醫術傳習として相越居候醫官ポンペ同樣之御振合ニ相成申候ポ

ンべ義ハ御國在勤年限ハ相定候得共今一年御留置被成度旨長崎奉行より私へ懸合有之私ゟ本國政府へ申遣政府之許を以談越居申候

一何れも左様取計候事と致治定候間其許ゟもシイボルトへ被相談度候

一最初罷出候時ハ私承知不仕候事ニ付只今私ゟ申談候事ハ出來兼候

一同人事都下を引拂候後ハ長崎江相越可申哉本人別ニ入候事如何被取計候哉

一當人勝手次第ニ御座候都下相離れ候ハヽ他地罷在候とも荷蘭人別江て差支無之候

一早々左様可取計候

一今日御談し候趣私ニ於てハ難有存候右ニて是迄行違之段氷解仕候

一一事御謝辭申上度候今日も御懇切之御歡待ニ奉預御國政府ニ於て本國政府へ被為對御厚誼之段相顯候義難有奉存候就てハ外國交際之義何事ニよらず私罷在候上ハ御相談被下候様仕度候

一長崎表ゟ何比出都被致候哉

一再度罷出候義ハ差定め難申上候本國ゟ大蒸氣船可仕よしニ御座候右渡來仕候節乘組罷出候心得ニ御座候私長崎罷在候共神奈川へ相詰候岡士へ御相談被下候樣仕度候

一其國事ハ從來之交誼も有之打明談判候事も可有之間其邊之處厚く被相含內外之事情勘考有之各國交際ニ付て不都合無之樣致度候

一從來之御交誼本國於ても忘却不仕條先般江戶御開御延期之御書簡之趣本國へ申立候處承知仕候旨申來候右ハ何を以書簡申上候心得ニハ御座候得共御面談序申上置候

一無程自國使節をも其國へ可被差遣候其節も其國厄介ょ可相成周旋方可然賴入候

一仰之趣可申遣候本國政府別段入念御周旋申上候事ハ預め御請合可申上候

右畢而退散

竹本圖書頭佛人と應接　九月中旬之由日ハ未タ不承候

一應挨拶畢て

一昨夜小遣健次郎逃去候始末早速御屆可申上筈之處餘り刻限も遲く相成候故大略取急申上置候ニ付尚亦只今始末委し敷可申上候

一一昨日申上候通り公使義御殿山公使館地所爲見分出府仕候ニ付留主中ハ別而心付能々無油斷相守候樣番士之者へ嚴敷申付置出府仕然る所右番士の隙を伺ひ昨晩逃去候ニ付不取敢船將等打寄取押方手配等いたし候得共何分行衞相知不申其後逃ケ所取調候處多分表之方窗ゟ逃去候義と被存候右も畢竟番士之者等閑故右樣之不都合ニ至候間不取敢右番士共を船將船中へ召連戒置申候

一右番士ゟ始終付添居候哉

一右健次郎ハ吟味中不取逃趣申上置候ニ付始終嚴重ニ爲付添置申候然
る所右隙を窺ひ逃去候間右番士之不心得ニ付軍艦へ差遣し嚴敷糺明
申渡置候
一右樣之義も難計候間先達戸部於御役所引合之節逃去候も難計候間先吟
味中者拙者方へ相渡候樣申聞候處彼是被申立急度不取逃趣其許被受合
候間無據預ケ置候處自然昨夜之始末ニ至甚以不都合ニ存候
一被仰聞候通り御受合申上候ニ付於私も懸念ニ存し私旅館ニてハ警衛
方手薄ニ付公使方ハ番士も多人數罷在候間同所へ引渡置候儀有之候
一畢竟右健次郎義右樣不心得之者ニ付速ニ拙者方へ相渡候樣度々及掛合
候得共彼是被申聞不相渡故右樣不都合之場合ニ至今同人逃去候後ニ至
全ク彼ハ不宜者と始て岡士ニ於發明いたさせ候義と存候
一被仰聞候通只今よ至迄始て不宜者と發明仕候
一兼而不宜者と存候故公使岡士等へ迷惑を不懸樣得と吟味いたし差遣度

存候故被引渡候樣申聞候得共一圓承知も無之右樣不都合出來今更いたし方も無之候得共以後不依何事拙者ゟ申入候義ハ疑惑不被致早速承知有之樣いたし度以來急度可被心得候

一此度之義ハ申上候も御氣之毒奉存候夫故早速御屆申上候間御穿鑿之上御取押ニ相成候ハヽ御渡被下候樣仕度候

一右樣惡事いたし逃去候者ニ付捕押候迚又々公使方ニて被召遣候義ハ有之間敷と存候

一去らし右小遣義ハミニストル之命を申上候迄ニて同人義ニ付てハ外國奉行衆へも申上置候ニ付御老中方ゟ公使江も御挨拶可有之左候得も其内御老中方ゟ何と歟取扱方之義御手前樣迄御沙汰可有之と奉存候間夫迄之中御召捕ニ相成候ハヽ御引渡可被下候

一全體右樣不心得之者を公使方ニて又々被使度と申意も不相分候如何之義ニ候哉

一決て公使ニて召使度と申義ニも無之候得共右健次郎義ハ御老中へ申

上置候義も有之候間右御挨拶有之候迄ハ矢張是迄之通り御引渡御坐候様奉存候

一左候ハヽ召捕候ハヽ御老中方へ談判中ニ付預ヶ呉候と申儀ニ候哉

一御預ヶ被下候様仕度候右御引合濟迄ハ私ゟ何とも御挨拶難申上候

一右引合ハ一兩日中相濟候哉

一夫ハ何比相濟候哉聢と申上兼候外國奉行衆へ申上置候ニ付何を何と歟御挨拶可有之候

一以後心障之義有之者ハ假令如何程召使度旨申出候迚決て不相成候右様之義出來候てハ甚困入申候

一私共召使候者ハ御申聞之通り以來心得居可申候得共えらし公使義公使之慮簡も有之候得ハ私ゟ彼此と同人へ申向かる《さ》く場合も有之候

一畢竟右様不都合有之哉も難計と存候故拙者方へ引渡候様屢申聞候得共信用無之右之場合ニ至候間以來ハ拙者ゟ申聞候ハヽ早速承知被致候様

可被心得候
一此度逃去候義ハ全ク於私信用不致義ニハ無之候得共ミニストル差圖
ニ付無餘義次第御座候私限之處ハ急度相心得居可申候
一取逃候義ハ過刻委細承候處事實逃去候趣ニ付いさし方も無之先刻被申
聞候而ハ召捕ニ相成候ハヽ公使へ渡呉候樣被申聞候得共拙者ニ於甚不
承知其譯ハ拙者ゟ岡士方へ相預ケ公使方ニテ番士等を嚴重ニ附添候を
逃去候而ハ不屆ニ付召捕次第入牢申付べく《マヽ》者ニて夫レを吟味も不致公
使へ相渡候義ハ決て不相成候
一公使ゟ命ニ付御渡有無ハ兎も角一應申上候何を江戸ゟ御沙汰も可有
之と奉存候
一公使ゟ事務宰相へ申立宰相ゟ沙汰有之候得ハ其趣ニ取計可申候得共左
も無之時ハ先召捕候上ハ入牢可申付候
一此義公使ゟ御手前樣へ申上候申聞候故申立候迄ニて私限ニて取計方

之義ハ御召《マ》一充相成兼候

一其義ハ相分候得共右健次郎義假令召捕ニ相成候とて其儘公使へ相渡候ハ不相成其譯ハ番士之目を竊み逃去候得ハ先同人ハ公使之罪人ニ候間兎も角取押候上ハ嚴敷吟味入牢可申付候左も無之時ハ此方之御國法不相立候

一委細相分申候此外申上候義ハ無之只公使之命ニ付御渡ニ相成候乎否を伺ふ而已ニ御座候

一只拙者ニて一概ニ不相渡趣を以公使へ被申聞候てハ其理合不相分候間ケ様〳〵と申候次第柄公使へ得と可被申聞候

一被仰候通逸々公使へ可申聞候

一尚又公使之慮りも可有之候間江府ニて對話之節事務宰相へ委細被申立候様可被取計候

一其事ゟ公使へ可申聞候

一昨夜之一條御屆ヶ申上候節組頭衆御詰合無之故急速間似合不申差支
ニも相成候間以來組頭衆御詰合ニ相成候樣仕度左も無之時ハ昨夜之
樣成急事件之節ハ甚差支申候
一夫レハ縱令組頭詰合不申迚重役之者詰合候得ハ如何樣之急事件有之候
迚も急速諸向へ相通候樣相成候
一昨夜右事件御訴申上候節不分明之故ニ候哉程過御挨拶も有之左も無
之節ハ急事件ニ付急速ニ御挨拶可有之義と奉存候
一其義ハ全ク不明と申義ニも無之右一條拙者へ支配向之者訴出ルに付夫
ハ兼テ不取逃樣屢岡士へ申開置候處如何樣之事柄ニて逃去候哉得と其
始末柄可承糺旨支配向へ申付候ニ付夫故挨拶も彼此手間取申候
一御支配向之御役人御越被申聞候者今日逃去候者ハ小使ニ候哉と被問
合候夫故不分明之義と奉存候
一夫レハ昨夜小使逃去候と而已訴出尙名前之義ハ奉行へ御問合候得ハ相

分り候と被申立候故爲念支配向之者問合ニ參候
一御手前樣ゟ命ニハ有之間敷全ク御支配向之者限取計ニて問合ニ來候
義と奉存候
一夫ハ支配向之者限罷越候
一全體逃去候義訴出候節ハ名前等申遣るくハ當然之處今朝ニ至り申越候
ハ如何之譯ニ候哉承り度候
一昨晩逃去候趣申上候節年齡衣服名前等御問合有之候得共餘り取急キ
名前失念いたし候故名前之義ハ御奉行樣へ御問合ニ相成候得ハ相分
候と申上候
一夫故多分健次郎ニ相違無之と思候得共尙爲念名前及問合候義と奉存候
一昨夜私共方ニて取押可申と彼此周章仕候故遂ニ名前等失念いたし候
得共夫彼ニも組頭衆兼て御詰合有之候得ハ假令不申上候とても大概
樣子ニて名前位之處ハ忽ち相分可申と奉存候

一夫故名前不承候得共多分健次郎とハ相察申候乍然同樣引合之者も多人數有之候得ハ何樣成處を承度早〻爲念及問合義ニ可有之候

一以來右樣急事件之節ハ私同官位之御役人を御遣被下候得ハ急速相辨申候

一何ぞ取計方も可有之候

一今一應爲念申入度候外國奉行を以て事務宰相へ被申立候ニハ其挨拶之有之迄待合セ呉候と申義ニ候哉

一其義ハ昨日公使ゟ御老中方へ申上候積ニ御座候間何ぞ御挨拶之有之迄右一條ハ公使へ御托し被置候樣仕度候

一前申聞候通り假令召捕候迚以前之如く公使へ相渡ス譯ニハ難取計夫レ〳〵種々譯合も有之候間其趣ハ呉々も得と公使へ可被申聞候

一承知いたし候

右畢而退散

右健次郎と申者佛國官人之服を服し居り更ニ不相分候處船へ參り候節彼之履を不用此方之雪踏を用ひ候ニ付疑心ニて被取押戶部ニて入牢之處佛人彼是申張り請取置候て前文之始末之由疾船ニて彼國へ送り候歟之趣ニ候

九月廿一日英コンシユル同通辯官ドーメン

一應挨拶畢而

一兎角鬱陶敷天氣ニて困入申候

一アールコック命ニ付罷出申候

一貳三ヶ條申上度義有之右ハ何れ追而御目ニ懸り御願申上候積ニ候得共急事ニ付前以預《マヽ》メ取究メ置度奉存候故罷出申候

一一事申上候アールコック居宅最寄へ大成ル厩壹棟造建仕度奉存候右者近々軍艦渡來之節入用之爲メニて馬數ハ凡十八匹程有之候繪圖面等之義ハ大工ニ談置候間出來之上可入御覽候尤日限ハ未た定り不申候得共取極次第申上候間其節早々造營ニ相成候樣御取計奉願候

一右个所何れ之處ニ候哉

一未タ取極り不申候得共多分アールコック隣地ニ可相成と奉存候

一追而繪圖面并約定書等出來相成候ハヽ可入御覽候尤此一條ニ付別段御手數ハ懸上不申只御手前樣ニて造營方差支ニ不相成候樣大工へ御命候のみニて宜敷候拂方等之義ハアールコックニて取計申候

一繪圖面出來之上早々其筋へ可申迄厩地所ハ公使之被居候處ニ候哉

一未タ何れとも治定不仕候得共多分アールコック之隣地ニ可相成と奉存候何れ碇と取究候上ハ早々其段可申上候

一アールコック申上候御國商人と自國商人と之引合約定書之中未タ事

濟不申分大分有之右ハ御手前樣方ニて濟方之義御命も可有之と奉存候就中辰巳屋抔ハ餘程之金高ニ候得ハ濟方之義御周旋を願上度と被申聞候

一右一條先達而アールコック江戸ニて御老中へ申立候節早々片付候樣可取計と被仰聞候此一條事濟候上ハ向後引合有之而も一向取扱不申積ニ御座候

一居留地々代納高之義一昨日ハルリスに及相談候處自國同樣之積ニ相成候右周旋之處御察被下貴國ニ於も商人引合之義ハ何分ニも御周旋被下候方と奉存候

一能分り申候是迄達約之處ハ精々片付候樣周旋可致候且ツ此後手付金等堅く被禁候趣其下々へ申達候よしニ付拙者方ニても同樣之振合ニいたし度其筋へ右規矩取調方之義達置候間出來次第其許へも可申聞候只一時之達而已ニてハ矢張一兩年を不待不都合之義出來可申夫故啶と商法

を立て其上ニて相違候樣可取計候
一アールコックも右約定之義ニ付心配罷在候品物不調分ハ兎も角手付金丈取戾候樣いたし度と噂罷在候
一夫等も有之故拙者ニ於も品物不調分ハ金ニて差戾し候樣いたし度と精々吟味中ニ候
一是迄之通りニて何・〔時脱カ〕迄も片付不申候てハ公使ニ對し云譯無之候間七日中ニ片付候樣仕度奉存候
一夫ハ取扱兼候得と吟味之上ニて夫々濟方可申付中ニハ遠國ゟ參居候者も有之故何分早敢取不申ゐらし手近之者ハ嚴命を下し其中難捨置分ハ七日中ニ片付候樣精々取扱可申候
一加部屋常州や抔ハ未タ大分取引有之候得共一向行衞相知不申函館へ逃去候哉も難計奉存候
一先日掛塚屋へ役人同道催促ニ參候處無相違相拂可申旨被申聞然る所

其後何共挨拶無之候

一得と取調可申候間何を某ハ高金幾干と申義を掛ヱ役人を相調候て可及談判候

一段々取調候處過料計ニて全ク代金滯候分ハ伊勢や計之よしニ候

一伊勢やハ百廿トル程之滯金ニ有之候然るに居宅ニ見世を出渡世罷在候先日役人同道參候節肥滿之商人在宅都て家事を取扱居申候察せるに金主之樣ニ相見候

一右等之處ハ如何樣ニも爲相拂候樣可申付左らし過料之義ハ元々違約ゟ起候事ニて右等ハ能々勘辨被致候方と被存候

一過料之義ハ兎も角品物を買ひ代を不拂と申義ハ有之間敷外國人迚も右樣之義ハ無之候

一先日右一條申上候節國法を犯せ時ハ首を切ると被仰候得共首を切候とて出金ニも相成不申貸候金子さへ致返濟候得ハ事濟申候

一何分ニも七日中ニ片付候様奉願候
一嚴敷取扱可申候
一公使も此義ニ付心配罷在候右片付候得ハ外何も申上候義無御座候
一至極尤ニ存候可成丈ヶ一廉ニても早速片付候様可取計えらし中々如何
様にいたし候ても取計兼候分も有之候
一此間運上所役人催促いたし置候義も有之彌五衞と申者大工請負ニて
英ミホーヱル居宅普請ニ取掛居候處此程十日前ゟ相止ミ申候アール
コック筋向故右を見請何等之事ニて普請相止候哉と噂罷在候
一如何之譯ニ候哉取調可申候
一公使も日々見請候故大工仕事無之義を不審ニ存居候
一早々可取調候
一大工之義ニ付公使今一廉噂いたし居候義有之候マルケンと申商人家
屋疾より出來之積ニ候處一向取掛不申只今ゟ相始候迚も三十日程相

立候ハヽ皆出來ニ可相成と申居候夫ニ付公使被申聞候ても一旦約定いたし候上ハ其通り可取計筈之處餘り延引ニ相成甚差支ニ相成候間何とも此段ハ宰相へ可申遣と被申聞候

一夫ハ大工を得と取調候上其始末ニ應し達方有之別段宰相へ申立候ニも不及義と被存ならし亦大工ニ賃金等滯候節ハいたし方無之候若し左も無之時ハ嚴しく可申聞候

一先日播磨守樣御在勤中右約定書を入御覽候

一左候ハヽ急度相達可申候

一兼而申上置候船賃其外人足等ニ至迄支那之振合同樣定價いたし度奉存候故夫〻調書等ニ取懸居候間右出來之節ハ右ニて可申上候間何分ニも可然奉願候

一其義ハ先達て組頭ゟも申立有之候得共全體積石高同石ニ候得ハ差支ニも相成間敷若不同有之節ハ定價ニ參り兼候義と存候

一夫ハ私共ニて勘考之上可申上候或ハ百俵ニて運賃何程貳百俵ニて幾干と申義を巨細取調可申上候
一拙者方ニても聢と規則之相立候様勘考可致候
一何を各國相談之上ニて調書指上可申候間其節ハ御差圖を奉願上候
一至極相分申候其節乍不及相談可致候
一居留地海岸石垣之義ハ何比ゟ御取懸ニ相成候哉
一其義ハ其筋へ嚴敷達置候諸方ゟ人足等を呼出之手數も有之且築出も賃不同も有之候得ハ相應之處へ相命彌萬事取極候上ニ取懸候筈ニ候去りし此節大概極りも相立候間早々取懸可申候
一何分ニも早々奉願候御取懸之序ニドブを居留地ゟ海岸迄通し度奉存候
一江戸は態と下水を深くいたし候其譯ハ若し酩酊人過つて墜る時ハ懲て酒を不呑様之取計ニ候

一公使ゟ相尋候ハ先日江戸ニて獄屋之義御伺申上候處近々皆出來ニ相成よし被仰候然るよ右獄屋も勿論其形も一向相見不申候

一夫ハ未ダ埋立も出來不申全ク江戸ニても合違之義と存候右ニ付仕様帳へ横文相添差遣候間右一見被致候上ハ早々取掛候様可致候

一居留地間數計り方之義今日佛岡士運上所へ參候節相尋候處亞岡士不同意ニ付相止候趣ニ承知仕候

一全ク左様ニハ無之亞岡士ハ明日ゟ差支無之趣申立候佛ハ明日ゟ取掛候積ニ候

一只今申上候大工普請一條急キ御取調奉願候且約定書之義も七日中ニ片付候様仕度尚亦馬屋之義ハ繪圖面を出來之上入御覽候間其節可然奉願上候

一拙者義公使へ尋問ニ參る《マヽ》度存候右ハ差支無之哉

一寔《實》ニ公使ゟも早速御伺罷出可申處未タ居宅内住居向も相整へ不申故

延引仕何ゟ出來御案內可申上候
一左候ハヽ差支無之上ニて罷出可申候
ドーメン申立
一奉願候義有之候ドーメン脇之空地へ奥四枚敷之物置を一棟御造作被
成下度尤締之義ハ錠を御付ケ可被下候
一手輕之普請ニて宜敷歟
一食物を入置候處ニ御座候間通例ニて宜敷奉存候
右畢而退散

九月廿五日　英コンシュル通辯ドーメン佛コンシュル
一應挨拶畢而
一此頃快晴打續申候
一快晴ニて御出勤等之御都合宜敷と奉存候

一至極宜敷候

一先日亞人金澤驛ニて何歟不都合之義有之よし承候右ハ亞人故私共關係無之候得共外國一般之事故其趣可承旨公使より命を・〔以脱カ〕罷出申候右一條御承知被爲在候哉若御承承知無之時ハ私共委細始末柄可申上候

一其一條ヽ金澤驛ゟ夜中馬ニて參候者ニ有之候乎

一四日以前ニ御座候

一夜中參り候よしニ承候

一六時ゟ七時迄之間ニ御座候

一其事金澤驛ゟ早速訴出候得共全ク亞人ニ無之よし申出候其譯ハ何國之人と問ひ候處フロイスと申聞候よし

一亞人ニも無之趣ニ承知仕候得共外國人と申義を承知仕候得共英佛ニも關候ニ付夫故兩人罷出申候以後外國人何れ之者ニても夜行等不都合之義無之樣御規則を御立被下候樣奉希候

一金澤ゟ訴出るゐ東やと申茶やニ外國人參り止宿を申込候ニ付役人止宿ニ付差支候趣相斷候處其儘馬乘ニて庭先ニ乘込候ニ付驚キ差留夫ゟ夜中之事ニ付止宿等ニ可困と察候故外之宿を見付差遣度と案内もる處互ニ言語不通殊ニ通辯モ無之故外國人不通と相見其儘歸候よし

一貴國人ニ對シ何乎不都合之所業等無之候哉

一何も不都合之義申出候よし無之只止宿いたし度抔被申聞候得共役人止宿ニ付相斷候而已ニ有之よし其時何國人と相尋候處フロイスと申而已言捨て何とへ參候哉行衞不相知趣ニ候夫故取調等ニ甚た困入申候

一フロイスと許り申聞候よし何國之者ニいたセ夜中之事故難義ニも可相成と外宿を探し居候内其儘歸り候ニ付夫なりいたし置何も相互ニ手荒の所業無之よし訴出候

一承候處ヲールメンと亞人之別當を取押打擲等いたし候よしヒウナケルと申者蘭人之別當ゟ直ニ承知仕候

一夫ハ一向承り不申其趣を相告候者ハ何國之者ニ候哉

一夫之者ハ其節居合候よし

一何と申者ニ候哉

一夫ハヒウナケルと申蘭人之別當ニて慥ニヲールメン之別當打擲ニ合候趣承候

一其義甚不宜候間早々相糺可申候

一右始末實否能御せんさく被下候様奉願候左候得ハ其趣を公使へ申聞以來條約面ニ相背キ止宿等無之様精々達置候様取計可申候

一先日も申聞候通り固より約條面ニ有之事故差支ニハ不相成候得共先日も申入候通り方今之勢ニてハ何分ニも人心不折合故若間違等出來不申候哉と痛心罷在候依而ハ人心之折合迄當分之中止宿無之様いたし度且申聞候通書簡を以申遣候積ニ候間其義可然頼入候只今被申聞候義ハ至極厚意ニて忝存候

一決而不成趣ハ嚴に申付かたく候得共乍然公使方ニて成丈ケ止宿を禁せる樣相論可申候

一右論方之義ハコンシユル之取計方ニ相限り已ニ公使館出來迄當港へ爲引移候義も偏ニ畢竟厚意ニて取計候譯ニ有之尙亦此度商人止宿之義も厚意を以拙者共の差支ニ不相成樣周旋賴入候

一此迄度〻金澤へ遊歩ニ參候得共能信切ニ取扱呉申候然るに此度に限り不束之取扱いたし候義も全ク役人止宿有之故自然不都合出來と奉存候

一其役人段々相糺候處全ク口入又ハ大名之家來ニも無之趣決て不束之取扱無之と被存候

一金澤ハ誰之支配所ニ有之候哉

一米倉之所領ニ候呉々も止宿之役人ハ大名之家來ニ無之由

一左候ハヽ全ク政府之役人歟

一政府之役人ニ付決而不束之取扱ハ無之筈ニ候拙者𪜈ニハ外國人ハ大名之家來と存逃去候義ニ可有之候得共決て不案內之者ニハ無之其役人なる者ハ五人共かこニて參候故家來も大勢ニ有之故大名之家來と見違ひ周章いたし候義と被存候

一別當ゟ承候處餘程追懸候よしニ御座候

一夫ハ拙者察もるに外宿を探候中駈去候故差留次ニ追掛候義ニ可有之と被存候固ゟ政府之役人ニ付決而手荒の義無之且ツ夜中故追懸候義ニ可有之と被察候も難計候

一右ニ付問合候亞コン急ニ出府之よし大方右事件之義ニ付而之事ニ有之間敷哉

一何等之用向ニて參候哉私共一向存不申候御存之通り亞國ハ別者ニいたし置候故何事有之而も問合之義も無之夫故一向存不申候

一其事ニ付何歟亞國ゟ申立候義有之候哉

一一向承り不申候

一神奈川ニて申上候哉

一其義も無之候

一以來條約面ニ不相觸樣成丈夜宿等ハ勿論遠歩等無之樣精々と申達候

一必遠歩不相成と申義ニハ無之候得共人心不折合故萬一異變出來候哉と心配之餘り昨日申聞候通り夜ニ入候ハヽ必ス歸宿いたし候樣厚意を以其配下之者へ被相諭候樣いたし度候

一以來夜中ハ勿論晝たりとも遠歩不致樣精々可申諭候

一何分ニも厚意之譯を以差支之無之樣賴入候

一約束通り急度取計可申候

一段々厚意忝存候

一一事爲心得申入度義有之候右ハ明日兼而被心得居候三家尾州元千代事國元へ歸候ニ付神奈川通行被致候ニ付兼而其配下之者心得居不申候て

ハ若右通行へ出居候節ハ指支ニ可相成と存候横濱住居ニ違ひ江戸之者ハ不心得故萬一出居候節ハ差支之義出來も難計右ニ付神奈川ニて不都合之義無之樣兼而被心得候樣其配下商人へ達置候樣いたし度候

一金澤も政府之御支配所ニ候哉

一此方之支配ニ無之候併此方支配無之迚も何乎相糺候義有之節ハ此方ニて取調申候

一金澤へ止宿之役人ハ何等之用向ニて相泊候哉

一海岸取締之ため諸方見廻者ニて下總ゟ通行金澤へ一泊いたし候

一右金澤へ止宿之役〔人脱カ〕萬一不都合有之候節ハ其罰方何分被仰付候哉

一右役人も決て氣遣無之候萬一役人惡事有之時も政府ニて罰可申亦右家來惡事有之節ハ主人方ニて相罰申候

一若シ役人罪有之節ハ何れゟ罰ニ相成候哉

一役人惡事ある時ゟ事務執政へ申立執政ゟ大君へ申立候得共扱方之義執

政へ相達其上ニて罰ニ行フ譯ニ候

一唯今被仰付候神奈川之義一統へ可申達候

一終日歩行扣居候も迷惑ニ可有之候間通行濟次第岡士へ可相達候

一金澤一條之樣ニ以來彼方ニて遮候義有之樣ニてハ甚ゝ不安心ニ御座候間以來遠行之節番人附添候樣可仕候

一金澤一條決而有之間敷と存候間得と取調之上次第柄其許へ可申聞候

一以來金澤へ參候節ハ商人共之事故先日之樣之義有之時ハ丸る敗候間以來商人ニ不限遠歩之節ハ必ス警固之者を附添候樣可仕候

一夫ニてハ自然喧嘩之基ニ相成候間甚不都合ニ候此後之處も外國人之迷惑ニ不相成樣仕法を立尚又岡士へ可申聞候

英コン
一馬屋繪圖面さし出此處も模樣替ニ相成六枚敷程相增度此處ハ以前之如くニて宜敷候

一十疊敷ニ相成候節ハドル銀六枚程相增度義其筋ゟ申出候よし承知ニ候

哉

一夫考ハ運上所之大工ニ候

一左候得ハ呼出可相尋候得共拙者相考候ニハ無覺束被存候

一今晩中御糺可申候明日私共迄士官と大工と御遣し御返事奉願候

佛國岡士退散

一其處ハ繪圖出來之上可申聞候得共洋銀六枚抔(程カ)相增不申候てハ出來間敷

と存候

一明日九時ニ士官壹人大工とも御遣し可被下候

一承知いたし候

一成丈ヶ當人を御遣し取極候上ハ既早々出來ニ相成候樣奉願候

一早々出來ニ相成候樣精々可申付候得共併只今被申聞候通ニてハ大工も

不承知ニ可有之と被存候於拙者も大凡相分申候

一只今積書之通ニてハ不出來譯ニも可有之候得共談判相整彌約束いた

し候上ハ急度出來ニ相成候樣奉願候
一夫レハ約束いたし候上ハ如何樣ニも取計出來ニ相成候樣可致候
一明日通辯士官御遣し可被下候
一承知いたし候
一新居留地マルケン家作一條之義兼而申上候通り手付金を請取置一向普請取懸不申候故右大工を斷外之大工へ相賴此節普請罷在候間前大工之手付金を請取度此段可然奉願候
一前大工ハ寶田屋ニ候哉
一前之大工を斷候處矢張此節相賴候大工も等閑ニいたし何分果敢取不申候今日も少人數より外參り不申餘り等閑ニ御座候間嚴敷御命被下候樣奉願候
一其大工ハ源左衞門ゟ金藏ゟ
一今日齋藤と申士官參り申候間右へ御問被下候得ハ速ニ相分申候

一取糺候ハヽ相分可申候
一兩日前ニアールコックゟ申上候節三十人程さし出可申と被申聞候得共何分人少ニて甚困入申候
一寶田や職人ニ可有之哉夫ニてハ寶田やを相斷候哉
一齋藤士官へ御問合被成候得ハ相分可申候
一早々呼出相糺可申候
一明日ゟ三十人明後日ゟ何十人差遣可申と計ニて一向參り不申候公使も日々普請之儀見受居申候
一全體不宜候間早々沙汰可致候
一先達御達ニ相成候處御沙汰を背き私ニ於ても不快ニ奉存候嚴間しく御罰し方ニ可有之と奉存候
一取糺之上急度相罰可申候
一初而手付金を取候大工を早々御取調可被下候

一早々取紮可申候
一繪圖面を指出此處もガール此處ハ岡士館此方へ締之爲メ門を御拵可
　被下候
一何を役人遣し見分可被致候
一運上所へ申上御奉行之命を受候上ニて取懸候樣可仕候
一明日厩之義ニ付役人指遣可申候
一可然奉願候
　右畢而退散

九月廿六日英コンシユルへ之應接總括して左記ス

　　厩一條

英コン
一厩壹棟造作仕度尤普請遲滯ニ不相成樣御命被下候而已ニて宜敷代料之
　義ハ公使方ニて相拂申候右厩ハ近々本國ゟ軍船渡來ニ付其爲に設置度

尤馬數ハ十八匹程入置候程之坪數ニてよほし程
一大工ゟ日數廿五日ニて貳百九十ドル之積書指出候得共餘程高く貳百八十ドルニいたし度其段大工へ懸合候處承知ニ候然る所右日數ニてハ近々渡來之節甚差支申候間日數十日ニ出來ニ相成候樣御命可被下候右ハ本國政府より申越候ニ付若し指支候節ハ甚た困入申候
一夫ハ無覺束事ニ候貳百八十ドルへ增金いたし候ハヽ如何樣ニも嚴命〆し可申候得共以前廿五日日數ニて貳百八十ドルニ取極只今ニ至り日數十日とハ甚た差支可申候右譯ハ十日ニ相縮候節ハ大工も多數取懸且ツハ晝夜とも休ミなく相働不申候てハ出來ニ不相成併し其心得ニて增金いたし候得ハ取急キ普請之事故如何樣ニも取計可申候
一公使も夫ゟ一金も指出不申趣ニ候
一如何程被申聞候迚決て出來不申候拙者不存候得共大工ヽ不承知ニ可有之候

夫ゟ段々及談判候得共何分決著不致

英コン　一大工共御呼出候上御糺可被下候私立會可申候

奉行　一承知

朝四ッ時ゟ八ッ時半迄對話夫ゟ八ッ半時ゟ大工共呼出候組頭立會白洲ニて取調暮半時過迄相懸〆再話六半時比ゟ

英コン　一三百八トル差出候ハヽ日數十日ニて出來之積ニ候得共若シ相違いたし候節ハ如何

奉行　一若し相違之節ハ如何樣ニも相罰可申候且右三百八トルも差返候樣可取計候右ニ付爲念申入候明廿七日ゟ取懸候得共雨天之節ハ日延可致夫等ハ能々勘辨可被致候

右對話濟迄も已ニ夜四ッ時比ニ候英岡士ハ朝四ッ時比ゟ夜四ッ時迄」對話中一飲一餔も不致候

英商人マンチン家作一件

英コン
一前ニ手付金相渡候處餘り延引ニ相成故ニ別之大工ハ相託し候ニ付千
ドル之手付金前之大工より取戻候樣仕度

奉行
一得と取調可申候

一別ニ大工相賴候處人少ニて何分捗取不申候役人ニ申談候處廿三日ゟ
三十人指出候樣被申聞候得共廿四日十八廿五日も三人より參り不申
甚差支申候

一大工呼出取糺可申承候處手付金渡呉不申候てハ差支候よしニ候

一手付金相渡候ても普請成就無覺束度々右樣之者有之若し遲候節も如
何之御取計ニ相成候哉日數廿五日ニて出來ニいたし度公使も日々噂
有之若出來不申候節ハ御老中へ可申上と申居候

一三百兩手付相渡候得も取懸候よし大工申出候

一手付金相渡候節ハ急度延引可致候已ニ掛塚やと申商人ハ英商人ケス
ーイッキゟ生糸手付金貳萬ドル相渡候處一向品物も差出不申且ツ返

金も不致段ニ承候處懸塚やと申者娘妻様之者をケスーイッキへ世話いたし其後ケスーイッキも不義之者ニ付首を切可申抔と彦藏と申賣人へ噂いたし然るニケスーイッキ右を承り右手付金之催促不致亦掛塚やニても相拂ひ不申遂ニ金子踏付申候能々承候處妻之よしニ候夫故ケスーイッキも別段不申立右様之義有之故三百兩之手付大工ニ相渡候てハ甚掛念ニ御座候

一夫レハ急度取糺可申候亦ケスーイッキも取糺可申候大嵩之金子相欺候てハ甚不宜候

一夫ハケスーイッキゟ何共不申立候間夫なり被致候方可然候

色々談判之上明廿七日ゟマルチン普請ニ取懸候積日數も廿五日限り夫ニ付奉行申向候ハ明日ゟ廿五日限之積ニ得共未タ家根出來不申故雨天之節ハ日延ニ相成可申其段能々可被心得候

文久元酉七月十五日村々名主共ゟ指出候よし 本文文中ニてハ昨年可指出處打捨置候者ニ見へさり

差上申一札之事

神奈川御開港ニ相成魯西亞佛蘭西英吉利阿蘭陀亞米利加へ當六月ゟ横濱ニ於て御國商人共と交易御差許ニ相成外國之役人井商人等同所へ住居いたし候ニ付てハ同所ゟ江戸之方ハ六郷川を限り其外ゟ十里境内遊歩御差許ニ相成徘徊いたし候ニ付御取締向改而嚴重被　仰出候趣被仰渡奉畏候外國人遊歩之節見及ひ聞及ひ候事ハ外國へも相傳り候事ニ付末々之者心得違之義有之候てハ御外聞ニ相成候間一同厚く申合相互ニ心附聊心得違不取締之義無之様可仕候事

一外國人遊歩之節もし途中ニ於て休み亦ハ暮ニ及止宿等之義申談候義可有之候間其宿村毎ニ兩三軒宛休泊所取極置所役人取計を以て同所へ案內可致事尤其段御奉行所へ御訴可申上候事

但し旅籠代之義ハ相對を以受取可申事

一外國人要用之ため土地之者を雇度旨申立候ハヽ、其段御奉行所へ御訴申上雇料等ゟ相對ニて可取極候得共其者之名前歳極等委細御屆申上御聞濟之上可差遣候事

　但外國人出先ニ於て荷物持送其外之義ニて差掛り雇もを前以御訴可申上間合無之節ハ跡ニて委細可申上尤明日迄延置候義ハ仕間敷事

一外國人共門梧等ある人家へ立入候義ハ難相成事ニ付猥ニ立入候者有之候ハヽ、相制し若不取用不從ニ及候ハヽ、其者留置其段早速御奉行所へ訴可申上事

一外國人品物買求候爲メ罷越候とも總而見世先キ入口坐敷ニて引合往來ゟ見通不相成座敷へ者一切相通シ申間敷尤も御定被置候休息所之外酒食渡世不致もの方ニて酒食等一切差出申間敷候事

一外國人之見世先へ用無之もの猥ニ相越間敷處商用等ニて罷越候とも往

來見通候場所ニて及引合奥へ一切立入申間敷事
但シ同所ニ於て酒食等一切不相成候事
一商用等ニて外國舟へ罷越候節運上會所へ相屆ヶ可請御差圖歸船之節も
尙又相屆可申尤往返共波戶場之外出入不相成候事
一御禁制品之外ハ何品ニよらす外國人買求度旨申聞候ハヽ相當之代料受
取賣渡可申旨被仰渡奉畏候事
一外國人共不法其外難題之義申懸候ハヽ委細以書面御訴可申上尤外國人
一之直取引いたし候ニ付而も賣掛貸金等不致樣可仕旨被　仰渡奉畏候事
外國人金銀貨幣通用方之義金ハ金銀ハ銀と御國通用金銀へ懸合セ量目
ニ隨ひ其相場を以取引可仕旨最前御觸之趣も御座候處當分之內トルラ
ル銀一枚を以壹步銀三ツ之割合ニ取引可仕尤御國眞鍮錢銅錢ハ外國人
へ釣錢として相渡候共外國へ持出候義ハ不相成旨被仰渡奉畏候事
一外國人ゟ品物相贈候共一切受納いたし申間敷候得共强て差贈候てハ其

段御奉行所へ御訴可申上事
一切支丹宗門之義前々ゟ御制禁ニ付猥ニ外國人へ近付候義堅仕間敷候事
　但し外國人に近付候者有之歟密ニ右宗門之噂いたし亦ハ申勸候者等
　有之候ハヽ其段早速御奉行所へ御訴可申上事
一前書五ケ國之者其國ニて宗旨を修むる事を并禮拜堂を設る事ハ御指免
ニ付互ニ宗旨ニ付而ハ争論いたし間敷且夫々之建物を毀ちへからさる
旨被　仰渡奉畏候事
一阿片持渡候義ハ御嚴禁之旨外國人へ被　仰候に付萬一竊ニ所持いたし
候歟亦ハ外國人ゟ買取候者於有之者其段早速御奉行所へ御訴可申上候
事
一拔荷亦ハ密ニ致交易候者も御吟味之上嚴重之御仕置可被　仰付候間も
し左樣之者於有之ハ其段早速御奉行所へ御訴可申上事
右之趣急度相守可申候若相背候者ハ何樣之御仕置ニも可被　仰付候且

ッ又切支丹宗門并拔荷密買賣ハ勿論都て御法度ニ相背候者見聞仕候節ハ早速御訴可申上候若し等閑之義有之外ゟ相顯候ニ於てハ當人ハ不申名主五人組迄嚴重可被　仰付候尤毎年正月五月九月一ヶ年三度宛名主所へ村中之者寄合被　仰渡之趣爲讀聞遺失無之様可仕候其外名主年寄組頭總宿村中連印之一札差上申處仍如件

何州何郡何村　役人總代

小前

何之某印

港崎町廓内高札左之通り

一御開港御場所廓御高札面之趣廓内居住之者追々居代り候節とても申聞

一同堅相守可申事

一外國人遊興罷越候節ハ引手茶屋ゟ異人揚屋へ案内爲致上官中官下官見定兇兼て上中下取究置候座敷へ揚やニ差置候中居と唱ひ候下女とも可

嚀ニ取扱案内いたし座敷へ引付茶菓子引續酒肴一ト通差出し餘ハ望候
酒肴好ニ應し料理差出可申事
但し引手茶やニ不拘遊女やへ異人罷越候ハヽ即刻揚屋へ案内いたし
可申事
一異人遊始候節ハ上中下位付承ヿ望ニ任セ呼出し若し氣ニ入不申候ハヽ
差替可差出事
一異人幷御國人とも遊興いたし候節男女藝者望候ハヽ見番へ口懸ケ遣し
可申事
一異人遊興いたし候節相方遊女附添罷在候中居下女藝者ニ至迄相對ニて
品物取引いたし候義も決していたし間敷事
一異人遊興いたし候節祝義貰受候も格別其外何品ニよらす貰候ハヽ揚や
へ相斷會所へ申出御沙汰相待可申事
一異人廓内往來之節商人見世抔へ立入居込罷在候節ハ引手茶屋女共遣し
異人揚屋ニ案内可致若彼是混雜ニ及ひ立退兼候ハヽ早々會所へ申出詰

合之者罷越何様ニも賺欺し揚屋へ案内可致事

一異人廓内通行いたし候節和人惡もの共入込居異人へ對し猥藉亂妨ニ及
惡口なと申懸ケ立騷候者有之候節ハ番屋ゟ詰合之者早々罷出雜言申掛
ケ候者取押異人へ怪我爲致間敷樣取計若し惡者共手餘候節ハ差止置其
段御役筋へ可訴出事

一異人上官へ差出候遊女之義太夫と唱ひ衣類下著見計仕懸ニ繻子縫模樣
相用髮錺右ニ准し可申事

一中官へ指出候遊女下著見計仕懸ケ縮めんゆうせん染其外目立候染模樣
相用髮錺右ニ准し可申事

一下官へ差出候遊女下著見計縮めん西南部ちりめん糸織類相用可申髮錺
右ニ准し可申事

一定御廻臨時御廻り御役人中樣御廻之節町役人共罷出會所へ御案内可致
候事

一御役屋敷近邊若し出火有之節ハ早速欠付人足差出可申事
一大門外へ見張番や建置御高札大切ニ爲相守可申事
一異人御國人醫師其外何者ニよらず乘物ニて・へ（脱字アルカ）立入不申樣幷鎗長刀小荷馬等門内へ入候義堅爲相斷可申事
一廓内へ住居いたし候者有之候節も出所相糺人別送所廓内之地受店受取置差出可申事
一下男女無宿之者決て不差置候樣可致事
一遊興ニ罷越候者之中盜惡事等いたし候體見受候ハ、其筋へ御内訴可仕候事
一總而遊女異人と道連いたし廓外へ一切差出申間敷事
一異人交見世へ上ゟ遊女見世揚屋へ可連者勿論之義ニ候得共次第ニより其儘同所へ止宿いたし度申聞候共堅相斷揚やへ案内可致若し心得違ニて一夜たり共差置候ハ、急度御察計可有之事

一異人揚屋へ參り遊女嬉候節御國人客來合候共素と異人爲遊興御取建相
成候廓內之義ニ付御國人客へ相斷早速差出可申候其節差支決て爲申間
敷候事

一廓內遊女直段付左之通御取極ニ相成候
遊女直段付并歩割取究之事
御國人客之分　一揚屋座敷代御一人前金貳朱
一遊女揚代　上晝夜金三分之　夜計一歩貳朱　中晝夜金貳歩之　夜計金
壹分　下晝夜金壹歩之　夜計金貳朱　揚新造金貳朱
右揚代之中　五分會所納一割五分揚屋賄料但シ上中遊女之分一割増
引殘　七割上中遊女抱主へ相引候事　八割下遊女抱主へ相拂候事
但シ茶屋送り客之分買物かゝり不殘茶屋へ差遣候事
異人客揚屋行之分

一揚屋座敷代酒肴賄料
　二階　御一人前金貳分　下座敷　同金壹分　子供手踊舞貳番續　花
　代金壹兩貳步
一遊女揚代　上 晝夜 金三兩　夜計 壹兩貳分　中 同 金壹兩貳分　同　三
　分　局見世 一切 金貳朱　此分打合無之
　但シ見世異人揚代金之中一割五分會所へ相納め五分揚屋へ差出候事
　交見世右遊女揚代之中
　一割五分　會所納　貳割五分　揚や賄料
　引殘六割遊女抱へ之主へ相拂候事
一商館行　上遊女 一夜泊金貳兩之 月仕切貳十五兩之　中遊女 一夜泊金壹兩貳分之 月仕切貳十兩之
　右寄合一夜泊 一割五分會所納 一割五分揚や賄料　月仕切 一割五分會所納 五分揚や賄料
一裏祝義　上ノ方　金三分　中ノ方　金貳分
　右見世馴染金之義ハ揚や若イ者仲居中へ差遣候事

一總花　金三兩　一呼出し花　金貳兩

但し茶や附之分金一割差遣候事

一三鳥目床花馴染金　上ノ方　金貳兩　中ノ方　金壹兩

右之內　貳割　揚や　但し茶や附之分半減茶屋へ差遣候事

一男女藝者座敷代　晝夜化《仕カ》舞一人ニ付金壹兩貳分　線香一本一人ニ付

金貳朱

右座敷代金貳朱之割合

一銀五分　會所納　一銀七分五厘　見番　一銀貳匁五分　藝者當人

渡　一銀三匁五分　揚屋茶や　貳ッ割り

一花祝義貰物　異人ゟ金銀幷品物等貰受候節ハ早速會所へ相屆差圖受可

申事

一局見世之分　遊女一人ニ付銀百匁

右ハ毎朔取集會所へ相納可申事

一遊女抱方之義元方相糺都而念入手違無之樣いたし取極候節ハ證文認方等御差圖請可申井藝者心得方振合萬端御申渡之趣一々相聞申間敷候事

一御役座敷家借井諸入用　一會所家作井諸入用

一會所詰之者井出方定抱鳶人足給金　一非常道具　一式

一大門井橋門番所其外濟堀土手修覆賄　一御高札井三道具

一番屋　貳ヶ所

一異人揚屋助歲《成カ》積金井水火災之節手宛備金右御廉之分歩合玉錢ニて御請拂被下候積尤以後修覆相廻候節之入用井鎮守社普請同祭禮燈籠儀仲ノ町草木植木其外臨時入用其時ニ御申渡之通り家業ニ應し出銀可致候事

前書之趣急度相守割合方之義聊申分無之候且新規遊女廓御取建ニ付一同渡世相成候段格別之御丹誠故と常々忘脚不致殊ニ多分之御出銀諸費等相懸候義ニ付本文打合玉錢を以御取賄被下候筈後年ニ至候ても決て異儀申間敷候其外不依何事御申聞之趣少も違背いたし間敷候兼て御取

締趣之義ハ　御役所様へ御請書被差出候義心得居候間何様ニも渡世向正路ニ相營永續相成候様專一心懸可申候向後御儀定相背候者ハ御取締御沙汰受可申依之一同連印いたし置申候以上

異人揚や

岩龜樓

庄　吉　郎

呼出シ交見世

總　連　印

安政六未年

十一月

鈴木大雑集

七

乙集

雑集　文久辛酉三　鈴木大

共五冊七

西十月八日假於公使館圖書頭石見守アールコック江對話拔書略文

一石見守 一昨日對馬守命を請ヶ罷越候處六郷渡洪水ニ付當所へ止宿昨日著いたし早速出候面會被致辱存候

一圖書頭 兵庫ニて逢候後不快ニて久敷不逢其中當地へ在勤甚不沙汰候

一兼而御不快之趣を承候此節如何

一聢と快く候

一石見守 拙者其後不逢昨日當地著

一實ハ一昨日著之よしニ付昨日逢ふ積

一六郷洪水さし支止宿昨日漸著延引ニ相成候

一夫とハ不存候

一昨日出直し參候

一今日日曜ニ付不逢積御老中命之よし故ニ今日曲て逢ふ

一先頃不快ニ付引込漸く此地出勤之處此度對馬守命を請當地へ來ル日曜

日ニ被逢辱存候
一別段御手前樣ニハ當地ニて心易くいたし殊ニ此度外國使節ニ付都
合宜敷候
一全ク其邊有之故ニ都而引合可申とえ命を請參候
一近々竹内下野守も當地へ來ル積り其節使節之儀伺可申候
一自分近々江戸へ參り候積其節引合可申候
一何分賴入候
一昨日御老中ゟ御書簡來ル則ち返簡指出其趣を被存候哉
一先刻書簡之趣大略圖書頭ゟ承り候
一御老中へ書簡指出候義ハ私出府之砌附添候騎兵人撰候者ニ付御心
配有之間敷候
一其義ニ付引合可申と命を請參候　大君ふも深く心配被致候ふ付其許之
返事を近々圖書頭出府之序ニ可申聞と對馬守ゟ命ふ候

一決て御心配被遊間敷大名ハ數百人供連いたし私ハ十三人位之供連多人數とハ被申ゐたく候

一大名多人數供連ハ昔古ゟ國例にて候其許供連一條コースケンゟ津田近江守へ申立近江守ゟ事務執政へ申立候處夫レハ未タ人心不折合場合ニ付宿寺へも多人數警衛指出置候程ニて然るに此度騎兵銃兵大勢從率ひ候ては尚更人心動搖する故に先規之通り政府役人護送いたし度候民心動而已ならず浪人の懸念も有之曲て先規之通り願度右ゟ間違起る時ハ自然懇親を破るに當る夫故　大君事務宰相深く心配ニ候是迄之通り役人護送之義可申聞旨被申付候夫を心配爲致候義にも有之間敷候

一只今迄私之爲に深く御心配被爲在多人數警固すれとも東禪寺一條之節危キ目ニ逢ひ就ゐハ實ハ歩行之義甚た懸念畢竟政府と大名と不和故自然互に爭ふ甚た懸念外國人へ大名家來不敬之時ハ成丈堪忍積ニ候得共然し先方ゟ亂妨之節ハ實ハ政府役人にてハ十分とハ

不被思夫故自分之銃卒を供連いたし申候至極類ヲ相成候

一公使懸念拙者共も懸念大名と政府と不和之義ハ決而無之全ク多人數よ付其中ゟ東禪寺一條を仕出候心得違ひ之者も有之候近頃外國人渡來ニ付人心不折合故右折合候迄御老中ふも深致心痛候然る所其許之手入を多人數相率ひ候節ハ自然民心動く且ツ言語不通候得ハ間違等出來自然異變出來之基と相成可申夫故心配いたし先規よりハ格外之人數相増可申と存候然るふ自分之從卒ニて警衞いたし候義ハ甚た不都合ニ存候人増相殖候義ハ幾人ふても惜不申候現ふ日本の指支ニ相成候義を差構無之とハ被申あたく夫故アールコックへ右之段能々可申聞旨事務執政より命を受參り候

一實ハ本國ニても東禪寺一條ニ付不平ふ付警衞人數九百人送ヲ申候得共只今十三人ふて間似合候人數不足時ハ只今ニても本國ゟ呼寄可申決て御世話ふハ不及候

一近々アトミラール來港之積其節ハ十分ニ人數相備へ可申候

一畢竟人心不折合兎角外國人ニ對し爭ふ之志なり俄ニ自分從兵を率ひ候節ハ必も間違出來申候夫故已前之通り役人附添度候

一是迄都下通行之節私を嘲候者度々有之候得共其節役人一向指構ひ無之候

一其義ハ得と取調相分候節ハ急度可及沙汰候且ツ此度俄ニ從兵を率ひ候義ハ何等之譯ニ候哉得と承り度候

一役〔縦カ〕千人守護有之候ても無益なり已先日途中ニて不敬之者有之候得共役人一向相制不申候

一三百貳百人附添候ても私之命を助候もの壹人も無之と奉存候異變有之外國人逃去候時ハ其跡ニて私のためニ命を投出候もの有之間敷夫故一向恃ニ不相成候

一是迄之通り役人大勢附添不申故畢竟間違ひニ相成候間此度より人數相殖可申左も無之時ハ自然懇親を破り候樣ニ相成條約之永久せざるハ眼

前之事ニ候外國人之ためニ命も投候者已ニ東禪寺一條之節數人手負其中即死之者も有之申候此度　大君之命ニハ急度已前之如くニ取計候樣被申聞候對馬守ニも甚た心痛罷在候

一市中ニてハ度々危キ目ニ度々逢ひ候

一信實之處申上候日本ニて自分之從兵率候を彼是と相拒ミ候節ハ却而不都合之義出來いたし候も難計候得と御勘考可被成候

一大君事務執政深く被致心配候ニ付其許之挨拶を早く可承との命を受急キ拙者態々出張いたし然るニ右樣之返事有之候てハ折角出張之甲斐も無之拙者ニ於ても御老中へ申聞かたく甚心配いたし候左候得ハ厭迄も其許之勢を相率ひ候と申聞候義ニ候哉左候ハヽ爰ニ願候其許之意ニ逆ひ候ても却而不都合ニ相成就ては其許之銃卒と日本役人と打混護送いたし渡候

一役人ハ四人位ニてよろしく候

一東禪寺一條之節も大名之家來計ニ付畢竟不都合ニ相成申候間自國之銃卒と雙方引合せ警衛之節ハ至極都合よく奉存候

一ユーステンゟ津田近江守へ申立候者四五人位ニて宜敷旨被申聞候得共
右ハ全ク人少ニ付種々心配いたし申候多人數附添候てハ如何可有之哉

一多人數付添候節ハ餘り目立却而不都合ニ奉存候勿論自分之從卒も既ニ十三人程有之夫レへ亦多人數加ふ時ハ甚た不安心ニ奉存候夫故三四人位ニて宜敷奉存候

一公使ゟ首を被取候迄も可申談と事務宰相ゟ拙者命を請參候附添之處ハ
何人ニても相增可申間是迄之通り取計呉候樣賴入候已前附添之者不宜
處ハ急度糺明可致且ツ此度ハ格別人撰致し差出し可申候

一此談判ハ最早未語《本ノマヽ》ニいたし度多人數之節ハ自然人立いたし却而間違之端ニ候只今何人と取極めかたく何れ其節ニ臨み五人と歟七人と歟可申上候其節御指出可被下候

一大君心配ニ付態々乘切ニて參り候處一向事濟不申甚た困入申候左候ハヽ東禪寺へ著ニ相成候ハヽ右之段事務宰相へ談判被致候方都合宜敷候右談判之不濟中ゟ東禪寺ゟ閣老邸迄往行之間先兎も角先規之通り役人護送ニいたし度候

一其義相成兼申候明日天氣次第致出府度殊ニ寄明後日ニ相成候哉も難計江府著翌日御老中へ面會可仕候尤も供之義ハ自分之兵を相率ひ可申候何を御老中へ面談之上取極め可申候百人ニても貳百人ニても勝手ニ相從ひ可申候

一成程被申聞候通自分兵ニ付百人相率候義者勝手ニ可有之去あし先例も有之候得ハ是非役人を附添度若し間違ひ出來候節者石見守之落度ニ相成申候間閣老邸迄歩行之間附添候譯ニ參りあたく哉拙者ゟ賴入候

一今日折角御越之甲斐も無之御心配之段ハ御老中へ可申上候間決て御心配被成間敷候且ッ貳時計談判ニ及候趣も逸々可申立候間必を

右之段ハ御心配被成間敷候

一私より申立候義ハ厭迄も趣意を相立申候假令御老中ゟ十分之理有之候ても相用不申候

一夫レてハ舊來之懇親を相破ると申者ふて其處能々勘辨を頼入候

一却而自分騎兵を召連候節ハ浪人之患相免れ候

一御手前様御義此度使節ニ參り候ニ付異國軍鑑（艦カ）へ乘組可申其節拔刀いたし候様申聞候ハヽ餘り快くハ（不脱カ）被存候義と存候私騎兵を指留メ候も矢張同様ふて餘り快くハ存不申候

一刀ハ士の可帶者ゟ御坐候

一英人帶刀之節ハ不法ゟ候得共日本人ハ帶刀之風ニ付咎めハ不仕候

一騎兵相率ひ候儀ハ日本之風ニ可有之と奉存候大名抔ハ大勢召連可申候

一此度相率ひ候騎兵ハ人撰ゟ付受合間違無之候

一拙者先年在勤中之通ニ候得者心配無之候得共此節者人心不折合ニ付心配いたし候途中ニて酩酊之者異人參候抔と失禮いたし候も難計故ニ多人數騎兵を召連候義ハ*得と勘辨を希候

一自分よては十分ニ安心罷在候

一何分不安心ニ候異人大勢召連候節ハ見物之者急度嘲り可申も難計故ニ日本役人の附添を多くいたし異人之附添を少くいたし候方可然候

一日本役人四人程先乘いたし候者夫ニて宜敷必も懸念無之候

一大君井老中甚た心配罷在候若し騎兵相從候義ニ付間違出來不申哉畢竟右を彼是申も永久懇親之處を慮り候故ニ候間勘辨を可被致左候ハヽ拙者も　大君井老中へ對し廉も相立申候

圖書頭

一何程御談判いたし候ても同樣之事ニ御坐候

一只今通辯ユーステンゟ中立よハ東禪寺迄騎兵十三人率ひ閣老へ參り候節ハ貳ヽ兩人相從候よし事實ニ候哉

一遊歩之節ハ兩三人ふても宜敷候得共御老中へ參り候節ハ公用ニ付
十三人相率ひ候義は當然ふ可有之候

一圖書頭 石見守申聞候通り　大君深く心配罷在候先頃東禪寺異變ニ付横濱へ移住被致候義ハ則ち　大君之厚意を立候と申者ふ候然るふ此度大勢陪従若し混雜出來候節ハ已前横濱へ引移候厚意を失ふと申ものふ候夫故已前之通り政府役人護送可被致拙者ハ安心之義と存候

一何程御申聞被成候ても前申上候通りニ御坐候

一圖書頭 態々石見守其許へ面會もる厚意を思へ參り候事ふ候何分已前之通り役人附添候様いたし度候

一彼是御申聞被成候得者却而面倒之義出來申候

一石見守 全ク言語不通故間違ひ出來候哉と心配いたし夫故外國人を厭迄も役人を以護候積ニ候此度改て騎兵相從候節ハ政府ニて不行届様相當申候

一何を此義ハ出府之上御老中へ可申上候

一左候ハ、無據候間其許配下騎兵を可被相連尤閣老迄參り候迄ハ是迄之通り役人護候樣可被致候
　一凡幾人位ニ候哉
一何を右人數ハ老中へ申伺ひ候上ニて可及挨拶明日出立被致候ハ、只今ゟ其趣可申遣候
　一凡六人位ニて宜敷候
一跡六人先六人位可附添候
　一六人ニて宜敷と奉存候十人位ニても可然候
一全ク懇親之廉を相立度煩敷申聞候此事ニ付甚た心痛ゐ候
　一護送之役人は御勝手ニて宜敷候此外申上候義無之候
一船ふて出府被致候ハ、如何幸ひ當港ニ自國軍艦滯留罷在候
　一船ニて出府致候得ハ拜借不致とも自國軍艦有之候
一此間厩一條之義江戸へ申上候右ハ東禪寺ょ在候厩を拜借仕度と申

義ニ有之候間可然奉願候

一早速可申遣候

一竹本圖書頭様へも申上置候

一其許出府之義ニ付明日圖書頭乘馬ニて出府いたし閣老へ申立其返事之來候迄相扣候様いたし度少々ニ付明日出府被致候様相成間敷哉至極都合宜敷候

一私ゟ明日出府之趣を御老中へ申上置候間是非明日出府仕候

一明日ハ何時頃出馬いたし候哉

一明日天氣なれハ十時ゟ出馬仕候

一明日江戸ゟ附添役人來候迄延引被致度候

一駕馬計ニ候間夫迄ふ間似合可申候

一甚た困入申候

一神奈川迄舟陸通行如何

一陸通參り候

一左候ハヽ神奈川迄貳兩人横濱詰役人さし添可申候

一厩之義ニ付出府之上不都合之趣御老中へ可申上候右ハ最初貳百五十ドルニ而造作ニ相成候趣然る處其後三百十トルと相成夫ゟ段々四百トルと相成段々金高相增候義ハ如何之譯ニ候哉本國ゟ馬も參り居甚た指支申候右直段折合候節ハ疾ゟ出來可仕と奉存候指當困候ニ付商人之土藏へ入置申候右ニ付餘分ニ入費相懸り甚指支申候

其段御老中へ急度可申上候

一段々直段相增候義ハ色々譯合有之候

一可承候

一最初繪圖を以コンシユルゟ申立候節職人へ相尋候處日數廿五日ニ而貳百五十トルニて出來之趣申立然る處コンシユル被申聞候ハ日數十五日ニ而貳百八十トルニ而いたし度趣ニ付其積りニ有之候處亦々被申聞候

ハ日數十日ニ致度旨ニ付職人より申立候ハ貳十八トル相增候節ハ十日ふて請合爲くと申立候ニ付コンシュルも承知ニ有之其積ふ心得居候處其後馬之食器等迄相添三百八十トルふいたし度旨ニ付職人ゟ申立ふハ左候節ハ四百トルふ無之候てハ出來兼候趣申立候夫故段々高價ふ相成申候

一四百トル之趣ふ候得共江戸ゟ參り候大工へ相尋候處百トルも高き趣申聞候右ニ付右大工へ申付へくと存候處横濱大工ゟ相妨け候よし

一其趣ハコンシュルゟも咄有之候ニ付江戸ゟ參り候大工へ相尋候處名前等も不相知よしニ付打捨置申候全ク四百トルニて高價ふ相見得候得共床其外馬食器等を相添候義ニ付如此金高相增申候

一此度ニ不限兎角私共ゟ名さし申付候大工を運上所大工棟梁ゟ彼是相拒甚た不宜候間御罰し可被下候

一得と相糺可申候逸々相分り申候

一夫レハ必定御罰ニハ不及候得共右棟梁三人請印無之時ハ普請不相成趣ニ付商人ゟ相對ニて外之大工へ相賴度と存候ても右を憚り不相賴趣ふ有之候

一右者是迄大工共異人ゟ手附金を取普請滯候故已來右棟梁三人より請印無之てハ不都合之趣コンシュル江も申聞置候就てハ一旦三人請印いたし若し職人とも出奔等有之節ハ右手附金丈ケ三人ゟ相償ひ申候積ふ候

一厩造作之義色々混雜故永く相成依而四百トルふて日數十五日ニて出來候樣仕度尤不抱《拘カ》晴雨

一未タ屋根も出來不申候得者十五日ニて出來無覺束依而屋根出來之上ニて夫ゟ不抱《拘カ》晴雨十五日ふて造作いたし度候

一夫迄ニて宜敷御坐候馬食器等附添候儀ハ御承知ニ可有之候

一承知いたし候

一明後日ゟ普請に取懸候様仕度候

一何を職人へ相糺可及挨拶候併し多分明後日ゟ取懸候義ハ指支無之義と存候

一此間其國商人メンと申者既ニ三度程車馬にて妓樓へ乗込候に付右制方をコンシュル迄申聞置候に付公使にも承知之事と存候

一何番之者ニ候哉

一英九番也

一承知仕候急度可申達候

公使館繪圖さし出御談判

一佛公使ハ此方へ致し度と存候

一佛へ御申談御極メ可被下候

一佛公使へ被逢候節ハ尚亦其許ゟも被申聞度候

一此度出府いたし候序ニ英分縄張いたし度奉存候

一縄張之義ハ佛公使へも可然被申聞度候
一佛公使も近日出府可致候
一外國使節ハ何頃ゟ相成候哉
一來正月頃ゟ可相成候
一可成丈ヶ遅月之方宜敷候
右畢而退席
此外雑話記もる程の事無之候

酉十月十日石見守十太郎佛軍艦船將コンシュルフレツキマン
一今日ハ軍艦之船將同道罷出候
一今朝出火ニ付軍艦之水夫ども消防方ニ上陸爲仕候處於港崎町疵を
受申候全ク出火消防ニ上陸仕候もの へ疵爲負候者如何之義ニ候哉
一右ハ水夫と日本人と何乎喧嘩之様子ニ付爲取鎮士官を多人數港崎町へ

出張爲致取鎭させ候得共何故喧嘩いたし候哉其段ゟ吟味不致候てハ相分り不申候得共於此方も劒ニて被突候者も有之義ニ候

一不取敢承候ニ者右樣ニ候得共其方之義も可承候何𪜈雙方取調不申候てハ相分兼候

一喧嘩之趣承候間早速私義駈付候處岩龜樓ハ戸を〆罷在候得共疵人多く見出し申候其節アメリカ人罷在候間承り候處水夫を縛り劔も取上ケ候よし申聞候

一縛り候義者不存劔を取上候義も不存候得共其方の聞込も承り度候何分出火之取紛𪜈故彼是致混雜聊も不相分候得共日本人へハ近頃別而嚴重申渡置候間手出しを先へハいたし不申候事と相察し候多分其方ゟ劔ニて突キ候ニ付此方ゟも若キ者とも手出しいたし候哉ニ相察候其許聞込ハ如何

一私聞込ニハ手出しハ不仕候得共日本人ゟ大勢ニて打擲いたし候趣

ニ承込候

此時要助帯候脇指取上ケ持參さし出

一此脇さしを帯候ものハ廓内取締役ニ有之趣ニ候

一其者ハ取締役ニ相違無之夫故取締いたし候者ニ付取押ニ罷出候事と被察候素ゟ役人喧嘩いたし候義ハ無之其方水夫ゟ劔ニて手向候ニ付此方ニても若キ者手出候ニ付取さへニ罷出候義ニ可有之ゑゐし何れニも取調之上挨拶可及候

一私方ゟ手出いたし候義ハ無之凡三百人程ニて打擲者仕候趣尤三人之中壹人何れへ罷越候哉岩龜樓ニハ居不申候

一其邊も委細取調不申ゐ者何分分り不申其方ニても委敷被取調度雙方取調候上談判可致候雙方とも甚以不宜事ふ候

一御挨拶之趣も相分候間疵人三人之ものも早々取調候上不宜候ハヽ罰し可申間於御國も御取調之上御罰し可被下候三人へ三百人も懸

候者心能く無之候
一近頃別而嚴敷申付置候間此方ゟ手出も不致義と存候得共其邊者取調不
申候てハ相分り不申候間取調可申呉々混雜之中ニて船將も心配相懸ケ
氣之毒ニ存候
一不計出火之處水夫其外岡士ペレクル迄も早早出張被働候趣嘸々勞れ候
義と忝存候
一一人水夫相見へ不申候ニ付只今ウエルウユ尋ニ罷越候
一何れとも其方ニても取調可申此方ニても取調雙方不都合無之樣いたし
度候
一其通り心得可申間御吟味可被下候今日者御勞れもニ可有之間引取
可申候
一今日者於此方も出火之義ニ付取調候義も有之其上江戸ふても外國人居
留地抔如何哉と心配中ふ有之候間委敷取調申立候間彼是取込ニ付兩三

日中ニ委敷取調其許へ可申入候

右畢而退散

酉十月十一日　石見守　佛公使

一應挨拶畢而

コンシュル
一今日第一時に可罷上筈之處彼是取込候ニ付遲刻仕候

石見守
一拙者義も昨日公使へ可罷越積約置候處出火一件ニ付種々混雜いたし不罷出候右ハ何頃參候而可然哉

一何れ公使へ問合候上可及御挨拶候

一昨日軍艦船將同道ニて申上候義如何相成伺度罷上申候且右始末柄蘭岡士ゟも船將ニて承り候よしニ御坐候

一夫ハ此方ニて精々吟味中ニ候得共未タ不分明に候乍然大槩相調候丈ヶハ一應可申聞候

一私共粗承候丈ケハ可申上候

一段々取調候處疵受候者四人程有之右ハ喧嘩之根元者全ク外國人へ致敵對候義ニ無之よし最初其國之者壹人ハ劒壹人ハ棒を携ひ廓中横行いたし候故自國之者一人指留候處其者を苛キ目ニ爲合彌々方々致亂妨其中ふハ往來之者を劒を以て打或ハ棒を以て突キ亦ハ甚しきふ至てハ蹴倒抔いたし候よし全ク酒狂之上之所業と相見候よし其中港崎之町人を打倒し候故其者堪兼人殺と相號候故其場へ取鎭め之爲メ一人馳付候處亦其者を捕へ劒棒を以致打擲候故忽ち氣絶いたし候處其上當人々家族迄も被追拂全ク疵付らを候者ハ媒ニ罷出候處劒棒ニて打擲被致候よし外々之者共申稱ひニ相違無之候右怪我人之中一人ハ家主ニて家を貸し豪家ふ有之候然る所其者頭を被打氣絶もる故側より見兼援けんご爲メ大勢駈付劒棒を取上ケ候よし只被打候者丈ケ其場ふ倒有之外國人を打擲いたし候者ハ何者候哉混雜中之事故何分相分り不申よし右ハ此節盛ふ

吟味中に候全疵受候者ハ中妁ニ罷出候者にて然るに如此之危難に逢候義ハ拙者ニ於ても如何にも不便ニ被存候

一承り候處日本人數百人駈集り自國之者を疵付候よしニ御坐候其節亞人も三人程佛人に隨ひ參候よし右亞人申ニハ最初日本人より喧嘩之端を開候ニ付貳人ハ逃去候處中一人ハ疵受候よし全ク日本人ゟ催し候由被申聞候

一素々數百人集り外國人を却候義ハ無之最初其國之者自國之者を致打擲候故人殺と相唬故ニ四方ゟ輻輳致候義ニて全ク外國人を却候義ハ無之よし其節中妁人ニ罷出候者を疵付候義も實事候處不相分其譯ハ右騷動事濟候上ニて要助ゟ申立定廻出張之義に候得共得と取調不申候てハ不相分候外國人ニて劍棒を以方々亂妨之義も是も得と不取調ハ發輝と不相分候間夫故ニ只今吟味中に候

一昨日見請候處要助と申者も額に血流を有之候得ハ矢張同類之者と

奉存候

一夫れハ外國人之ためニ被打血流れ候哉も難計彼者七十四才之老人ニ有之候得ハ素々喧嘩等好候義ハ無之全ク騒々敷故右樣子を伺ふニ出候處手負之倒人有之故右を介抱之ためヨ取扱候節血付候哉も難計候

一頭ニ疵有之候を私憶ニ見請申候

一港崎へ參候處門開有之其節外ゟ番家內を除キ候處血抔流れ候跡有之甚タ床敷奉存候彼之內ハ取締之ためニ候哉矢張喧嘩之仲間と奉存候

一右樣之義一向無之候何れ不分明ニ御坐候間取調可申候昨日申立之趣并風說ニ而承候處其國人方々亂妨いたし候上家主を打倒候故四方ゟ大勢馳集相防候よし何れ誰ゐ外國人を打候者も可有之其根元ハ全ク自國人を蹴飛候抔致候得ハ則ち外國人より起候義と被存候其趣白狀ニ申立候節ハ公使ゟ罰を受候故右を恐れ包隱し候義と被存候必も其國人ニて打

候者有之ふ相違無之と被存候

一只今被仰候通り罰を恐れ候故明白ニ不申立哉も難計併し亞人兩人ゟ申立候義も有之故證據といたし申上候

一自國人ハ劍を振廻し候義者無之よし亞人申ニハ始め日本人ニて水夫を打倒し候故自國人騒立候よし全ク亞人證據ふ御坐候

一夫レハ必ゑ此方之者より手を出候義ハ無之人殺と相號候處を以推し計る時ハ其國人より起候義ニ相違無之其近邊之者之說ニハ外國人ゟ起り候趣ふ候乍併急度其國人を打候者も可有之騒動中役人罷出候處衆人恐れ逃散候よし其外國人を打候も可有之間其者ハ取調可申何者ニ候哉褒美を差遣しと申觸候ハヽ早々罷出候得共罰を恐れ不申立義ニ可有之外國人迚も矢張之譯ニ候

一各國ニてハ罪人杯ハ忽ち相知れ申候

一喧嘩發黨人井互ニ打合候者取調候ハヽ相知れ可申且ッ假令其國人より

爭を開キ候ふ致せ疵受候義ハ甚た氣之毒ふ被存候亦自國人ハ尙更中妁
ニ罷出疵受候段雙方とも氣之毒ニ被存候間早々取調可申候昨日取鎭ニ
罷出疵受候義如何ニも可憐其許ニ於ても疵受候者を介抱可被致拙者も
介抱可致其中取調候ハヽ相知可申候

　一昨日自國人を絏在之よしを承り候

一手足を繋り有之ニ付要介と申者解キ候よしニ候

　一要介ふハ無之私自身ニて取解キ申候

一要介見請候ふ付定廻へ申出候よし何そ絏候者も打候者も可有之相分り
次第可及談判候

　一私解申候

一其絏候者有體ニ申立候節ハ被罰候故隱し置候義と被存候右ハ密ニ相探
見當候上ハ嚴敷吟味を遂べく候間左樣可被心得候

一其國人疵受ケ所何ケ所程有之候哉爲心得承り置度候

一餘程有之候故歩行出來兼駕ニ乘申候

一夫レハ氣之毒ニ被存候此方ニても氣絶いたし候程之手疵を負雙方怪我人之有之義ハ甚不宜事ニ候

一事件之節運上所へ申出候積昨日右事件之節運上所へ不訴出よし承知仕候私於ても不都合之義と奉存候且ッ昨日港崎町へ高官之役人同道参候處門を閉有之候處役人參り候ニ付門を開キ申候是も不都合之義と奉存候

一一體外國人不都合有之節ハ早速運上所迄可届出之規則ニ候得共火事取込故定廻迄訴出候全ク運上所へ可届出之處定廻迄届出候義ハ周章故之義ニ可有之候

一門閉候義ハ再ひ爭ひ之起るを恐き港崎之役人共取計ニて閉候義と被察候右ハ得と取調可申候

一門閉有之候節ハ發黨人等不逃去義と奉存候

一 昨日出火ニ付逃道を別ニ拵候ニ付夫ゟ逃去候義と被存候

一 門閉有之故多人數ハ通行出來兼候義ハ當然之義ニ候得共壹人位ハ通行可相成候何を大門を出入いたし候左候得ハ全ク門衛の落度と申者ニ御坐候

一 夫之義ハ次第柄得と相調可申候門衛迚も平日とハ違ひ出火之事故水を汲或ハ荷運等致し混雜中ニ付取締向不行屆義可有之哉も難計と被存候

一 門衛之者甚た不心得ニ御坐候逃去候者不知事ニ候ハヽ御罰之方可然と奉存候

一 發黨人取押不申候てハ役人之是非も相知れ兼候間取押候上ニて取糺候ハヽ役人之是非ニよりて相罰可申候且ツ綫候者亦ハ打候者も發黨人ゟ云々申立無之候てハ相分り不申候夫故精々探中ニ候得共何れへ逃去候哉甚た困入申候

一 四人ハ全ク取鎮めゟ不參義と奉存候

一夫レハ全ク間違ひニ可有之壹人ハ家主ニて五十五歳ニ相成亦要介ハ七十五歳ニ相成何れも爭を好候者ニ無之候

一貳人之者ハ血氣之者ニ御坐候

一其貳人とても壹人ハ四十八歳壹人ハ廿四歳なれとも決て喧嘩を好候者ニ無之全ク取鎮めニ罷出候處外國人ニ沓ニて被蹴甚可憐之至也家主坊之義ハ決て無之義ニ候間右を可被察候

一日本人ハ甚不宜外國人ハ己が罪を不包白狀致候

一夫レハ其許了簡違と申者ニ候其罪人を取押候ニ付當人より不包白狀致し候義ニて不取押時ハ自分訴出候者無之候日本ニて大罪ニ行ひ候義も同樣ニて自分訴出候者無之召捕色々吟味受候故遂ニ有體白狀ニ及申候

一佛人ハ打擲被致候上縛られ苛キ目ニ逢ひ申候

一此方之者迚も同樣手疵を負苛キ目ニ合候未タ發黨ハ取押不申候故不相分候得共押候節ハ忽ち可及白狀畢竟刑を恐れ不訴出候乍然取押候節ハ

急度明白ニ可申出左候得ハ矢張日本人も正直と申者ニ候
一何れ雙方之者不宜兼々外國人と闘爭を苛く威置候處右背候段不埒早速發黨人を見探し可申打候者と縛り候者無之時ハ何れも相分り不申若シ相知れ候節ハ早々相罰可申候
一只今申上候通り日本人大勢ニて外國人を打擲致し已ニ死生ニも相拘り候處へ御國役人三人程駈付日本人を追拂呉候故漸く取鎮り申候左も無之時ハ已ニ命も危く程ニ御坐候
一何分發黨人取押不申候てハ雙方之是非不相分候
一自國之疵受候者申候ハ帶刀人も打候趣申居候
一夫レハ決無之帶刀人致打擲候程之場合ニ候得ハ切殺可申候全ク周章ニて心得違と被存候
一全ク間違ニ可有之哉
一右一條事柄ハ不分明候得共疵受候者ハ氣之毒ニ被存候日本人迚も可憐

之至ニ候可成丈ヶ早々發黨を相探し申度と存候得共行衞不相知心配罷在候

一全ク政府役人三人の爲メ佛人命を助かり申候役人被相越候義ハ難有奉存候

一佛人不宜時ハ致方も無之若日本人罪ある時ハ夫々御罰可被下候

一夫故發黨人不相分節ハ右取捌方甚た困り候右場所へ役人携候故早く取鎭り申候今少し早く出張之節ハ別條無之處遲時ニ相成殘念ニ被存候右等之處ハ平日役人精々申達置候故に候尙亦取急キ發黨人を相探し可申候且ッ拙者義公使へ面會之義ハ何日頃參候て可然哉

一去ル九日夜火元ハ風說ニハ北仲通りに住居罷在候亞人之脇ゟ出火之よし亦一說ニハ右火付人を取押ニ相成候趣も有之候

一成程出火之節一人怪敷ものを取押候得共未タ火付候ものに候哉不相分此度之火事ハ全失火之よし火元ハ未分明候

一さし火ニ候哉失火ニ候哉右之御見込無之哉
一拙者未タ取調中ニ付見込無之候
一外國人之説ふハさし火ニ可有之と申居候
一餘程之燒亡ニて甚た困入申候拙者も追々交易盛ニ致し度と存居候處大ニ失望致候何を早々普請ふ取懸候樣觸を達度く候
一當分の中通商も相止ミ可申候
一火元ハ商人ふ可有之候
一自國商人ニて物置より失火之よしニ候
一喧嘩一條之義ハ是非相分候樣早々御取調可被下候
一致承知候
右畢而退席
酉十月十三日　石見守　佛コンシュル通辯ウエルウエ

一今日公使へ御面會之義昨日御申越ニ付其段同人へ申聞候處承知ニ付其趣御返答申上候然る所風邪ニ付延日ニ相成候故私御斷ニ罷越申候

一折角保養可致候

一昨日被仰候公使館地所之義御氣之毒ニ奉存候得共公使不承知ニ御坐候

一居留地見込之義去ル三月右京亮樣と公使と對話之節居留之義ハ佛人ニて取締いたし役人之手を不借積ニ申上置候

一第三ヶ條約束之通り居留地丈ケ佛人ニて警衞之積りニ候處此違約ニ相成不都合奉存候

一役人夜廻之義ハ各國申合之上御挨拶ニ及候積りニ御坐候

一自國公使のみ取扱候居留地ニも無之各國一般之義ニ候得者各國と談判之上可及御返事候

公使館繪圖指出御談判

一御殿山公使館地所之義此方ゟ談候通り相成難くとハ如何之譯ニ候哉昨方申聞候通り此處ニ大名之屋敷有之指支ニ付此方ニ被致候方可然と申聞候何故積りえ通り不相成哉承り度候

一何故ニ候哉公使取計候事ニ付一向存不申候

一公使出府之節御老中ニ申上候積ニ御坐候

一御老中へ被申立候ハヽ暫く止談可致候

一承知仕候

一居留地役人通行逗留方之義右京亮へ談判無之義と被存候左も無之時ハ右京亮當港ニ參り候節役人通行を可禁筈ニ候今ニも拙者用向有之節ハ居留地を往來いたし候ニ付指留方之義ハ不相成候

一居留地見込（廻カ）之義ハ畢竟狠藉者之ためニ候然るニ此度通行指留方申立候ニ付難被及御沙汰旨御老中ゟ書簡到來且又拙者へも其段達有之候處出

入を指留候義ハ以之外之事ニ候勿論此度出火一條ニ付てハ是迄ゟハ一際嚴敷見込ニ而者不取締ニ候夫を彼是相拒み候義ハ一圓相分り不申候能々可被心得候

一右京亮様と公使との應接書ニハ居留地内取締役人見込〔廻カ〕候義ハ指支候趣談判ニ相成候且亦居留地内へ見張番家を指置衞士等入置候義も指支之趣申上置候

一番士指支之趣ニ候ハヽ早々取拂可申且ツ役人見廻之義も其節不相成趣談判有之候ハヽ此度改而事務執政ゟ書簡之來る筈ハ無之候

一尤其節見廻之義不都合とハ不申上候右對話之寫公使館ゟ相廻候間御手前様ニも其節之御書物可有之と奉存候私共ニハ右寫を本國へ相送申候

一右對話之有之候ハ心得居候得共右書中ニ而記候義ハ間違ニも可有之哉左も無之時ハ今ニ至り不相成趣ニ書簡來る筈無之候

一自分方之寫ニハ急度記有之候

一右京亮も不成趣を以て談判有之候夫ハ暫く指置素居留地ハ一般之往來道ニて日本人并外國人とも通行之道ニ候然るふ故障申立候ハ不都合之至りニ候居留地構内ハ銘々地代指出置候ニ付出入指留候義ハ勝手ニ可被致構外ハ地代指出不申候得ハ政府之地と申者ニて候左候得者彼是申拒ミ候義ハ一圓相分不申候

一此間竹本圖書頭樣へ申上候通り役人之外居留地を通行指留度旨申上置候

一其義ハ一向不承地代さし出候處ハ兎も角日本人往來之道を差留候義ハ決て不相成右京亮ゟ此度改而達有之假令竹本圖書頭へ何程談判被致候とも拙者甚た不承知ニ候素ゟ無地代往來之道ニ有之候

一出島ニてハ通行さし留申候

一出島之振合ハ一向不存候

一居留地代を取立貸渡しニ付《候外カ》別段往來道有之候ニ付役人ハ勿論人足等ニ至る迄通行いたし候地代を不拂處ハ則ち日本政府之地ニ候外國人之世話ニハ決而不及候

一居留地へ柵矢來を取建出入指留候樣仕度候

一決而不相成往來道ハ政府之地ニて勝手ニ可取計尤仕切有之處ハ銘々持場ニ付無論出入不相成候得共外廻りを通行之義ハ指支無之外國人ニても矢張運上所を勝手ニ通行有之候得共指支不申候何れ之地ニても地代不差出候處ハ則ち往來筋あり彼是と申義ハ以之外ニ候

一書附ニハ憶ニ居留地內へ日本人を出入不爲致樣ニ記有之候

一居留地內仕切之有之處ハ銘々持場ニ付出入を差留可申候得共往來之道ハ役人ゟ職人ニ至る迄通行指支無之地代を出しと不出との差別能々勘辨可被致候金を出候地者自分之持場不出地ハ他人之持場と申者ニ候然るニ金を不出往來道を通行する者を咎メ候義ハ可笑事ニ御坐候

一右京亮様へ談判濟ニ付其通り取計可申候

一御老中ゟ之返簡ニハ日本之地に付日本人勝手ニ往來もべく尙又外國人とても指支無之往來指留之義ハ決而不相成趣申越候素ゟ地代を不取地ニ付此段ハ無益ニて何程申談候迚も矢張同樣之事ニ候

一往來指留之義ハ酒井右京亮樣へ申上候ニ相違無之候左候得者右京亮樣ゟ御談判之義ハ決而無之と被仰候義ニ候哉

一右京亮と談判ニ付此度如此之通り返簡到來之義と被存候右證據を論もるハ指置素ゟ地代金を指出候故居留地と申候往來道ハ地代無之處ニ付役人見廻をも存寄り通りニ取計候此一條ニ付てハ何程苦情申立らき候迚石見守甚不承知ニ候

一日本政府之地を彼是申拒ミ候義ハ日本を蔑し候と申者ニ有之候

一町々在々地迚も矢張同樣之事ニて地代上納いたし銘々持場有之然るを 此邊脫字數 我《字ならん》の地といもゞ皆不承知ハ當然ニ候

一此間失火ニ付夜中取締之爲是迄之通役人被見廻度趣御書簡を以て被仰越候ニ付其段公使へ申聞候處是迄之通致夜廻候ても指支無之趣被申聞候間左樣御心得可被下候

一右京亮と談判濟ニ相成候ハヽ右之書簡來る筈無之素々政府之地ニて日本人往來するを彼是申ゐハ全クヘルクル之間違ニ候別ニ子細も無之役人ハ勿論市人ニ至る迄往來指支無之候得者夫ニて宜敷候

一柵矢來之內へ入候時ハ決て指許不申積ニ候得共門前通る位之事ハ指支無之候

一通路之處ハ政府之地ニ有之候得者勝手次第通行を可致候併見廻之義ハ若シ不都合之義も有之候ハヽ無遠慮被申聞度候其節此方ゟも可及相談候間其心得ニて可被取計候

一素々約束ハ帶刀人之義ハ居留地通行不相成候積ニ御坐候尤政府役人ハ指支無之人足ハ指留申候尤帶刀人ニても御奉行方ゟ慥ニ書付

を持參之時ハ指支無之積りニ約置候
一其許被申聞候通り居留地內柵矢來內へ出入之義ハ指支も可有之ニ付名前をも指遣可申候得共往來之義ハ素々彼我之差別なく通行之道ニ候
一柵內ニても慥ニ名前等之知れ居候得ハ百人ニても指支無之往來之義ハ一般之事ニ付甚た指支申候夜廻之義ハ外岡士へも得と可申談私限ニて御挨拶いたし兼候
一日本人往來を指留候義其許方ニ理有之とハ如何之譯ニ候哉承り度候
一往來指留之義私共方理有之とハ外之義ニ無之酒井右京亮樣と談判之證書有之處ニ御坐候兎も角夜廻之義ハ外岡士ニも談判可仕候
一往來を指留候故不都合之趣事務宰相ゟ申來候往來之義此方ゟ外岡士へ談判ニも不及申亦其許ゟも外岡士へ相談ニ不及義と被存候素々往來之地ハ政府之地ニ候
一私共外岡士へ談判之義ハ勝手ニて取計候間御構有之間敷候是迄役

人見廻候ても一向甲斐無之候若シ不宜節ハ私共ニて法を立可申候

一素々夜廻ハ外之ためニ無之只外國人を衞り候爲ニ候得共彼是面例〔倒カ〕之義申出候節ハ今ニても指留可申候併往行之義ハ前田橋矢戸場等詰合御役人等通行いたし候間是非其方之意の如く參り兼候見廻之義ハ其方之存寄り次第ニ可被致候此方ゟも可及相談候往來之義者此方存寄り通りいたもべく見廻之義ハ如何樣ニても可承相談候得共往來之義ハ堀ヒり最寄ニ詰居候役人等通行いたし候間決而不相成候尤取締之義ハ不行屆分ハ相談を可請候往來之義ハ役人通路ニ付別段相談ハ不請此方勝手次第相心得可申候

一役人通行いたし候ても差支無之と申理者承度奉存候必も差留候理有之候其譯者右京亮樣と慥ニ約候書附有之候

一〔一〕役人往來を指留候理者決而無之若シ有之候ハヽ承度候

一此書類者慥ニ利ゐると申者ニ御坐候

一往來之義ニ付彼是と爭論せるも互ニ餘り心能くハ不存酒井申聞候義ハ決而無之候間今彼是理合を論せる譯ニも無之雙方都合之宜敷樣取計候方可然候

一此通り互ニ間違候故指支申候只今ニ至り私方ニ理無之と被仰聞候ハヽ其段委細公使へ可申聞候左候得ハ何と歟挨拶可有之候間可申上候

一一體之處ハ間違ニも可有之故ニ不都合ニ候懇親之譯ニ有之間此方ゟ申聞候通ニて取計候方可然候

一此書付ニ逸々談判之證據記し有之候處只今ニ至り彼是と被仰候てハ皆書附ハ反故ニ相成申候

一何れ右京亮ゟ達無之義ニ可有之と被存候雙方都合之宜敷樣取計候方可然何れ公使出府いたし候ハヽ委細相分り可申候

一是非御手前樣方ニ理有之と申譯を承度奉存候

一立派ニ書面ニ理之處有之とハ申兼候
　一何𪜈書面ニ理有之義ハ無之と奉存候
一不都合ニ付申立候通りニハ參り難く趣を右京亮ゟ書面ニて申來候義ニ
候
　一夫ニてハ理無之候
一理有無ハ不相分候右等之義ニて爭論をせるも本意ならず雙方都合之宜
敷樣いたし度候
　一公使命を請今日事濟候樣可仕書類迄も持參有之處大ニ相違いたし
　候ニ付互ニ理非を論し候樣相成不都合ニ奉存候間何𪜈公使江返事〔脱あらん〕
　仕候迄往來之義ハ御差扣可被下候
一往來之義ハ勝手次第致候素日本之地を通行不相成と申義ハ決而無之右
を承知いたし候樣ニては甚いくぢ無之者ニ候
　一私方ゟ申立候義ハ何分ニも御取用無之故兎角取纒ひ不申候

一拙者申迄も無之現ニ右京亮ゟ書簡も來候亦往來道ハ日本外國何れ之者ニても通行指支無之運上所前後之道ニても通路之事故假令何者通り候とも一向指構無之候

一夫ハ未タ約定不出中ニ御坐候

一地代を指出候處ハ其者之地ニて勝手次第取計候ても指構無之候得共地代不指出處ハ則ち政府之地ニて勝手ニ通行可致候夫を彼是相拒み候義ハ一圓不相分候且夜廻之義ハ其許之存寄次第可被取計候庶人往來之義ハ如何程被相拒候ても決而不相成候

一是ハ右京亮様と談判仕候義反故ニ相成申候

一拙者ハ右談判之義一向存不申候

一左候ハヽ已前右京亮様と御談判仕候義不都合之趣を公使ゟ御老中迄申立候様可仕候

一夫ハ一圓相分り不申候公使ゟ御老中へ申立候義ハ聞濟無之故やもり通

行いたし來候畢竟公使ゟ申立之通り不被仰付故公使ニて此方役人之通行もるを取押へ候義ニ可有之此度不都合之趣を竹本圖書頭ゟ御老中方ゟ申立候ニ付決而不相成趣之書簡公使迄指遣しニ相成候素々御老中ニ懸合置候義なれハ云々を可申越然るニ此度達之趣ニてハ只一事不相成よし達ニ候

一全體今日往來之義取極候積りニて右京亮樣談判之證書迄持參御談判申上候處大ニ相違いたし一向取締り不申甚た不都合ニ奉存候今日談判次第ハ逸々公使へ可申聞候併折角命を請候甲斐無之候

一先刻ゟ論候通り往來留之義ハ決而不相成候取締之爲見廻候義ハ夫々相談を可請候

一何れ此趣ハ公使へ可申聞候得共併慥ニ證書を以談判ニ及候處僞を申立候樣御含被成互ニ爭論ニ相成甚不都合奉存候

一其許使ニ參候も全ク役前ニて亦此方談判いたし候も同樣ニて私ニ無之

公用むきハ無理處ハ厭迄も辯別可致ハ勤と申者ょ候乍併成丈ヶ雙方快く事濟候樣いたし度候

一今日公使之命を受早々事濟候樣仕度と奉存候處事之齟齬ゟ大ニ長談ニ相成公使之命を恥め申候

一逸々相分申候往來之義ハ是迄之通りいたし夜廻取締之義ハ不行屆之處ハ無腹臟可被申談候拙者取計方不都合有之節ハ大君ゟ叱りを請申候ニ付道理を其許ニ申張候義ニ候拙者取計方不筋ニ候ハヽ公使ゟ御老中へ可申立候

一乍失禮外國へ使節ニ御越之よし右樣强情ニてハ不都合ニ可有之哉と奉存候

一左候ハヽ使節不都合之趣公使ゟ御老中へ可被申立候拙者ゟも可申立候御用辨ニ不相成義ハ氣之毒ニ存候

一私義今日公使ゟ命を請參候右樣之義被仰候てハ不都合ニ奉存候

一使節ニ參り候者右樣不行屆ニて其許へ對し甚氣之毒ニ存候早々事務宰相へ可被申立候

一今日往來之義事濟候樣致度罷越候處種々不都合之事計御申聞ニ相成候

一使節ニ參り候者右樣戒を請赤面之至りニ候

右畢而退散

酉十月十四日　圖書頭　十太郎　英コン　佛コン　蘭コン　葡コン

一應挨拶畢而

一兩三日出府中出火之處各國コンシユル格別骨折候段辱存候

一此間出火一條ニ付御相談申上度義有之各國同道罷越申候此間大火之節破壞ニ相成候御役宅新規ニ御造營之義と奉存候就而ハ申上候餘り大火ニ付居留地も懸念ニ付軍艦之水夫共大勢上陸御役宅等破

壊いたし候此度御造作ニ相成候ハヽ莫大之御入費も可相懸と奉存候就而ハ各國ニて右償ひを指上候様仕度尤其段ハ公使へも申聞置候間早速何程位と申調書を御遣し可被下候

一厚志之段辱存候得共畢竟消防之爲ニ可有之候間一概ニ破壊いたし候義ニ有之間敷と存候尤餘程取潰し候様ニハ承り候得共拙者留守中ニ付未た實事ハ不存候得共併此間取調中ニ候間右出來次第可及挨拶候

一若シ萬一此後出火等之節ハ各國ニて消防方如何取計候て可然哉預め爲心得伺置度奉存候

一此間出火之節ホルトカルニ大流吐水有之ニ付右を消防之用ニ備度持參いたし候得共人足不足ニ付水之手配も行屆不申候故其節之用ニ足り不申候尤水手配方之義御役人へ申上候得共人足水とも參り不申候ニ付甚た困り入申候

一佛コンも其節居合候ニ付水之義御役人衆へ申上候得共一向人足參

り不申且ッ町會所脇の御長屋を取潰し候義組頭衆へ申上候得共其節も人足不參候故消防の間ニ合不申候

一只今申上候通り以後出火有之節軍艦ゟ消防之者上陸可仕其節如何取計候而可然哉貴國外國共一般之事ニ付雙方都合之宜敷様奉希候

一此間ゟ消防之義ニ付外國コンシールと談判いたし候積ニ候間能く勘考可致候自國居留ニ出火之節ハ此方ニて取計可申亦其居留地ニて出火之節ハ其方ニて消防可被致何れ手續キハ取調之上可申聞候外國人日本人之家を取潰し候義ハ怪我人等有之哉と未タ懸念ニ存候間已來日本人家之義ハ關係無之様致度何れ消防手續之義ハ得と可及相談候

一御沙汰之趣ハ日本人ニて消防いたし度との趣ニ候得共去かし貴國之人家燒亡を見捨かたき義も有之候ニ付軍艦水夫も大勢居候得ハ右ニて加勢仕度と奉存候

一日本人ニて消防之御心得ニ可被爲在候得共見請候處何分行屆兼候

樣奉存候段々先燒失ニ付已ニ外國居留地へ移候樣ニ付各國コンシール共手配仕居留地も別條無之候

一居留地ハ餘程放を居且地所も手廣く候得共居留地內へ燒候迄ハ餘程間合も有之候得者消防之手配も行屆可申候得共如何ニも懸念ニ奉存候

一尚又右消防之義ハ此方ニ見込も有之候間得と勘考可致候其上可及相談候

一尤私共心得ニハ居留地出火之節ハ日本境內へ火移不致樣可致候

一夫之樣ニいたし度候外國人ハ兎角言語不通故出火之節消防之義申聞候ても不通故甚た不都合ニ存候尤外國人ハ裝束も辨利ニ付相働キ候義ハ用ニ足り候義ハ拙者も承知有之候

居留地繪圖面指出し

一實ハ此家ハ鍛冶屋ニ付失火等無之哉と懸念仕候

一此方ハ英商之土藏ニて消防之爲ニ相成申候此家ハ番所ニハ候得共失火之節ハ甚た害ニ相成申候

一此御貸長屋ハ消防之爲ニハ甚た不宜候間御引拂被下候樣仕度候

一尤居留地近家ニ付買物之辨利ニハ候得共如何ニも近所ニ付不都合ニ候間轉居ニ相成候儀奉願候

一成丈ケ境を廣くいたし度烈風之節ハ火移申候

一此處ハ佛人之居所ニ候得共轉居無之而ハ消防之害ニ相成候ニ付引拂候積ニ御坐候就而ハ外之御貸長屋を拜借仕度奉存候

一私共存寄りハ地所廣相成候得ハ大ニ安心仕候不承知ニ候得者無據候得共可成丈ケハ地所さへ廣く相成候得者宜敷候間何分ニも奉願候

一此處ハ下番之長屋ニ候得共火を燒不申候得者指支ニハ相成申間敷乍併可相成ハ近家ニ付願くハ取拂候樣仕度奉存候

一左候ハヽ此方丈ヶ引拂候樣可致候
一シヨウヨー拜借之家も引拂候樣仕度候
一外國ニてハ明渡し之義申渡候節ハ早速引拂申候規則ニて御坐候夫
故同人へ申渡ニ相成候節ハ早速引拂可申候
一假令廣地いたし候迚も已ニ本町通り如此之廣地ニ候得共大火ニ相成候
例も有之候得ハ必消防行屆とハ難申被存候就而ハ此度廣地ニ致候上ハ
居留地燒亡ニ及候迚も聊苦情不申出義ニ候哉右を承り置度候
一此間失火之節も已ニ町筋狹く故町會所の燒失ニ及申候就而ハ町さ
へ廣く相成候得者宜しく候間奉願候
一地を廣るニ彼是と申譯ハ無之候得共廣地ニ致し若シ萬一居留地燒失ニ
及ふ其節致方無之との見込ニ候哉
一廣地ニ相成候上ハ假令外國人家燒亡ニ及候迚も決而彼是ハ不申上
勿論償等願上候義ハ急度不申上候併此通消防方之義御相談申上候

を御聞濟無之處若シ失火等ニて居留地燒失之節ハ私共ゟ御相談之義御取用無之故右樣之不都合ニ至り候と申義ハ彼是苦情も可申上候

一必を消防ニ相成と申見込ニ候ハヽ得と勘考之上都合宜敷樣可申聞候尚又廣地いたし候處若萬一失火之節火移等いたし候節ハ彼是苦情不申立哉左候得ハ聊指支無之候

一廣地ニ相成候上ハ假令燒亡ニ及候迚も決而苦情不申上候

一左候得ハ申立候通り道を廣け可申候得共拙者も日々繁多之事なきハ後日ニ至り右約束を忘却いたし候も難計候間氣之毒ながら指支無之候ハヽ慥ニ燒亡ニ及候ても彼是苦情を不申立との約定書を取置候樣仕度存候

一只今申上候通り廣地いたし其上燒亡ニ及候節ハ無據仕合覺悟仕候間決而償等願出候義ハ不申出候

一併各國コンシユル同席之上御相談仕候義御取用ニ不相成然るニ燒失ニ及候節ハ最早私共ゟ申上候義を御聞濟無之故斯々の始末ニ及候間償ひ呉候樣と申出候も難計奉存候且ツ各國コンシユル同席之上御相談仕廣地ニ相成候上ハ假令居留地丸る燒亡ニ及候迚も決而彼是不申上候

一左候ハヽ得と勘考之上可及挨拶候

一此居留地之義ニ付てハ矢張亞國も關係有之事なれバ列席可有之義ニ候然るニ同人不列處ニて取極候ニ付後日存異之義彼是不申立候哉

一夫レハ各國ニて取極候上ハ同人壹人ニて彼是申立候迚其意通り不申候

一併其許共ハ夫ニて宜敷可有之候得共此方ハ後日ニ至り指支ニも相成申候

一私共ニて取極候上ハ假令同人壹人彼是申立候迚決而御迷惑ハ不懸

上私共ニて取計申候

一其許方ハ承知ニ付宜敷候得共亞コンシユルハ存不申候ニ付彼是苦情申立廣地ニも不相成懸合中若シ出火ニて火移等有之之節ハ全ク拙者ニ罪無之亞國コンシユルえ罪ニ有之候間其儀能く被心得候様致度早々爲念申入置候

一假令亞コン貧乏なれハ彼是苦情申立候とて燒失之償ひハ差出兼候義と奉存候論をいたし候ハ無益之事ニ御坐候

一四人ニて取極候上ハ壹人不參迚決而指支無之候

一左様ニ候ハヽ何を取計ひ方も可有之候

一各國ニて趣ハ同人申聞候節ハ彼是申立候義ハ決而有之間敷爭論此度之義ハ居留地ニ拘候義なれハ一般之事ニ御坐候

一同人列席無之とて夫ニハ拘り不申候得共右ハ萬一商館燒失之節右相談を一向存不申ニ付右燒失之償金をさし出候様抔と苦情申出候も難計其

節ハ拙者致迷惑候

一各國ニてケ樣ニ取究メ候趣同人へ御懸合可被下候決而御迷惑無之候

一左候得ハ四人ニて相談之事ニ付同人不參事も有之間敷候間兎も角手續キ書取調之上同人へも其通り可申聞候

一各國ニて取極候事故彼是申聞ゐたくと奉存候得共何と申出候も難計候間早々御取調御懸合可被下候

一居留地繪圖面指出し幸ひ各國コンシール列席ニ付及相談候此處ハ空地ニて晝夜共通行ニ相成且暗夜之節ハ何分通行人も相知れ不申取締ニ不相成候間此所ハ大門を取立候樣いたし度浪藉者ふても往來不致哉と懸念ニ存候

一其義ハ何分御挨拶ニ及兼候右ハコンシュルニても函包を相運ひ候節ハ御役所へ聲を懸け申候程ニて左候得者取締向十分ニ御行屆と

奉存候

一夫ハ晝之分ハ行屆可申候得共夜中ハ何者通行いたし候ても相知き不申
夫故不安心ニ存候

一假令大門を立候迚も石垣低く候得ハ上陸之上左右へ通行相成候

一石垣高く相成候間決而上陸不相成候且ツ近邊ニハ番舟も見張申候

一御懸念被思召候ハヽ私共ニて門を取立番人を附候樣可致候

一夫ハ指支申候此方ニて警固之場所ニ付門をも取拵度及相談候

一是非御取立と被仰候ハヽ外國ニて番人を附候樣仕度候

一得と勘辨も可致候得共其方ニて番人附候義ハ甚た不都合ニ存候併右樣
迄被申聞候上ハ此方ニて門を建候而も指支間敷候

一此度浪除け杭取建候ニ付此處を人足の辨當場ニいたし度尤只雨露を凌
候爲メの藁屋而候

一人足ニ御坐候得者指支無之候得共番人ハ御斷申上候

一番人ニ候ハヽ尚更都合宜敷と存候

一宜しく候得共不寐不致故甚困入申候

一只今被仰候消防之義日本人民出火之節ハ外國人の手を不借御防キ被成候よし外國人家燒失之節ハ消防之人足御指出被下候よしと被仰候義ニ御坐候哉

一下方之者得と取調不申候てハ拙者も不相分候間何を廣地取極候節消防等之義も取極可申聞候

一居留地出火之節一ヶ國岡士一人毎ニ御役人附添ニて人足を御遣し被下度尤謝金ハ指出可申候

一承知いたし候急度申渡置指遣可申候

一人數之處一ヶ國ニ付何十人位御遣し被下候哉

一下方之者取調不申候てハ只今取極かたく何を地所取極之節申聞候様可取計候消防方之指支ニ不相成様指遣し可申候

一凡人數高ハ承度奉存候

一人數之義ハ出火之模様ニより指遣可申候岡士館消防位之事ニ候得者二
十人程も有之候ハヽ、間ニ合可申奉存候居留地燒失之節ハ大勢指遣不申
候てハ指支可申候且岡士之荷物も運ひ候ための人足ニ候何を境地取極
「候節人數取極可申聞候

一凡二十人位御遣し之御見込ニ御坐候哉

一夫ハ極め候上ニ無之候てハ聊《聢カ》とハ申聞兼候

一人足御遣之節是非通辭一人附添候様仕度候

一承知いたし候

一見廻御役人之義ニ付申上候實ハ先日も申上候通り自國之兵卒ニて
爲見廻候積ニ御坐候得共未タ人數も相揃ひ不申候間夫迄之内御役
人見廻を奉願候尤火災幷惡黨之爲メニ御坐候

一先々之通り振合ニて廻候て可然哉

一左様ニ御坐候先々之通ニて指支無之候

一是迄見廻役人大通り計廻候得共右ハ大通りハ怪敷者も通行不致多分ニ小路計通行いたし候間已來小路々々を見廻候様奉願候氣を付ケ候處大通り計見廻候様見請ケ申候

一是迄役人一行ニて見廻候得共夫ニて怪敷者見當申間敷と奉存候私心付之義を申上候一人ハ左りゟ廻り壹人ハ右ゟ廻る時ハ自然怪敷者を廻り挾ミ候様相成可申候

一先日指上候規則書ニ委細認め有之候

一見廻之節竹器之鳴物を鳴らし見廻候様仕度異變之節ハ虚〔逆〕ニ廻し忽ち異變相知せ申候コーコンク致所持居候間可入御覧候

一鐵棒ニて見廻候方可然候

一鐵棒ハ重キ故不便利ニ御坐候

一重キ者ニ無之而ハ人を難打候

一今之鳴物ハ輕キ者ニて人を打譯ニハ不參候逆さふ鳴も時ハ忽ち人集り申候

一近々石見守樣外國ヘ御越ニ相成候得ハ右等之處自然相知き可申候

一晝中ハ自然國人見廻申候間夜中を奉願候

一素ゟ夜中ニ可有之候右夜廻之義ニ付佛コンヘ申談置ニも有之右者佛國ニて指支無之哉

佛コン一夫ハ昨日石見守樣ヘ役人通行之義指支無之趣申上置候尤公使之命を請申上候

蘭コン一追々歐邏巴人を呼寄せ爲見廻候積ニ御坐候

一小路見廻之義ハ町人ニ無之而ハ行屆不申候間矢張大通りハ役人見廻り小路々々町人ニ爲見廻可申候

一只今申上候通り役人見廻之節左右ニ分れ見廻候樣仕度怪敷もの有之時ハ早々相知き可申候

一役人見廻無之時ハ其段御届申上候間其節名前御取調可被下候左候得ハ自然取締ニ相成申候

英コン一何を見廻之義ニ付規則書各國ゟ指上候様可仕候

一見廻一件石見守様へ委細申上置候御承知無之哉

一成程石見守ゟ右一件ハ其公使へ談判可致との申送り有之候

一最初指支申候趣申上候得共昨日公使ゟ指支無之趣石見守様へ申上候

此時蘭佛葡國者退席

英コン一暫時申上度義有之候右ハ入牢ニ相成候水夫ゟ好物いたしるも御指支無之様兼々申上置候ニ付其通り御取計安心罷在候然るニ此節同人酒抔呑よし左候得ハ誰ゟ酒を買ひ與へ遣し候義と奉存候右禁方之義ハ兼々申上置候此間も申上候通り同人日本《脱あらん》を存居申候承り候ニハ同人義勝手ニ牢を出入いたし候趣自分ニて申居候よしニ承知

仕候間尙又嚴命を奉願候外之者ニ逢度旨申出候迚も決而御指留可
被下候

一其許被申聞候通り買物幷外人逢ひ方之義ハ嚴敷申達置候得共尙又其筋
へ嚴重可申達候

一明日頃牢屋へ見廻り候積ニ御坐候尤手鎖も持參可仕候

一實ハ其許被見廻候方可然候

一明日頃ニても手透次第見廻可申候

一拙者考ニハ咎を取入牢いたし候方可然と存候

一至極宜敷候

一以後入牢之節獄屋前ニて咎を取入牢可致候

一御取上ニ相成候ハヽ私方へ御遣し可被下候

一一事申上度義有之右ハ此間出火之節支那人取押申候此者ハ先頃イ
ナミヤと申商人ゟ金を盗取夫ゟ隣の商館へ參り今夜火事有之抔と

申觸て罷歸候よし然る處其夜イナミヤと申商人ニて五百トル紛失之趣相知れ申候多分同人盗取候義と奉存候私共ニて大概取調申候得共何分相分不申候間右一條御取調可被下候尤人ハ無宿ニて剃髮いたしばんまの眞似をいたし居申候

一風說ニハ同人義惡キ人物と衆人申居候

一同人吟味之義ハ甚面倒に候自國人なれハ致吟味大罪ニ可行罪有之時ハ則ち大罪ニ可行候得共他國人之節ハ假令相分候迚も其罪は難行候

一同人無宿之者ニ候間日本之刑法通り御罰可被下候私配下之者ニ候得ハ取扱候故存居候得共同人義ハ何れ之者ニ候哉一向存不申候左候得ハ全ク條約外之者ニ可有之と奉存候

一ハレスカン抔も無宿者ニ候間不法之所業有之時ハ御勝手ニ御罰被成候ても宜敷候同人も條約外之者ニ可有之哉と被存候

一右ハ亞國附屬之積りニ心得居申候

一彌亞國附屬と相分居候哉左候得ハ何事有之候ても亞コンふて取扱
候義と奉存候
一各國コンシユル配下ニ無之者ハ則ち無宿者ニ御坐候
一無宿之者嚴しく御指留無之時ハ何國之者ニても御當地へ罷越申候
一甚た不都合ニ候間急度何國之附屬と申義を早々取極可申條約外之者ハ
甚た指支申候
一支那人之義ハ敲候て御吟味可被下候
一吟味之義ハ取扱可申候得共全體最初何を之船ニて致渡來候哉
一一向相分り不申候
一若吟味之上何番船へ乘組渡來致候と申義を明白ニ申立候節ハ其岡士ニ
て可取計ハ當然之事ニ可有之其許ニハ如何相心得候哉
一何國之人別ニ無之と奉存候
一亞船ニて渡來之節ハ人別ニ無之とも同人ニ關り申候

一英船ニて渡來之節ハ私共ニて取計可申候兼而條約外之者ハ一切不
連參積りニ御坐候

一連參候船何れ之船と相分候節ハ本國へ返し候樣可取計哉

一英船ニて參候節ハ早速船手を取調差返し候樣取計可申候

一其義相分候迄ハ此後如何樣之義相働キ候も難計依而不相分内入牢いた
し置取調候樣可取計候

一入牢可被下候吟味之義ハ何分ニも奉願候

一カール門之義ニ付申上候右ハ只今之門ハ餘り小さく候間岡士拜借
之假館同樣長屋門を御取建可被下候若シ御差支候ハヽ小門ニても
宜敷候

一元長屋の處へ長屋門を取建候節ハ取解之節甚指支申候矢張り小さき門を
被拵候方可然候

一一事申上候マルラン家之義見請候處木家之積りニ相見候右ハ石ニ

て突立煙出し付候積ニ御坐候

一孫太郎へ注文通り取拵候義と存候

一約束書ニ石屋と認有之候

一明後日迄此方所持之約書と大工と指出し約書と雙方引合候様仕度候

一支那人入牢之義可然奉願上候外入牢之義ハ只今申上候通り逢度旨申出候迚堅く御指留被下度且好物いたし候節ハ尚更御指留可被下候

一支那人ゟ何垫の船ふて參候と申義を白狀ニ及候節ハ其國之コンシユルへ懸合候様いたし度拙者ニてハ十分取扱兼申候

一其通り御取計可被下候

一若シ英船ニて渡來いたし候節ハ如何様之苛キ目ニ逢せ候とも不苦敲候上ニて御吟味可被下候

一敲候義ハ兎も角乗組之舟相分候節ハ其岡士へ引渡本國へ相返候様致度
存候

一宜敷候其通ニて御取計ニて聊指支無之候

右畢而退席

十一月十六日　英コンと對話拔書

一市中ニて各國水夫へ賣渡候酒ハ和蘭ゟ輸入いたし候義ニ候得共右ニ付輸入指留候義も出來不申私者岩龜樓ニ酔眠いたし候義者無之候得共遊女等呼寄候義有之然る所岩龜樓之手を輕《經カ》不申候てハ難差越趣ニて大ニ不都合ニ御坐候江戸表吉原抔ハ格別之義ニ候得共港崎町抔ハ吉原と同様之譯ニも有之間敷存候處岩龜樓ハ公然と政府之御用ニて商賣いたし候體ニ御坐候英國遊女夥敷有之候得共内密ニ商買いたし候港崎町之様ニ公然とハいたし不申候且外國人

致通行候途中遊女とも馴々敷言葉を掛ヶ申候甚不敬之義ニ御坐候日本ニても役人表向之事ニて通行いたし候節遊女とも言葉を懸ヶ候義も有之間敷外國ニてハ右樣之義有之候得ハ直ニ遊女を取押申候

一同士途中ニて遊女とも言葉を懸候哉

一譬ニ申上候義ニ御坐候遊女ハ馴々敷いたし候義ハ内々之義ニ候處遊女之方ニてハ公然と馴々敷いたし甚不都合ニ御坐候今日罷出御談判遊女之義ニ及候義ハ定而御手前ニ者存外之義と可被思召奉存候乍併右樣之義書面ニて御老中方へ被仰立候而ハ迷惑至極ニ御坐候間其段ハ御免可被下候

一左樣之義ハ無之候何をも岩龜樓取扱方不都合之義者相糺可申拙者ハ登樓いたし不申候故岩龜樓之義ハ委細承知不致候

一私ハ朋友と致同道致登樓候義有之候遊女呼寄候義ニ付てハ岩龜樓

之手を經不申候而呼寄候義出來不申甚指支候義ニ御坐候

右之外ハ略ス

十月十八日佛コン

一昨日十二時ニ可罷越と之態々御使ニ付罷出候積御返答申上置候處

少々指支之義出來夫故違約仕今日罷越申候

一申談度有之右者昨日岡士館地所之義申遣候處何を公使へ申聞候上ニて

可及返事と被申聞候得共未夕何とも返事無之如何相成候哉

一御談之趣者委細公使へ申聞候得共未夕何を之地と取極り不申候右

者先頃播磨守樣御在勤中地代之義相伺候處貳千坪ニ付百七十五鏆

と被仰聞候由和蘭陀辨天岡士館地代ゟ館と地代一緒ニて百十一鏆

之由左候得ハ餘り致齟齬候ニ付公使ニも勘考中ニ御坐候

一其國地所ハ貳ケ所ニて外ゟ國ゟ廣地ニ有之外ゟ國者皆壹ケ所ニ有之候

其段能公使へも可被申聞且ツ又地所より相極り候ハヽ、柵矢來取建候樣いたし度旨亞コンゟ催促有之候得共未タ佛國不取極候間右極候迄差扣候樣同人へ申聞置候右ニ付てハ早々取極度候地代之義ハ後ニて取極候ても可然地所さへ取極候得者宜敷候

一自分ニてハ一日も早く取極度奉存候得共右地所之義公使ゟ本國へ伺中ニ候間右返事不來中ゟ難取極義と奉存候地代之義なれど自分ゟ指出候義ニ無之商人ゟ指出候義ニ付只今ニても取極り申候

一岡士館地所何れ之處ニ取極度と申義を悉く政府へ被懸合候哉

一自分住居すべき場所ニ付宜敷所不撰して本國へ不懸合時ハ不都合ニ付英之隣地ニいたし度趣申遣置候得共未タ返簡不來夫故御挨拶及兼候柵矢來取建之義ハ今暫く御猶預被下度英之隣地一ヶ所限拜借之積ニ御坐候

一左迄取極り居候ハヽ、佛計殘し置柵矢來取建候樣可致哉

一何れ其段四公使へも可申聞候且ッ未タ佛之杭も無之候間多分英之隣地ニ可相成と申義を英コンヽ一應御申聞ニ相成候得ハ夫ニて御取極ニ相成候ても宜敷候

一先英之隣迄と取極致置可申候

一横濱繪圖拜見仕度候

一和蘭陀コンシユル館も普請ニ取掛候樣見請申候

一近々取掛候積りニ候

一辨天假橋御取拂ニ相成候ハヽ本橋掛ヶ渡ニ相成候哉

一急ニ取懸候譯ニハ不參候得共始終ゟ懸ヶ渡候方都合宜敷と存候

此時横濱繪圖さし出

一辨天掛橋之義申上度繪圖拜借いたし候得共御分ニ相成候得者宜敷候

一夫者委細相分申候

一此處をワイス岡士之處ニ拜借いたし候樣相成間敷哉

一ワイスえため候哉フレツキマンへ貸渡候積ニ候

一ワイス外ニ一軒拜借相成間敷哉

一夫ゟ指支申候

一ワイスハ指置自分之處丈ケ奉希候

一其許之處丈ケ願度と申義ニ候哉

一左樣ニ御坐候此處を私之替地ニ奉願候

一其處ゟ市家へ相混し岡士館と市家と差別無之時ゟ貸店同樣ニ相成甚不都合ニ候間外ニ貳軒有之候此家を見合此處ニいたし候てハ如何可有之哉

一思召ニ隨ひ可申依而今日中ニ一見仕度候何れニても一軒拜借仕候得者宜敷家之廣狹可有之哉

一此家ゟ狹く御坐候繼足方可然候

一兎も角一往一覽仕度候間歸り懸役人同道いたし度候

一ショーヨー之家者如何相成候哉

一亞コン不承知ニ候得共左あし各國ゟ申立通り是非半分切り不申候ても不都合ニ候厭迄も不承知申立候ハヽ夫之處丈ケ殘シ置外之處早々取拵候樣可致候

一此處拜借ニ相成候得者至極宜敷候

一此間懸合いたし被置候方を先ニ取極候積ニ候成程其處ハ至極宜敷と被存候

一ショーヨーを此處へ被立退丸て被引拂右家を私致拜借半分切候樣仕候てハ如何ニ候哉

一ショーヨー半分切候義承知之節ハ如何被致候哉矢張其許住居ニ不相成義と存候

一ショウヨー義ゟ居留地內へ別段地面有之候間半分切候義者不承知

ニ可有之哉と奉存候
一半分切候ても立退不申哉否之處尙又得と取調可申候
一兎も角役人同道貳軒之家を一覽仕度奉存候
一致承知候
一一事申入候右者英のみニて其國ニハ入牢人無之候得共外國人牢内ニて
板抔蹈破〆甚困入候間以後外國人を入牢之節沓を取上ケ致入牢度候尤
其旨英コンル懸合候處異存無之候追々獄屋も造建ニ可相成候得共其迄
之中此方獄屋へ入候義故其段申談候義ニ候
一佛人ゟ是迄貴國へ入牢願候義無之候罪人有之時者軍艦ニて取扱申
候
一是迄ハ無之候とも事ニ寄入牢人無之とハ被申ゐたく候
一佛國者入牢を禁候法御坐候
一日本獄屋へ罪人を願上不申積ニ御坐候軍艦ニて難制候節者本國へ

送置相罰申候

一入牢ニいたし候程之罪有之時者本國ニて相罰申候先達も既ニ一人
送置申候

一横文書付指出右者先頃江戸表ニて濟海寺向へ厩壹棟造建之義注文被致
候ニ付右書付之通取扱候積之由就てハ公使へ爲念可問合旨江戸ゟ如斯
申越候

一早速公使へ可申聞候

一箱館ニて立替候金子當地ニて相渡度趣ニ付當地ニて受取候樣箱館奉行
ゟ申越候就而ハ何頃請取之者さし遣候て可然哉

一其義ハ私も心得罷在候得共何程位之金高ニ候哉何を公使へ申聞候
上御挨拶可申上候

一何分賴入候

一早々取調可申上候

一一事申入候右ハ江戸表ニて英公使ゟ申立候ハ當假公使館內へ酒を販候者有之不取締ニ付右を禁度旨英公使ゟ江戸表ニて申立候由佛も同意ニ候哉以來各國公使館內へ酒販を禁もる之嚴命を下候積ニ候彌同意ある時ハ其館內へ酒販を禁申候

一館內ニ居ル日本小遣へ賣候哉

一都而館內へ賣候趣ニ付相禁申候

一公使之存寄も可有之候間一應申合候上可申上候

一江戸ゟ其公使へ可聞合旨申越候依而英國同意ニ候得者子細無之候

一ヘレクル一昨日出府ニ付アールコックゟ承知之義と奉存候若シ不承知之時者可申聞候

一唯今申談候通り家を一見可被致候

一承知仕候此外別段申上候義無之候

一是迄自國召遣之者無挑灯ニて通行いたし不取締ニ付以來挑灯ニて

通行可致旨嚴敷申達候
一至極宜敷存候
一各國ニて調印之上取計申候尤亞岡士ゟ相除キ申候
一何故亞コンを相除候哉
一同人ゟ配下へ觸示し候ても不致承伏候商人共銘々之了簡通り取計ひ申候
一先達其國人我商店へ不法を働候上錢六百文を盗取候よし右ハ自國ニて其品所持有之時ハ品主へ取上ケ之上相渡候規則ニ候其國法ハ如何
一自國法も同樣ニて盗人品所持有之時ハ品主へ相渡申候就而ハ早々取調若シ品有之節ハ差返可申候右ニ付水夫盗取候丈ケ私ゟ相償差上可申候
一當人を罰候ハヽ其取扱向被申越度候品指返之義ハ事濟候後ニて宜敷只今コンシユルゟ立替候ニハ不及候

一立換候も同人ゟ指出も同様ニ御坐候

一返品之義ハ不急只其罰之取計方相尋候而已ニ候

一早々取調可申上候

一唯今談判之家ハ一見可被致候且ツ公使へ箱館爲替金之義ハ可然賴入候

右畢而退散

十月十九日　圖書頭　シイボルト對話書拔書

一是迄御國益ニ相成候義建白仕候ニ付此度御褒美として御太刀壹腰拜領被仰付候ニ付右御禮として參上仕候家族共へも拜見爲致候積ニ御坐候嘸悅敷奉存候義と大慶仕候

一近々長崎へ參り候積ニ御坐候

一未タ同所之便舟無之ニ付有之迄當分當港ニ滯在候積ニ御坐候

一私悴於魯西亞海軍士官へ召抱ニ相成申候

一御國益ニ相成候義ハ別段無之候得共高山之木なき地へ羊を畜ふ時者莫大之御國益ニ相成候飼料之義者百草を食候間別段御手數無之外國人常ニ噂いたし居候御國ニハ不耗之地有之候間早々御牧ひ被成候方可然と奉存候

一長崎へ便舟有之迄餘程日數も可有之哉と奉存候間夫迄之中御役宅

一棟拜借仕度候

一風説ニ者シイボルト義去ル八日江戸表ニて御褒美拜領之上御暇ニ相成候趣ニ御坐候

十月廿日　圖書頭　英コン　拔書略文

一今日御呼出ハ亞コン一條ニ無之哉

一同人ニハ甚た困入申候何程呼ニ遣候ても不快之趣申斷申候

一此間相談之消防道巾早々取極候樣可致候若亞コンゟ商人シヤウヨー居

家取捌之義彼此申立候節ハ後ニ殘し置外之方ゟ早々取懸可申候
一シャウヨー居留地ニ別段地所有之候間夫へ立退可申と奉存候
一何を何と歟取計可申亞コンは嚴命を可下候
一是非御談可被下候
一先達雇舟定價之義各國之振合も有之候間取調可指出旨被申聞候處何とも無之右ゟ一見之上取極め度候
一各國振合を以申上候積ニて配下商人へ申談候處先例通ニて指支無之趣申立候間先ッ御見合可被下候
一承知
一此間致喧嘩手疵を受候其國水夫未愈候哉
一此節相愈申候ニ付拾貳敲之上上陸指留申候
一此間申上候通り以來喧嘩之節及物を不持樣御奉行所配下之者へ嚴敷御達可被下候

一外國人及を擁ス自國人夫ニ應し得物を持若シ外國人及物を不持處へ此方ゟ棒抔持出し候節ハ甚不宜嚴敷可申達候

一飼馬草輸送之節ハ其都度々々運上所迄可訴出候先頃届無之故指留申候

一商人を以届上候積ニ候處全ク同人運上所へ不參候よし夫故不都合ニ至候

一委細相分り候以來ゟ急度可被届出候

一承知仕候

一辨天町茂作と申者ゟ訴出候者其許へ百ドルニて庭作被相賴候處三十ドルゟ不相渡よし拙者察そるニ餘りニ度々及催促候故煩敷思ひ戯ニ不拂と申向候哉と存候

一百ドルニて致約束候得共一向庭も出來ニ相成不申夫故皆出來之上殘金七十ドルを相渡候積ニ御坐候然るニ此頃同人ゟ何きに參り候哉探候ても相見不申候甚困入申候

一商人とハ違岡士之事おゐて約束通り急度相違有之間敷依而ハ皆出來之上ハ殘金被相渡候樣いたし度同人へ嚴敷可申達候

一役人庭を一見可被下候相分り申候約束通り出來之上ハ百ドル拂ひ申候當人不相見甚タ困入申候

一同人へ嚴命を可下候

一石炭を長崎表ゟ買入當港迄積廻し度趣ニ付右者其國便船有之哉若船有之候ハヽ早々可被申立候左候ハヽ其段長崎奉行迄可申通候

一船有之節て早速可申上候尤近々軍艦來港之積ニ候

一牢屋積書御出來ニ相成候哉アトミラール拜見仕度由被申聞候

一入札次第早々可申聞候

一其國人已來入牢之義ハ脫沓之上入度候

一宜敷候

一先頃御書簡を以御達ニ相成候非常之節可用手襷鉢卷繪圖を添御達

之趣ゟ委細承知仕候外國新聞紙へ相載セ可申候

一先頃出火之節役宅幷町家とも軍艦水夫とも相破り候ニ付各國コンシユルゟ申立ふゟ可相償旨ニて取調書可差出と被申聞候得共役宅之義ハ未タ調書出來不申候ニ付猶預いたし置候ても宜敷候得共市家取潰ふれ候者甚た難澀之趣ニ候其許計らひニて町家を救ひ呉候樣いたし度素々各國ニて可償旨申立有之候

一アトミラール滯船中なれハ甚た都合宜敷候間破家何軒ニ而何程之金高を早々御取調御指遣し可被下候

一僅之金高ニ可有之早々取調可申候

右畢而退席

十月廿日　佛コン

一今日ハ快晴ニ御坐候

一左様ニ候何れも健ニ被居候

一横文書札指出是者公使ゟ私へ相渡候ニ付蘭文ニ譯し私ゟ廉々申上候

一公使昨日五時ニ神奈川へ相越候節途中ニ而下番ニ出逢候處右下番公使へ向ひ御早ふと申聞甚不敬之致方ニ付吉田橋關門迄召連下番不敬之始末態々役人へ申聞置候

一兼々外國士官たる者冠ニ金縷之あるを於下番も心得可有之と存候右を乍存御早ふと申懸候義甚た不敬之至と奉存候

一常々配下へ御示し方御不行屆之義と奉存候士官を敬せる之命令下し置候節者右様不敬無之義と奉存候

一昨日不敬いたし候者を今日中公使迄言譯ニ相越候様仕度候

一以來諸御番所等ニ詰居候役人公使之顏を見嘲笑無之様いたし度是迄屢々有之候尤公使ニ不限軍艦士官迄も右様之不敬無之様嚴敷御

命可被下候

一高官之者屢日本人ゟ嘲を受候時ハ自然權威も薄く相成り配下之示シも自然被行かたく日本人も不敬する故其通り致不敬候抔と自分高官之命を犯候様相成申候

一向後右様之義有之候てハ自分辱めを受候のみならず大くハ國體へも相響候間早々嚴令を御下被下候様奉願候其段急度申上候旨公使ゟ命を受參り申候

一御早ふと申言葉ニも種々差別有之蔑視して御早ふと申もなり亦慇懃ニ申述るもなり然るを只一概ニ不敬と被心得候而者甚不都合ニ候何そ篤と當人取糺不申候てハ不相分候

一御奉行衆戸部へ御歸之節ニ臨み途中於て下番ゟ御早ふと禮をいたし候義有之間敷と奉存候

一駕ニて往來する時ハ有之間敷候得共歩行之時其場合ニ寄無之とも難申

候察せるニ下官之者公使ニハ權威之あるを不知不敬をいたし候義と被存候

一御早ふと言ふ方ニも差別有之此度不敬之義ハ全ク乍存申懸候義と奉存候

一何も用向無之處へ御早ふと言ふニも不及義と奉存候

一全ク當人輕蔑いたし候ニも有之間敷畢竟禮讓を不心得故右樣之言葉を掛候義ニも可有之哉得と取調候上彌存ながら不敬之言葉を遣ひ候ニハ相違無之時ハ其趣を以取計可申候

一御糺被成候ハヽ必ズ叮嚀ニ言葉を遣ひ候趣ニ欺キ申上候義と推察仕候公使へ不敬とハ不申上義と奉存候

一以來公使へ言葉を不懸樣下番之者ニ精々可申達候

一士官ニも不敬屢々有之公使ニ相限り不申候

一身分相當之者ゟハ言葉を掛候ても可然候

一ゑるし用向無之處へ御早ふと申ハ不敬と奉存候用向有之時ハ指支無之候

一用向も無之不知者へ對し言葉を懸候者無之畢竟常ニ見知候故言葉を懸申候是者則ち懇親と申者ニ候數年當港へ致在留候節者自ら懇親ニ相成互ニ言葉を懸可申候

一御奉行衆へ日々御逢仕候ニ付御懇意ニハ候得共途中ニて出逢候節御早ふと申上候義ハ不敬と奉存候故斟酌仕候假令懇親ニ相成候ても其場ニより御早ふとハ難申上時も有之候

一輕輩之者故禮讓之義ⅿ心得不申義ニ可有之以來右樣之不敬無之樣嚴敷可申達候

一別段彼此申上候義も無之只以來士官へ對し御早ふと言葉を懸不申樣仕度申上候

一其通り輕輩之者へ可申達候

一政府高官之人ハ心得居可申候得共兎角下官之者ハ不心得と相見度
々不敬有之候
横濱繪圖面さし出
一此處ハ岡士之假館ニ相成候處ニて定役之役宅ニ候
一其處ハ何分ニも地所狹くさし支申候
一指當り困り申候
一此間フレツキマン假館家取拂之義差支有無和英へ申談候處其儘指
支無之趣申聞候
一指支無之時ハ其儘ニいたし置可申候得共若シ飛火いたし燒失ニ及候て
も彼是故障不申立候得ハ於拙者も異存無之候
一假令燒失ニ相成候ても決而故障も不申上候萬一及燒失候節ゟ夫切
りと覺悟仕候
一フレツキマン之家者居留地へ餘程片寄り懸念ニ存候乍併及燒失候ても

故障を不申節者夫ニて宜敷候

一此處を取拂道を眞直ニいたし源左衞門家ゟ柵矢來内へ入今迄之門を取拂ひ候節ハ居留地境廣く相成候間源左衞門も居留地ニいたし候方可然候

一左候得ハ自然町家之地所段々狹く相成甚た不都合ニ存候

一フレツキマン之家御取拂之節ハ別段家を拜借不仕時ハ居所ニ困入申候

一其儘指置候ても指支不相成時ハ申聞之通り可致候

一若御取拂之節ハ別段拜借願不仕候てハ指支候間成丈ケ不取拂方可然と奉存候

一何を得と取調不申候てハ相分不申候

一其許假館之義定役々宅貳軒貸渡候ハヽ夫ニて十分之義と被存候

一何分手狹ニて困入申候彌横濱ニ地所無之時ハ神奈川へ移居可仕候

英蘭コンシユルゟ申ニハ彌困入候ハヽ當分之中神奈川岡士官貸渡
可申と申聞候

一御貸長屋を御貸渡ニ相成候得ハ至極都合宜敷奉存候

一外ニ役宅も可有之哉も難計候間尙又一應取調可申長屋ハ迚も出來兼候

一唯今拜借罷在候假館ゟ狹地ニ候てハ指支申候

一何卒其中是迄住居罷在候假館同樣之坪數有之處を貸渡候樣可取計候間
暫時之間狹くとも定役之假宅假住居へ被致候樣勘辨可被致候

一可相成丈ハ御貸長屋ニ候得ハ甚た都合宜敷奉存候

一左候得ハ此方之指支ニ相成候間雙方相互ニ指支不相成樣勘辨可被致候

一御貸長屋者不殘拜借願上候譯ニも無之私住居丈ふて宜敷半分丈ケ
御貸渡被下候得ハ十分ニ奉存候

一其義ハ兼々申聞候通り何分指支申候間何卒唯今住居被致候假館同樣之
坪數有之地所有之哉も難計候間得と取調可申聞候

一亞コンも近々當港へ移住いたし度趣ニ候得共住家と可相成ヶ所無之甚た困入申候

一私義ハ先前ゟ願上候間同人より先ニ御貸渡ニ相成候樣奉願候

一承知いたし候成丈ヶ先ニいたし候樣取計可申候

一以來輕輩之士公使ゟ勿論士官ニ對し不敬無之樣御嚴命被成下候趣ゟ公使へ可申聞候

右畢而退散

十月廿三日　圖書頭　十太郎　英　和　蘭　コンシユルに對話拔書

一外之義ニハ無之居留地廻方之義尚又嚴重ニいたし度候間廻方役人取極申渡候間其段申入候

一殊ニ常體之廻り方申付候ても見分ヶ不宜候間不都合之趣被申聞候間此度申渡候者へハ羽織之揃を爲著伊賀袴をはかせ目印ニいたし候

一右廻之者貳人ゟ挑灯を持ち外壹人ハ其跡へ太鼓を持歩行爲致候積りニ
候間鐵棒程ハ騒々敷無之候

一至極宜敷御工風ニ御坐候

一右様ニて夜中代り〳〵相廻候間不絶相廻候様可相成候

一呉々も常體ニてハ夜中難見分候間笠等も異なるを爲相用申候

一並之出立ニてハ何分難見分候間羽織袴等色變り爲御著可被下候

一於拙者も左様存候間夜中ニても發輝と相分候様いたし度候

一右夜廻之もの者劒道ニ相達候者拙者相撰可申付候

一至極難有奉存候

一右之趣各國岡士達存無之候ハヽ取極可申候袴其外之品々今日ゟ可申付
候

一於私共難有奉存候佛國コンシユルニ於ても異存者無之と奉存候

一併佛ハ異存可申出哉と心配ニ候

一佛コンハ定て御同意可仕候於江府御老中ゟ公使共ゟも相變候目印
御附ヶ被下候様申上候義ニ有之候
一いつき裁付羽織其外挑灯ニ至る迄繪圖ニて委敷可相達候
一委細承知仕候
右之外ハ相略ス

十月廿五日　三男三郎　英コン
一先達御書簡を以御達相成候非常之節可相用手襷鉢巻之實物を致拜
見度候アールコックゟ私迄申聞候間右品拜見仕度候
一ロレロ普請之義ニ付申上候右ハ此節寶田やより職人一向參り不申
候ニ付如何之譯ニ候哉と奉存候故職方之者へ相尋候處寶田やゟ給
料不相渡候ニ付働ニ參り不申旨申聞候早七八分程も出來ニ付今職
人參候節ハ忽ち出來可相成と奉存候

一如何之間違ニ候哉早速取調可申候何歟行違之義も可有之哉彌給料不相渡節ハ早速同人を説得いたし可申候

一既一條之義申上候右ハ最初透板之積ニ申上候處不便利ニ付石ニいたし候積先頃御奉行所へ申上置候處御承知ニ付私夫々爲積候處石數五百八十枚餘入用之由ニ付一枚代料問合候處天保錢四枚之由ニ承候夫ゟ寶田屋へ爲積候處石代計五拾《本ノマヽ》八枚餘ニて百十ドル之趣ニ申聞候餘り不都合ニ付種々懸合候得共直下ケいたし兼候趣ニ申聞候尤飼葉箱ハ別段代料指遣候積ニ御坐候外之者ニ爲積候處箱と石ニて百ドルニ而出來ニ相成候趣ニ御坐候處寶田やゟ申聞ニハ石計ニて百十ドル箱代ハ七十ドル之趣餘り致相違候ニ付百ドル指遣度奉存候

一石代計ニ候得ハ百七十五一鍰ニ相成候處假令手間料有之ニいたせ百十ドルとハ餘り不都合と奉存候

一被申聞候如くニてハ不都合と被存候間得と取糺可申候

一大工へ種々懸合候得共何分決著不致候ニ付運上所へ申上取極度奉存候ニ付申上候間可然奉願候

一早々職方之者取糺可申候何分筋合不相分候間取糺之上ニて可及挨拶候

一天保四枚之處百十ドルとは餘り不都合ニ奉存候私ゟ申上候義ハ不相當ニ有之間敷と奉存候

一遠方ゟ石運候節ハ運賃も相嵩可申候間堀割ニなる石を相運候ハヽ下直ニ可相成と奉存候

一石運賃計三十兩程相懸候よし申聞候是も餘り高直之義と奉存候

一當所ニハ賣石一向無之様ニ被存候堀割石ハ透石ニハ相成申間敷候成程職人申立之如く三十里餘相模ゟ相運候ハヽ相當之運賃も可相懸と奉存候左候得ハ職人申立之義ハ相當之義にも可有之哉全ク僞ハ不申聞義と被存候

一兎も角一應御取調之上御挨拶被下度候

一何ゟ職方相糺可申聞候

一横濱ニ切石澤山有之樣ニ見受申候右石を不遣時ハ自然石も惡敷相成申候

一取調可申候

一只今申上候手襷鉢卷之實物を拜見仕度奉願候

一公使迄右品を指遣可申候

右畢而退席

十月廿五日　圖書頭　佛コン

一源左衞門家者如何御取計被下候積ニ御坐候哉

一其義ニ付今日其許へ問合度存候昨日達候通ニてハ如何可有之哉

一昨日御達通ニてハ私共ハ兎も角御手前樣ニて御不都合と奉存候右

ハ取拂候節ハ是非別段住家一ヶ所御願不申候てハ相成間敷然る節ハ矢張御手數ニ相成候義と奉存候

繪圖指出御談判

一私假館之義蘭コンより問合ニ付未タ不取極候得共多分此處ニ可相成と申聞候處其處ハ手狹ニ可有之候間此御貸長屋を拜借被願候方可然旨申聞候右ハ如何可有之哉

一毎々申聞候通り此家ハ肝要之處ニて指支申候此家ハ如何可有之哉坪數も相應ニ有之候間似合可申間夫々取極候方可然候尤組頭之役宅ニ候

一坪數之廣狹ふゐ關ゑ不申成丈ヶ奥行之廣キ處相好申候奥行無之時ハ旗竿取建場等ニ指支申候

一組頭之役宅者指支有之間敷坪數も既ニ三百坪餘も有之候得ハ十分之事と被存候英ゟハ餘程廣地ニ候

一ショーヨー役宅丸而取拂半分丈ヶ道仕切半分丈ヶ私致拜借候(樣脱カ)・相成

申間敷哉

一人之住居罷在候處を態々追拂其許住居せる譯ニも參りかたく被存候

一同人義半分丈ヶ取拂半分へ住居爲致候積ニ御坐候哉

一先其心得ニ候

一岡士館出來迄彼是一ヶ年餘も可相懸と奉存候間夫迄之內當分御貸長屋を拜借被仰付候得者甚た都合宜敷奉存候

一人之住居罷在候處を追拂其許被住候義者難相成畢竟消防之爲ニ取拂候家ニ有之候

一御貸長屋を不殘拜借願候義ニ無之半分丈ヶ御役宅御取建ニ相成右を私へ拜借被仰付度候左候節ハ岡士館出來之上引移候時ハ右後御役宅へ役人住居相成甚都合宜敷奉存候

一夫ハ却而手數ニ相成候最初定役之處ニてハ手狹之趣ニ付無據組頭之役宅貸渡候積ニ相成申候左樣ハヽ夫ニて十分之義と被存候

一組頭衆之御役宅を拝借仕候節ハ引越旁御迷惑ニも可有之と氣之毒奉存候故御貸長屋住居之者ハ町人之事故追拂候ても指支無之間拝借仕度と奉存候

一御貸長屋之義ハ此間も申聞候通り決て不相成候間今申談候組頭役宅之方可然と存候

一組頭衆之處を拝借仕候節ハ引越之手數も有之氣之毒ニも奉存候御貸長屋之義ハ町人之事故勝手ニ爲取拂候ても可然と奉存候且酒店等有之候得ハ右を追拂候節ハ自然御取締ニ可相成と奉存候

一厚志忝存候組頭役宅指支無之候ハヽ治定可被致候

一源左衞門家者彌御取拂之積ニ候哉

一夫ハ兼て各國ゟ書面指出候通り是非取拂候積ニ候乍然其許指支無之候得ハ其儘ニ指置候ても宜敷候

一右ハ外コンシユルへ申談候處指支無之趣申聞候就てハ兼而申上候

通りワイス此節之住家者甚た手狹ニ付早々源左衞門家修復右へ引移候樣いたし度尤七八分通りも出來ニ相成候間職人早速爲取掛候樣仕度奉存候

一此御役宅ハ源左衞門家と同並ニ御坐候間御取拂無之ても可然奉存候

一其許指支無之候得ハ夫儘指置候ても可然候得共畢竟出火之節移火之患も有之此度取拂候積ニ有之候就而ハ道巾廣くいたし候上萬一居留地及燒失候ても苦情不申立趣ニ有之候夫故只今被申聞候役宅迄も取拂候積ニ候乍然其許指支無之と被見込候時ハ其儘指置可申候

一私方も取拂御見合之義ハ推て申上候譯ニも無之候得共格別御手數も相掛御雜費も相當候義と奉存候ニ付成丈ケ御取拂無之方可然と奉存候

一左候ハヽ其許之存寄を外岡士へも被申談候樣いたし度然る上者其儘指

置候ても此方之安心ニも相成申候拙者之存寄ニ者ワレツキマン家迄も不殘取拂度積ニ候得共乍併其儘指置候ても指支無之と被申聞候得ハ於拙者推て取拂候とハ不申聞候

一不殘取拂候迄ハ餘程日數も可相成間先夫迄之間成丈ケ御役宅丈ケ跡ヨ廻し道廣メ出來彌相迫候處ニて御取拂ニ相成候方御都合宜敷樣ニ奉存候尤右之義ハ私ゟ各國コンへも可致相談候

一左候ハヽ殘し置候ても指支ニ不相成段各國コンシユルゟ連印之證書指出候樣いたし度然る上ハ申聞之通り殘し置可申候

一何を各國と評議之上可及御挨拶候

一源左衞門家之義ハ先刻申上候通り其儘指置候義各國ニて承知ニ有之候得ハワイスを早々爲引越候樣仕度右ニ付殘り普請之義早速爲取掛候樣仕度奉存候間可然御取計奉願候

一右家作之義ニ付申談度義有之右ハ承候處障子を硝子ニいたし度趣之由

夫ニてハ甚不都合ニ候全體右家者日本家作通ニて貸渡候積之處種々好之處出來候てハ困入申候普請皆出來之上被請取候ハヽ勝手次第ニ致造作候ても指支無之候先日本ニてハ紙障子ニ候間兎も角其通りニ取拵引渡可申候

一障子之義ハ紙製之處ニ付別段御迷惑不掛上積ニて私共ゟ硝子を指遣申候被仰候趣ゟ委細心得罷在申候

一最初日本造作ニて貸渡ニ取極候間其通ニて貸渡可申候夫ニ承候處雪隱又ハ張付紙迄も種々被相好候よし夫ニてハ旁不都合ニ候紙之義ハ初発取極候通り之紙ニて張付引渡可申候

一紙之義ハ私ゟ外之紙を相好候義ハ曾而無之候初発相用候紙と模様替置候紙を職人張付候故夫ニてハ不都合ニ候間初発之通り之同紙ニいたし度と申聞候義ニ御坐候私ゟ模様之替候紙ハ決而相好不申最初取極置通り同紙を相用度と申聞候ニ相違無之候且雪隱取拵ひ

方ハ相好不申夫ハ間違ニ可有之只私ゟ願出候義ハ溲溺所之屋根丈ケ取替呉候様いたし度と申上候其外最初之如くニて異化いたし候義ハ無之候

一只今申聞之通りニてハ指支無之候得共此間申立ニハ種々異化之様ニ承候故及斷候積ニ有之候處今其許申聞之通りニてハ餘り相違も無之間早々大工を爲取懸候様取計可申候

一初先申上候通ニて御造作ニ相成候得者夫ニて十分ニ御坐候皆出來之上後日フレツキマンゟ彼是模様替を願出候哉も難計如何之義申立候とも私ゟ申上無之義ハ決て御取用無之様仕度候私ゟ申上候通り御取拵被下候上ハ聊指支無之候

一都而政府之御雜費ニ不相成様心懸罷在候初めフレツキマンゟ門を取建方之義申込候ニ付夫レハ出來ニ相成候哉未タ出來ニ不相成哉と相尋候處既ニ出來ニ相成候趣ニ付左候得ハ夫を建直し候節ハ政

府之御雜費ニも相成候間建直ニハ不及と申諭候其通り之譯ニて都
而御入用之不相當樣取計申候

一委細相分申候每々厚意忝存候最早家も大略出來ニ相成居候得ハ程なく
出來之義と被存候今之通り之造作ニ候得者指支無之候間早々普請ニ爲
取懸可申候後日ニ至り彼此模樣替迄等申出候節ハ甚不都合ニ有之候

一只今申上候通り外ニ模樣替を願上不申候尤此間役人參候節浸溺所
之屋根と門番家之義者願上置候右門番家者疊貳枚敷キニ有之候其
外願上候義一切無之若し此外相望候處有之節ハ自分入用ニて取拵
可申候

一浸溺所而已位之事ニ候得者指支無之候

一其外願上候義無之候

一張付紙之義ハ此方ニて張付候通り之紙ニて指支有之間敷外ニ相變候紙
を不申立義ニ可有之候

一唐紙ハ初め願上候通り何れ之居間も不殘同紙ニて御張付可被下候

一素ゟ同紙之積ニ有之候

一同紙相用候義初발職人へ直ニ申聞候てハ行違ニ可相成と奉存候故

爲念通辭へ申聞置候義ニ有之候

一同紙之義ハ心得居申候

一張付之殘候居間者貳タ間ニ有之候右居間も同紙を相用度と申聞候

義ニ御坐候

一夫レ者全ク間違ニ候哉も難計候

一其外氣ニ不合處ハ自分ニて張替可申候

一夫ニてハ逸々致了解候最初外之紙を相用候樣承候故夫ニてハ不筋之義

と存候只今逐一相分り申候

一住居向之義ハ去ル八月中ゟ職人共へ申聞置候通り相變候義無之只

小用所と門番家而已相變申候

一左候ハヽ早々爲取懸可申候

一兩三日中出來ニ相成候樣仕度奉存候可相成ハ廿八日頃ニ引移ニ相成候樣奉願候
一早々可申付候
　一纔計造作殘𬼀居り申候
一先刻被申聞候役宅取拂之義暫く見合候義ハ其許ゟ各國へ一應被申聞候樣いたし度候
　一相談之上可申上候
一其許家之義ハ彌組頭役宅ニて可然哉
　一宜敷御坐候
一源左門家普請之義ハ早々大工指遣可申候
　右畢而退席

鈴木大雑集第一終

鈴《すず》木《き》大《だい》雜《ざつ》集《しゅう》一

日本史籍協會叢書 130

大正 七 年二月二十五日發行
昭和四十七年五月 十 日覆刻

編　者　日本史籍協會
代表者　森谷秀亮
東京都三鷹市大澤二丁目十五番十六號

發行者　財團法人　東京大學出版會
代表者　福武　直
一一三　東京都文京區本郷七丁目三番一號
振替東京五九九六四電話(八一一)八八一四

印刷・株式會社　平文社
本文用紙・北越製紙株式會社
クロス・日本クロス工業株式會社
製函・株式會社　光陽紙器製作所
製本・有限會社　新榮社

日本史籍協会叢書 130
鈴木大雑集 一（オンデマンド版）

Digital Publishing

2015年1月15日 発行

編　者　日本史籍協会
発行所　一般財団法人　東京大学出版会
代表者　渡辺　浩
〒153-0041　東京都目黒区駒場4-5-29
TEL 03-6407-1069　FAX 03-6407-1991
URL http://www.utp.or.jp

印刷・製本　株式会社 デジタルパブリッシングサービス
TEL 03-5225-6061
URL http://www.d-pub.co.jp/

AJ029

ISBN978-4-13-009430-6　Printed in Japan